T0147230

Printed in the United States
By Bookmasters

الكافي في
أساليب تدريس اللغة العربية

# الكـــافي
## في
## أساليب تدريس اللغة العربية

الدكتور

**محسن علي عطية**

أستاذ المناهج وطرائق تدريس اللغة العربية المشارك

قسم العلوم التربوية في كلية التربية/ جامعة بابل سابقا

٢٠٠٦

* الكافي في أساليب تدريس اللغة العربية.

* الدكتور محسن علي عطية.

* الطبعة العربية الأولى: الإصدار الأول.٢٠٠٦.


( رقم الإجازة المتسلسل)  ١١٧٣/٥/٢٠٠٦

دار الشروق للنشر والتوزيع

هاتف : ٤٦١٨١٩٠ / ٤٦١٨١٩١ / ٤٦٢٤٣٢١    فاكس: ٤٦١٠٠٦٥

ص.ب: ٩٢٦٤٦٣ الرمز البريدي: ١١١١٠   عمان  - الاردن

دار الشروق للنشر والتوزيع

رام اللـه: شارع المستشفى رام اللـه - مقابل دائرة الطابو

هاتف ٢٩٧٥٦٣٣ - ٢٩٩١٦١٤ - ٢٩٧٥٦٣٢    فاكس ٢٩٦٥٣١٩/٠٢

* الاخراج الداخلي وتصميم الغلاف وفرز  الألوان و الأفلام :

دائرة الإنتاج / دار الشروق للنشر والتوزيع

هاتف: ١/٤٦١٨١٩٠   فاكس ٤٦١٠٠٦٥ / ص.ب. ٩٢٦٤٦٣ عمان (١١١١٠) الأردن

Email: shorokjo*nol.com.jo

# الإهداء

* الى كل قلب التحف حب العربية وأهلها، ونبض بعشقها، وأدرك فضلها على غيرها.
* الى كل قلب قطنته المحبة وهجرته الأضغان.
* الى كل عربي ينازع الغزاة ويصارع الطغاة.
* الى كل نفس أزهقت لحبها العروبة والإسلام.
* الى من اتخذ تدريس العربية مهنة ورسالة.
* الى كل طلبتي الأعزاء.
* الى من خصهما اللـه تعالى بقوله: {وقل رب ارحمهما كما ربياني صغيرا}.

أهدي هذا الجهد المتواضع
المؤلف

**المقدمة**

الحمد لله رب العباد والصلاة والسلام على أفضل من نطق بالضاد، هادي الأنام الى دين المحبة والوئام سيدنا محمد بن عبدالله وآله وصحبه أجمعين الى يوم الدين وبعد:

فلا أدل من اختيار الباري عز وجل اللغة العربية لغة لكتابه العزيز الذي جعله آخر رسالة سماوية للعالمين على رجحانها، وعلو شأنها، وكمال نضجها وتفوقها على غيرها من اللغات في التعبير عن المعاني بدقة لا ترقى اليها سواها.

فهي لغة القرآن، ولسان البيان، أعزها الله ونشرها في كل زمان ومكان. ويكفي أهلها فخرا أن الله سبحانه وتعالى خصها بالإبانة. إذ قال عز وجل: {لسان الذي يلحدون إليه أعجمي وهذا لسان عربي مبين} (النحل ١٠٣). وقال تعالى: { وإنه لتنزيل رب العالمين* نزل به الروح الأمين * على قلبك لتكون من المنذرين* بلسان عربي مبين } (الشعراء ١٩٢ -١٩٥). ومما يجعل التمكن من العربية واجبا على كل عربي ومسلم قول الرسول الأعظم صلى الله عليه وآله وسلم عندما سمع أحدهم يلحن: "ارشدوا أخاكم فقد ضل". ولعل السعة في العربية ودقتها خلف قول الخليفة عمر (رض): ((عليكم بالعربية فإنها تثبت العقل وتزيد المروءة)).

وتأسيسا على ما تقدم، وما للعربية من دور في حفظ تراث الأمة وتوحيد أبنائها، وإيمانا بأن المعرفة تراكمية رأى المؤلف أن يزيد على ما بدأه الآخرون، ويسهم في تقديم ما يرجو أن يكون له شأن في تمكين المدرسين من أساليب تدريس اللغة العربية وتحقيق غايات تعليمها، وتلبية حاجات المتعلمين لها. فحاول إحاطة مدرس اللغة العربية بكل ما تستلزمه مهنة تدريسها من معرفة نظرية بطرائق التدريس العامة والخاصة، وأهداف التدريس، والفلسفات التربوية التي تستند إليها. زيادة على إحاطته بأساسيات تدريس اللغة العربية، والظواهر السلبية التي تفشت في تدريسها. فجعل كتابه تحت عنوان (الكافي في أساليب تدريس اللغة العربية) ظنا منه أن المعلومات النظرية والدروس التطبيقية التي اشتمل عليها الكتاب كافية لمدرس اللغة العربية في المدارس المتوسطة والثانوية إذا ما أحاط بها وعمل بموجبها. وجعل الكتاب في بابين:

الباب الأول: الفلسفات التربوية وطرائق التدريس. وتضمن ثلاثة فصول: الأول وعرض فيه عددا من الفلسفات التربوية التي تستند اليها طرائق التدريس العامة وأساليبها. وقد اعتمد تصنيف الفلسفات التربوية الى عصور تمتد من الفلسفات القديمة حتى الفلسفات والنظريات التربوية المعاصرة. فعرض من كل عصر فلسفتين ظن أنهما أكثر شيوعا في المجال التربوي، وحرص على بيان مفهوم الفلسفة ونظرتها الى كل من المعلم والمتعلم، وطريقة التدريس. أما الفصل الثاني فقد عرض فيه أهداف التدريس من حيث المفاهيم والتصنيفات والمستويات، وعرض نماذج من الأهداف السلوكية في المجالات المختلفة للشخصية الإنسانية وحرص على أن تكون هذه الأهداف خاصة بمواد اللغة العربية.

وتناول في الفصل الثالث طرائق التدريس العامة من حيث المفاهيم وخطوات التدريس، والميزات والعيوب، ومجالات تطبيقها في تدريس اللغة العربية.

وجعل الباب الثاني في أساليب تدريس اللغة العربية. وتضمن أربعة فصول:

تناول في الفصل الأول أساسيات في تدريس اللغة العربية وعرض فيه مفهوم اللغة العربية والمداخل الحديثة في تدريسها، ومهاراتها، وكيفية اكتسابها، وإتجاه الوحدة وإتجاه الفروع في تدريس اللغة العربية. ومعايير أداء مدرسي اللغة العربية. والظواهر السلبية في تدريس اللغة العربية.

فيما جعل الفصل الثاني في أساليب تدريس كل من الاستماع،والتعبير الشفهي، والتعبير الكتابي، والاملاء. وقد قدم أنموذج درس تطبيقي في تدريس كل من الفروع المذكورة.

وجعل الفصل الثالث في أساليب تدريس القراءة، وأساليب تدريس القواعد. وقدم أنموذجا لدرس تطبيقي في تدريس القراءة، وثلاثة نماذج لدروس تطبيقية في تدريس القواعد على وفق كل من الطريقة الاستقرائية، والقياسية، وطريقة النص. وقد جعل الفصل الرابع في أساليب تدريس كل من الأدب، والبلاغة، والنقد، والعروض. وقدم أنموذجا لدرس تطبيقي في كل من المحفوظات والأدب والنصوص، وتأريخ الأدب، والتراجم الأدبية، والبلاغة، والنقد، وعلم العروض فبلغ مجموع الدروس التطبيقية التي اشتمل عليها هذا الكتاب خمسة عشر درسا تطبيقيا توزعت بين فروع اللغة العربية المختلفة.

إن المستهدفين بدراسة هذا الكتاب هم مدرسو اللغة العربية في المدارس المتوسطة والثانوية،

وطلبة أقسام اللغة العربية في كليات التربية، وكليات الآداب، وكليات المعلمين ومعاهد إعداد المعلمين. ويستفيد منه مدرسو المواد الأخرى لإشتماله على طرائق التدريس العامة وأهدافها والفلسفات التي تتأسس عليها.

يأمل المؤلف أن يحظى هذا الكتاب بدراسة موضوعية لمحتواه من مدرسي اللغة العربية وطلبة الكليات والمعاهد المذكورة مدرسي المستقبل وحاملي رسالة العربية. والاستفادة منه وبيان ما حوله من ملاحظات يمكن أن تقومه وتسد ما به من نقص. وأسأل الله لي ولكم السداد والتوفيق.


المؤلف

عمان / نيسان ٢٠٠٦

# المحتويات

**الباب الثاني**

**اللغة العربية أساسياتها وأساليب تدريسها**

# الباب الأول
## الفلسفات التربوية وطرائق التدريس

الفصل الأول: الفلسفات التربوية

الفصل الثاني: التدريس وأهدافه

الفصل الثالث: طرائق التدريس وتصنيفاتها

# الفصل الأول: الفلسفات التربوية

الأهداف المتوخاة من دراسة هذا الفصل

يتوقع بعد دراستك هذا الفصل أن تكون قادرا على أن:

١. تعرف الفلسفة المثالية.
٢. تبين وجهة نظر المثالية في المعلم
٣. توضح وجهة نظر المثالية في المتعلم
٤. تشرح وجهة نظر المثالية في طريقة التدريس
٥. تعرف الفلسفة الواقعية
٦. تحددوجهة نظر الواقعية في المعلم
٧. تحدد وجهة نظر الواقعية في المتعلم
٨. تشرح وجهة نظر الواقعية في طريقة التدريس
٩. تعرف الفلسفة الطبيعية
١٠. تبين وجهة نظر الطبيعية في المعلم
١١. تبين وجهة نظر الطبيعية في المتعلم
١٢. تشرح وجهة نظر الطبيعية في طريقة التدريس
١٣. تبين وجهةنظر الفارابي في المعلم والمتعلم وطريقة التدريس
١٤. تبين وجهة نظر ابن سينا في المعلم والمتعلم وطريقة التدريس
١٥. تبين وجهة نظر الغزالي في المعلم والمتعلم وطريقة التدريس
١٦. تشرح وجهة نظر الفلسفة الإسلامية في المعلم
١٧. توضح وجهة نظر الفلسفة الإسلامية في المتعلم
١٨. تحددوجهة نظر الفلسفة الإسلامية في طريقة التدريس
١٩. تعرف الفلسفة البراجماتية
٢٠. تحدد وجهة نظر البراجماتية في المعلم
٢١. تحدد وجهة نظر البراجماتية في المتعلم
٢٢. تحدد وجهة نظر البراجماتية في طريقة التدريس
٢٣. تعرف الفلسفة الوجودية
٢٤. تشرح وجهة نظر الوجودية في المعلم
٢٥. تشرح وجهة نظر الوجودية في المتعلم
٢٦. تشرح وجهة نظر الوجودية في طريقة التدريس
٢٧. تحددنقاط التلاقي والاختلاف بين المثالية والواقعية والطبيعية والإسلامية والوجودية
٢٨. تعرف كلا من التقدمية، والتواترية، والجوهرية، والتجديدية
٢٩. تحدد المباديء الأساسية لكل من التقدمية، والتواترية، والجوهرية، والتجديدية
٣٠. تحددنقاط الاختلاف بين كل من التقدمية، والتواترية، والجوهرية، والتجديدية

من المعروف أن أي عملية تربوية لا بد أن تسعى إلى تحقيق أهداف بعينها، وان هذه الأهداف لا بد أن تتأسس على فلسفة تربوية معينة، وان من بين الأسس الرئيسة التي تبنى عليها المناهج التربوية هي الأسس الفلسفية، وبما أن طرائق التدريس هي جزء من المناهج بمفهومها الواسع فإن هذه الطرائق لابد أن تستند إلى نظرية تربوية تنطلق بدورها من فلسفة معينة. لذا فإن المدرس لا يمكنه أن يستغني عن الإطلاع على بعض المفاهيم الفلسفية التربوية التي يمكن أن تهديه إلى ما تريده منه التربية في مجال عمله بالقدر الذي يوفر له خلفية معرفية لمعرفة الأسس التي تقوم عليها طرائق التدريس، وأساليبها التي تستخدم من أجل تحقيق أهداف التدريس.

وبما أن موضوعنا هو ليس الفلسفة بمفاهيمها المختلفة، وتاريخها ونظرتها للإنسان والمعرفة والقيم وغير ذلك. سنكتفي منها بما له صلة مباشرة بمهمة التدريس والمدرس، وذلك بعرض موجز لوجهة نظر الفلسفة التي نتناولها في الطالب، والمعلم، وطريقة التدريس، كي يكون المدرس على بينة مما تدعو إليه كل من تلك الفلسفات.

ولكون الفلسفات التربوية كثيرة متعددة خلال العصور، والحضارات، سنكتفي بعرض ما نراه من أكثر الفلسفات التربوية تأثيرا في العملية التربوية في العصور المختلفة، لذا سنتناول:

١. الفلسفة المثالية، والفلسفة الواقعية من الفلسفات التربوية الغربية القديمة.
٢. الفلسفة الطبيعية، والإسلامية من الفلسفات التربوية في العصور الوسطي.
٣. الفلسفة البراجماتية، والفلسفة الوجودية، والفلسفة التقدمية من الفلسفات التربوية الحديثة.
٤. الفلسفة التواترية، والفلسفة الجوهرية، والفلسفة التجديدية من الفلسفات التربوية المعاصرة.
وذلك كما يأتي:

## أولا: الفلسفة المثالية (Idealism)

يعد افلاطون (٤٢٧ـ ٣٤٧ ق.م)مؤسس الفلسفة المثالية. وترجع كلمة المثالية في أصلها اللغوي إلى كلمة(Ideal) أي مثل أعلى، و في أصلها اللغوي العربي إلى كلمة ((مثل)) ومعناها اللغوي يتضمن الخير والفضيلة والسمو نحو المثل العليا[1]. أما اصطلاحا فالمثالية هي مذهب فلسفي يرى أن حقيقة الكون وصوره عقلية وأن العقل هو مصدر المعرفة.

(١) إبراهيم ناصر، فلسفات التربية، دار وائل للطباعة والنشر، عمان، ٢٠٠١، ص٢٤١.

فيرى المثاليون أن وجود الأشياء يتوقف على وجود القوى التي تدركها، وأن وجود العالم الخارجي غير ممكن إذا ما انعدمت هذه القوى. والمثاليون يرون أن الأفكار تسبق المحسوسات، وأن الكليات تسبق الجزئيات، و أن ماهية الأشياء تسبق وجودها ([1]).

لذا فإنهم يرون أن وجود الأشياء مرهون بوجود الذات المدركة. ومن هنا يتأسس عندهم قيام التطابق بين الشيء ومعرفته. وعندهم لا يمكن وجود الأشياء المحسوسة بامتناع إحساسها. فعندهم يعد العالم المحسوس عالما ناقصا، والعالم الكامل هو عالم الأفكار الذي يوجد في عالم آخر غير عالمنا.

**والمثاليون ينظرون إلى الإنسان على أنه مكون من عقل ومادة. ومبادئ المثالية الأساسية هي:**

١. إن العقل والروح جوهر العالم. و هما أهم ما في الإنسان، ومن خلالهما يدرك الإنسان الأشياء والحقائق. أما الحواس فهي قد تكون ملغاة، أو تأتي في المرتبة الثانية بعد العقل. وهذا المبدأ ينسحب تأثيره إلى مناهج التربية وطرائق التدريس. فعليه يؤسس الاهتمام بالتربية العقلية.

٢. إن المعرفة الحسية مستقلة عن الخبرة الحسية. فبما ان الإنسان جوهره العقل، والحواس مشكوك في صحتها وان الأشياء لا معنى لها من غير العقل البشري، فالإدراك البشري أساسه العقل مستقلا عن التجارب الحسية. وتكون المعرفة أكثر سموا، ورفعة وثباتا كلما كانت مجردة عن الادراكات الحسية. ولك أن تلاحظ ما يمكن أن يتركه هذا المبدأ من أثر في استراتيجيات التدريس.

٣. إن الحقيقة مطلقة ثابتة. أي أن الحقائق التي يدركها العقل البشري أزلية غير قابلة للتغيير، فالعقل مرتبط بالثبات والإطلاق، بينما الحواس مرتبطة بالتغيير والنسبية. ولك أن تدرك أثر هذا المبدأ في ثبات المناهج التربوية وعدم تغيير ها على عكس ما تدعو إليه التجديدية التي سيأتي الحديث عنها، التي ترى أن العالم متغير غير ثابت.

٤. إن العالم المادي ليس واقعا مطلقا، أي أن الظواهر المادية المحيطة بنا هي ظل لما يدركه الإنسان أو يفكر به.

**المعلم من وجهة نظر الفلسفة المثالية**

يحتل العلم مكانة متقدمة في الفلسفة المثالية، لذا فهم يرون أنه يجب أن يكون:

---

(١) توفيق الطويل، أسس الفلسفة، ط٧، القاهرة، ١٩٧٩، ص٣٣٣.

١. ذا أخلاق حميدة صالحة.
٢. ذا تحصيل عال ودراية علمية كافية، لأنه الشارح لقوانين القوى العظمى.
٣. قائدا للعملية التربوية.
٤. ذا معرفة بسيكولوجية المتعلم.
٥. ذا قدرة على توصيل المعارف اللازمة للتلاميذ وفي هذ مايشير إلى تشديدهم على طريقة التدريس.
٦. قادرا على توليد الأفكار والمعاني من عقل الطفل، لأن المعاني والأفكار فطرية كامنة من وجهة نظرهم في الإنسان، وهذه هي مهمة المعلم التربوية.
٧. قدوة للمثل الأعلى ذا شخصية قادرة على التأثيرفي طلابه.
٨. قادرا على أن يحل محل الأب للمتعلم، وتكون له القوة والمسؤولية نفسها.
٩. قدوة حسنة لطلبته، من الناحية العقلية والخلفية.
١٠. أن يلفت نظر طلابه إلى أن حل أي مشكلة يتطلب جهدا ذاتيا، وأن ذوا تهم يمكن أن تنمو من خلال ذلك الجهد.

الطالب من وجهة نظر المثاليين

الطالب من وجهة نظر الفلسفة المثالية كائن روحي هدفه التعبير عن هذه الطبيعه التي يتمتع بها. والمطلوب من التربية عدم النظر إليه بوصفه عقلا أو جهازا عصبيا لجمع المعلومات في داخله، لذا ترى المثالية أن يتصف بما يأتي:

١. يجب أن يكون ذا أخلاق مطيعا متعاونا جديرا بالاحترام.
٢. يجب أن ينظر إليه على انه شخص له هدف روحي ينبغي تحقيقه، ويجب تعليمه احترام الآخرين والقيم الروحية.
٣. توجب المثالية على المتعلم أن يتعلم احترام وطنه والمجتمع، مما يقتضي استيعابه المقومات الثقافية لأمته ودراسته البيئة المحلية التي يعيش فيها،وأن يشعر بالولاء للمثل السياسية العليا لأمته ومجتمعه المحلي.
٤. أن يخضع كل المتعلمين إلى مقررات دراسية واحدة.
٥. العلاقة بين التلاميذ والمعلم يجب أن تتصف بالرسميات.

**طريقة التدريس من وجهة نظر المثالية**

استخدم المثاليون طرقا مختلفة في التدريس كالاعتماد على الحوار، وتوليد الأفكار (الطريقة

السقراطية)، أو أسلوب السؤال والجواب (الطريقة الافلاطونية) وقد كانت طرائق التدريس في المثالية تعتمد على:

١. استخدام طريقة الإلقاء، أو المحاضرة لنقل المعلومات، وحشو أدمغة المتعلمين بالحقائق المطلقة.

٢. وضع الكتب العظمى (التراث الثقافي) في بؤرة الاهتمام من أجل نقل ما وصل إليه الأجداد إلى الأحفاد.

٣. استخدام الحوار والمناقشة بالاعتماد على النشاط العقلي من أجل مناقشة المشكلات التي تواجه المتعلمين والوصول إلى حل لها.

٤. التشديد على الحفظ، وتقديم الأمثلة والنماذج، وعدم الاهتمام بالفروق الفردية.

٥. استخدام طريقة التحليل والتركيب من أجل حل المشكلات الصعبة لأنها بهذه الطريقة تجزأ إلى وحدات صغيرة. و المشكلات يسهل حلها عندما تجزأ إلى وحدات صغيرة.

٦. إن الطريقة من وجهة نظر المثاليين يجب أن تدفع الطلبة إلى دخول موضوع المادة الدراسية عن طريق وجهات النظر، وليس الدخول إليه من الناحية الموضوعية، وذلك بقصد توسيع وجهات نظر المتعلمين، وتمكينهم من نقد وجهات النظر الأخرى، والدفاع عن وجهات نظرهم[1].


## ثانيا: الفلسفة الواقعية Realism

ظهرت الواقعية كرد فعل على الفلسفة المثالية التي شددت على الذات العارفة، أو المدركة وجاءت الواقعية لتوازن بين الأشياء المعروفة والذات العارفة، وبذلك فإنها جاءت لتؤكد وجود الطبيعة والأشياء، وان للطبيعة والأشياء على الأغلب وجودا مستقلا، وبذلك تقلل الواقعية من أثر الذات العارفة وتنكر إمكانية الذات في خلق الأشياء مع أنها اعترفت بإمكانية الذات في معرفة الأشياء، وهذا يعني أنها لم تلغ الذات لحساب الأشياء، ولم تنكر الدور الذي تقوم به الذات في معرفة العالم. وتقوم الواقعية على أن العالم هو مصدر كل الحقائق فلا تستقى الحقائق من الحدس والإلهام، إنما من هذا العالم الذي نعيش فيه. ويعد أرسطو (٣٨٤ - ٣٣٢ ق.م) تلميذ افلاطون مؤسس الواقعية. ويرى الواقعيون أن معرفة الإنسان للعالم تتم عن طريق فاعلية مزدوجة. فاعلية آتية من الذات، وفاعلية آتية من الطبيعة، وهي ترى:

١. أن العالم له وجود حقيقي لم يخلقه الإنسان ولم يسبقه وجود أفكار سابقة.

_____

(1) محمد جلوب فرحان، دراسات في فلسفة التربية، مطبعة التعليم العالي في الموصل، ص٥٦.

٢. أن هذا العالم الحقيقي يمكن معرفته بالعقل الحقيقي سواء بالعقل الإنساني، أو الحدس أو التجربة.

وترى الواقعية أن التربية عملية تدريب الطفل على العيش بوساطة معايير خلقية مبنية على أساس ما هو صحيح للإنسان بوجه عام. وتدعو التربية الواقعية إلى:

أ- منح الفرصة للتلميذ ليصبح شخصا متوازنا فكريا جيد التوافق مع بيئته المادية والاجتماعية.

ب- خلق الإنسان الذي يهتم بالشؤون العالمية.

ت- تبصير التلميذ ومساعدته على اتخاذ قرارات معقدة كي يحيا حياة ناجحة.

ث- عدم كبت الميول الطبيعية للطفل وانشطته.


## المعلم من وجهة نظر الفلسفة الواقعية:

١. ترى الواقعية أن زمام المبادأة في التربية بيد المعلم بوصفه ناقلا التراث الثقافي.

٢. ترى أن تقرير المادة التي تدرس وتحديد محتواها من مسؤولية المدرس وليس الطالب.

٣. المعلم الواقعي يجب أن يعترف بكل متطلبات الطالب الواقعي. ويجب أن يشعر بأن كل مظهر من مظاهر التدريس يجب أن تسوده الواقعية.

٤. على المعلم أن يضع أمام الطالب المعرفة واضحة وأن يعرض المادة بطريقة موضوعية بعيدا عن كل ذات شخصية، وأن ينظر إلى المعرفة على أنها عالمية واحدة.وهذا يعني أنها لا تريد من المعلم بث آرائه الشخصية بين ثنايا المادة التي يقدمها.

٥. يجب على المعلم أن يعرض المادة بطريقة تجعل من شخصه مندمجا فيها متحدا معها بحيث يصبح على سبيل المثال عندما يقدم درسا في الكيمياء صوت الكيمياء، وعندما يقدم درسا في الفيزياء صوت الفيزياء وهكذا.

٦. على المعلم الواقعي الوقوف مع الحق، وأن يبجل الحقيقة، ويراد منه عندما يكون صوت مادة ما أن يحافظ على شخصيته بعيدا عن الضياع، وعليه أن يقدم المساعدة لطلبته للقيام بالاكتشاف، كي يتعلموا الاعتماد على أنفسهم.


## الطالب من وجهة نظر الواقعية

في مجال نظرتها إلى الطالب ترى الواقعية ما يأتي:

١. أن المحور الرئيس في التربية هو السماح للطالب بالوقوف على البناء الفيزيائي، والثقافي للعالم الذي يعيش فيه وتعرفه.

٢. أن يكون الطالب متسامحا، وأن يكون متوافقا عقليا، وجسميا مع البيئة المادية والثقافية. فيما كانت المثالية تشدد على الجانب العقلي.
٣. ترى الواقعية وجوب تنمية القدرة على الابتكار، وحب الاستطلاع، والمغامرة الشخصية لدى الطالب.
٤. يرى الواقعيون أن يجيد الطالب عناصر المعرفة التي تثبت متانتها خلال العصور. والملاحظ أن الواقعيين يشددون على الموضوعات الدراسية أكثر من تشديدهم على الطالب.

**طريقة التدريس من وجهة نظر الواقعية**

يرى الواقعيون في طريقة التدريس ما يأتي:
١. يجب أن تكون مجردة من كل أثر للطالب والمعلم.
٢. يجب أن تسمح للحقائق أن تتكلم عن نفسها وهي لا تسمح للمعلم عند تقديمه الحقائق أن يعبر عن آرائه الشخصية عن الموضوع، بمعنى إنها تريد من المعلم أن يقدم الحقائق كما هي من دون أي زيادة من جانبه. وبذلك فإن المعلم مترجم أمين، ولا تؤثر الحقائق من خلاله في الطلاب.
٣. ترى الواقعية أن الحقائق يجب أن تقدم مصنفة تصنيفا منطقيا، بحيث يؤدي الجزء منها تلقائيا إلى الجزء الذي يليه.
٤. تبدأ طريقة التدريس الواقعية بالأجزاء وتعتبر الكل نتاجا لمجموع الأجزاء.

**ثالثا: الفلسفة الطبيعية Naturalism**

الفلسفة الطبيعية نظام يرى أن الطبيعة وحدها هي الحقيقة في هذا الكون، وأن الحياة الإنسانية جزء من الطبيعة. وهي لا تؤمن بكل ما هو روحاني سام، ولا تؤمن بتفوق ما هو روحاني على العقل، والطبيعة، والإنسان، والخبرة والفلسفة ([1]). ويعد جان جاك روسو الفيلسوف المربي من أبرز من وضع أصول الفلسفة الطبيعية الجديدة، ومن أصحابها كل من بستالوزي (١٦٤٦- ١٧٢٧م)، وهر برت سبنسر (١٧٢٨-١٨٢٢م) اللذين يدعوان إلى أن يربى الطفل بعيدا عن إرادة المجتمع، ويترك على طبيعته ليتعلم عن طريق ما يقوم به هو نفسه من أفعال، لأنه يولد مزودا بقدرات فطرية من وجهة نظر الطبيعية يجب أن تحترم وأن تنمى بعيدا عن ضغط المجتمع لأن ضغط المجتمع يولد انحرافا لهذه القدرات ويفسدها. وان أفضل المجتمعات من وجهة نظرهم هي تلك المجتمعات المنبعثة عن الطبيعة.

---

(١) ابراهيم ناصر، مصدر سابق، ص٢٩٨.

**نظرة الفلسفة الطبيعية للمعلم**

ينظر الطبيعيون إلى المعلم على أنه مجرد شاهد محايد، وان المصدر الوحيد للمعرفة هو التجربة (تجربة المتعلم وليس المعلم)، ولا يسمح للمعلم التدخل في تربية الطفل لأن المتعلم تلميذ للطبيعة، لذا فإن مركز الصدارة في العملية التربوية عندهم هو المتعلم. أما المعلم فدوره هامشي، وكذلك الكتاب المدرسي والمواد الدراسية وهو لا يتدخل إلا عندما يرى الطفل يعرض حياته للخطر عندها ينبهه وينهره بقوة. وقد اشترط روسو في شخصية المعلم صفات عدة منها:

١. أن يكون حكيما في تأسيس الصلة بينه وبين المتعلم.

٢. أن لا يكون هناك فارق كبير في السن بين المعلم والمتعلم.

٣. أن يعلم المتعلم علما واحدا.

٤. أن لا يتسرع في الحكم على المتعلم، وأن لا يصنف المتعلمين تصنيفا فيه نوع من التعسف مثل: أطفال أذكياء، وأطفال أغبياء، لأن مثل هذه الأحكام تكون في أحيان كثيرة غير صائبة.

**نظرة الطبيعية للطالب**

جعلت المتعلم مركز العملية التربوية. وترى أن التربية وسيلة لخلق الطالب، وأن مستلزمات خلق الطالب الطبيعي أن يوضع في متناوله استعراض كل التراث الإنساني، كي يكون اتصاله بالخبرات والحاجات الراهنة ميسورا.

وترى الطبيعية أن السعي لبناء الطالب، وجعله رجلا ينبغي أن لا يغفل طبيعته بوصفه طفلا وكائنا ناميا. وترى الطبيعة أن الطفل يجب أن ينشأ حرا، ويكون عضوا في دولة حرة، ولا يجوز التعامل معه كما لو كان راشدا.

وترى وجوب التأكيد على المحسوسات، والخبرة من خلال الحواس، وترى أيضا من الواجب الاهتمام بحاجات المتعلم الحاضرة، وأن ما يجب السعي إليه هو إعداد المتعلم للحياة العامة قبل إعداده لمهنة ما. فالمتعلم من وجهة نظر الفلسفة الطبيعية حر، تهيأ له فرصة الإطلاع على ما حوله ويعتمد في تعليمه على المحسوسات، وتراعى مراحل نموه، ولا يعد لمهنة معينة إنما يعد للحياة، وأن الطفل يتعلم من الطبيعة.

**طريقة التدريس من وجهة نظر الفلسفة الطبيعية**

ترى الطبيعة أن هناك ثلاثة مبادئ بالغة الأهمية في مجال التدريس هي:

١. مبدأ النمو. ترى الطبيعية أن الحاجات الطبيعية هي المحفزة على النمو؛ فإن الطفل من

وجهة نظر الطبيعيين عندما يشعر بحاجة ما يتحرك نحو بعض الأنشطة فيحصل على خبرة، وعلى أساس هذه الخبرة تبنى معرفته. فالنمو يتم من خلال إثارة حاجات طبيعية يشعر الطفل بها فيسعى إلى إشباعها بنشاط محسوس. وتكون وظيفة المعلم توجيه النمو الطبيعي للطفل من خلال إثارة الحاجات الطبيعية.

٢. مبدأ نشاط الطفل. إن مبدأ النشاط من المبادئ المهمة في طريقة التدريس عند الواقعيين، وعلى هذا الأساس لا يجوز أن نفعل أي شيء للطفل يستطيع أن يفعله هو بنفسه. كذلك يجب أن لا يفعل الطفل أي شيء تحت تأثيرسلطة الآخرين، إنما يجب أن يشجع على اكتشاف الأشياء بنفسه.

٣. مبدأ الفردية. إن مبدأ الفردية يعني عدم إخضاع الطفل إلى إرادة المجتمع، وعدم جواز التضحية به من أجل المجتمع، ويجب أن ينظر إلى ميول الطفل وحاجاته على أنها أسمى من حاجات المجتمع، ويجب أن لا تسحق شخصيته الفردية، وأن لا يصهر في الالتزام الاجتماعي. وتأسيسا على هذا المبدأ يجب أن تتكيف التربية مع حاجات الطفل، وأن لا يجبر على تكييف نفسه مع التربية السائدة.

٤. وقد وضع روسو بعض القواعد التي يجب أن تراعيها الطريقة من وجهة نظره وهي:

أ- رفض طريقة التلقين في التربية. و أن التربية الصحيحة تقوم على الخبرة والممارسة.

ب- أن تبدأ الطريقة بالمحسوسات، ثم تتدرج إلى ما هو معنوي مجرد.

ت- أن تسعى الطريقة إلى تعويد الطلاب الاعتماد على أنفسهم وتحمل المشقة والصبر.

ث- أن ترتبط بحاجات الطفل، وميوله الآنية، وأن تحترم فرديته.

ج- أن تراعي عمر الطالب، وإمكانياته، وأن لا يطلب منه ما لا يتحمله.

ح- أن لا يدلل الطفل، وفي الوقت نفسه يجب رفض كل ما يؤدي إلى إذلاله، وكبت حريته.

خ- أن تلبي رغبات الطفل المعقولة فقط.

د- أن تعلم الطفل الأشياء التي تلبي حاجاته.

وآثر روسو طرائق التدريس التي تحفز التلميذ على استكشاف عالمه، وتساعده على تعلم ما يريد تعلمه عن طريق الخبرة المباشرة، وعندما يكبر تفتح المعرفة المباشرة الطريق أمام المعرفة المستمدة من الكتب.

**رابعا: الفلسفة الإسلامية**

من الفلسفات التي سادت عالمنا العربي والإسلامي في العصور الوسطى؛ الفلسفة التربوية

الإسلامية. وما دمنا اعتمدنا التسلسل التاريخي في عرض الفلسفات التربوية سنعرض شيئا من الفلسفة التربوية الإسلامية، ثم نعود لمواصلة عرض الفلسفات التربوية الغربية الأخرى التي انتشرت في العصر الحديث، والعصر المعاصر.ومما لا شك فيه ان تراثنا التعليمي قد تأثر بوجهات النظر التربوية للفلسفة الإسلامية ممثلة بآراء نخبة من الفلاسفة والمربين العرب والمسلمين، وسنتناول كلا من:

١. الفارابي.

٢. ابن سينا.

٣. الغزالي.

**١. الفارابي**

ليس الموضع هنا مكانا للبحث في فلسفة الفارابي في إطارها الفلسفي، إنما سنكتفي منها بما يتعرض للجانب التربوي وكذلك مع كل من ابن سينا، والغزالي، وفي ضوء إطلاعنا على وجهات نظرهم التربوية تتبلور لدينا صورة عن وجهة نظر الفلسفة الإسلامية في التربية والمعلم والمتعلم وطريقة التدريس.

ونستطيع تلمس آراء الفارابي التربوية من خلال الإطلاع على حديثه عن برنامج إصلاح المدينة. إذ نجده يعتمد التربية وسيلة لذلك الإصلاح. ونجد أن التربية عنده تهدف إلى إعداد شخصية الإنسان القدوة(حاكم المدينة). وفي ضوء ما طرحه الفارابي من صفات للإنسان القدوة يمكن تلمس معالم البرنامج التربوي الذي اقترحه الفارابي. إذ اشترط في القدوة توافر خصائص عديدة منها:

* أن يكون تام الأعضاء. وهذا يستدعي برنامجا تربويا يعنى بالجسم. وهذا يعطينا مؤشرا على أن الفارابي اهتم بالتربية الجسمية. وما يتصل بها من برامج غذائية.

* أن يكون القدوة جيد الفهم والتصور بالطبع. وهذا يشير إلى اهتمامه بالجانب العقلي عند الفرد.

* أن يكون القدوة محبا التعليم والاستفادة منه. وأن يكون منقادا للتعليم، صبورا لا يؤلمه تعب التعلم.

* أن يكون محبا للصدق والصادقين، مبغضا للكذب والكاذبين.وهذا يؤكد تشديده على الجانب الأخلاقي لدى المتعلم.

في ضوء ما تقدم يمكن استخلاص آراء الفارابي في التربية. فهو يشدد على التربية الجسمية

والعقلية والأخلاقية، والتدريب على تحمل المسؤولية. وهو في ذلك لا يبتعد عن أصحاب الفلسفة المثالية كثيرا. ولكنه افترق عنهم عندما اشترط في القدوة أن يكون رجل حرب مما يعكس تشديده على التربية الجسمية زيادة على التربية العقلية.

وخلاصة القول:إن الفارابي يرى وجوب تنمية الطالب في مجال البناء الجسمي والمجال العقلي والمجال الأخلاقي. وهذا ما يؤشر رؤية متكاملة لمكونات الشخصية الإنسانية بجوانبها المعرفية، والوجدانية والمهارية.مع إيلائه الجانب العقلي اهتماما أكبر. وقد انعكس هذا على طرائق التدريس. إذ تولي اهتماما أكبر للمعارف، وتتجه نحو التلقين والحفظ. ولما كان يريد من الحاكم القدوة أن يتمتع بأخلاق فاضلة فلابد أن ينسحب هذا إلى نوع المعلم وما مطلوب منه. إذ لا بد أن يكون المثل الذي يقتدي به الطالب في المجال الأخلاقي

٢. فلسفة ابن سينا

يمكن الإطلاع على آراء إبن سينا من خلال رسالتة (رسالة في السياسة) التي جاءت بمقدمة وخمسة أقسام: الأول في سياسة الرجل نفسة. والثاني في تدبير الرجل دخله وخرجه. والثالث في تدبير الرجل أهله. والرابع في تدبير الرجل ولده. والخامس في تدبير الرجل خدمه. ولعل أبرز. الأفكار التربوية فيها:

١. إن التربية تعنى بالنفس والإهتمام بها، وتسعى إلى تعريف الفرد بنفسه، وجعله قادرا على تربية نفسه على أحسن وجه. وبذلك يكون قادرا على المشاركة في سياسة المدينة. وهو يرى أن أول ما ينبغي على الإنسان معرفته هو سياسة نفسه، أي أن أول شيء يجب عليه معرفته هو معرفة نفسه،لأنها إليه أقرب وبرعايته أولى.

٢. التربية من وجهة نظره تهتم بشخصية المربي.فهو يشدد على أن العقل هو الموجه الأساس لسلوك الفرد على الأصعدة كافة، ويطالب المربي أن يعرف أن له عقلا هوالسائس، وأن له نفسا أمارة بالسوء كثيرة المعايب في طبيعتها وأصل خلقها. ويدعو المربي الى أن يكون صاحب نظرة تحليلية شاملة تقف على عناصر الفساد. وأن يكشف عن مساوىء شخصيته جميعها أولا، ثم التحرك لإصلاح الآخرين.

٣. يريد من التربية تزويد الفرد بخبرة تربوية تفيده في معرفة نفسه؛ معرفة مناقبها، ومثالبها. ويرى أن هذه الخبرة تأتي عن طريق الصديق الخير ذي العقل الراجح. وفي ضوء هذه الرؤية فهو يطالب الطالب بتفحص أخلاق الناس والسعي إلى تنمية المناقب الحسنة.

٤. يدعو إلى تعزيز العمل الأخلاقي الذي يصدر عن النفس.ويتم هذا إذا ما حسنت طاعة النفس وسلس إنقيادها لما يسومها من قبول الفضائل، وترك الرذائل. ونستنتج من هذا أنه يشدد على الجانب الأخلاقي عند الفرد.

٥. يرى أن تبدأ تربية الصبيان منذ الولادة، وتتدرج حتى تعليمهم مهنة من المهن.

٦. يرى من الواجب على الوالد أن يختار لابنه اسما من أحسن الأسماء لأنه يرى أن الاسم يؤثر في نفس المسمى. وأوجب عليه اختيار أفضل مرضعة لولده مما يستنتج منه قناعته بإمكانية تأثير المرضعة في سلوك الطفل.

٧. يرى ابن سينا أن التربية تبدأ قبل التعليم. فالتربية من وجهة نظره تبدأ بعد الفطام. إذ تبدأ برياضة أخلاق الطفل قبل أن تهجم الأخلاق اللئيمة عليه.

٨. يرى أن على المربي تجنيب الطفل مقابح الأخلاق، وإبعاده عن العادات السيئة بالترغيب والترهيب، والإيناس والإيحاش، وبالإعراض والإقبال، وبالحمد مرة وبالتوبيخ مرة أخرى. لذا فالعقاب الجسدي عنده مباحا، ويرى أن يكون أول الضرب قليلا موجعا.

٩. يرى أن عملية تعليم الصبي تبدأ بعد أن تشتد مفاصله ويستوي لسانه ويتهيأ للتلقين ويعي سمعه. وأن يبدأ معه بتعليم القرآن. وفي هذا ما يشير إلى اهتمامه بطريقة التلقين.

١٠. يرى أن المنهج يتكون من القرآن والعقائد، ويدعو إلى تلقين الصبي معالم الدين. ثم الرجز والقصيد. مع التشديد على كل ما يؤكد فضل الأدب والأخلاق، ومدح العلم وذم الجهل، وكل ما يدعو إلى بر الوالدين ومكارم الأخلاق.

**رأي ابن سينا في المعلم**

يرى ابن سينا وجوب توافر جملة صفات في المعلم هي أن يكون:

١. عاقلا متدينا.

٢. ذا خبرة في رياضة الأخلاق.

٣. وقورا رزينا بعيدا عن الخفة والسخف، وأن يتصف بالمرونة.

٤. لبيبا نزيها نظيفا ذا مروءة.

٥. ذا معرفة بآداب المجالسة والمؤاكلة، والمحادثة، والمعاشرة.

**رأي ابن سينا في المتعلم**

١. أن تكون أخلاق المتعلمين حسنة.

٢. يقر ابن سينا بإختلاف ميول الطلاب ورغباتهم. لذا يوجب على المعلم أن يختار لكل طالب الصناعة التي تلائمه. مع إحاطته بأنه ليس كل صناعة يرومها الصبي ممكنة، أو مواتيه له. ولكن ماشاكل طبعه ولاءمه.

٣. يرى أن بعض المواد سهلة على بعض الطلاب في حين أنها صعبة على آخرين. لذا فقد يؤاتي النحو بعضهم فيما يؤاتي الأدب البعض الآخر. وهكذا البلاغة والنقد وغيرها. وأكد وجوب معرفة طبيعة المتعلم، وذكائه وتوجيهه نحو مايلائمه من الصناعات.

رأي ابن سينا في طريقة التدريس

١. يرى ابن سينا أن تكون عملية التعليم جماعية. بحيث يكون مع الصبي صبية آخرون. ولايحبذ التعليم الفردي.

٢. إن طريقة التدريس عنده تعتمد على التلقين زيادة على المحادثة والحفظ. ويدعوا إلى الإهتمام بالفهم، ويرى أن المحادثة تفيد إنشراح العقل وتحل متعقد الفهم.

٣. يرى أن الطريقه ينبغي أن تسهم في إنسجام المتعلمين بحيث يترافقون فيما بينهم.

الغزالي

١. يرى الغزالي أن التربية تهذيب نفوس المتعلمين من الأخلاق المذمومة المهلكة وإرشادهم إلى الأخلاق المحمودة. ويرى أن فعل التربية يشبه فعل الفلاح الذي يقلع الشوك ويبعد النباتات الأجنبية عن الزرع وذلك لإنماء نباته وإكمال ريعه. فهو يشدد على الجانب الاخلاقي. والتربية عنده وسيلة تصل بالإنسان إلى درجات الكمال من خلال رياضة النفس بالأمثال الصالحة، وتزكيتها وتهذيب أخلاقها.

٢. يرى أن التربية ترمي الى تقريب الإنسان من الـله، وأن العلوم تدرس لتحقيق هذا الغرض من دون الرياسة، والمباهاة والمنافسة.

٣. ويرى أن التربية تهدف إلى تنمية الشخصية الإنسانة للفرد المسلم الذي يعيش، ويتفاعل في إطار اجتماعي له قيمه، وآدابه،ومثله، ونظم حياته.

٤. والتربية عنده ترمي أيضا الى إصلاح الإنسان في دنياه، وآخرته. لذا فإنه يشدد على تعليم القرآن الكريم، وأحاديث الأخيار، وحكايات الأبرار ليغرس في نفس المتعلم حب الصالحين.

**نظرة الغزالي إلى المعلم**

يرى الغزالي أن وظيفة المعلم هي:

١. الشفقة على المتعلمين، وأن تكون مكانة المعلم أرفع من مكانة الأب. ويجب أن يتعامل مع طلابه بالعطف والحنان والشفقة.

٢. نصيحة المتعلمين وإرشادهم. فالمعلم عنده يجب أن يكون نصوحا مرشدا لتلاميذه. وأن يكون القدوة الحسنة للتأثير في سلوك طلابه.

٣. السعي إلى تقدير العلوم، خاصة تلك العلوم التي ليست من اختصاصه.

٤. معرفة الفروق الفردية بين المتعلمين، وتحسين قدراتهم.

٥. إقناع المتعلم بالعلوم التي تقدم له.

٦. العمل بما يعلمه، ولا يكذب فعله قوله.

٧. أن يكون ذا علم معرضا عن حب الدنيا.

**نظرة الغزالي إلى المتعلم**

يرى الغزالي أن يكون الطالب قدوة، وأن يكون علمه مقترنا بالعمل.

١. أن يكون الطالب زاهدا، وأن يبتعد عن الأهل والوطن طلبا للعلم.

٢. أن يكون متواضعا لا يتكبر على العلم، ولا يتآمر على المعلم.

٣. أن يكون مطيعا لا مجادلا.

٤. أن يستوعب علوم عصره المحمودة.

٥. أن يكون له منهج في التعلم.

**طريقة التدريس عند الغزالي**

أشار الغزالي إلى أساليب عدة تشكل بمجموعها طريقة التدريس المرجحة عنده والأسالبيب التي أشار إليها هي:

١. أسلوب الأبوة الحانية: ويعني تحول المعلم إلى أب روحي في تعامله مع المتعلم، ويحرص على أن يتفوق تأثيره في نفس المتعلم على الأب الحقيقي له.

٢. أسلوب الإثارة وحفز الدافعية: بموجبه يرى الغزالي وجوب حمل المتعلم المبتديء على حب التعلم والجد فيه بوساطة المدح، والتشجيع، وإشباع ميله إلى اللعب. ويرى أن منع الصبي من اللعب وإرهاقه بالتعلم يميت قلبه، ويحط من ذكائه.

٣. أسلوب التفريد: يقر الغزالي بوجود فروق فردية بين المتعلمين لاختلاف الذكاء وما يتصل به من قدرات. لذا يدعو إلى تفريد التعليم بحسب استعداد المتعلمين وقدراتهم.

٤. أسلوب التدرج والتوجيه: وبموجبه أوجب على المعلم مراعاة سن المتعلم، وقدراته في طريقة التدريس، مع أخذ حاجات المتعلم بنظر الاعتبار فيعطيه من العلوم ما يلائمه ويلبي حاجاته، وعند تمكنه منها يرقى إلى غيرها.

وفي ضوء ما تقدم من آراء الفلاسفة العرب المسلمين في التربية، والطالب، والمعلم، وطريقة التدريس نستطيع أن نخلص منها إلى انها:

١. تشدد على الجانب الأخلاقي لدى المتعلم والمعلم.

٢. تشدد على التربية الروحية.

٣. تهتم بالتربية المعرفية أكثر من غيرها.

٤. تؤكد دور المعلم،وكونه القدوة الحسنة ومحور العملية التعليمية، وكون الطالب متلقيا.

٥. تقر بوجود الفروق الفردية بين المتعلمين، وتوجب على المعلم معرفتها و مراعاتها.

٦. تشدد على طريقة التلقين، واستخدام طريقة المحاضرة، مع عدم اغفالها المحادثة.

٧. تعطي الأولوية للعلوم الدينية وما يتصل بها. و تشدد على الرأفة بالمتعلم، والشفقة عليه، مع مطالبته بأن يكون مطيعا، وتجيز العقوبة البدنية عند الضرورة.

## خامسا: الفلسفة البراجماتية (Pragmatism)

يرى أصحاب الفلسفة البراجماتية أن الطبيعة الإنسانية مرنة وظيفية، وأن الحقيقة يمكن معرفتها من نتائجها التجريبية عندما توضع في موقف عملي فعلي[1]. والتربية من وجهة نظر البراجماتيين هي الحياة، وليست إعدادا للحياة. ومن واجبات المدرسة استخدام مواقف الحياة في العملية التربوية.

ويرى البراجماتيون كما يرى الواقعيون أن العالم قائم بذاته، وليس مجرد إسقاط من جانب العقل. وأن العالم ليس دائما، ولا مستقلا عن الإنسان، وأن الحقيقة هي من صنع التفاعل بين الإنسان وما يحيط به من أشياء. وبهذه النظرة تعارض المثالية.

والحقيقة عند البراجماتيين هي المجموع الكلي لخبرة الإنسان. وبذلك يصبح الإنسان وبيئته مسؤولين عما هو حقيقي على حد سواء. لذا فهي تختلف عن المثالية في هذا المجال. وما دامت الحقيقة من صنع تفاعل الإنسان وبيئته فهم يرون أن نتعلم دراسة العالم من حيث إنه يؤثر فينا، ويجب على الطفل النظر إلى الحقيقة لا بوصفها مستقلة عن الإنسان بل بوصفها سريعة الاستجابة له وقادرة على خدمته بطرق لا تحصى. ويؤمن البراجماتيون بمبدأ التعلم بالعمل فيشددون على ضرورة تنويع أساليب التعليم، والابتعاد عن التلقين، والاستظهار، وتخزين المعلومات.

(١) ابراهيم ناصر، مصدر سابق، ص٣٣٦.

والتربية من وجهة نظر البراجماتية عملية مستمرة لا تنتهي عند تخرج الإنسان في أي مؤسسة تربوية مهما علت لأننا نعيش في عالم دائم التغير والتطور.

**المعلم من وجهة نظر البراجماتية**

ترى البراجماتية أن المعلم يجب أن يتبنى الاتجاه الذي يهتم بحل المشكلات في البيئات البايلوجية والاجتماعية، وأن ينقل هذا الإتجاه إلى طلابه، وأن ينمي فيهم الإتجاه التجريبي، واتباع أسلوب المحاولة والخطأ في حل المشكلات.

وترى البراجماتية أن من بين ما مطلوب من المعلم الاهتمام بالحرية مقابل النظام، والأهداف العاجلة مقابل الأهداف البعيدة المدى. والإهتمام بمبادأة الطالب، ورجحانها على دور المعلم.

ويبني المعلم البراجماتي المواقف التعليمية على مشكلات معينة يعدها مهمة من حيث إنها تؤدي بالمتعلمين إلى فهم أفضل لبيئتهم. وهو لا يؤمن بتدريس المواد بطريقة منهجية أي لا يتبع الكتاب المقرر. إنما يقترح على طلابه مشكلات ويقودهم إلى اتباع طرق لحلها بأنفسهم.

ويرى ديوي أن المعلم البراجماتي هو الذي ينهج منهج سقراط فيعلم طلابه كيف يفكرون ويعملون أكثر مما يعرفون، ويبدعون أكثر مما يكررون.

**الطالب من وجهة نظر البراجماتية**

ترى البراجماتية أن المتعلم يجب أن يكون نشيطا في العملية التعليمية. وأن الطالب الأخلاقي هو ذلك الذي يبحث عن الواجب من أجل الواجب، وليس لشيء آخر.

وترى البراجماتية أن يحل الطلبة مشكلاتهم بأنفسهم بطريقة تعاونية. فالطالب عندهم متعاون. وتشدد على أن يكون الطالب ذكيا قادرا على ابتكار أساليب جديدة لمواجهة مواقف جديدة.

**طريقة التدريس من وجهة نظر البراجماتية**

ترى البراجماتية وجوب تعليم المتعلمين شيئا واحدا في آن واحد وترى وجوب العناية باهتمام الطلبة وحب الاستطلاع لديهم لما لذلك من دور في تحفيز الطلبة على التعلم. وترى وجوب تنمية ذكاء الطالب بشد انتباهه وأن تتدرج دراساته وصولا إلى مستوى التجريد. وأن تظل أكثر عمومية في مضامينها إلى أن يصبح الطالب مستعدا لتناول فروع المعرفة العقلية الكبرى.

وترفض البراجماتية بشدة استخدام القسوة والصرامة في معاملة الطلاب.

وترى البراجماتية ما يأتي:

١. اعتماد المعلم مبدأ التعلم باللعب، فهي ترى أن المتعلم يمكن أن يعمل ويلعب في آن واحد بمعنى إمكانية سير اللعب والعمل جنبا إلى جنب. فالمتعلم عندها يتعلم باللعب والتمثيل والمشاركة النشيطة، والعمل الجماعي. مع التشديد على مهارة التواصل الاجتماعي، وقوة الشخصية خلال تبادل العطاء في المناقشات التي تجري في الصف، وحل المشكلات. لذا فإنها ترى أن الطفل يتعلم عن طريق النشاط أكثر مما يتعلم عن طريق التلقين. فهي ضد التلقين وترى أن يترك الطفل ليجرب ما شاء.

٢. تشدد على اعتماد التجريب، واتباع طريقة المحاولة والخطأ. فهي لا تحبذ طريقة المحاضرة في التدريس.

٣. ترى أن حل المشكلات يحصل عن طريق التعاون الإيجابي بين الطلاب والهدف من ذلك تحويل الطلاب إلى باحثين مدربين.

٤. يرى البراجماتيون أن الطالب لايتعلم عن طريق القراءة في الكتب.، إنما عن طريق عمل الأشياء وممارستها. وعند الممارسة تصبح جميع الحواس مصادر للمعلومات.

وتعد طريقة المشروع من حصيلة رؤية البراجماتية إلى ما يجب أن تكون عليه طريقة التدريس.


**سادسا: الفلسفة الوجودية:**

ظهرت الفلسفة الوجودية كرد فعل على التيارات العقلية التي سادت الفلسفة في عصورها القديمة. تلك الفلسفات التي جعلت الماهية سابقة للوجود، ونظرت إلى الوجود من خلال النفس العاقلة، وهذا ما عبر عنه ديكارت بقوله: أنا أفكرفأنا إذن موجود. أما الوجودية فقد ردت على هذا المذهب بجعلها الوجود سابقا الماهية. ورأت أن الإنسان يستطيع تأكيد ذاته ووجوده في هذه الحياة من خلال المواقف التي يجد نفسه منخرطا فيها بوصفه ذلك الكائن البشري الموجود في العالم من خلال الاختيار الحر الذي يميز الإنسان كإنسان.

وتأسيسا على هذه النظرة هناك تفرقة بين الذات والموضوع، تلك التفرقة التي عرفتها الفلسفة المثالية. فالإنسان في نظر الفلاسفة التقليديين ذات عارفة. أما الأشياء فهي موضوعات للمعرفة أي أنها موضوعة أمام الذات لتعرفها.

أما في رأي الوجودية فإن الإنسان أصبح معاشرا للأشياء وليس عارفا لها، أي أن الذات معاشرة للأشياء فالفلسفة عند الوجوديين لم تعد حب الحكمة، إنما أصبحت تعني فن معرفة النفس عن طريق معاشرة الأشياء الخارجية.

**المعلم من وجهة نظر الوجودية**

يرى الوجوديون أن المعلم ليس مجرد ناقل للمعلومات كما يرى الواقعيون. وهو ليس مستشارا محايدا في مواقف مشكلة كما يراه البراجماتيون. وليس شخصية يجب تقليدها كما يراه المثاليون. إنما تتحدد وظيفته في رأي الوجوديين بالآتي:

١. تقديم المساعدة الشخصية للطالب في سعيه نحو تحقيق ذاته. وترى أن المعلم الصالح هو الذي يعمل بنفسه فاعلا حرا. وأن تأثيره يجب أن لا يكون مؤقتا بل يتعدى ذلك إلى حياة الراشدين.

٢. تشجيع الطالب على الإنصراف إلى عمله، وأن يتأمل كل جانب من جوانب البناء المعرفي ويحوله إلى جزء من كيانه الشخصي.

٣. إثارة ميول الطالب وذكائه ومشاعره،وأن يجعل الطريقة التي يستخدمها الطالب في التعلم محاولة لربطه بما يسعى إلى تعلمه.

٤. نصيحة طلابه بعدم الأخذ بآراء الآخرين من دون إعمال الفكر فيها.

٥. تنمية احتقار التقليد عند طلبته، واحتقار تلقي الأفكار من دون تغيير.

٦. أن يعلم كل طالب بأن يكون هو نفسه،لا أن يكون نسخة طبق الأصل من المجموعة.

٧. معاملة الطالب العاصي معاملة لا تقوم على إذلاله أوتعريضه لسخرية الآخرين. وتجيز الوجودية معاقبة الطالب، ولكن ليس بطريقة تؤدي إلى احتقاره. وترى أنه ليس مطلوبا من المعلم توبيخ الطلبة الأكثر تخلفا بل حثهم لبذل جهود عقلية أفضل.

**الطالب من وجهة نظر الوجودية**

يمكن إيجاز نظرة الوجودية إلى الطالب بالآتي:

١. إنها تشدد على الحرية الحقيقية للطالب وعلى أصالته.

٢. تشدد على التفكير الذاتي للطالب بوصفه ضروريا لتحقيق ذاته.

٣. تعليم الطالب الكيفية التي بها يستطيع تنمية مبادئه الشخصية. وأن ينمي في ذاته الشعور بالكبرياء.

٤. تعارض الوجودية وضع الطلاب بأعداد كبيرة في الفصول المدرسية لأن ذلك يؤدي إلى إضعافهم، والقضاء على طاقاتهم الخلاقة.

٥. تقدر الوجودية الطالب الذي يستعمل ما تعلمه مهما كان قليلا. أما الطالب الذي يقدم المعلومات متى تطلب منه من دون استعمالها فيأتي بالمرتبة الثانية من وجهة نظر

الوجودية،لأن استخدام المعلومات يرقى إلى مستوى التطبيق الذي يتقدم على مستوى المعرفة أو التذكر.

**طريقة التدريس من وجهة نظر الوجودية:**

١. يرفض الوجوديون طرائق التدريس القائمة على التلقين والحفظ، وإنتاج الأفراد ذوي الشاكلة الواحدة.

٢. يريدون من الطريقة أن تؤدي إلى تطوير الفرد كلا، وإعطائه الحرية المطلقة في اكتشاف حقول المعرفة المختلفة وميادينها واختيارها.

٣. يشجع الوجوديون على استخدام الطريقة السقراطية، وهي عندهم الأمثل في التربية. والطريقة السقراطية تقوم على إثارة أسئلة حول قضية حتى يمكن الوصول إلى حلول معقولة لها.

٤. يرفض الوجوديون طريقة حل المشكلات التي ينادي بها أصحاب النزعة التجريبية.

٥. يؤكد الوجوديون أهمية اللعب، ويرون أن الفرد في اللعب يطلق العنان لابتكاراته، ويرون أن اللعب كلما كان مرتجلا، كان اللاعبون أحرارا.

٦. تؤمن الوجودية بأن طريقة تعليم الطلاب أفرادا أفضل من تعليمهم جماعات، لأن الطالب إذا كان بطيئا سيعيق غيره من الجماعة،وإن كان سريعا فإنه يضطر الى مجاراة الآخرين، بمعنى انها تؤكد تفريد التعليم.

٧. الوجوديون يريدون تنوعا في الطرائق بما يلبي متطلبات الجميع، أي جميع الطلبة.

**سابعا: الفلسفة التقدمية أو المدرسة التقدمية**

بعد أن تعامل الغرب مع فلسفات عديدة مختلفة في العصور القديمة والوسطى، ظهرت هناك أربع نظريات تربوية منها واحدة في العصر المعاصر وهي التقدمية وثلاث أخرى في العصر الحديث وهي:
التواترية، و الجوهرية والتجديدية، وسنتعرض هنا الى المبادئ الأساسية التي تقوم عليها كل مدرسة من هذه المدارس ووجهة نظرها في التربية، والعملية التعليمية كما ياتي:

**الفلسفة التقدمية:**

ويطلق عليها المدرسة التقدمية في التربية. وظهرت في الولايات المتحدة الأمريكية ثورة على الفلسفات التقليدية وهي تقوم في جانب كبير منها على تطبيق البراجماتية في التربية، علما بأن نشوءها يرجع الى عام ١٨٧٠ م.

ويعد جون ديوي أول من جمع بين البراجماتية والتقدمية، ويعد كتابه "مدارس الغد" بمثابة إعلان عن نشوء اتجاه تحمل اسمه جمعية التربية التقدمية التي ظهرت في الولايات المتحدة الأمريكية. ولقد تعاظم أمر التقدمية وأثرها في الحياة الأمريكية بعد الأزمة الاقتصادية. وكانت التقدمية خلف الحركة التي طالبت بالتغيير الاجتماعي.

وتقوم وجهة نظر التقدمية في التربية على أساس ان الطفل جهاز حي متجاوب سلميا بوصفه وحدة متكاملة، وان مظاهر حياة الطفل المتباينة يجب أن توضع موضع الاعتبار، وهذا يعني أن التربية المتمركزة حول الطفل قائمة على التمركز حول اهتماماته نفسه، وعلى دراسة النمو الطبيعي له.

والتقدميون يرون أن الإنسان يختار طريق عمله على أساس إرادته، ثم يستخدم عقله ليبرر أعماله، وبذلك فالعقل عندهم يحتل مرتبة أقل أهمية.

أما المبادئ الأساسية التي تقوم عليها التربية التقدمية فهي:

١. إعطاء الحرية للطفل لكي ينمو نموا طبيعيا.

٢. الميل هو الدافع نحو العمل.

٣. المدرس موجه وليس أستاذا لإعطاء المعلومات.

٤. الاهتمام الأعظم بكل ما يؤثر في النمو المادي للطفل.

٥. التعاون بين البيت والمدرسة لمقابلة احتياجات الطلبة.

٦. دراسة تطور الطفل دراسة علمية.

وفي ضوء هذه المبادئ يؤكد التقدميون حرية النمو الطبيعي والاهتمام بالميول بوصفها محفزات على العمل ويشددون على العوامل المؤثرة في النمو المادي للطفل، ويحددون دور المعلم بكونه موجها وليس ناقلا للمعلومات ويشددون على أهمية التعاون بين البيت والمدرسة لتلبية احتياجات الطفل. والمتعلم عندهم محور العملية التربوية.


**ثامنا: الفلسفة التواترية أو المدرسة التواترية**

ظهرت هذه المدرسة أو الفلسفة التربوية في العصر الحديث، وجاء ظهورها رد فعل على التقدمية. وتستند التواترية إلى الفلسفة الواقعية التقليدية. وهي ترى أن المبادئ الأساسية في التربية تتواتر ولا تتغير. ويمكن إيجاز المبادئ الأساسية للتواترية بالآتي:

١. بما ان الطبيعة البشرية ثابتة فكذلك تكون طبيعة التربية ثابتة.

٢. بما ان الصفة الأساسية للإنسان هي عقله، لذلك يجب أن تشدد التربية على استخدام العقل.
٣. الحقيقة عالمية، غير متغيرة، لذلك يجب أن تتجاوب التربية معها.
٤. التربية ليست مرادفة للحياة، إنما هي إعداد لها.
٥. يجب أن يتعلم الأطفال عددا معينا من الموضوعات الأساسية التي تمكنهم من معرفة الصفات الدائمة للعالم من الناحيتين الروحية والمادية.
٦. أفضل مراجع لدراسة هذه الصفات الدائمة هي ما يسميه التربوين الكتب العظمى.

وفي ضوء ما تقدم يمكننا أن نلحظ اهتمام التواترية بالتربية العقلية، وثبات طبيعة التربية ووحدة المناهج التربوية ووظيفة التربية في الحياة، والحث على تعليم كتب معينة لتلبية أهداف التربية الروحية والمادية، وأن التواترية تضع المادة الدراسية في مركز العملية التربوية.

**تاسعا: الفلسفة الجوهرية أو المدرسة الجوهرية**

وقد ظهرت في العصر الحديث. وجاءت الجوهرية مشاركة التواترية في كونهما رد فعل ضد المدرسة التقدمية ولكنها أكثر اعتدالا. ونادت بضرورة أن يعرف الطالب بعض الجوهريات والأساسيات. وهي تتفق مع ديوي في بعض آرائه.

ويشدد الجوهريون على إعادة النظر في مواد المنهج للتفريق بين ما هو جوهري وما هو ليس بجوهري. وتشدد على إعادة مكانة المعلم وسلطته في الصف، وتجعل المادة الدراسية في مركز العملية التربوية كما تفعل التواترية غير أنها لا تتفق مع التواترية في أن المادة الدراسية الحقيقية هي الحقائق التي احتفظت بها الكتب العظمى في المدنية الغربية. وترى أن هذه الحقائق يجب تعليمها لا لذاتها فحسب إنما من أجل الإعداد لمواجهة الحقائق الحاضرة. ويمكن إيجاز المبادئ الأساسية للتربية الجوهرية بالآتي:

١. التربية بالضرورة تعني المثابرة والعمل الشاق.
٢. المبادأة في التربية يجب أن تكون من جانب المعلم لا من جانب الطالب.
٣. إن هضم المواد الدراسية المقررة هو لب التربية.
٤. يجب على المدرسة أن تحافظ على الطرق العقلية للتنظيم العقلي.

وفي ضوء ما تقدم يمكن أن نلحظ أن الجوهرية تريد من الطالب أن يكون مثابرا مجدا متحملا كل مشقة في عملية التعلم. وأنها تجعل المعلم والمادة الدراسية محور العملية التربوية. و تدعو إلى استخدام طرائق التدريس التي تحقق هضم أكبر كمية من المعلومات وحفظها. وهي تنادي بعدم مغادرة الطرائق التقليدية في التعليم، ولعل أبرزها المحاضرة والتلقين.

عاشرا: الفلسفة التجديدية أو المدرسة التجديدية

ظهرت التجديدية في العصر الحديث أيضا. وهي امتداد للتقدمية، فبعد أن فقدت التقدمية تأثيرها بعد عقدين من الزمن. حصلت جهود جديدة تستخدم فلسفة ديوي، ونظريات تربوية يعترف بها المجتمع لوضع أسس اتجاه تربوي بديل عن التقدمية، فظهرت المدرسة التجديدية.

ويؤكد الأساس الفلسفي العام للتجديدية على الاهتمام بمستقبل المدنية، وأهداف ثقافتها وكيفية تحقيق هذه الأهداف لتوفير السلامة الثقافية. وهي على خلاف غيرها من الفلسفات تربط بين الغايات والوسائل لتكون أداة فعالة تساعد على مواجهة صور هذا العصر الذي تشتد فيه سرعة التغيير، وحدة التوتر الثقافي. وترى أن الهدف الرئيس للتربية هو تجديد المجتمع لكي يواجه الأزمة الثقافية في عصرنا.

والتجديديون يرفضون التشديد على حرية الفرد ويشددون على النظام الاجتماعي ودور المدارس في التخطيط الاجتماعي.

**ويمكن إيجاز المبادئ الأساسية للتجديدية بالآتي:**

١. إن هدف التربية الرئيس يتحدد في تقديم برنامج دقيق واضح للإصلاح الاجتماعي.

٢. يجب على المربين البدء في تنفيذ هذا الواجب بلا تأخر.

٣. يجب أن يكون النظام الاجتماعي الجديد ديمقراطيا أصيلا.

٤. يجب على المعلم أن يقنع تلاميذه بالوسائل الديمقراطية وقيمة نظر التجديدية وضرورتها.

٥. يجب أن تعاد صيغ وسائل التربية وأهدافها طبقا لنتائج العلوم السلوكية.

٦. يجب أن يصل الطفل والمدرسة والتربية إلى أقصى مدى عن طريق القوى الثقافية والاجتماعية.

وفي ضوء ما تقدم يمكن أن نلحظ أن التجديدية تشدد على دور التربية في إصلاح النظام الاجتماعي، وتؤكد النشاط الاجتماعي والديمقراطي، وتؤكد ضرورة العودة إلى نتائج البحوث في العلوم السلوكية والاستفادة منها في البرامج التربوية.

وفي ضوء ما تم عرضه من فلسفات تربوية مختلفة ظهرت خلال عصور مختلفة، ونظرتها للتربية والمعلم والمتعلم وطريقة التدريس، يمكن القول:

إن تاريخ الحضارة الإنسانية شهد ظهور فلسفات تربوية متعددة في مختلف المجتمعات، وكانت تلك الفلسفات تسعى إلى فهم طبيعة الأشياء ودراسة طرق التفكير ومشكلة السلوك الإنساني.

ونلاحظ أن تلك الفلسفات تباينت أحيانا كثيرة، والتقت في أحيان أخرى في نظرتها للعملية التربوية والمعلم والمتعلم وطرائق التعليم بحسب الأسس الفلسفية لكل منها.

ويظهر جليا أن ما ظهر من فلسفات حديثة لم يلغ تماما ما دعت إليه الفلسفات القديمة مما يعطينا مؤشرا على أن أثر الفلسفات القديمة ما زال موجودا في العملية التربوية وإن كان في زوايا محددة منها.

ومن الجدير استخلاصه أن ليس كل ما هو قديم تقليدي غير صالح للتطبيق الآن، مثلما انه ليس كل حديث هو صالح للتطبيق على طول المسار وفي أي بيئة، لذا فإن الدارس للفلسفات التربوية يجب أن ينظر اليها نظرة محايد، فيأخذ من كل فلسفة ما يمكن أن يكون ملائما لعصره ومجتمعه وأهداف التعليم.

بقي أن نؤشر بعض المبادئ التي يمكن استنتاجها، ولها شأن في التاثير في عمل المعلم وطريقة التدريس في ضوء رؤية الفلسفات التربوية التي تم عرضها وذلك كما يأتي:

١. نلاحظ أن قسما من المدارس الفلسفية شدد على الجانب العقلي والتربية العقلية واعتبار المادة الدراسية وسيلة لشحذ الملكات العقلية. ومثل هذه الرؤية تشدد على طرق التلقين وجعل المادة والمعلم في مركز العملية التعليمية. ولعل أبرز المدارس في هذا الاتجاه المثالية، والإسلامية، والجوهرية، والتواترية.

٢. إن البعض الآخر شدد على المتعلم وميوله ورغباته وجعله محور العملية التعليمية، ومنها الفلسفة الطبيعية، والبراجماتية، والتقدمية. وهذا الاتجاه يدعو الى طرائق تدريس تبدأ بالمتعلم وتنتهي بالمتعلم. ويكون دور المعلم فيها موجها ومرشدا.

٣. إن بعض المدارس شدد على الجانب الأخلاقي عند المتعلم مثل المثالية، و الإسلامية، والتجديدية. ومثل هذا الاتجاه يشدد على شخصية المعلم، وتأثيره في سلوك طلبته وكونه القدوة.

٤. وجود مدارس تربوية تشدد على حرية المتعلم وتركه يتعلم ما يريد بنفسه، في حين هناك مدارس تؤكد وجوب النظام والضبط، وان المعلم هو المسؤول عن اختيار ما يريد تقديمه للطالب.


**اتجاهات التدريس**

إن هذا التباين في النظريات التربوية، وأسسها الفلسفية أدى إلى ظهور طرائق تدريس متعددة من خلال إجراء بحوث عديدة في مجال التعلم، وكيفياته، والتوصل إلى نتائج عديدة حول الكيفية الأفضل التي يتعلم بها الإنسان. ولكن في ضوء القاء نظرة موضوعية شاملة على تلك

الفلسفات والنظريات التربوية ونظريات التعلم، يمكن توزيع طرائق التدريس التي تأسست على تلك النظريات بين اتجاهين هما الاتجاه التقليدي، والاتجاه الحديث. فما هما ؟ وما طرائق التدريس التي يمكن أن تندرج تحت كل إتجاه. هذا ما سنتناوله فيما ياتي:

## أولا: الاتجاه التقليدي في التدريس

يشدد هذا الاتجاه على تلقين المتعلمين المعلومات والمعارف. وبذا فإنه يشدد على التربية العقلية التي غالبا ما يكون المتعلم فيها سلبيا، أي أنه في موضع المتلقي، ويكون زمام المبادأة على وفق هذا الاتجاه بيد المعلم. ويستند هذا الاتجاه إلى أسس منها سايكولوجية ومنها اجتماعية.

## أما الأسس السايكولوجية:

فإن التقليديين ينظرون الى المتعلم على أنه يتكون من شيئين منفصلين هما الجسد، والعقل. وينظرون إلى أن عقل التلميذ عند الولادة يكون صفحة بيضاء يمكن أن تكتب عليها ما تريد. ويذهبون إلى أن العقل مكون من ملكات عديدة منفصلة عن بعضها، ويمكن تنمية أية ملكة منها عن طريق التدريب بوساطة مواد معينة من دون الإلتفات الى مستوى نضج المتعلم واهتماماته وميوله. وهي ترى أن المواد الدراسية كلما كانت صعبة معقدة، كلما كانت أقدر على شحذ الملكات العقلية وتعويد التلميذ الصبر والتجديد وقوة الإرادة. فهم يرون مثلا أن الرياضيات تدرب العقل على الدقة، فيما تقوي اللغة اللاتينية لصعوبتها الإرادة عند المتعلمين. ومثل هذه الفلسفات وإن كانت قديمة، إلا إن بعض اتجاهاتها تكرر حديثا كما في نظرة الجوهرية إلى المادة الدراسية، وكون حفظها يمثل لب العملية التربوية. لذلك فإن المدرسة التقليدية تشدد على التلقين والحفظ بغض النظر عن مدى الاستفادة من المواد المحفوظة في الحياة.

والاتجاه التقليدي يشدد على ترجيح الجانب المعرفي، والعقلي على غيره من مجالات الشخصية الانسانية،

## وأما الأسس الاجتماعية فهي:

إن التقليديين يرون أن وظيفة التربية هي إعداد الفرد لحياة المستقبل مع الاهتمام بالتراث الثقافي. لذا فإن الاهتمام انتقل الى التشديد على المادة الدراسية وتنظيمها، وتقديم أكبر كمية منها  للتلاميذ بقصد الحفظ بغض النظر عن حاجاتهم إليها ومدى ميلهم نحو تعلمها، لذا فإن المدرسين يستخدمون الشدة من أجل تحقيق ذلك فاستخدموا القمع والعقوبات الجسدية والنفسية.

ومن خلال نظرة علمية إلى الاتجاه التقليدي وما بني عليه من أسس ومبادئ يمكن تأشير ما يأتي:

١. إن النظرة للأنسان على أنه يتكون من قوة عقلية وأخرى جسمية منفصلتين عن بعضهما

نظرة ينقصها السند العلمي لأن الدراسات العلمية أثبتت أن الإنسان كل يتكامل عنده الجانب العقلي، والجسمي، والوجداني ( الانفعالي )، ولا انفصال بينها. وليس ثمة ما يثبت أن العقل مكون من ملكات منفصلة عن بعضها، وإنما العقل هو كل متكامل. وإذا كان لدى التلميذ قدرات، فإن هذه القدرات يضمها عامل واحد هو الذكاء.

٢. لا يمكن أن ينظر الى الطفل عند ولادته على أنه صفحة بيضاء تكتب عليها ما تشاء، إنما يولد الطفل وهو مزود بدوافع فطرية ويكتسب دوافع أخرى خلال حياته.

٣. إن حفظ المعلومات وحده لا يطور من شخصية المتعلم أو سلوكه ما لم يقم بنشاط معين في تعلمها.

٤. إن عملية نقل التراث الثقافي لا يمكن أن تكون ذات معنى ما لم تحصل عن طريق تفاعل التلميذ وذلك التراث، وعمله على تطويره بما يطور المجتمع، لذا فإن ذلك لا يتم عن طريق الحفظ والتلقين والاستظهار.

٥. بما ان الحياة معقدة، ولحصول تطور كبير في الجانب العلمي والتكنولوجي، فإن هناك احتمال ظهور علوم، ومهن لم تكن معروفة الآن مما يجعل صورة الطالب الذي نعد له غير واضحة تماما، لذا فإن إعداد الطالب للمستقبل عملية غير مضمونة. لذا يجب أن يكون الإعداد عن طريق تزويد المتعلم بخبرات وإمكانيات تمكنه من التكيف ومتغيرات الحياة.

**ثانيا: الاتجاه الحديث في التدريس**

نظرا لما طرحته بعض الفلسفات التربوية، وما توصلت إليه الدراسات والبحوث العلمية حول نمو الطفل ونضجه، وظهور نظريات جديدة وإجراء التجارب في مجال العملية التعليمية، تغيرت النظرة القديمة لتعلم الأطفال ومعها تغيرت وظيفة المدرس وطرائق التعليم، إذ أخذت المدارس تطبق نتائج النظريات السلوكية الحديثة التي نظرت إلى الطفل على أنه كل موحد متكامل في نشاطه داخل الجماعة، وأخذت تعمل على تكييفه تكييفا سليما مع ما يحيط به. وأصبح التعليم فيها عملية توجيه وإرشاد لا تلقين وحفظ. وقد تأسس هذا التغيير على أسس سايكولوجية، وفلسفية، واجتماعية كما ياتي:

**١. الأسس السايكولوجية**

ينظر أصحاب الاتجاه الحديث إلى الطفل على أنه كائن حي تام له ميول واستعدادت وإمكانيات. وأنه ينمو نتيجة التفاعل مع البيئة، وأن صفاته الموروثة تتكامل وتتناسق مع ما يحصل عليه من الخبرة والتعليم والممارسة لتكون شخصيته موحدة لها خصائصها وميزاتها وسماتها، وأن

هذه الشخصية لها جوانب متعددة جسمية، وعقلية، معرفية، وانفعالية. وأن الفرد يتأثر بالجماعة ويؤثر فيها وعن طريق التفاعل يكون ذاته ومثله وقيمه واتجاهاته. لذا فإن هذا الاتجاه يريد من التربية أن تضع جميع جوانب شخصية الطفل موضع الإهتمام. ولا تهتم بمجال من دون غيره. ومن شأن هذا الفهم الجديد أن يؤدي إلى إتجاه جديد في طرائق التدريس، لذا إتجهت طرائق التدريس إلى استغلال دوافع الفرد، وميوله واستعداداته لتهيئته للمواقف التعليمية في ضوء النظرة الكلية لشخصيته، وبناء على هذا لم يعد المدرس ملقنا للمعلومات، بل أصبح موجها للنمو باتجاه تحقيق الأهداف التربوية العامة التي تخدم المجتمع.

### ٢. الأسس الفلسفية

كان لانتشار الأفكار الديمقراطية بين الشعوب في العصر الحديث وتأكيد حقوق الإنسان، والدعوات إلى تحقيق المساواة في التعامل بين المواطنين أثر كبير في تغيير الاتجاه التربوي، وفي طرائق التدريس أيضا.

فالأسلوب التسلطي الذي كانت تمارسه المدارس لم يعد مقبولا. فحلت محله طرائق أخرى توفر فرصا متكافئة بين المتعلمين في اكتساب المعارف وممارسة النشاط. وقد أتيحت للافراد حرية التعبير، ولم يعد التدريس خضوعا من التلميذ للمعلم. وفي ضوء هذا جميعه لم يعد الإهتمام منصبا على المادة الدراسية بقدر إتجاهه إلى استخدام المعارف في المواقف التعليمية الحقيقية التي تواجه الفرد.

ولما كان العالم يتغير ويتبدل بسرعة، والمعلومات التي تعطى للطلبة لا تتسم بالثبات فإن طرائق التدريس إتجهت إلى تكوين مجموعة من القيم، والاتجاهات، والميول والعادات، وطرق التفكير لدى الفرد تفيده في مواجهة هذا العالم المتطور المتغير فيتكيف، ويسهم في تطويرها.

ولكن جميع هذه الإيجابيات التي يمكن تثبيتها للاتجاه الحديث لا تمنع من تثبيت بعض النقاط التي يمكن أن يشار إليها على أنها نقاط ضعف في الإتجاه الحديث يجب أن يستحضرها المعلم وهو يطبق هذا الاتجاه في العملية التربوية ومن نقاط الضعف هذه:

١. زيادة الاهتمام بالطالب وحاجاته،وميوله قد تضعف الاهتمام بحاجات المجتمع، ومطالبه فيتجه التدريس نحو الاتجاه الفردي، ويهمل الإطار الاجتماعي.

٢. قد لا يهتم الاتجاه الحديث بالتراث الثقافي مما يضعف أهمية المعلومات والحقائق العلمية فيقع في خطأ التطرف لأن الحاضر لا ينمو ولا يتطور إلا بقدر دراسته في ضوء ماضيه، وبخاصة الجوانب المشرقة من ذلك الماضي لأنها الأساس لمعلومات الحاضر.

٣. قد يساء إستخدام الحرية فتحل الفوضى، والنمو غير السليم لدى التلاميذ، فالضبط

الهادئ لا بد أن يكون مفيدا. والحرية لا تمارس إلا في حدود أهداف محددة، ووعي بصلة الفرد والجماعة معا.

وبعد أن حددنا وجهات نظر الفلسفات التربوية المختلفة واتجاهات التدريس المنبثقة عنها، أصبح الطريق أمامنا ممهدا للإنتقال إلى طرائق التدريس، ولكن إذا علمنا أن كل طريقة وأساليبها لا يمكن أن تصمم من دون تحديد أهداف تسعى الطريقة لتحقيقها، وبخلافه لا يمكن أن تؤسس الطريقة تأسيسا علميا. لذا مست الحاجة إلى المرور بأهداف التدريس: أنواعها ومستوياتها، ومصادر اشتقاقها، وكيفية صياغتها. وهذا بعد عرض مفهوم التدريس، وطبيعته ومهماته وأسسه وهذا ما سنتناوله في الفصل اللاحق.

الفصل الثاني: التدريس وأهدافه

الأهداف المتوخاة من دراسة هذا الفصل

يتوقع بعد دراستك هذا الفصل أن تكون قادرا على أن:

١. تشرح مفهوم التدريس.
٢. تفرق بين التدريس والتعليم.
٣. تحدد مفهوم التربية.
٤. تحدد مفهوم التدريب.
٥. تعرف استراتيجية التدريس.
٦. تعرف طريقة التدريس.
٧. تعرف أساليب التدريس.
٨. تفرق بين الاستراتيجية والطريقة والأسلوب.
٩. تعدد معايير الطريقة الجيدة في التدريس.
١٠. توضح طبيعة التدريس.
١١. تعدد مهمات التدريس.
١٢. تحدد عناصر التدريس.
١٣. توضح أهمية الطريقة في التدريس.
١٤. تعدد أسس التدريس الجيد.
١٥. تبين العوامل المؤثرة في اختيار طريقة التدريس.
١٦. تعدد صفات المدرس الناجح.
١٧. تبين القواعد العامة في التدريس.
١٨. تعرف الهدف في التدريس.
١٩. تحدد مستويات الأهداف التربوية.
٢٠. تبين أهمية تحديد الأهداف.
٢١. تعدد مصادر اشتقاق الأهداف التربوية.
٢٢. تعدد معايير الأهداف التربوية.
٢٣. تعرف الأهداف السلوكية.
٢٤. تصوغ الأهداف السلوكية.
٢٥. تحدد مكونات الهدف السلوكي.
٢٦. تحدد خصائص الأهداف السلوكية.
٢٧. تعدد مستويات المجال المعرفي.
٢٨. تعرف كل مستوى من مستويات المجال المعرفي.
٢٩. تعطي أمثلة تطبيقية لكل مستوى من مستويات المجال المعرفي.
٣٠. تعرف كل مستوى من مستويات المجال الوجداني.
٣١. تعطي أمثلة تطبيقية لكل مستوى من مستويات المجال الوجداني.
٣٢. تعرف كل مستوى من مستويات المجال المهاري.
٣٣. تعطي أمثلة تطبيقية لكل مستوى من مستويات المجال المهاري.
٣٤. تفرق بين المجال المعرفي والمجال الوجداني والمجال المهاري.
٣٥. تقوم صياغة الأهداف السلوكية.
٣٦. تصوغ أهداف سلوكية لموضوع في مادة تدرسها.

## التدريس: مفهومه وأهدافه

لما كان المدرس من بين أهم عناصر العملية التعليمية، فإن من أبرز ما به حاجة اليه معرفته مفهوم مهنته وأهدافها، وإحاطته بالمصطلحات التي تتردد في مجال العملية التعليمية مثل: التدريس، والتعليم، والتعلم، والتربية، واستراتيجية التدريس وطرائق التدريس وأساليب التدريس. ثم أهداف التدريس من حيث المفهوم والمستويات والتصنيفات ومصادر اشتقاق الأهداف وغيرها، وهذا ما سنتناوله في هذا الفصل كما يأتي:

## أولا: التدريس

**أ- مفهوم التدريس:** إحاطة المتعلم بالمعارف وتمكينه من اكتشاف تلك المعارف، فهو لا يكتفي بالمعارف التي تلقى وتكتسب إنما يتجاوزها الى تنمية القدرات والتأثير في شخصية المتعلم والوصول بالمتعلم الى التخيل والتصور الواضح والتفكير المنظم. ويعرف التدريس أيضا بأنه: مجموعة النشاطات التي يؤديها المدرس في موقف تعليمي لمساعدة المتعلمين في الوصول إلى أهداف تربوية محددة.

**ب- مفهوم التعليم:** هو جعل الآخر يتعلم، ويقع على العلم والصنعة. ويعرف بأنه: نقل المعلومات منسقة إلى المتعلم، أو انه معلومات تلقى، ومعارف تكتسب فهو نقل معارف أو خبرات أو مهارات وإيصالها إلى فرد أو أفراد بطريقة معينة. ويمكننا أن نستنتج في ضوء هذا المفهوم أن المتعلم في التعليم أقل إيجابية منه في التدريس والتعليم هو إعطاء من جانب المعلم أو المتعلم.

**ت- الفرق بين التعليم والتدريس:**

وللتفريق بين مفهومي التدريس والتعليم يمكن القول إن التعليم يستخدم في ثلاثة مجالات هي: المعارف، والمهارات والقيم إذ تقول: علمته النحو، وعلمته آداب المجالسة، وعلمته قيادة السيارة. وتقول درسته النحو، ولا تقول درسته آداب المجالسة، أو درسته قيادة السيارة. وتأسيسا على هذا فإن التعليم أكثر شمولا وعمومية من التدريس إذ يستخدم في مواضع كثيرة في الحياة فتقول تعلمت الكثير من الكتاب، وتعلمت أشياء من قراءتي هذه القصة وغيرها. أما التدريس فإنه يشير إلى نوع خاص من طرائق التعليم بمعنى انه تعليم مخطط له مقصود. وهذا يعني أن التدريس يحدد فيه السلوك المرغوب فيه، وظروف الوقف التعليمي التي تتحقق فيها الأهداف، أما عملية التعليم فإنها يمكن أن تحدث بقصد أو من دون قصد. الأمر الآخر هو إن التعليم قد يحدث خارج

المؤسسة التعليمية كالبيت والمجتمع، وقد يحدث في داخلها، أو في الاثنين معا، أما التدريس فيتم في داخل المؤسسات التعليمية.

**أ- مفهوم التربية:** التربية مصطلح جذره اللغوي (( ربا )) أي نما وزاد، وبهذا يفسر معنى التربية. فهي النمو الذي يتحصل عليه المتعلم في مجالات مختلفة، عقلية واجتماعية، وجسمية وانفعالية ولإحداث هذا النمو وسائل هي التعليم والتدريس والتدريب.

**ب- مفهوم التدريب:** هو تعليم غير إنه مختص بالمهارات، وتمكين المتعلم منها مثل: التدريب على الخط، والتدريب على الرسم، و التدريب على الإلقاء، والتدريب على السباحة وغيرها من المهارات. لذا فهو أقل شمولا من التعليم أيضا.

**ت- مفهوم التعلم:** التعلم هو كل ما يكتسبه الفرد، وهو حاصل التعليم والتدريس والتدريب مما يحدث تعديلا في سلوك المتعلم، لذا فانه يعرف بأنه تعديل السلوك الذي تنشده التربية.

والتعلم ملازم للتعليم والتدريس والتدريب، وأفضل تعليم أو تدريس أو تدريب هو ما يؤدي إلى أفضل تعلم.


**وللتفريق بين مفهوم التعلم والتعليم يمكن القول:**

إن التعليم هو العملية والإجراءات التي تمارس، بينما التعلم هو نتاج تلك العملية. فالتعلم يعني ما يكتسبه الفرد بالخبرة والممارسة كاكتساب الاتجاهات والميول والمدركات، والمهارات الاجتماعية والحركية والعقلية، أما التعليم فهو تعديل في السلوك نتيجة ما يحدث أو نفعل أو نلاحظ.


**ث- مفهوم استراتيجية التدريس:**

تعرف استراتيجية التدريس بأنها: مجموعة الإجراءات والوسائل التي يستخدمها المعلم فيمكن المتعلم من الخبرات التعليمية المخططة وتحقيق الأهداف التربوية.

فالاستراتيجية تعني خط السير الموصل للهدف وتشمل الخطوات الأساسية التي خطط لها المدرس في تحقيق أهداف المنهج ويدخل فيها كل فعل له في النهاية قصد أو غاية وتمثل بمعناها العام كل ما يضعه المدرس لتحقيق أهداف المنهج. فالاستراتيجية تتصل بالجوانب التي تساعد على حدوث التعلم الفعال، كاستعمال طرائق التدريس الفاعلة، واستغلال دوافع المتعلمين ومراعاة استعداداتهم وميولهم وتوفير المناخ الصفي الملائم وغير ذلك من الجوانب المتصلة بالتدريس.

**ج- طريقة التدريس:** الطريقة لغة: المذهب والسيرة والمسلك وجمعها طرائق. وقد وردت(طرائق) في القرآن الكريم في قوله تعالى: {وإنا منا الصالحون ومنا دون ذلك كنا

طرائق قددا} ( الجن: ١١)، بمعنى فرق مختلفة. والطريقة اصطلاحا: تعني الكيفيات التي تحقق التأثير المطلوب في المتعلم بحيث تؤدي إلى التعلم. أو إنها الأداة أو الوسيلة أو الكيفية التي يستخدمها المعلم في توصيل محتوى المادة للمتعلم في أثناء قيامه بالعملية التعليمية بصور وأشكال مختلفة، فهي وسيلة لنقل المعلومات إلى المتعلم وإرشاده إليها، والتفاعل معه وتتكون من مجموعة أساليب يتخذها المدرس لتحقيق أهداف الدرس وهي من مكونات استراتيجية التدريس.

**ح- أساليب التدريس:** الأسلوب هو مجموعة قواعد أو ضوابط تستخدم في طرائق التدريس لتحقيق أهداف التدريس. ويعرف أسلوب التدريس بأنه: الكيفية التي يتناول بها المعلم أو المدرس طريقة التدريس في أثناء قيامه بعملية التدريس. أو هو ما يتبعه المدرس في توظيف طرائق التدريس بفعالية تميزه من غيره من المدرسين. فالأسلوب هو جزء من الطريقة يرتبط بصورة أساسية بالخصائص الشخصية للمعلم أو المدرس، فقد تكون الطريقة المحاضرة، ولكن التقديم فيها يتم بأكثر من أسلوب وهكذا العرض والخلاصة. فالأساليب وسائل يستخدمها المدرس لتنفيذ الطريقة، وهذا يعني أن الطريقة يمكن أن تنفذ بأساليب مختلفة.

وللتفريق بين الاستراتيجية والطريقة والأسلوب يمكن القول:إن الاستراتيجية هي الأشمل والأوسع، وإن الطريقة تمثل جزءا من الاستراتيجية وإن الطريقة أوسع من الأسلوب، وإن الأسلوب هو جزء من الطريقة أو من وسائلها.

فالاستراتيجية تتضمن جميع إجراءات التدريس التي يخطط لها المدرس مسبقا لتعيينه على تنفيذ التدريس في ضوء الإمكانيات المتاحة لتحقيق الأهداف التدريسية متضمنة أبعادا مختلفة من أهداف، وطرائق تدريس، ومعلومات. فالاستراتيجية تشتمل على الأهداف والتنظيم الصفي لحصة الدرس، والمثيرات المستخدمة واستجابات الطلبة الناتجة عن تلك المثيرات التي ينظمها المدرس ويخطط لها. وتأسيسا على ذلك تقع الطريقة ضمن محتوى الاستراتيجية، في حين يقع الأسلوب ليمثل جزءا من الطريقة.


**طبيعة التدريس**

إن ما نريد الوصول إليه تحت هذا العنوان هو الإجابة عن السؤالين الآتيين:

١. هل التدريس مكتسب أم موروث؟

٢. هل التدريس علم أم فن ؟

وذلك لأن الإجابة عن هذين السؤالين تضعنا أمام المطلوب في إعداد المدرس وتوفير ما يمكنه من النجاح في مهنته. للإجابة عن السؤال الأول نقول: لا بد من العودة إلى ما توصل إليه أصحاب

نظريات التعلم حول ما يقرر سلوك الإنسان ويؤثر فيه. ولو عدنا إلى آراء من بحثوا في سلوك الإنسان نجدهم في النهاية لم يخرجوا عن تأثير عاملين في سلوك الإنسان، الأول هو الوراثة، والثاني هو المحيط أو البيئة، بمعنى إن الإنسان لا بد أن يتأثر بعوامل وراثية وأخرى مكتسبة فيكون لها فعلها في سلوكه. ولما كان التدريس سلوكا، فلا بد أن يكون للطبع دور فيه والآخر للاكتساب وعلى أساس هذا تصح مقولة(إن المدرس أو المعلم نصفه مصنوع، ونصفه الآخر مطبوع). وللذين قد يستفزهم هذا القول،ولم يقتنعوا بفعل الطبع في التدريس نقول ليس كل من يرغب في مهنة التدريس يمكن أن يكون مدرسا ناجحا إذ لا بد من توافر بعض الاستعدادات الفطرية التي تساعد على اكتساب مستلزمات مهنة التدريس، وإن هذه الاستعدادات الفطرية، والصفات الموروثة منها مايتعلق بالذكاء أو الشخصية، وشكل الجسم، وحدة الملاحظة، والطول والصوت وغيرها من العوامل الجسمية التي تضفي طابعا معينا على الشخصية. إن كل هذه الصفات تدخل عاملا مؤثرا في نجاح المدرس أو فشله، فالفرد الذي يكون ذكاؤه متوسطا أو دون المتوسط، أو لا يكون حاضر البديهة دقيق الملاحظة، لا يمكن أن ينجح النجاح المطلوب في التدريس، كذلك من لديه نقص في طبيعته الفسلجية.

لذا فخلاصة الإجابة عن السؤال الأول هي إن التدريس مكتسب، والمدرس مطبوع ومصنوع. وعلى هذا الأساس يجب أن يؤخذ بنظر الاعتبار قبول من يراد إعداده لمهنة التدريس، إذ يجب أن تتوافر فيه العوامل الطبيعية اللازمة لشخصية المدرس كاللباقة وكمال الخلق،والخلو من العاهات بمختلف أنواعها.

أما السؤال الثاني: فتتطلب الإجابة عنه تحديد ماهية العلم، وتحديد ماهية الفن كي نعرض التدريس عليهما لنعرف ما إذا كان فنا أم علما أم أنه يجمع بين الأثنين فيكون علما وفنا في الوقت ذاته. لذا نقول: يقال إن العلم مجموعة من الحقائق وصل إليها العقل البشري بالتفكير والتجربة. أما الفن فقالوا إن الصفة الغالبة عليه انه أنواع متعددة من المهارات وإن عنصر التفكير العقلي ليس واضحا فيه ([1]).

وقالوا أيضا إن العلوم مردها العقل فلا يختلف الناس فيها لأن العقل واحد حيال البديهيات. فلو قلنا إن الحرارة تمدد الأجسام فهذه حقيقة، كذلك قولنا الفاعل مرفوع فهذه حقائق لا يختلف عليها في العلوم.

أما الفنون فمردها الذوق، والأذواق مختلفة بين الناس لذا نجد الناس يختلفون في تقييمهم للآثار الفنية والحكم عليها، فما يعجبك من الأغاني لا يعجب غيرك، وكذلك الحال مع القصائد والقصص والتماثيل وغيرها من النتاج الفني.

---

(١) عبد العليم إبراهيم، الموجه الفني لمدرسي اللغة العربية، ط٤، دار المعارف بمصر، القاهرة، ١٩٦٨، ص٢٣.

وعلى هذا الأساس قسمت المواد على علوم وفنون. ولكن هناك مواد تظهر فيها صفات العلمية والفنية معا، ولعل خير مثال على ذلك الهندسة، فهي علم لما فيها من حقائق علمية وهي فن لما تحتوي من تصاميم يختلف عليها الناس، وعلى هذا الأساس يجب أن يعرض التدريس.

فنقول هل التدريس مجموعة من الحقائق والقواعد الثابتة التي لا يختلف في تطبيقها ؟ وهل يتفاوت أداء المدرسين تبعا لتفاوتهم في الإلمام بهذه الحقائق فيكون امهرهم في التدريس أكثرهم إلماما بهذه الحقائق، ويكون أقلهم هو أقلهم حفظا لها وإلماما بها؟ أم إن التدريس نوع من المهارات العملية تكتسب بالتمرس والتدريب.

عندما نتأمل التدريس نجد من مقوماته الأساسية المهارة التي يظهرها المدرس وحسن اتصاله بتلاميذه وبراعته في استثارتهم واستهوائهم. لذا يمكننا أن نقول إن الصفة الغالبة على التدريس هي الفنية. ولكن هناك قواعد يستند إليها التدريس تم التوصل إليها من خلال التجربة فالتدريس يستند إلى نتائج التجريب التي أجريت وتجرى على أساليب مختلفة من أساليب التدريس، وإن جميع النتائج التي توصلت إليها نظريات التعلم المختلفة أظهرتها تجارب أجريت تحت عوامل ضبط علمية، وعلى هذا الأساس فإن التدريس لا يخلو من العلمية، فهو من هذه الزاوية علم. وتأسيسا على ذلك نجيب عن السؤال الثاني بالقول: إن التدريس علم وفن، فجزء من التدريس فن كل يؤديه بطريقته الخاصة، وجزء منه علم قابل للتعليم، وعلى هذا الأساس قامت الحاجة إلى تعليم المعلم كيف يكون معلما لأن مهنة التعليم تتطلب من المدرس أن يكون قادرا على الإجابة عن الأسئلة الآتية: ماذا يعلم ؟، وكيف يعلم ؟، ومن يعلم، وماذا يعلم ؟ وهذه مقتضيات مهنة التعليم فيها من العلم وفيها من الفن وإن رجح الفن فيها فهي لا تخلو من العلم.

**مهمات التدريس**

لكل مهنة مهمات لا بد لمن يريد امتهان تلك المهنة من الإحاطة بها والتمكن منها كي يمهد السبيل للنجاح في مهنته. ومهنة التدريس هي أم المهن ولا بد لمن يريد اتخاذها مهنة أن يحيط بمتطلباتها ومهامها، لذا تمس الحاجة إلى معرفة تلك المهمات التي تقتضيها مهنة التدريس سواء أكانت معرفية أم أخلاقية أم مهارية أدائية، فما هي مهمات التدريس؟

لا شك إن مهمات التدريس كثيرة متشابكة تتصل بجميع عناصر العملية التدريسية: الطالب وما يتصل به من ميول ورغبات واتجاهات وحاجات واستعدادات ودافعية، والمنهج وما يتصل به من أهداف ومحتوى وطرائق تدريس وتقويم. والمدرس نفسه وما يتصل به من حاجات وفلسفة وأنظمة وعادات وتقاليد وغير ذلك، ولكن يمكن إجمال المهمات الرئيسة لمهنة التدريس فيما يأتي:

## ١. مهمة تحديد الاستعداد التعليمي لدى المتعلمين:

لكي يعرف المدرس من أين يبدأ لابد له من تحديد مستوى الاستعداد التعليمي لدى الطلبة كي يتخذ من ذلك أرضية يؤسس عليها عملية التنمية المطلوبة في ضوء أهداف المنهج المقرر. وله في تحديد الاستعداد سبل كثيرة من بينها المناقشة والاختبار والاستجواب كي يكون على بينة مما وصل إليه المتعلمون من استعداد لتلقي المعارف، والمهارات والخبرات والأنشطة، ولا بد له من معرفة الخلفية المعرفية والمهارية لدى المتعلمين ويعمل على تطويرها. ولا يجوز للمعلم أن يبدأ التدريس من دون معرفة تلك الخلفية. لذا فإن تحديد الاستعداد لدى المتعلم أمر تقتضيه مهنة التدريس ولا يمكن تجاهله وإغفاله لما يترتب على ذلك من هدر في عملية التدريس.

## ٢. مهمة تحديد الأهداف التعليمية وتوضيحها:

المهمة الثانية من مهمات التدريس هي تحديد الأهداف التعليمية والأهداف السلوكية التي تقع على عاتقه مهمة تحديدها وصياغتها، إذ تكون من واجبات المدرس أو المعلم ولا يمكن للمدرس أن يصمم درسا من دون تحديد الأهداف المطلوب تحقيقها. وإن لصياغة الأهداف شروطا ومعايير يجب أن يلم بها المدرس ويلتزم بها وخاصة ما يتعلق بوضوح تلك الأهداف وسهولة ملاحظتها وقياسها، ذلك لأن تحديد الأهداف الواضحة يحدد للمدرس المسار الصحيح الذي يسير عليه في عملية التدريس لا سيما أن هذه الأهداف تترابط والأهداف التربوية العامة ولا تتقاطع معها. فإذن مطلوب من المدرس أن يكون قادرا على اشتقاق الأهداف وصياغتها بعبارات سلوكية يمكن ملاحظتها وقياسها على أن تكون تلك الأهداف شاملة جميع مجالات الشخصية الإنسانية المعرفية والوجدانية والمهارية بمستوياتها المختلفة.

## ٣. مهمة تحديد الأساليب والإجراءات وطرائق التدريس واختيار الملائم منها

أي أن مهنة التدريس تتطلب أن يكون المدرس ملما بطرائق التدريس وأساليبها وإجراءاتها المختلفة واختيار ما هو ملائم منها لموضوع درسه ومادته وأهدافه. وهذه المهمة تتطلب إعدادا معرفيا ومهاريا كافيا لأن الطريقة والأسلوب التي يتم بموجبه توصيل المادة،والتفاعل بين المدرس والمتعلم يترتب عليهما أثر كبير في تحقيق أهداف المنهج، لذا فإن مهنة التدريس تقتضي أن يكون المدرس على بينة من طرائق التدريس المختلفة ونظريات التعلم التي تتأسس عليها تلك الطرائق والأساليب وأن يكون قد اكتسب المهارة اللازمة لأداء أسلوب تدريسي معين.

## ٤. مهمة إثارة الدافعية وحفز المتعلم.

المهمة الرابعة من مهام التدريس هي مهمة إثارة الدافعية، أي معرفة الكيفيات المختلفة التي

تثير دافعية المتعلم نحو التعلم وتحفزه للتفاعل مع المدرس في تلقي مادة الدرس وأنشطته وخبراته وهذا يتطلب منه إطلاعا على ما يقدمه علم النفس ونظريات التعلم في هذا المجال. والوسائل المعينة التي يمكن أن تجعل التعليم أكثر فعالية في ضوء إشراك أكثر من حاسة في عملية التعلم.

## ٥. مهمة تحديد الوسائل التقويمية واختيار الملائم منها

التدريس عملية يجب أن تكون لها نتائج في ضوء أهدافها، ولكن هذه النتائج لا يمكن الحكم عليها إلا من خلال وسائل قياس نستطيع بوساطتها الحكم على مستوى ما تحقق من تلك النتائج ووسائل القياس هذه تختلف تبعا لطبيعة الأهداف والمتعلمين والزمن المتاح،والامكانيات وغيرها. لذا فإن عملية التقويم لا يمكن الاستغناء عنها في التدريس، وان التدريس من دونها لا يمكن أن يكون إلا عشوائيا، لذا يتوجب على المدرس أن يكون عارفا مفهوم التقويم وأساليبه ووسائل القياس وصياغتها وكيفية تطبيقها وتفسير نتائجها وأن تكون لديه القدرة على اختيار الأنسب منها لمعالجة تقويم مادته.

## ٦. مهمة التخطيط للتدريس

كل عمل يراد له النجاح يحتاج إلى تخطيط مسبق، ولما كان التدريس يتأسس على مادة أو خبرة مطلوب تقديمها وأهداف مطلوب تحقيقها، فلا بد له من خطة وتصميم تنفذ بموجبه العملية التدريسية كي تحقق أهدافها. وللتخطيط شروط وأنواع، وخطوات لا بد للمدرس أن يكون عارفا بها متمكنا منها، إذ من دون التخطيط لا يتسنى أن يكتب النجاح لمهنة التدريس.

## ٧. مهمة الضبط والمحافظة على النظام ( إدارة الصف )

من بين ما تقتضيه مهنة التدريس مهمة إدارة الصف، إذ يترتب على عملية إدارة الصف وضبط النظام نجاح المدرس وتحقيق أهدافه، والحفاظ على الوقت، والعلاقات بين الطلبة، وبينهم وبين المدرس، فلا يمكن أن يحقق الدرس أهدافه إذا سادت الفوضى فيه، ولا يمكن أن يحقق الدرس أهدافه إذا ساد العنف والقسوة والتهديد والوعيد. إن المطلوب نوع من الإدارة التربوية الحكيمة التي تعمل على سيادة النظام من دون إلحاق الأذى النفسي بالمتعلمين. وهذه مهمة تقتضي تمكن المدرس من أساليب الإدارة وسبل قيادة الصف في غرفة الدراسة.

## ٨. مهمة إرشاد الطلبة وتوجيه النقاش بينهم الطلبة

وهنا مطلوب من المدرس أن يكون عارفا أساليب التوجيه والإرشاد وإدارة النقاش بين الطلبة، وبينه وبين الطلبة خاصة إن بعض الأساليب التدريسية تستدعي منه إتباع أسلوب المناقشة، فإن

لم يكن المدرس عارفا أساليب إدارة المناقشة وتوجيهها نحو أهداف الدرس، وعدم الخروج عنه سيتبدد الوقت ويشط الدرس عن أهدافه، لذا تمس الحاجة إلى معرفة المدرس كيفية إدارة النقاش وإرشاد الطلبة وتوجيههم لما يخدم حاجاتهم.

علما بأن هناك من يرى أن التدريس نشاط مهني يتم إنجازه من خلال ثلاث عمليات، ولكل عملية مهاراتها. وهذه العمليات هي التخطيط، والتنفيذ والتقويم.

## عناصر التدريس

العملية التدريسية أو التعليمية تتكون من عناصر تتفاعل وتتكامل فيما بينها وهي:

١. الطالب: عمره، وخلفيته المعرفية، وخصائصه النفسية، وأهدافه وطبيعته الجسمية.

٢. المعلم: مستوى تأهيله، ودافعيته نحو مهنة التعليم أو التدريس، ومستوى تدريبه.

٣. المنهج: محتواه، و أهدافه، والكتب المقررة، ونظام الامتحانات، وطرائق التدريس ودرجة النجاح.

٤. الإدارة: وتشمل ادارة المدرسة، وإدارة الصف، والإدارة التعليمية العليا التي تتولى التخطيط والإشراف.

٥. العوامل المدرسية المساعدة: المبنى المدرسي، وغرفة الدراسة وأثاثها، و المختبرات بأنواعها والمسرح، والملاعب، والقاعة، والوسائل التعليمية، وحديقة المدرسة، و الإضاءة والتهوية.

إن هذه العناصر لها تأثير كبير في العملية التعليمية، ولكن هذا التأثير قد يكون إيجابيا وقد يكون سلبيا. وإن مركز هذه العناصر هو الطالب لأنه المستهدف، ثم المعلم لأنه هو الذي يتعامل مع الطالب ويتولى تنفيذ المنهج، ثم يأتي المنهج الذي هو خطة التعليم التي يلتزم بها المعلم من أجل الطالب، ثم الإدارة التي بدورها تخطط وتوفر التسهيلات المدرسية، وتختار المعلمين من أجل تقديم المنهج. أما العوامل المدرسية، أو ما يطلق عليها التسهيلات فهي المكان والأدوات التي تجعل تنفيذ المنهج ممكنا.

## أهمية الطريقة في التدريس

إذا علمنا أن العملية التدريسية تتطلب مدرسا يقدم الدرس، ومتعلما يتلقى ويتفاعل مع الدرس، ومادة يعالجها الدرس، فإن هناك ركنا رابعا لا يقوم من دونه التدريس وهو الطريقة التي يستخدمها المدرس في معالجة الدرس. فطريقة التدريس سبيل المدرس لتحقيق أهداف المنهج.

وتتجلى أهمية الطريقة فيما يأتي:

١. تعين المدرس على تحقيق أهداف التدريس بوضوح وتسلسل منطقي ومن شأنها اختزال الوقت والجهد في ذلك مما تجعله أكثر قدرة على المطاولة والحيوية والفاعلية في الأداء.

٢. تتيح للطلبة إمكانية متابعة المادة الدراسية بتدرج وتوفر فرصة الانتقال المنظم من فقرة إلى أخرى، ومن موقف إلى آخر بوضوح محققين في ذلك أفضل تواصل بينهم وبين المدرس.

٣. إذا كان من أهداف التدريس تزويد المتعلم بالمعارف والمهارات بهدف تنمية شخصيته تنمية شاملة فإن ذلك يتطلب اكتساب معارف جديدة وتطوير مهارات معينة وهذا يتوقف على مدى ملاءمة الطريقة، فكلما كانت الطريقة ملائمة للمتعلمين، كانت كمية المعارف والمهارات المستوعبة ونوعيتها وكفايتها أوسع وأدق وأكثر ثباتا في الذهن.

٤. إن نجاح التعليم يرتبط بنجاح الطريقة لأن الطريقة السديدة تعالج الكثير من قصور المنهج، ونقاط ضعف المتعلم وصعوبة المقرر الدراسي زيادة على أنها يمكن أن تسهم إسهاما كبيرا في إثارة دافعية المتعلم نحو المادة وتحبب المادة للمتعلمين.

وتأسيسا على ما تقدم، فإن الطريقة تعد ركنا أساسيا من أركان التدريس، وإن الاهتمام بها وتحسينها واختيار ما يلائم منها يخدم العملية التعليمية، ويزيد من فاعليتها ويجعل منها أكثر إنتاجية ونجاحا في تلبية الأهداف التربوية.

**أسس التدريس الجيد**

يمكن أن يكون التدريس جيدا إذا توافرت فيه الأسس الآتية:

١. مراعاة الخلفية المعرفية للطالب والتأسيس عليها، ورصد قدراته وإمكانياته واهتماماته والعمل على تنميتها. ومعرفة ميوله بقصد أخذها بنظر الاعتبار في العملية التعليمية.

٢. الإحاطة بقوانين التعلم المختلفة والاستفادة منها في المواقف التعليمية المختلفة.

٣. وضوح الأهداف وتحديدها بشكل واضح من المدرس،وتعريف المتعليمن بها كي يوجه مسار التعليم ولا يتم الابتعاد عن محوره.

٤. إثارة أولاع المتعلمين وتحفيز دافعيتهم نحو التعلم.

٥. استخدام أكثر من حاسة في عملية التدريس من خلال تعدد ألوان النشاط الذي يقوم به المدرس واستخدام التقنيات التعليمية ذوات الأثر في الموقف التعليمي.

٦. أن تكون غاية التعلم وظيفية بحيث يسخر ما يتعلمه الطالب لمواجهة مواقف حياتية مختلفة.

٧. التنوع بين أساليب التعلم ووسائله: بالعمل،والملاحظة، والتبصر أو بالمحاولة والخطأ.

٨. تحدي قدرات الطالب وإشباعها.

٩. تلاؤم بيئة التعلم ومتغيرات الموقف التعليمي.

١٠. كون المتعلم محور العملية التعليمية، به تبدأ وبه تنتهي.

١١. سيادة النظام وحسن التعامل وإيجابية التفاعل بين المدرس والطلبة.

١٢. أن يتأسس التدريس على تصميم مرن قابل للتنفيذ والتطوير بدءا من الإعداد المسبق وانتهاء بالتقويم.

١٣. اعتماد التقويم المستمر وقياس نواتج التعلم، وأخذ نتائج التقويم بنظر الاعتبار عند التخطيط للدروس اللاحقة ومراعاتها.

١٤. أن يتأسس على فلسفة تربوية صالحة، ونظريات تعلم تم التثبت من فعاليتها بالبحث والتجريب، وبأساليب تدريس يمكن تطويرها بما يستجيب لمتطلبات المادة وأهدافها، وقدرات الطالب واستعداداته.

١٥. أن يبدأ الدرس بالمتعلم وينتهي بالمتعلم، ولا يترك طالب من دون مشاركة.


**الطريقة الجيدة في التدريس**

نظرا لاختلاف عناصر الموقف التعليمي، ودخول متغيرات كثيرة متنوعة في عملية التعلم، لا يمكن القول بوجود طريقة من طرائق التدريس تعد الأفضل دائما فالطريقة التي تلائم مادة قد لا تلائم مادة أخرى، والتي تلائم مرحلة دراسية قد لا تلائم مرحلة دراسية أخرى، والتي تلائم نمطا معينا من المتعلمين قد لا تلائم نمطا آخر، والتي يحسنها مدرس معين قد لا يحسنها مدرس آخر، والتي تستجيب لأهداف معينة قد لا يستجيب لأهداف أخرى.

ولكن يمكن وضع مؤشرات عامة يمكن أن تحدد معالم الطريقة الجيدة في التدريس.  والقول إن الطريقة الجيدة هي التي تحقق أهداف التدريس بوقت أقل، وجهد أقل،وكلفة أقل.  وهناك عدد من الشروط إذا ما توافرت في الطريقة يمكن أن تجعلها فاعلة جيدة وهي:

١. أن تكون قادرة على تحقيق الهدف التعليمي بأقل وقت وجهد.

٢. أن تتلاءم وقدرات المتعلمين وقابلياتهم.

٣. أن تستثير دافيعة المتعلمين نحو التعلم.

٤. إمكانية استخدامها في أكثر من موقف تعليمي.

٥. إمكانية تعديلها بحسب الظروف المادية والاجتماعية للتدريس.

٦. أن تعتمد الانتقال من المعلوم إلى المجهول، ومن السهل إلى الصعب ومن الكل إلى الجزء.

٧. أن تتدرج من المحسوس إلى المجرد.

٨. أن ترتبط بالأهداف التعليمية.

٩. أن تحث الطلبة على التفكير الجيد والوصول إلى النتائج.

١٠. أن تراعي الجانب المنطقي والسايكولوجي في تقديم المادة.

١١. أن تساعد الطلبة في تفسير النتائج التي توصلوا إليها.

١٢. أن تسهم في الربط بين الجانبين العملي والنظري للمادة.


العوامل المؤثرة في اختيار طريقة التدريس

طرائق التدريس وأساليبها متعددة،ولا توجد طريقة من بينها هي الأفضل دائما كما ذكرنا، ولكن هل المدرس مخير في استخدام أي منها وفي أي وقت ؟ أم إن هناك عوامل تحكم اختياره طريقة التدريس ؟

لا شك إن هناك عوامل عديدة تؤثر في اختيار طريقة التدريس وتحكم المدرس في اختيار الطريقة، وهذه العوامل هي:

١. الفلسفة التربوية التي يتأسس عليها المنهج: فالفلسفة التي تؤكد فاعلية المتعلم والتشديد عليه تقتضي طريقة تدريس تستجيب لها، في حين أن الفلسفة التي تؤكد كون المدرس هو محور العملية التدريسية، وانه مصدر المعلومات، والطالب هو المتلقي تقتضي طريقة تدريس أخرى.

٢. الأهداف التعليمية التي يسعى إلى تحقيقها: تعتبر عاملا مؤثرا في اختيار طريقة التدريس، فإذا كان الهدف إكساب الطالب المعارف والمعلومات، يتطلب أسلوبا تدريسيا غير الذي يتطلبه إذا كان الهدف تمكين المتعلم من مهارة معينة، فلكل هدف أسلوب تدريسي يلائمه.

٣. المنهج والزمن: عند ما يكون المنهج طويلا، يقتضي طريقة لا تستغرق وقتا طويلا كي يستطيع إنجاز المنهج في الوقت المحدد. أما إذا كان المنهج قصيرا، فانه يتيح له فرصة اختيار طريقة أخرى تزيد فاعلية الطالب مع توفر ما يلزمها من الوقت.

٤. المادة ونوعها: من المعروف أن الطرائق التي تلائم الرياضيات غير التي تلائم التاريخ، والتي

تلائم الأدب غير التي تلائم النحو أو الإملاء، والتي تلائم القراءة لا تلائم الأدب،وهكذا لكل مادة طرائق تستجيب لها أكثر من غيرها.

٥. **طبيعة المتعلمين وخلفياتهم:** إن طبيعة المتعلمين وخلفياتهم المعرفية والمهارية واستعداداتهم وميولهم تؤثر في اختيار طريقة التدريس، إذ إن بعض الطرائق تستجيب لمستوى معين من المتعلمين ولا تستجيب لغيرهم.

٦. **المدرس ومستوى تأهيله:** ليس كل المدرسين يتمكنون من استخدام كل الطرائق ولا سيما إن الكثير من المدرسين الآن يعملون في التدريس ولم يؤهلوا تربويا، إذ إن أكثرهم من خريجي كليات الآداب والعلوم، ولم يتدربوا على مهارات التدريس الأدائية.

٧. **طبيعة المؤسسة التعليمية وبيئتها:** إن طبيعة المدرسة والبيئة، وموجودات المدرسة ومرافقها كلها تؤثر في اختيار الطريقة الملائمة.

٨. **توافر التقنيات والوسائل المعينة، ومستلزمات استخدامها:** فعندما تتوافر الوسائل والتقنيات المعينة يمكن للمدرس اختيار طريقة غير تلك التي يمكن أن يسلكها في حالة عدم توافر مثل هذه الوسائل.

٩. **أساليب التقويم المستخدمة المعمول بها:** يمكن أن توجه مسار عملية التدريس باتجاه تحقيق نسب نجاح في ضوء تلك المعايير أو الأساليب، وعندها تتكيف الطريقة لخدمة نتائج التقويم.

١٠. **أعداد الطلبة في غرفة الدراسة:** لعدد الطلبة أثر كبير في تحديد طريقة التدريس، فإذا زاد العدد تلائمه طرائق بعينها، وإذا قل يمكن أن تستخدم طرائق تدريس أخرى.

١١. **العبء التدريسي:** بمعنى عدد الساعات اليومية للمدرس كلما زاد يتجه المدرس إلى طرائق يكون جهده فيها قليلا، ويمكن أن يمارس طرائق تتطلب جهدا أكثر لو كان عدد ساعاته أقل.

١٢. **دافعية المدرس ورغبته في التدريس:** كلما كانت دافعية المدرس قوية ورغبته في الإبداع قوية كلما مال إلى طرائق تدريس أكثر فعالية والعكس صحيح.

١٣. **المشرفون التربويون وتفضيلهم طرائق تدريس معينة:** يحتم على المدرس الاستجابة لرغباتهم أحيانا واستخدام طرائق تدريس يوصون باتباعها.


## صفات المدرس ومعايير نجاحه في التدريس

هناك عدد من الصفات والمعايير إذا ما توافرت في المدرس وأدائه تفتح أمامه سبيل النجاح في التدريس وهي أن:

١. يكون متفهما طلبته، عارفا طبائعهم، وخلفياتهم واستعداداتهم، وميولهم واتجاهاتهم.
٢. يكون متمكنا من مادته ملما بها وما له صلة بها عارفا أفضل مصادر المعلومات المعنية.
٣. تكون شخصيته قوية، منشرح النفس، واسع الصدر، سريع البديهة، قوي الحجة واسع الثقافة.
٤. يكون متمكنا من مهارات التدريس بدءا من التخطيط وانتهاء بالتقويم.
٥. يحترم الوقت واستغلاله بما يصب في خدمة أهداف الدرس ولا يتجاوز على وقت الدرس أو الراحة.
٦. ينظر إلى آراء طلبته باحترام.
٧. يكون عادلا بين طلبته في كل شئ في المعاملة وتوزيع الأسئلة ورصد الدرجات.
٨. يتمتع بخلق عال يجعله المثل الأعلى لطلبته.
٩. يكون متسامحا ينظر إلى الطلبة بعين الأبوة.
١٠. يعنى بحسن مظهره ونظافته.
١١. تكون لغته سليمة تتسم بالسلاسة.
١٢. يبتعد عن أساليب التعنيف والإهانة للطلبة.
١٣. يكون حريصا مخلصا في أداء واجباته، وان يتجلى ذلك في سلوكه.
١٤. يهتم بجميع جوانب شخصية المتعلم في التدريس.
١٥. ينوع الأنشطة التربوية والوسائل ولا يشدد على الكتاب المقرر فقط.
١٦. يراعي الفروق الفردية بين الطلبة.
١٧. يشرك الطلبة جميعهم في الدرس.
١٨. يربط بين المادة التي يدرسها والبيئة، أي يجعل التعليم وظيفيا.
١٩. يسخر عمله لخدمة الأهداف التربوية.
٢٠. يراعي الجوانب العملية والنظرية للمادة.
٢١. يؤدي دورا في تطوير المنهج.
٢٢. يكون محبوبا مقبولا من طلبته.

**قواعد عامة في التدريس**

هناك جملة من القواعد العامة التي يمكن أن يستفيد منها المدرس، أي مدرس في أداء مهمته، نرى من المفيد الإطلاع عليها والإحاطة بها والعمل بموجبها. وهذه القواعد:

١. إن التعلم يكون أبعد أثرا وأعمق إذا توصل إليه المتعلم بنفسه. ويترتيب على هذا أن يعمل المدرس على إشراك المتعلم في الوصول إلى المعلومة وعدم الاكتفاء بإعطائها له جاهزة. أي يجب أن يكون الطالب إيجابيا في التعلم، لا سلبيا. وأن يكون الأسلوب الذي يتبعه المدرس هو الأسلوب الذي يقود الطلبة إلى اكتشاف المعرفة بأنفسهم.

٢. إن التعلم يأتي عن طريق الفهم لا عن طريق التلقين والترديد الشكلي مما يقتضي عدم الانحياز إلى التلقين والحفظ في التدريس.

٣. إشراك أكثر من حاسة في عملية التعلم يجعل التدريس أكثر فاعلية وتأثيرا مما يستوجب الاستعانة بالوسائل والتقنيات التعليمية التي يتطلبها الموقف التعليمي.

٤. الانتقال من المحسوس إلى المجرد، ومن المعلوم إلى المجهول، ومن السهل إلى الصعب.

٥. التحضير المسبق، والتخطيط للتدريس يعد من عناصر كفاية الأداء التدريسي.

٦. إن الطرائق والأساليب التي يستخدمها المدرس يجب أن تكون ملائمة لمستويات الطلبة وقدراتهم العقلية والجسمية والموقف التعليمي.

٧. أن يوزع المدرس دوره وأدوار المتعلمين في الدرس.

٨. السعي إلى تعويد الطلبة مهارات التفكير المستقل.

٩. تنويع أساليب التدريس تبعا لمتطلبات الموقف التعليمي.

١٠. تشخيص أخطاء الطلبة وتحليلها ووضع السبل الملائمة لمعالجتها سبيل من سبل نجاح التدريس.

١١. لا يجوز البدء بالدرس قبل أن يسود النظام.

١٢. كثرة التجوال والتنقل في غرفة الدراسة تشتت انتباه الطلبة عن الدرس.

١٣. يجب طرح السؤال أولا ثم اختيار المجيب، وذلك لإشراك الجميع في التفكير بالإجابة. ولا مانع من توجيه السؤال إلى طالب بعينه بقصد تنبيهه إذا ما كان لاهيا.

١٤. لا يجوز مطالبة الطلبة بعمل قبل فراغهم من سابقه.

١٥. التقديم للدرس هو مفتاح الدخول في الدرس، والتفاعل مع الطلبة، لذا يجب اختيار أسلوب التقديم بدقة.

١٦. خلاصة الدرس أمر ضروري في التدريس.

١٧. العدالة بين الطلبة سبيل إلى نجاح المدرس في مهمته، وكذلك الابتعاد عن القسوة في التعامل مع الطلبة.

**ثانيا: أهداف التدريس**

قبل الخوض بتصنيف الأهداف وتحديد مستوياتها وبيان أهميتها في العملية التعليمية لابد من الوقوف على مفهوم الهدف، فالهدف اصطلاحا يعني الغاية التي تسعى التربية إليها ($^1$). ويعرف: بأنه استبصار مسبق لما ستكون عليه النهاية الممكنة في ضوء الظروف والمعطيات المتاحة. فالأهداف تمثل المقاصد والأغراض التي يسعى إليها واضعو المناهج، ويتبنى المدرس اتخاذ الوسائل الكفيلة بتحقيقها.

والأهداف تتدرج من الشامل العام إلى الضيق الخاص، ويعد أعم الأهداف أشملها وأبعدها وهو ما يطلق عليه الهدف العام أو الهدف بعيد المدى. أما أكثر الأهداف ضيقا فتسمى الأهداف التعليمية أو التدريسية ويعد مدى تحقيقها قصيرا إذ يمكن تحقيقها على مستوى موضوع.

وقد استخدم التربويون مفاهيم عديدة لتفسير الأهداف بمستوياتها المختلفة، ولكن لم يكن هناك إجماع على تلك المفاهيم مما أدى إلى استخدام مفهوم مكان مفهوم آخر ليدل كل منهما على معنى مشابه للآخر. وقد لا يجافينا الصواب لو قلنا انه ليس هناك إجماع على تفسيرات محددة لهذه المفاهيم. ويمكن أن تصنف مستويات الأهداف التربوية من وجهة نظر بعض التربويين على وفق ما يأتي:

١. الغايات التربوية.

٢. الأهداف التربوية العامة.

٣. الأهداف التدريسية.

أما الغايات التربوية فتمثل المصب الذي تنتهي إليه جميع روافد العملية التربوية فهي تمثل النواتج المرغوب فيها تربويا، وتعد أكثر مفاهيم الأهداف شمولا واتساعا وحاجة إلى الوقت. فهي إذن تمثل المحصلة النهائية لكل الأهداف، إذ تمثل أهداف النظام التربوي كله. ومن أمثلة هذا المستوى:

أ- إعداد المواطن الصالح.

_____

(1) داود ماهر، ومجيد مهدي، أساسيات في طرائق التدريس العامة، مطابع دار الحكمة، العراق، ١٩٩١، ص ٦٣.

ب- إعداد المواطن الذي يعتز بعروبته.

والملاحظ أن هذه الأهداف تتطلب وقتا طويلا لتحقيقها، ولا يمكن تحقيقها من خلال مادة معينة أو مؤسسة معينة، إنما تتحقق بفعل النظام التربوي كله وإسهام المجتمع ووسائله جنبا إلى جنب مع المؤسسة التعليمية.

أما **الأهداف التربوية العامة**: فإنها تطلق على الأهداف العامة لأي مؤسسة تعليمية نظامية، سواء أكانت هذه لمؤسسة تخص المجتمع كله أم تخص مرحلة دراسية أو مناهج دراسية محددة ويطلق عليها الأهداف العامة.

وينضوي تحت هذا المستوى مجموعة من المستويات الفرعية منها:

أ- الأهداف العامة للنظام التعليمي الرسمي (أهداف وزارة التربية).

ب- الأهداف العامة لكل مرحلة دراسية (ابتدائية، متوسطة، إعدادية، جامعية ).

ت- الأهداف العامة لكل صف في مرحلة (أول ابتدائي، ثاني ابتدائي، أول إعدادي، ثالث إعدادي).

ث- الأهداف العامة لكل مادة في مرحلة (عربية، رياضيات، جغرافية).

علما أن هذا المستوى من الأهداف تحدده الجهات الرسمية المسؤولة عن صنع القرار مثل وزارة التربية، ووزارة التعليم العالي. ويعد مستوى الأهداف العامة للمادة الدراسية من أقرب المستويات لمستوى الأهداف التدريسية.

وهكذا فإن لكل مرحلة أهدافا عامة، وإن لكل مادة أهدافا عامة،كما إن لكل مادة أهدافا خاصة في كل مرحلة، وإن لكل صف من كل مرحلة أهدافا خاصة. ومن الجدير بالذكر أن تحقيق هذه المستويات من الأهداف التعليمية يتم في مدة زمنية أقل نسبيا من تحقيق مستوى الغايات.

أما الأهداف التدريسية: ويقصد بها تلك الأهداف التي تشتمل على مضمون تعليمي أو تربوي. وتصاغ على شكل عبارات تمثل نتائج تعليمية أو تربوية يمكن ملاحظتها وقياسها. ويطلق عليها الأهداف السلوكية.

والشكل الأتي يوضح هذه المستويات:

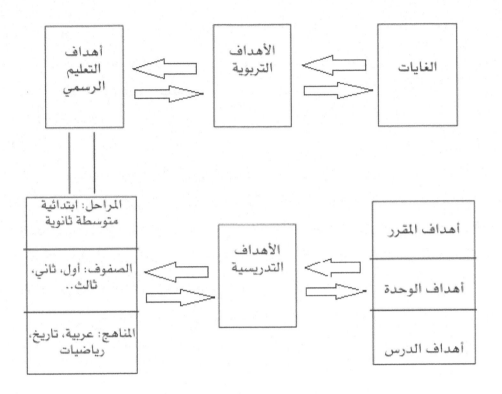

**شكل يمثل:**

**مستويات الأهداف التربوية من حيث السعة والشمول**

وفي ضوء ما تقدم يمكن القول إن ما يعني المدرس بشكل مباشر هو مستوى الأهداف العامه والخاصة للمادة التي يتولى تدريسها، فلكل ماده أهداف عامه تتدرج تبعا للمراحل الدراسية والصفوف في كل مرحله من هذه المراحل ثم تتدرج فتكون أهدافا لكل وحده دراسية ثم لكل موضوع دراسي و هذا يمثل أضيق الأهداف و به يعنى المدرس فيخطط له و يسعى لتحقيقه.

وما يعني المدرس في كل ما تقدم هو كيفية صياغة أهداف المادة ضمن صف معين يتولى تدريسه، وكيف يصوغ أهداف موضوع واحد بحيث يراعي في تلك الصياغة شروطا سيأتي الحديث عنها و المطلوب هو ترابط الأهداف لتخدم أهداف المادة في المرحلة ثم أهداف المادة العامة ثم الأهداف التربوية بشكل عام إذ لايجوز السعي لتحقيق هدف يتقاطع مع الأهداف التربوية العامة التي تحددها الجهات التربوية العليا.

و إذا كنا عرفنا معنى الهدف و أنواع الأهداف من حيث الشمول علينا أن نعرف أين تكمن أهمية تحديد الأهداف في التدريس و ما الذي يقدمه تحديد الأهداف للمدرس و هذا ما سيأتي الحديث عنه في الآتي.

**أهمية تحديد الأهداف في التدريس**

من بين ما تتطلبه العملية التعليمية بناء مناهج تعليمية لكل مرحله دراسية و لكل صف دراسي ضمن كل مرحله و بناء المنهج الدراسي يقتضي جملة عمليات من بينها:

١. إعداد الخطط التعليمية.

٢. تحديد الخبرات التربوية الملائمة.

٣. اختيار طرائق التدريس الأكثر نجاحا لتحقيق أهداف المنهج.

٤. تحديد أسلوب التقويم المناسب لقياس ما تحقق من أهداف المنهج.

و إن جميع هذه العمليات لا يمكن أن تتم من دون غايات أو مقاصد تسعى العملية التعليمية للوصول إليها. و تأسيسا على ذلك فإن لتحديد أهداف التدريس الأثر الكبير في العملية التربوية و ذلك كما يأتي:

**١. أهمية الأهداف في إعداد الخطط التعليمية:** من دون تحديد الأهداف لا يستطيع المخطط أن يعد خطه تعليمية لأنه يكون كمن يعمل من دون غاية فلا يستطيع تحديد المسار الذي يسير عليه، وإن تحديد المسار يتوقف على تحديد الهدف وبغياب الهدف يسود التخبط و الاضطراب في التخطيط و يجعل العملية عشوائية. أما إذا حددنا الأهداف عندها سنهتدي إلى معرفة السبل الموصلة إلى تلك الأهداف.

**٢. تحديد الخبرات التربوية الملائمة:** إن الخبرات و المعلومات في كل مادة من مواد الدراسة واسعه كبيرة ولايمكن الإحاطة بها جميعا في مقرر دراسي واحد لسنه واحدة، لذا يتوجب على واضع المنهج اختيار المعارف و المهارات،والخبرات الملائمة وان اختيار هذه المعارف والخبرات والمهارات يتوقف على تحديد الأهداف فإذا عرفنا الهدف يمكننا اختيار ما يمكن أن يحقق هذا الهدف من الخبرات والمعارف والمهارات. وبهذه تتضح أهمية تحديد الهدف في هذا المجال.

**٣. اختيار طرائق التدريس والأنشطة اللازمة:** في ظل وجود أهداف محددة يمكننا اختيار الوسائل وطرائق التدريس والأساليب الملائمة لتحقيق تلك الأهداف فإذا كان الهدف تمكين الطلبة من التعامل مع علامات الترقيم فلا بد من تهيئة نص يتضمن علامات الترقيم موضوع الدراسة. و هكذا اختيار أسلوب ملائم للتعامل مع نص يقدم للمتعلمين.

**٤. تحديد أسلوب التقويم:** من المعروف أن التقويم هو عملية تحديد مواطن القوة وتعزيزها و تحديد مواطن الضعف لمعالجتها و هذه العملية تتطلب قياسا والقياس يتطلب تحديد أهداف يسعى التقويم إلى تحديد مستوى ما تحقق منها و من دون أهداف لا يمكن أن تكون هناك عملية تقويم مما يؤدي إلى أن يكون العمل التعليمي عشوائيا لا يستند إلى محك يمكن

الرجوع إليه و معرفة مستوى النجاح أو الفشل لذا تمس الحاجة إلى تحديد الأهداف لهذا الغرض.

زيادة على ما تقدم فإن تحديد الأهداف يعين على رسم مسار العملية التعليمية منذ بدايتها وحتى نهايتها بتحقيق تلك الأهداف و لا يمكن بحال من الأحوال أن يكتب النجاح لأي عملية تعليمية من دون تحديد أهدافها مسبقا.

فعملية تحديد الأهداف عملية مهمة لا تستغني العملية التربوية عنها و لكن من أين نشتق الأهداف التربوية وما هي مصادرها؟

## مصادر اشتقاق الأهداف التربوية

لاشك إن الأهداف التربوية لا توضع اعتباطا، ولابد أن تستند إلى مصادر تشتق منها و هذه المصادر تختلف بحسب الفلسفة التربوية المتبناة، فمن يتبنى الفلسفة التربوية التقدمية تختلف عنده مصادر اشتقاق تلك الأهداف عن الذين يتبنون الفلسفة التواترية أو الجوهرية.

لان التقدميين يعتقدون أن المتعلم و ما يتصل به من حاجات و ميول واهتمامات و مشكلات هو المصدر الرئيس لاشتقاق الأهداف التربوية في حين أن الأساسيين يعتقدون أن المواد الدراسية والمعلومات و هضمها تعد المصدر الأساس الذي نشتق منه أهداف التربية و على الرغم من اختلاف وجهات النظر الفلسفية يمكننا إجمال مصادر اشتقاق الأهداف التربوية بما يأتي:

١. الفلسفة التي يتبناها المجتمع التي غالبا ما يعبر عنها في عالم اليوم بفلسفة الدولة لأن الأهداف التربوية تحدد في ضوء ما تريده تلك الفلسفة من الفرد و على هذا الأساس ينبغي أن تتجسد فلسفة الدولة في الأهداف التربوية لذا تعد تلك الفلسفة مصدرا رئيسا لاشتقاق الأهداف التربوية.

٢. المتعلم و حاجاته و ما يتصل به من ميول و اهتمامات ذلك لأن المتعلم هو المستهدف في العملية التربوية فلا بد أن تتأسس الأهداف التربوية على تلك الحاجات والميول والرغبات والانطلاق منها في العملية التربوية لتنمية المتعلم تنمية شاملة.

٣. التراث الثقافي السائد من التقاليد و العادات و ماهو مرغوب فيه منها و لاينبغي أن تصاغ الأهداف بطريقة تتعارض والتراث الثقافي و الاجتماعي السائد إنمايجب أن تؤخذ الثقافة والتقاليد بعين الاعتبار عند بناء الأهداف التربوية لذا فهي تعد مصدرا من مصادر اشتقاق تلك الأهداف.

٤. المجتمع و حاجاته و متطلباته تلك التي يريد المجتمع من التربية أن تلبيها تعد مصدرا من مصادر اشتقاق الأهداف التربوية

٥. التطور العلمي و التكنولوجي الحاصل في العالم يجب أن يؤخذ بعين الاعتبار إذ لا ينبغي أن تظل العملية التربوية بعيدة عما يحصل في العالم من تطور علمي و تكنولوجي لذا يتوجب على من توكل إليه عملية وضع الأهداف التربوية أن يتحرى ما وصل إليه العالم في المجال العلمي والتكنولوجي و يستندإليه في اشتقاق الأهداف التربوية كي تؤدي التربية دورها في التطور والتغيير في الحياة العامة و حياة الأفراد.

٦. طبيعة المادة و معطياتها: إن المادة وخصائصها و طبيعتها لا يمكن أن تستبعد عند صوغ الأهداف التربوية بل يجب استحضارها و الاستعانة بها عند تحديد الأهداف التربوية إذ لكل مادة معطيات و خصائص تميزها من غيرها، لذا فإن المادة وما يتصل بها تعد مصدرا من مصادر اشتقاق الأهداف.

**معايير صياغة الأهداف التربوية**

قبل أن نخوض في تحديد معايير الأهداف التربوية لا بد من معرفة أن الأهداف من حيث المدى المطلوب لتحقيقها تقسم على نوعين:

الأول: الأهداف التربوية: و هي ما يتطلب تحقيقه مرحلة دراسية كاملة أو أكثر و هذا النوع من الأهداف يتسم بالعمومية و صعوبة القياس مثل:

١. تمكين الطلبة من معرفة أثر أنظمة الحكم في الأدب العربي.

٢. تمكين الطلبة من معرفة دور القرآن الكريم في حفظ اللغة العربية.

٣. تمكين الطلبة من استخدام علوم البلاغة في تحليل النصوص الأدبية.

و نلاحظ أن تحقيق كل هدف من هذه الأهداف يستغرق وقتا طويلا وأن قياس كل من هذه الأهداف ليس سهلا و أن كل هدف فيه شي من العمومية.

الثاني: الأهداف التعليمية أو التدريسية: و هي تلك التي يمكن أن تحقق بدراسة وحدة أو موضوع دراسي بعينه و تمتاز هذه الأهداف بقصر المدة المطلوبة لتحقيقها و سهولة ملاحظتها و قياسها و هي مثل:

١. أن يكون الطالب جملة مفيدة فيها حال جملة اسمية.

٢. أن يحدد الطالب خمسة من شعراء العصر الجاهلي.

٣. أن يوضح الطالب الصور الفنية التي تضمنتها قصيدة السياب (عيناك...).

نلاحظ أن كل هدف من هذه الأهداف سهل التحقق و يمكن ملاحظته و قياسه و هذا ما يميز بين الهدف العام والخاص. زيادة على أن الأهداف العامة غالبا ما تحدد من لجان متخصصة بالمادة

والمراحل الدراسية المختلفة، أما الأهداف الخاصة فهي التي تقع مهمة بنائها و كتابتها على المدرس لذا فإننا سنوسع العرض في شروطها و كيفية صياغتها و مستوياتها و كيفية قياسها.

## و نبدأ بأهم ما يجب أن تتصف به الأهداف التدريسية (الخاصة):

١. أن تكون واضحة قابلة للملاحظة والقياس. وذلك كي تتاح الفرصة لتقييم العملية التعليمية في ضوئها و ذلك بقياس مستوى تحققها.

٢. أن تستند الأهداف التربوية إلى فلسفة تربوية و اجتماعية سليمة فمن غير السليم أن تستند إلى فلسفة تقدس الماضي كفلسفة كونفوشيوس أو فلسفة تعتبر القوة وحدها أساس الحياة والوجود مثل الفلسفة الإسبارطية إنما يجب أن تبنى على فلسفة تنظر إلى الإنسان ككل وتسعى إلى بنائه و إنمائه في جميع المجالات العقلية والأخلاقية والقيمية و الجسمية.

٣. أن تكون الأهداف واقعية قابلة للتحقق في أرض الواقع و لا تكون خيالية مستحيلة الحصول.

٤. أن تقوم على أسس نفسية سليمة و تراعي إمكانيات المتعلمين.

٥. أن ترتبط بالأهداف العامة للتربية و الخاصة بكل مادة.

٦. أن توفر خبرات ذات معنى للمتعلمين و تسهم في تعديل سلوكهم.

٧. أن تأخذ بحاجات المتعلمين المختلفة.

٨. أن تتمشى و نوعية المؤسسة التعليمية أو المرحلة التعليمية التي وضعت من أجلها.

## الأهداف السلوكية:

ذكرنا أن أضيق الأهداف من حيث الشمول هي الأهداف الخاصة وأطلقنا عليها الأهداف التدريسية أو التعليمية و قلنا إنها يجب أن تصاغ بدقة و تصف بدقة ما يجب أن يكون عليه المتعلم بعد دراسة موضوع معين أو وحدة معينة. ولكي يصاغ الهدف صياغة دقيقة يجب أن يصف بدقة سلوك المتعلم بعد عملية التعلم كي يمكن ملاحظته و قياسه و إذا ما صيغ الهدف بهذه الطريقة يطلق عليه الهدف السلوكي أو الهدف التعليمي المباشر. وللهدف السلوكي خصائص يجب أن تتوافر فيه و تراعى عند صياغته و من هذه الخصائص:

١. أن يتضمن الهدف التعليمي (السلوكي) سلوكا يمكن ملاحظته ويسهل قياسه مثل:

أ‌- أن يكتب الطالب جملة مفيدة يكون الفاعل فيها اسما ظاهرا.

ب‌- أن يذكر الطالب ثلاثة مواضع تكتب فيها الهمزة على ألف.

ت‌- أن يميز الطالب بين الحال والتمييز في نص يقدم إليه.

فالأهداف المذكورة تتضمن سلوكا يمكن ملاحظته و قياس صحته بسهولة.

٢. أن يشير الهدف إلى الناتج التعليمي المرغوب فيه و لا يشير إلى عملية التعلم  مثل:

أ- أن يحدد الطالب علامات رفع الأسماء المعربة.

ب- أن يعدد الطالب منصوبات الأسماء.

ت- أن يوازن الطالب بين المفعول به و المفعول له.

هذه الأهداف كلها تصف ناتج التعلم و لا يجوز أن تصاغ بالطريقة الآتية:

أ- أن يتعلم الطالب علامات رفع الأسماء المعربة من المعلم.

ب- أن يتعلم الطالب منصوبات الأسماء من الكتاب المقرر.

ت- أن يتعلم الطالب الموازنة بين المفعول به و المفعول له بالمناقشة مع زملائه لان التركيب الأخير يصف عملية التعلم.

٣. أن يتصف بإمكانية تحقيقه في مدة و ظروف محددة ، كأن تقول:  بعد تقديم الدرس يكون الطالب قادرا على أن:

أ- يميز بين التاء المربوطة و التاء المفتوحة.

ب- يقدم خمس كلمات مختومة بتاء مفتوحة.

ت- يعرض خمس كلمات مختومة بتاء مربوطة.

٤. أن يتشكل الهدف السلوكي من السلوك و محتواه، أي أن يتضمن السلوك الذي يتوقع من  المتعلم اكتسابه و يتضمن المحتوى الذي يعد وسيلة لإنجاز ذلك السلوك مثل:

أ- أن يكتب الطالب على السبورة خمس جمل تتضمن كل منها اسما مرفوعا مؤشرا تحته بخط.

ب- أن يستخدم الطالب جهاز العرض فوق الرأس في عرض جمل مفيدة.

٥. أن يصف سلوك المتعلم لا سلوك المعلم  مثل:

أن يقرأ الطالب القصيدة قراءة صحيحة.

ولا نقول:

قيام المدرس بتعليم الطلبة القراءة الصحيحة.

٦. أن يكون الهدف واضح المعنى قابلا للفهم.  ومعنى الوضوح هو ألا يحتمل أكثر من معنى أو من الصعوبة التحقق منه. مثل:

أن يتذوق الطالب قصيدة امريء القيس......إذ كيف يمكن أن تتأكد من أن الطالب تذوق أم لم يتذوق ؟ وما مستوى تذوقه، فمثل هذه الصياغة فيها شيء من الغموض، وهذا ما يحصل غالبا في بناء الأهداف الوجدانية والقيمية.

٧. أن يتم تحديده في ضوء حاجة المتعلمين. بحيث يؤدي إلى سلوك يكون المتعلمون بهم حاجة إليه. مثل:

أ- أن يميز الطالب بين الألف التي تكتب بصورة العصا والألف التي تكتب بصورة الياء.

ب- أن يحدد الطالب المواضع التي تكتب فيها الهمزة على واو.

٨. أن يتضمن السلوك والمعيار الذي يقاس به ذلك السلوك. مثل:

أن ينظم الطالب خمسة أبيات شعر على وزن الطويل.

فالسلوك هو نظم خمسة أبيات شعر، والمعيار هو الوزن الطويل.

بقي أن نقول إن الهدف السلوكي يتشكل من:

أن + فعل مضارع يتضمن السلوك المراد تعلمه + فاعله (وهو الطالب) + محددات السلوك،وقد يكون من بينها المحك مثل:

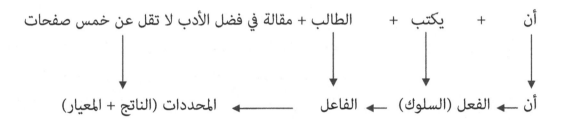

أن + يكتب + الطالب + مقالة في فضل الأدب لا تقل عن خمس صفحات

أن ← الفعل (السلوك) ← الفاعل ← المحددات (الناتج + المعيار)

**تصنيف الأهداف التربوية**

تعرض الكثيرون لتصنيف الأهداف التربوية وتحديد مستوياتها، إلا إن أكثر التصنيفات شيوعا هو تصنيف بلوم Bloom سنة ١٩٥٦ الذي اعتمد فيه مجالات الشخصية الإنسانية، إذ إن الشخصية الإنسانية تتكون من ثلاث مجالات مترابطة متكاملة غير منفصلة عن بعضها، وهذه المجالات هي المجال المعرفي، والمجال الوجداني والمجال المهاري أو النفسي الحركي. وعلى هذا الأساس صنف الأهداف التربوية في الآتي:

١. المجال المعرفي أو الذهني TheCognitive Domain.

٢. المجال الوجداني أو الانفعالي The Effective Domain.

٣. المجال النفس حركي أو المهاري The Psychomotor Domain.

أما المجال المعرفي أو الذهني فيتضمن الأهداف التي تؤكد النواتج العقلية، أي المعطيات الذهنية مثل المعرفة والفهم والتطبيق والتحليل والتركيب والتقويم.

أما المجال الوجداني أو الانفعالي، فيتضمن الأهداف التي تدل على المشاعر والاتجاهات والانفعالات والأحاسيس والميول والقيم.

فيما يتضمن المجال الثالث النفس حركي أو المهاري الأهداف التي تدل على المهارات الحركية مثل الكتابة باليد، أو استخدام الآلة الطابعة والسباحة والأعمال المهنية اليدوية وغيرها.

ومما ينبغي التشديد عليه أن هذه المجالات كما ذكرنا متكاملة غير منفصلة لأن الشخصية الإنسانية عادة وحدة متكاملة، فإن الإنفعال يحصل لدى الفرد عندما يتعرض للتفكير في مسالة معرفية،كذلك التفكير يحصل عندما يمارس الفرد بعض الأنشطة المهارية، وخاصة عندما تصل عنده درجة اكتسابها إلى الحد الذي يمارسها فيه بلا إرادية،أو لا شعورية.

ومن الجدير ذكره أن هذه الأهداف لا تتحقق على مستوى واحد في وقت واحد إنما تتحقق على شكل مستويات تتدرج من البسيط إلى المعقد، وعلى هذا الأساس أجرى المعنيون بها تحديدات لمستويات كل مجال من هذه المجالات وقد رتبت هذه المستويات ترتيبا هرميا من السهل إلى الصعب، ومن البسيط إلى المركب.

لقد كانت لبلوم وكراثول جهود مميزة في تصنيف مستويات المجال المعرفي أو الوجداني، أما المجال النفس حركي أو المهاري فقد كان لسمبسون دور كبير في تحديد مستوياته.

أما مستويات المجال المعرفي التي تتكون من استدعاء المعلومات وتعرفها وتنمية المهارات والقدرات العقلية وتبدأ بأيسرها وأسهلها وتنتهي بأصعبها واعقدها وعلى أساس تدرجها صنفها بلوم في ستة مستويات مرتبة ترتيبا هرميا من الأبسط إلى الأصعب كما يأتي:

**أولا: المجال المعرفي أو الذهني:**

١. المعرفةKnowledge: وتعني التذكر واسترجاع المعلومات والمعارف التي تم تعلمها سابقا. وقد يتضمن ذلك استدعاء عدد كبير من المعلومات بدءا من الحقائق البسيطة وحتى المبادئ والنظريات والقوانين. ويمثل هذا المستوى أدنى مستويات النواتج المعرفية. وإذا ما تحققت،المعرفة عند المتعلم فهذا يعني أنه بلغ المستوى الأول من مستويات الإدراك العقلي.

ومن أمثلة أهداف هذا المستوى:

أ- أن يعد الطالب مرفوعات الأسماء من دون خطأ يذكر.

ب- أن يسمي الطالب ثلاثة من شعراء العصر الجاهلي.

ت- أن يعرف الطالب الفاعل، وهكذا.

ومن الأفعال التي تصلح لمثل هذا المستوى من مستويات المجال المعرفي - أي لمستوى التذكر - أن يعدد، أن يعرف، أن يذكر، أن يرتب، أن يحدد، أن يسمي، وهكذا مع التنبه على أن هذه الأفعال أو الأفعال التي يرد ذكر صلاحيتها لمستويات أخرى يمكن أن تستخدم في بناء الأهداف لأكثر من مستوى في أكثر من مجال حسب ما مطلوب من المتعلم تعلمه وأداؤه.

**٢. مستوى الفهم Comprehension:** ويعني القدرة على استيعاب المادة وتقديمها بأسلوبه الخاص، أو يوجزها فهو يعني استيعاب الحقائق، والأسس والقدرة على كتابة التعريف بأسلوب مختلف وتفسير الكلمات والرسوم والخرائط، أو الترجمة من لغة إلى أخرى. ومن أمثلة أهداف هذا المستوى:

أ- أن يستنتج الطالب مفهوم الفاعل من خلال الأمثلة.

ب- أن يميز الطالب بين الفعل والاسم في نص يعرضه المدرس. وهكذا.

ومن الأفعال التي يمكن استخدامها في تركيب أهداف هذا المجال:

أن يحول، أن يستنتج، أن يصف، أن يحلل، أن يلخص، أن يعلل، أن يستوعب، أن يفسر، أن يميز، وهكذا.

**٣. مستوى التطبيق Application:** إن مستوى التطبيق هو أعلى من مستوى الفهم والتذكر، واكثر تعقيدا، ويتطلب عمليات عقلية أكثر من الفهم، وفيه يتم الانتقال من مستوى النظري المجرد إلى المستوى العملي المحسوس، فهو يعني تطبيقات الحقائق والمفاهيم والقوانين والنظريات والتصميمات التي درسها الطالب فحفظها وفهمها في مواقف تعليمية جديدة سواء في داخل الصف أم خارج المدرسة، أي في الحياة اليومية. من أمثال حل المسائل الرياضية، أو المعادلات الكيميائية، أو عرض خطوات لكيفية تطبيق طريقة معينة في موقف معين. ومن أمثال هذه الأهداف في العربية:

أ- أن يستخرج الطالب الفاعل من جملة مفيدة.

ب- أن يحل الطالب تمارين المفعول به.

ت- أن يعين الطالب الأفعال الماضية في نص معين.

ث- أن يفسر الطالب كتابة الهمزة على ألف في قولنا مسـألة.

ج- أن يميز الطالب بين الأسماء والحروف في ضوء تعريف الاسم والحرف. ومن الأفعال في هذا المجال: يطبق، يحل، يعدل يستعلم، يبيبن، يعرض.

**٤. مستوى التحليل Analysis:** يعد مستوى التحليل من المستويات الثلاثة العليا في المجال

المعرفي في تصنيف بلوم، إذ المطلوب من المتعلم فيه أن يقوم بتجزئة المادة التعليمية إلى عناصر، أو أجزاء فرعية وإدراك ما فيها من علاقات. وبلوغ المتعلم هذا المستوى يعني امتلاكه القدرة على تفكيك المادة إلى مكوناتها من أجل فهم بنيتها. لذا فإن هذا المستوى يظهر قدرة عقلية أعلى من الفهم ومن التطبيق ومن الأفعال الأدائية التي تستخدم لهذا المستوى:

أن يفتت، أن يفرق، يميز، يعين، يستدل، يختصر، يختار، يقرن، يفصل، يقارن، يحلل، يوازن.

**ومن أمثلة الأهداف السلوكية في هذا المستوى في اللغة العربية:**

أ- أن يفرق الطالب بين الغزل العذري والغزل الماجن في العصر الأموي في ضوء إطلاعه على نماذج مختلفة من النوعين.

ب- أن يقارن بين قصيدتين لحسان بن ثابت، أحداهما في العصر الجاهلي والأخرى في صدر الإسلام في ضوء إطلاعه على شعر حسان بن ثابت.

ت- أن يحلل الطالب قصيدة أبي تمام في فتح عمورية بعد دراستها.

ث- أن يوازن الطالب بين نصين أدبيين في الفخر، أحدهما في العصر الجاهلي والآخر في العصر الأموي بعد دراسته غرض الفخر في العصرين.

ج- أن يفرق الطالب بين البحر الطويل، والبحر الوافر من خلال أبيات شعرية يعرضها عليه المدرس.

٥. **مستوى التركيب Synthses:** ويعني بلوغ المتعلم هذا المستوى امتلاكه القدرة على تركيب العناصر والأجزاء، وتكوين تركيبات جديدة، أي تكوين كل جديد من عناصر تعلمها. وإن هذا المستوى يشدد على إنتاج أفكار جديدة بمعنى إن نواتج التعلم في هذا المستوى تؤكد الإبداع. ومن الأفعال السلوكية في هذا المجال:

أن يرتب، يركب، يؤلف، يبتكر، يتوقع، يعيد بناء، يربط، يصوغ، يضع خطة، يصمم، يجمع بين. ومن أمثلة الأهداف السلوكية في هذا المجال:

أ- أن يصوغ الطالب ثلاث جمل مفيدة يكون الخبر فيها جملة فعلية في ضوء دراسته أنواع الخبر.

ب- أن يبتكر الطالب طريقة لمعالجة الخطأ في كتابة التاء بنوعيها في ضوء دراسته قواعد كتابة التاء.

ت- أن يؤلف الطالب قصيدة موزونة في ضوء دراسته علم العروض.

ث- أن يضع الطالب خطة لتشجيع زملائه على حفظ المزيد من الشعر العربي.

ج- أن يبتكر الطالب طريقة لحفظ أوزان بحور الشعر العربي.

**٦. التقويم Evaluation:** ويعني هذا المستوى الحكم التقويمي الذي يصدر لبيان صلاحية الأشياء كما، أو نوعا في ضوء معايير محددة. وان المتعلم عندما يصل إلى مستوى التقويم يعني أنه أصبح قادرا على إصدار أحكام على وفق معايير، وإعطاء آراء بشأن صلاحية الأشياء، وهذا يعني أن هذا المستوى أعلى مستوى في مستويات التفكير الإنساني، لذا فإنه يأتي في قمة الترتيب الهرمي في تصنيف بلوم المرتب على أساس الصعوبة والتعقيد.

**ومن الأفعال التي تستخدم في هذا المجال:**

أن يقوم، أن يميز، يدعم، يعزز، يفسر، يحكم، يبدي رأيا، أن ينتقد، أن يبرهن، أن يتحقق، يناقش الحجة.

ومن الأهداف السلوكية في هذا المجال:

١. أن يبدي الطالب رأيه في قصيدة البردة من حيث التعبير عن إيمان الشاعر وندمه على ما فات.

٢. أن يدافع الطالب بحجة منطقية عن دور اللغة العربية في توحيد العرب.

٣. أن يبدي الطالب رأيه في شاعرية المتنبي بعد دراسة الشاعر.

٤. أن ينتقد الطالب تعبيرا شفويا لزميله.

٥. أن يختار الطالب قصيدة من بين قصائد عدة في الوصف على أن يبين أسباب الاختيار.

والشكل الآتي يوضح الترتيب الهرمي لمستويات المجال المعرفقي ودرجة صعوبتها:

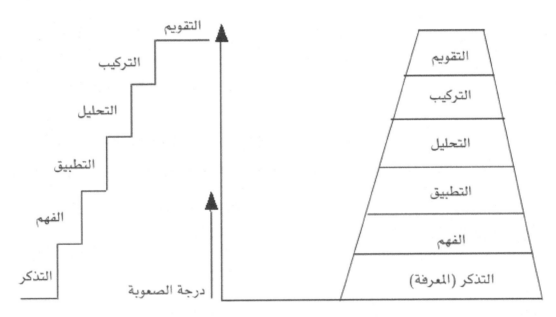

شكل توضيحي للترتيب الهرمي لمستويات المجال المعرفي على وفق تصنيف بلوم متدرجا من السهل الى المعقد. علما بأن المستوى الأضيق يتضمن ما تحته. بمعنى أن الطالب عندما يكون قادرا على التقويم فان ذلك يعني انه أصبح قادرا على التذكر والفهم والتطبيق والتحليل والتركيب وهكذا.

ثانيا: المجال الوجداني Affective Domain:

مثلما ان المجال المعرفي مهم في حياة الفرد كذلك المجال الوجداني، إذ لا قيمة للمعارف التي يمكن أن يمتلكها الفرد من دون امتلاكه مجموعة من القيم والاتجاهات التي تستلزمها الحياة الاجتماعية وأخلاقيات المهنة التي يهتم بها. وعلى هذا الأساس فإن امتلاك المعرفة بكفاية عالية لا يعني نجاحا عاليا في أداء المهنة، إنما يتطلب الأمر قيما واتجاهات، ومعتقدات تستلزمها المهنة التي يمتهنها الفرد. ومن هنا مست الحاجة إلى التربية الوجدانية، وكمثال على حاجة الفرد للتربية الوجدانية: فقد نجد موظفا أو مدرسا تخرج بتقدير عال، لكنه لا يؤمن بأن الإخلاص في العمل يجب أن يكون أسلوبا في الحياة  على أن المجال الوجداني يتكامل و المعرفي في إحداث التنمية الشاملة للفرد.

ومثلما كان تصنيف بلوم شائعا في المجال المعرفي، كان تصنيف كراثول Krathowole عام ١٩٦٤ للأهداف التعليمية في المجال الوجداني، أو يطلق عليه العاطفي أو الانفعالي. وإنه يتضمن الأهداف التي تتعلق بالميول والاتجاهات والقيم. ومطلوب من المتعلم في هذا المجال أن يتعامل مع ما في القلب من مشاعر وأحاسيس وقيم تؤثر في سلوكه وأنشطته المتنوعة.

وقد اعتمد كراثول الأسلوب نفسه الذي اعتمده بلوم في تصنيف المجال المعرفي، إذ صنف الأهداف السلوكية فيه في شكل ترتيب هرمي يبدأ بالسهل اليسير في قاعدة الهرم وينتهي بالصعب المعقد في قمته. وقد حدد كراثول مستويات هذا المجال بالاتي:

١. الاستقبال أو التقبل Receiving.

٢. الاستجابة Responding.

٣. التقييم أو إعطاء قيمة Valuing.

٤. التنظيم Organi))ation.

٥. التقييم، أو الوسم بقيمة Characteri))ation byValue.

والشكل الأتي يبين الترتيب الهرمي لمستويات المجال الوجداني حسب تصنيف كراثول:

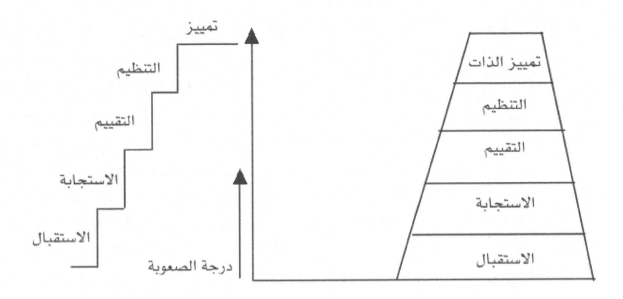

**شكل يبين الترتيب الهرمي لمستويات المجال الوجداني ( العاطفي )**

من الجدير ذكره قبل الخوض في مستويات هذا المجال هو صعوبة قياس مدى تحقق هذه المستويات وذلك لان التعامل مع قيم المتعلم ومشاعره واتجاهاته وميوله أمر يصعب تحديده وإثباته على خلاف المجال المعرفي والمهاري اللذين يسهل قياس مستويات التعلم فيهما. زيادة على ذلك فإن تحقيق مستويات هذا المجال يتطلب وقتا أطول.

لذا فإن هناك من المربين من رأى عدم ضرورة تحديد المحك أو المعيار عند كتابة الأهداف السلوكية في هذا المجال، والاقتصار على ذكر فعل السلوك والجملة التابعة له، ثم الظرف أو الشرط من دون ذكر معيار.

**مثال: في المعرفي يمكن أن يصاغ الهدف كما يأتي:**

أن يقرأ الطالب قصيدة فتح عمورية أمام زملائه قراءة لا تزيد فيها نسبة الأخطاء النحوية عن ٥% تحديد هذه النسبة يعد معيارا للحكم على القراءة. هذا ممكن في المجال المعرفي وممكن في المهاري لكنه مع الوجداني صعب، ولكن يمكن أحيانا تحديد معيار والتثبت منه. ومن أمثلة ذلك:

أن يعتز الطالب بالقيم التي تضمنتها وصية الإمام علي لابنه الحسن من خلال كتابته ما لا يقل عن صفحتين عن تلك القيم وأهميتها في الحياة الاجتماعية. وفيما يأتي نقدم عرضا موجزا لمستويات هذا١١ المجال:

**١. مستوى التقبل أو الاستقبال Receiving**

ويعني أن المتعلم يبدي الرغبة في الانتباه على موضوع معين أو حادثة أو مشكلة، وتتدرج نواتج التعلم في هذا المستوى من الوعي البسيط (الانتباه) على ما يرى من حوادث إلى الرغبة في تقبل

الأشياء وعدم تجنبها، بمعنى أن دور المتعلم هنا يكون محدودا ويتمثل بالانتباه على المشاركة العاطفية أو الوجدانية والرغبة فيها.

**والاستقبال يتضمن ثلاثة أجزاء فرعية:**

أ- الوعي أو الانتباه.

ب- الرغبة في الاستقبال مثل الاستماع إلى آخر أو آخرين.

ت- الانتباه الاختياري أو المضبوط.

ومن الأفعال التي تستخدم في هذا المستوى:

أن يسأل، يختار، يصف، يعطي، يحدد، يستعمل، يهتم، أن يبدي الرغبة، أن يعي. ومن أمثلة الأهداف السلوكية في هذا المجال:

أ- أن يهتم الطالب بحضور ندوة حول الفخر في الشعر العربي في ضوء قراءته عن غرض الفخر.

ب- أن ينتبه الطالب على زميل له يروي حادثة تحطم طائرة في ضوء إطلاعه على أعمال الإرهاب.

ت- أن يبدي الطالب الرغبة في التحدث أمام زملائه عن القيم التي يتضمنها الغزل العذري.

ث- أن يهتم الطالب بحضور ندوة تدور حول ظاهرة العنف في العالم.

ج- أن يبدي الطالب اهتماما بحاجة العراقيين للمساعدة وبناء بلدهم.

**٢. مستوى الاستجابة Responding**

إذا كان المستوى الأول لا يتعدى الانتباه على الظواهر والأحداث، فإن هذا المستوى يتعدى ذلك فيتضمن الرغبة في التفاعل مع الحدث أو الظاهرة بمعنى إن المتعلم فيه لا يكون سلبيا مقتصرا على الإصغاء والانتباه على قضية وجدانية أو عاطفية وإنما يشارك ويتفاعل مع تلك القضية بعد قبول الاستجابة والرغبة فيها، ويحاول اتخاذ موقف حيالها بطريقة ما. وتؤكد نواتج التعلم في هذا المستوى على قبول الاستجابة كأداء واجب كلف به. و هذا ما يطلق عليه استجابة الإذعان والانصياع مثل إطاعة القوانين. ثم الرغبة في الاستجابة كالتطوع للمشاركة في قراءة كلمة. ثم بعد ذلك الرضا والقناعة بالاستجابة،كالاستمتاع بحضور محاضرة حول موضوع وجداني معين.

**ومن أهم الأفعال في هذا المجال:**

أن يستجيب، يتذوق، يتمتع، يتحمل المسؤولية، أن يتطوع، يساعد، يوافق، يناقش، يكتب، يقدم، يجد.ومن أمثلة الأهداف السلوكية في هذا المستوى:

أ- أن يتذوق الطالب قراءة صفحات من كتاب حديث الأربعاء لطه حسين.

ب- أن يجد الطالب متعة في قراءة قصيدة الخنساء في رثاء أخيها صخر في ضوء ما قرأ عن فن الرثاء.

ت- أن يتطوع الطالب للمشاركة في جمع كتب أدبية لرفد مكتبة مدرسية.

ث- أن يساعد الطالب الآخرين في إنشاء جمعية لرعاية المكفوفين.

ج- أن يطيع الطالب أنظمة المدرسة وقوانينها.

## ٣. مستوى التقييم أو إعطاء قيمة:

ويعني هذا المستوى إعطاء قيمة للأشياء، أو الظواهر أو الأفكار أو أنماط السلوك. ويهتم بالقيمة التي يعطيها المتعلم لشئ ما، أو ظاهرة ما أو سلوك ما. ويتفاوت هذا المستوى بين التقبل البسيط كالرغبة في إنشاء جمعية للشعراء وبين التعهد والالتزام في مجال العمل الفعال. ويمكن وصف نواتج التعلم في هذا المستوى بأنها تحمل خصائص الاتجاهات والمعتقدات أو التقديرات.

**ومن الأفعال السلوكية في هذا المستوى:**

أن يقيم، يقدر، أن يختار، أن يجادل، أن يدعم، أن يحتج، يتمنى، أن يناقش، ينهى، يصف، يشرح، يبرر، يبادر، يشترك، يدرس. ومن أمثلة الأهداف السلوكية فيه:

أ- أن يثمن الطالب دور الخلفاء العباسيين في ازدهار الشعر العربي.

ب- أن يقدر الطالب دور نجيب محفوظ في كتابة الرواية في العصر الحديث.

ت- أن يثمن الطالب دور المجامع اللغوية في رعاية اللغة العربية والحفاظ عليها.

ث- أن يشرح الطالب أثر بدر شاكر السياب في تجديد الشعر العربي.

## ٤. مستوى التنظيم:

وينصب الاهتمام في هذا المستوى على تجميع عدد من القيم وحل التناقضات الموجودة بينها، ثم بناء نظام قيمي داخلي ثابت متماسك للقيم و يتم ربط هذه القيم ومقارنتها وتجميعها. وتشدد أنواع التعلم في هذا المستوى على المقارنة والتركيب، أي المقارنة بين القيم والوصول إلى تركيب جديد. أو يتناول ترتيب نظام القيم، فالمتعلم في هذا المجال يلتزم مجموعة من القيم ويظهرها في سلوكه أو يرتب نظاما قيميا منسقا، كوضعه خطة للمحافظة على اللغة العربية. ومن الأفعال السلوكية في هذا المستوى:

أن يلخص، ينظم، يدافع، يبين، يأمر، يرتب، يركب، يخطط، يوازن، يغير، يرسم خطة، يلتزم، يربط. ومن الأمثلة على الأهداف السلوكية في هذا المستوى:

أ- أن يلتزم الطالب الدفاع عن الأفكار الوجدانية في قصيدة الحطيئة (وطاوي ثلاث عاصب البطن مرمل.........).

ب- أن يخطط الطالب لإنشاء جمعية لشعراء الغزل في بلدته.

ت- أن يرسم الطالب خطة لإقامة ندوة حول المخاطر التي تسببها اللـهجة العامية في تعليم العربية.

ث- أن يدافع الطالب عن الفوائد الثقافية، والنفسية للمكتبة المدرسية.

ج- أن يربط الطالب بين سلوك شخصية معينة والقيم التي يدعو إليها.

**٥. مستوى التميز أو الوسم بالقيمة**

يعني هذا المستوى أن الشخص فيه تصبح له شخصية مميزة. ويقع الاهتمام بتشكيل صفات ألذات عند الشخص متميزا من غيره من الأفراد، إذ يتكون لدى الفرد نظام من القيم تتحكم في سلوكه. وفي هذا المستوى تتفاعل المعتقدات والأفكار والاتجاهات متكاملة لتشكيل أسلوب الحياة أو فلسفة الحياة للفرد.

فإن هذا المستوى يمثل أعلى مستويات المجال الوجداني تعقيدا في الترتيب الهرمي على وفق تصنيف كراثول.

ومن أهم الأفعال السلوكية التي تستخدم في هذا المستوى:

أن يؤمن، يعتز، يشكل، يستخدم، يبرهن، يميز، يتصف، يثق، يؤدي دورا، يعيد تركيب، يتحقق، يعدل، يعمل.

**ومن أمثلة الأهداف السلوكية في هذا المستوى:**

أ- أن يثق الطالب بأن اللغة العربية أكثر دقة في التعبير عن المعاني من غيرها.

ب- أن يعتز الطالب بالقيم التي تضمنها شعر زهير بن أبي سلمى في ضوء قراءته له.

ت- أن يؤمن الطالب بحق الحرية له ولغيره في التعبير عن آرائهم.

ث- أن يؤمن الطالب بدور اللغة في توحيد أبناء الأمة.

ج- أن يبرهن الطالب على أن الإحسان إلى الناس وسيلة لكسب قلوبهم.

**ثالثا: المجال المهاري أو الحركي أو النفس حركي Psychomotor Domain**

قبل الحديث عن مستويات هذا المجال لا بد من القول: إن المجال الحركي مكون أساسي من مكونات الفرد الإنساني، وانه يتكامل مع المجال المعرفي والوجداني في بناء الشخصية الإنسانية. وإذا صح القول إن الفرد الناجح في الحياة هو من يمتلك من المعارف ما يمكنه من التفاعل مع الأشياء، والتعامل مع الغير فإن هذا التفاعل والتعامل يحتاج إلى جسم معافى سليم البنية كي يكون العقل فاعلا نشيطا تصديقا للمقولة المعروفة (العقل السليم في الجسم السليم). فالعقل به

حاجة إلى الجسم وبكليهما حاجة إلى القيم التي لها دور في توجيههما الوجهة الصحيحة. ومن هنا تأتي أهمية تنمية الشخصية تنمية شاملة في مجالاتها الثلاثة.

**مستويات المجال المهاري**

بعد تصنيف بلوم للأهداف السلوكية في المجال المعرفي وتصنيف كراثول لمستويات المجال الوجداني نشط المربون في البحث عن تصنيف لمستويات الأهداف السلوكية في المجال المهاري فظهرت تصنيفات عديدة منها تصنيف راكزويل، وتصنيف هارو، وتصنيف جرونلند، وتصنيف كيبلر، وتصنيف تمانر، ولكن جاء تصنيف سمبسون (Simpson) ليكون أكثر التصنيفات شيوعا في هذا المجال. وقد يكون مرد شيوعه سهولته وإمكانية تطبيقه في مختلف المواد التعليمية وتمشيه مع النظام الهرمي الذي سار عليه كل من بلوم في تصنيف مستويات المجال المعرفي، وكراثول في تصنيف مستويات المجال الوجداني اللذين اعتمدا ترتيب تلك المستويات ترتيبا هرميا مبتدئا من المستويات السهلة متدرجا في الصعوبة حتى الوصول إلى المستويات المعقدة. وهكذا جاء ترتيب مستويات هذا المجال لسمبسون متدرجا من الإدراك الحسي الذي يمثل أدنى مستوى حتى مستوى الأصالة أو الإبداع الذي يمثل أعلى مستويات هذا المجال عنده.

ويشمل هذا المجال الأهداف التي تشدد على المهارات الحركية لجسم الإنسان من دون العقلية. أي الحركات التي تتطلب تآزرا متناسقا عقليا وسمعيا وبصريا مثل النشاطات الأدائية المختلفة. وقد صنف سمبسون مستويات هذا المجال في سبعة مستويات مرتبة ترتيبا هرميا من السهل إلى المعقد والشكل الأتي يوضح ذلك التصنيف:

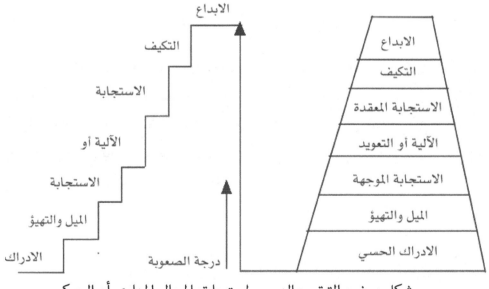

شكل يوضح الترتيب الهرمي لمستويات المجال المهاري أو الحركي

ونتناول في الآتي عرضا لمفهوم كل مستوى،والأفعال السلوكية التي تستخدم فيه وأمثلة من الأهداف السلوكية فيه:

## ١. الإدراك الحسي  Perception:

يعد هذا المستوى من أقل مستويات هذا المجال تعقيدا، ويتم التشديد فيه على تشغيل أعضاء الحس، وإثارتها بمثيرات ذات علاقة بالسلوك الحسي المرغوب فيه. ودور المتعلم هنا يتجه نحو استعمال أعضاء الحس لتحديد الأدوار التي تؤدي النشاط الحركي المطلوب تعلمه.

ويتضمن هذا المستوى الإثارة الحسية واختيار الأدوار والواجبات وثيقة الصلة وربط الدور بالأداء.

وفي هذا المستوى يتم إدراك الأشياء التي تساعد في أداء المهارة الحركية فيما بعد.  ومن الأفعال التي تستخدم في هذا المستوى:

أن يختار، أن يكتشف، يميز، يربط، يحدد

**ومن الأهداف السلوكية في هذا المستوى:**

أ- أن يميز الطالب بين الملابس اللازمة لتمثيل دور الخنساء والملابس اللازمة لتمثيل دور نازك الملائمة.

ب- أن يربط الطالب بين أوزان البحور الشعرية والأدوات اللازمة لعمل وسيلة تعليمية لحفظ تلك الأوزان.

ت- أن يختار الطالب المعجم الملائم لشرح ألفاظ القرآن.

ث- أن يحدد الطالب المواد اللازمة لإعداد نشرة جدارية.

ج- أن يحدد الطالب المواد اللازمة للتدريب على الخط العربي.


## ٢. الميل أو التهيؤ  (Set):

في هذا المستوى يظهر المتعلم استعداد عقليا،وجسميا وانفعاليا للبدء بالسلوك الحركي المطلوب تعلمه،بمعنى يحصل لدى المتعلم الاستعداد والميل العقلي والجسمي والانفعالي نحو السلوك الحركي وأداء ذلك السلوك. بحيث يظهر رغبة واستعدادا لأداء السلوك المطلوب.  ومن أهم الأفعال التي تستخدم في هذا المستوى هي:

أن يبدي، أن يستعد، يتطوع، يبرهن، يرغب، يميل.

ومن الأمثلة على الأهداف السلوكية في هذا المستوى:

أ- أن يبدي الطالب رغبة في الكتابة بالخط الكوفي.

ب- أن يبدي الطالب الرغبة في إحضار الأدوات اللازمة لعمل وسيلة تعليمية توضح أقسام الكلام.

ت- أن يستعد الطالب لعمل وسيلة تعليمية توضح أشكال كتابة الهمزة المتوسطة.

ث- أن يتطوع الطالب للاشتراك في مسرحية أبي العلاء المعري.

ج- أن يستعد الطالب لتمثيل دور الشاعر حسان بن ثابت في مسرحية.


## ٣. مستوى الاستجابة الموجهة  Guided Response:

ويعني هذا المستوى أن المتعلم يصبح فيه قادرا على محاكاة السلوك الحركي المطلوب تعلمه الذي قام به معلمه وإعادته، أو أن يقوم بأداء مهارة بشكل تجريبي للبدء بأدائها فيما بعد.

بمعنى إن الطالب في هذا المستوى لا يكون سلبيا في أداء المهارة، إنما يبدأ بأدائها فعليا. على العكس مما حصل في المستويين السابقين  إذ كان الطالب فيهما سلبيا في أداء المهارة.  وتشدد نواتج التعلم في هذا المستوى على أداء المراحل الأولى للمهارة فعليا من المتعلم بالمحاكاة، أو المحاولة والخطأ. ومن أهم الأفعال التي تستخدم في هذا المستوى:

أن يقلد، يحاكي، يجري تجربة، يعيد، يعرض

ومن أمثلة الأفعال السلوكية فيه:

أ- أن يقلد الطالب دور المعلم في إلقاء قصيدة.

ب- أن يحاكي الطالب المعلم في كتابة خط النسخ.

ت- أن يحاكي الطالب أحد المذيعين في قراءة نشرة الأخبار.

ث- أن يجري الطالب محاولة في تمثيل دور النابغة الذبياني.

ج- أن يعيد الطالب قراءة نص خطابي بأسلوب معلمه وإيماءاته في قراءة ذلك النص.


## ٤. الآلية أو التعويد Mechanism:

في هذا المستوى يكون المتعلم قادرا على القيام بالمهارات الحركية التي لا تتصف بالتعقيد، بطريقة سهلة، وكأنه تعود أداءها لتكراره اداءها.  وهو يؤدي الحركات بسهولة من دون تعب.  أي بشكل آلي وبثقة وكفاية.  وتؤكد نواتج التعلم في هذا المجال مهارات الأداء بشكل آلي من دون عناء أو تعب.  ومن الأفعال التي تستخدم في هذا المجال:

أن يتعود، يرسم، يبرهن، يعتاد، يعمل، يؤدي، يقيس، يقوم، يستخدم، يقود، يحرك.

ومن الأفعال السلوكية في هذا المستوى:

أ‌- أن يستخدم الطالب المعاجم العربية في البحث عن جذور كلمات ومعانيها بشكل جيد.

ب‌- أن يتعود إلقاء القصائد بحركات وإيماءات مساعدة في مواقف معينة.

ت‌- أن يكتب الطالب الدرس على السبورة بالخط الديواني.

ث‌- أن يتعود الطالب تقطيع الأبيات الشعرية عروضيا بشكل خال من الاخطاء.

ج‌- أن يعتاد الطالب الحديث باللغة العربية السليمة من دون تكلف.


٥. مستوى الاستجابة العلنية المعقدة Comple(( Overt Response:

إن المتعلم في هذا المستوى يتوقع منه أن يكون قادرا على أداء الحركات المعقدة نسبيا بدرجة عالية من الضبط، وبسرعة ودقة في الأداء، وبذل أقل ما يمكن من الجهد والطاقة. وفي هذا المستوى يتلاشى عند المتعلم الشك والحيرةوالغموض، والخوف من أداء المهارة. وتشدد نواتج التعلم في هذا المستوى على الأنشطة الحركية التي تتسم بدقة التنظيم، أو التنسيق. ومن أهم الأفعال التي تستخدم في هذا المستوى:

أن يثبت، أن يصنع، يؤدي مهارة، يرسم، ينسق، ينظم، يطبق، ينفذ

ومن الأهداف السلوكية في هذا المستوى:

أ‌- أن يؤدي الطالب دورا من أدوار المقامة معتمدا على نفسه.

ب‌- أن ينسق الطالب الموضوعات المعدة لنشرة جدارية.

ت‌- أن يصنع الطالب وسيلة تعليمية حول الممنوع من الصرف.

ث‌- أن يثبت الطالب قدرته على كتابة عنوان المدرسة بالخط الكوفي.

ج‌- أن يقدم الطالب مخططا يوضح علامات الإعراب في العربية.


٦. التكيفAdaptation:

في هذا المستوى يكون المتعلم قادرا على تعديل أنماط الحركة لما يلائم الأوضاع المستجدة، أو لما يلائم موقفا يتطلب دقة أعلى. بمعنى إن المتعلم يكون قد أتقن المهارة وتعرف دقائق الأمور فيها بسبب ممارستها بدقة وسرعة عاليتين. وتشدد نواتج التعلم في هذا المستوى على قدرة الطالب على تعديل أنماط الحركة لتلبي متطلبات موقف جديد. وأهم الأفعال التي تستخدم في هذا المجال:

أن يعدل، يحكم، يتكيف، يغير، يعيد تنظيم، يعيد ترتيب، يهذب، ينقح

**ومن أمثلة الأهداف السلوكية في هذا المستوى:**

أ- أن يعدل الطالب خط الرقعة الذي كتب به طالب آخر على اللوحة.

ب- أن يجري الطالب تعديلات على وسيلة تعليمية عملها طالب آخر.

ت- أن يعدل الطالب في دور زميل له في مسرحية تعرض في المدرسة.

ث- أن يعيد الطالب ترتيب أدوات لازمة لعمل وسيلة تعليمية.

ج- أن يعيد الطالب تشكيل ملابس زميل له يمثل دور المتنبي في مسرحية.


**٧. الأصالة أو الإبداع Origination:**

ويعني هذا المستوى أن المتعلم أصبح قادرا على إيجاد أنماط جديدة من الحركات، أو تطوير سلوك حركي للحد الذي يصل فيه إلى درجة من الإبداع لمواجهة مشكلة معينة أو وضع جديد. وتشدد نواتج التعلم في هذا المجال على الإبداع المهني والمهارات المتطورة.

والمتعلم هنا يصبح في وضع يكون فيه قادرا على الحكم على أداء مهارات غيره الإبداعية في أداء مهارة أو أكثر. من خلال خبرته الدقيقة الطويلة. وأهم الأفعال في هذا المستوى:

أن يصمم، يبدع، يقترح، يقدم، يعرض، يركب، يبتكر، يؤلف

**ومن الأهداف السلوكية في هذا المستوى:**

أ- أن يبدع الطالب في صنع لوحة تعليمية مميزة حول كتابة الهمزة.

ب- أن يصمم الطالب لوحة كهربائية لمعرفة الإجابات الصحيحة لأسئلة اختبار من نوع الاختيار من متعدد.

ت- أن يبتكر الطالب وسيلة تعليمية تسهل حفظ الأوزان الشعرية.

ث- أن يقترح الطالب شكلا جديدا من أشكال الخط العربي.

ج- أن يقدم الطالب مخططا جديدا لتبيان علامات الإعراب والبناء في الجملة العربية.

# الفصل الثالث: طرائق التدريس وتصنيفاتها

تصنيف طرائق التدريس

طريقة المحاضرة

طريقة التسميع

طريقة المناقشة

الطريقة الاستقرائية

الطريقة القياسية

طريقة الاستقصاء

طريقة المشروع

طريقة الاكتشاف

طريقة حل المشكلات

طريقة الوحدات

الحقائب التعليمية

طريقة التعليم المبرمج

**الأهداف المتوخاة من دراسة هذا الفصل**

يتوقع بعد دراستك هذا الفصل أن تكون قادرا على أن:

١. تحدد أنواع تصنيفات طرائق التدريس.

٢. تعرف طريقة المحاضرة.

٣. تشرح أساليب طريقة المحاضرة.

٤. تذكر خطوات طريقة المحاضرة.

٥. تعرف الكيفية التي تجعل المحاضرة ناجحة.

٦. تعدد ميزات طريقة المحاضرة.

٧. تعدد عيوب طريقة المحاضرة.

٨. تحدد المواضع التي تكون فيها طريقة المحاضرة ضرورية.

٩. تعدد مجالات استخدام طريقة المحاضرة في تدريس العربية.

١٠. تقوم طريقة المحاضرة.

١١. تشرح طريقة التسميع.

١٢. تحدد خطوات طريقة التسميع على وفق الأسلوب التقليدي.

١٣. تحدد خطوات طريقة التسميع على وفق الأسلوب المعدل.

١٤. تذكر عيوب طريقة التسميع.

١٥. تذكر ميزات طريقة التسميع.

١٦. تحدد مجالات استخدام طريقة التسميع في تدريس اللغة العربية.

١٧. تقوم طريقة التسميع.

١٨. تشرح مفهوم طريقة المناقشة.

١٩. تعدد أنواع المناقشة.

٢٠. تحدد خطوات طريقة المناقشة.

٢١. تعرف الكيفية التي تجعل طريقة المناقشة فعالة.

٢٢. تذكر ميزات طريقة المناقشة.

٢٣. تذكر عيوب طريقة المناقشة.

٢٤. تحدد مجالات استخدام طريقة المناقشة في تدريس اللغة العربية.

٢٥. توضح مفهوم الاستقراء.

٢٦. تحدد خصائص الاستقراء.

٢٧. تذكر خطوات الطريقة الاستقرائية.

٢٨. تبين ميزات الطريقة الاستقرائية.

٢٩. تبين عيوب الطريقة الاستقرائية.

٣٠. تحدد مجالات استخدام الطريقة الاستقرائية في تدريس اللغة العربية.

٣١. تشرح مفهوم القياس.
٣٢. تذكر خطوات الطريقة القياسية.
٣٣. تشرح خطوات الطريقة القياسية.
٣٤. تحدد ميزات الطريقة القياسية.
٣٥. تحدد عيوب الطريقة القياسية.
٣٦. تذكر مجالات استخدام الطريقة القياسية في تدريس اللغة العربية.
٣٧. توازن بين الطريقة القياسية والطريقة الاستقرائية.
٣٨. توضح مفهوم الاستقصاء.
٣٩. تعدد خطوات طريقة الاستقصاء.
٤٠. تشرح خطوات طريقة الاستقصاء.
٤١. تحدد أنواع الاستقصاء.
٤٢. تفرق بين الاستقصاء الحر و الاستقصاء الموجه.
٤٣. تعرف مفهوم العصف الذهني.
٤٤. تذكر أنماطا من أسئلة العصف الذهني.
٤٥. تعدد مهارات الاستقصاء.
٤٦. تحدد ميزات الاستقصاء.
٤٧. تحدد عيوب الاستقصاء.
٤٨. تذكر مجالات استخدام طريقة الاستقصاء في تدريس اللغة العربية.
٤٩. تحدد مفهوم طريقة المشروع.
٥٠. تعدد أنواع المشاريع.
٥١. تذكر شروط اختيار المشروع.
٥٢. تشرح خطوات طريقة المشروع.
٥٣. تبين ميزات طريقة المشروع.
٥٤. تبين عيوب طريقة المشروع.
٥٥. تحدد مجالات استخدام طريقة المشروع في تدريس اللغة العربية.
٥٦. تعرف طريقة الاكتشاف.
٥٧. تشرح خطوات طريقة الاكتشاف.
٥٨. تبين ميزات طريقة الاكتشاف.
٥٩. تبين عيوب طريقة الاكتشاف.
٦٠. تذكر مجالات استخدام طريقة الاكتشاف في تدريس اللغة العربية.
٦١. تشرح مفهوم طريقة حل المشكلات.
٦٢. تشرح خطوات طريقة حل المشكلات.

٦٣. تذكر ميزات طريقة حل المشكلات.

٦٤. تذكر عيوب طريقة حل المشكلات.

٦٥. تحدد مجالات استخدام طريقة حل المشكلات في تدريس اللغة العربية.

٦٦. تعرف طريقة الوحدات.

٦٧. تحدد أنواع الوحدات.

٦٨. تبين خطوات التدريس بموجب طريقة الوحدات.

٦٩. تعرف كيفية تحديد الوحدات.

٧٠. تذكر ميزات طريقة الوحدات.

٧١. تذكر عيوب طريقة الوحدات.

٧٢. تحدد مجالات استخدام طريقة الوحدات في تدريس اللغة العربية.

٧٣. تعرف الحقائب التعليمية.

٧٤. تصف طريقة تصميم الحقيبة التعليمية.

٧٥. تعرف الكيفية التي تقدم بها الحقيبة التعليمية للمتعلم.

٧٦. تذكر ميزات الحقيبة التعليمية.

٧٧. تذكر عيوب الحقيبة التعليمية.

٧٨. تصمم حقيبة تعليمية.

٧٩. تعرف التعليم المبرمج.

٨٠. تعرف النظام الخطي.

٨١. تعرف النظام المتشعب.

٨٢. تفرق بين النظام الخطي والنظام المتشعب.

٨٣. تشرح خطوات إعداد مادة التعليم المبرمج.

٨٤. تذكر ميزات التعليم المبرمج.

٨٥. تذكر عيوب التعليم المبرمج.

٨٦. تذكر مجالات استخدام التعليم المبرمج في تدريس اللغة العربية.

٨٧. تبدي رأيك في كل طريقة من طرائق التدريس التي مر ذكرها.

نظرا لما يشهده العالم من تطور مستمر في جميع مجالات الحياة، وما يستلزم هذا التطور من إعادة تشكيل قدرات الإنسان وتطويرها لتستجيب لمتطلبات تطور الحياة، مست الحاجة إلى التربية بوصفها المسؤولة عن بناء الأفراد والمجتمعات بناء شاملا مما يقتضي تطوير وسائلها وأساليبها لمواجهة متطلبات الحياة الحالية والمستقبلية. ولما كانت المناهج الدراسية من بين أهم العناصر التي تتأسس عليها العملية التربوية، فقد مست الحاجة إلى إعمال الفكر في هذه المناهج وتمكينها من النهوض بمتطلبات التطور الحاصل في الحياة. ولا شك إن طرائق التدريس وأساليبه من بين عناصر المنهج بمفهومه الواسع، لكونها تمثل الوسائل المهمة لتنفيذ المناهج الدراسية، والوصول بها إلى تحقيق الأهداف التربوية. لذا تطلب هذا الأمر إحاطة من يتولى مهمة التدريس بطرائق التدريس واساليبه، وماهيتها وخصائصها، وميزاتها وعيوبها، ومتى تصلح ومتى لا تصلح، لا سميا إن الواقع أثبت أنه لا توجد طريقة تدريس مفضلة في المواد الدراسية جميعها والمراحل الدراسية جميعها وجميع المتعلمين والمعلمين والأهداف. إنما تتوقف صلاحية الطريقة على عوامل متعددة، لذا فلا مناص من الإطلاع على جميع الطرائق والأساليب التدريسية المعروفة بغية الاستفادة منها، إذ تمس الحاجة إليها. ثم إن الدرس قد يتشكل من أساليب متعددة من طرائق متعددة، لذا لا يمكننا القول بإمكانية الاستغناء عن طرائق تدريس بعينها والاعتماد على أخرى بعينها في الظروف جميعها. ولما كانت العادة جرت عند معظم من كان لهم فضل السبق في الكتابة عن طرائق تدريس العربية الدخول إلى الأساليب الخاصة بتدريس اللغة العربية على أساس فروعها المختلفة وعدم البحث في طرائق التدريس العام، وكأن مدرس اللغة العربية لا شأن له بها. رأينا أن هذا الاتجاه يجافي الحقيقة ذلك لأن أساليب تدريس اللغة العربية لا يمكن إلا أن ترتكز في جوانب كثيرة منها على أسس طرائق التدريس العام ومبادئها، فمدرس اللغة العربية به حاجة إلى معرفة المحاضرة ومواضع استخدامها وسبل الاستفادة منها وتطويرها ومستلزمات نجاحها وتلافي عيوبها، مثلما به حاجة إلى معرفة مبادئ طريقة المناقشة وخطواتها وأساليبها ومواضع استخدامها. كذلك الحال مع طريقة الاستقراء، والقياس، والاستقصاء والمشروع وغيرها، لذا يرى المؤلف من المفيد بل من الواجب إحاطة مدرس اللغة العربية بطرائق التدريس العامة وخطواتها وميزاتها وعيوبها وأين يمكن الاستفادة منها في تدريس العربية. ولسهولة دراستها نبدأ بتصنيفاتها.

**تصنيف طرائق التدريس**

إن تطور الحياة وتعقدها أدى إلى ظهور العديد من الفلسفات والنظريات التربوية لغرض مسايرة التطور والتعقيد والتمكن من التعامل معه بفاعلية، وذلك بدوره أدى إلى تطور في طرائق التدريس من حيث النوع والكم، إذ إن لكل فلسفة أو نظرية تربوية رأيا في العملية التعليمية وطرائق

التدريس. فمنها ما شدد على دور المعلم في العملية التعليمية مما أدى إلى ظهور طرائق تدريس تجعل المدرس مركز العملية التعليمية ومنها ما شدد على دور المتعلم فدعا إلى طرائق تدريس يكون الطالب فيها مركز العملية التعليمية. ومنها ما شدد على طريقة التفكير وتنميته فأدى إلى ظهور طرائق تتبنى تدريب المتعلم على أسلوب التفكير العلمي. ومنها ما شدد على المادة التعليمية فأدى إلى ظهور طرائق تدريس تجعل المادة التعليمية في بؤرة عملية التعلم. وهكذا تعددت الطرائق وتنوعت وكثرت أساليبها. ومن بين دواعي تعدد الطرائق التدريسية أسباب أخرى منها: اختلاف المراحل الدراسية، فما يصلح لمرحلة قد لا يصلح لمرحلة أخرى. واختلاف أنواع التعليم، فما يصلح للتعليم الأكاديمي قد لا يصلح للتعليم المهني. وما يصلح للتعلم الذاتي قد لا يصلح للتعلم المعتمد على المدرسين. وما يصلح للتعليم الهندسي قد لا يصلح للتعليم الفني وغير ذلك. ولا ينسى دور التقدم العلمي والتكنولوجي في تعدد أساليب التدريس وطرائقه، ولغرض استعراض طرائق التدريس والإلمام بها لا بد من تصنيفها. لذا سعى الكثير من المعنيين بطرائق التدريس إلى تصنيف هذه الطرائق، ولكن لم يتوصلوا إلى تصنيف واحد متفق عليه ذلك لاختلاف الأسس التي تصنف بموجبها طرائق التدريس. ونعرض هنا بعض هذه التصنيفات ثم نتبنى تصنيفا منها في عرض طرائق التدريس العامة. ومن بين التصنيفات:

**أولا: التصنيف الذي يعتمد المحور الذي تدور حوله الطريقة.**
وهي بموجب هذا التصنيف تقسم على:

١. طرائق تدريس تتمركز حول المعلم مثل المحاضرة والتلقين، وجميع الطرائق التي يسير فيها التعليم باتجاه واحد.

٢. طرائق تدريس تتمركز حول المتعلم مثل حل المشكلات، والمشروع والاستصقاء والاستقراء، والطريقة القياسية، والمناقشة الجماعية.

٣. طرائق تدريس تدور حول المادة مثل طريقة تعليم القراءة، وطريقة تعليم التعبير.

٤. ويضاف إلى ذلك مجموعة الطرائق المعتمدة على المرحلة الدراسية، فهناك طرائق تعليمية للمبتدئين، وأخرى تلائم المرحلة الابتدائية والأخرى للأكثر تقدما[1].

**ثانيا: التصنيف الذي يعتمد أنواع النشاط المستخدمة في التدريس.**
وبموجب هذا التصنيف تصنف طرائق التدريس إلى:

١. طرائق التدريس: وهي التي يتم استخدامها في تدريس المواد النظرية، ويكثر استخدامها في المؤسسات التعليمية. مثل طريقة المحاضرة، والتسميع، وحل المشكلات والمناقشة.

---

(١) ماهر داوود، ومجيد مهدي، مصدر سابق، ص١١٦.

٢. طرائق التدريب: وهي تلك الطرائق التي يسود عليها الطابع العملي ويسود استخدامها في التعليم المهني والفني مثل طريقة المشروع.

**ثالثا: التصنيف الذي يعتمد نوع التنفيذ**

وهي بموجب هذا التصنيف تقسم على:

١. **الطرائق الإلقائية:** وهي تلك الطرائق التي يكون المدرس فيها هو الملقي والطلبة متلقين مثل طريقة المحاضرة بأساليبها غير المدعومة بالوسائل.

٢. **الطرائق الحسية:** وهي التي يتم فيها تقديم المعلومات مدعومة بالوسائل الحسية مثل المحاضرة الموضحة أوالمشروحة بالتوضيح.

٣. **الطرائق العملية:** وهي تلك الطرائق التي تقوم على الممارسة الفعلية ويتم التعلم فيها بالعمل مثل طريقة المشروع.

٤. **طرائق الحوار:** وهي التي يقوم التعلم فيها على الاستجواب والحوار مثل طريقة المناقشة والطريقة السقراطية.

٥. **الطرائق الاستدلالية:**

أ- **الاستقراء:** وهو استدلال صاعد ينتقل فيه الذهن من الجزئيات إلى الكليات (الطريقة الاستقرائية).

ب- **القياس:** وهو استدلال نازل ينتقل فيه الذهن من الكليات إلى الجزئيات (الطريقة القياسية).

٦. **الطرائق التنقيبية أو التكشفية:** وهي التي تعتمد نشاط المتعلم الذاتي وقدرته على الاستقصاء والتنقيب مثل الطريقة الاستقصائية والتكشفية.

**رابعا: التصنيف الذي يعتمد مدى الاهتمام بنشاط المتعلم**

وهي بموجب هذا التصنيف تقسم على:

١. طرائق تدريس لا تركز على نشاط المتعلم مثل طريقة المحاضرة.

٢. طرائق تدريس فيها يتفاعل المتعلم والمعلم لفظيا مثل طريقة المناقشة وطريقة التسميع وطريقة الاستجواب.

٣. طرائق تدريس تشدد على التفكير وعرض المحتوى التعليمي مثل الطريقة الاستقرائية والطريقة القياسية.

٤. طرائق تدريس تهتم بالمشكلات التعليمية وإخضاعها للبحث العلمي وطرائق التفكير مثل الطريقة الاستقصائية، وطريقة الاكتشاف، وطريقة حل المشكلات وطريقة المشروع.

٥. طرائق تدريس تهتم باستخدام تقنيات، أو فنيات، أو الدراما الاجتماعية مثل: طريقة تمثيل الأدوار، وطريقة المحاكاة، وطريقة النمذجة.

٦. طرائق تدريس تعتمد نشاط المتعلم الذاتي مثل طريقة التعلم عن بعد، وطريقة التعليم المبرمج، وطريقة الحقائب التعليمية.

**خامسا: التصنيف الذي يعتمد عدد المتعلمين المستهدفين**

وهي بموجب هذا التصنيف تقسم على:

١. طرائق التدريس الجمعي: وهي الطرائق التي يستفيد منها عدد كبير من المتعلمين مثل المحاضرة والمناقشة.

٢. طرائق التدريس الفردي: وهي الطرائق التي يستفيد منها فرد، أو مجموعة من الأفراد كل على حدة مثل: الحقائب التعليمية، والتعليم المبرمج.

٣. طرائق التدريس التي يتوزع فيها المتعلمون بين مجمعوعات مثل طريقة المشروع، وطريقة حل المشكلات.

**سادسا: التصنيف الذي يعتمد على الاتجاه التربوي أو الفلسفة التربوية.**

وبموجب هذا التصنيف تقسم طرائق التدريس على ثلاث مجموعات هي:

**١. مجموعة العرض:** وهي تلك الطرائق التي تتأسس على الفلسفة التقليدية للتربية التي تنظر إلى المتعلم على أنه سلبي غير قادر على البحث وتحصيل المعرفة بنفسه وترى من الواجب تزويد المتعلم بالمعارف لما لها من قيمة في حد ذاتها من وجهة نظر هذه الفلسفة. وترى أن على المتعلم أن يتلقى هذه المعلومات من المدرس من دون البحث فيها. والطرائق التي تصنف ضمن هذه المجموعة هي: طريقة المحاضرة أو الإلقاء، و طريقة المناقشة، وطريقة القصة.

**٢. مجموعة الاكتشاف:** وتنتمي هذه المجموعة إلى اتجاه يطلق عليه الاتجاه التكشفي الذي ينبع من الفلسفة الحديثة للتربية التي ترى وجوب كون المعلم إيجابيا في عملية التعلم من خلال بحثه عن المعرفة بنفسه. وأن دور المعلم نفسه هو التوجيه والإرشاد والتشجيع. وينطلق هذا الاتجاه من الفلسفة البراجماتية، أو التربية التقدمية التي تدعو إلى تدريب المتعلم على أسلوب البحث عن المعرفة من مصادرها المتعددة لأن اكتشاف المعرفة يجعله

يفهمها أكثر، ويحتفظ بها لمدة أطول، ويكون أكثر قدرة على استخدامها في حياته اليومية. ومن الطرائق التي تندرج تحت هذه المجموعة طريقة حل المشكلات، وطريقة الوحدات، طريقة المشروع، وطريقة الاستقصاء.

٣. مجموعة التعلم الذاتي: وهي ذلك النوع من الطرائق الذي يقوم المتعلم بموجبه باكتساب المعلومات من المواقف التعليمية بنفسه من دون عون مباشر من المدرس، أي أنه يستخدم وسائل تعليمية معينة، وتعليم نفسه بنفسه من دون الحاجة إلى معلمين. ومن الطرائق التي تندرج تحت هذه المجموعة: طريقة الحقائب التعليمية، وطريقة التعليم المبرمج، والتعلم بالمراسلة. وتعد هذه الطرائق من الطرائق التي يكون المتعلم محورا للعملية التعليمة فيها.


**سابعا: التصنيف الذي يعتمد مستوى دور المتعلم وفاعليته في الطريقة.**

في ضوء ما تقدم وتأسيسا على ما عرضناه من وجهات نظر الفلسفات التربوية إلى طرائق التدريس، يمكن للمؤلف أن يصنفها تبعا لمستوى دور المتعلم وفاعليته فيها، بوصف المتعلم هو المستهدف في العملية التربوية وعلى هذا الأساس يمكن تصنيفها إلى:

١. طرائق تدريس يكون دور المتعلم فيها ضعيفا يتسم بالسلبية وهي:

أ- طريقة المحاضرة.

ب- طريقة التسميع.

٢. طرائق التدريس التي يكون فيها دور المتعلم إيجابيا وهي طريقة المناقشة.

٣. طرائق التدريس التي يكون فيها دور المتعلم نشيطا وهي:

أ- الطريقة الاستقرائية.

ب- الطريقة القياسية.

٤. طرائق التدريس التي يكون فيها دور المتعلم رئيسا، وأكثر اعتمادا على نفسه. وهي:

أ- طريقة الاستقصاء.

ب- طريقة المشروع.

ت- طريقة الاكتشاف.

ث- طريقة حل المشكلات.

ج- طريقة الوحدات.

٥. طرائق التدريس التي يتعلم فيها المتعلم ذاتيا. وهي:

أ- طريقة الحقائب التعليمية.

ب- طريقة التعليم المبرمج.

وهناك طرائق التدريس الخاصة مثل: طريقة تدريس القراءة بنوعيها، وطريقة تدريس التعبير الشفهي، وطريقة تدريس التعبير الكتابي، وطريقة تدريس المحفوظات. وهناك طرائق تعليم المهارات الأدائية مثل: التدريب على الألعاب الرياضية، والخياطة، وقيادة السيارات وغيرها. وهذه الطرائق تعتمد على العرض والمشاهدة والمحاكاة. وفيماياتي نقدم عرضا لطرائق التدريس المشار إليها في هذا التصنيف على وفق ترتيبها بدءا من طريقة المحاضرة، وحتى طريقة التعليم المبرمج. أما طرائق التدريس الخاصة فسيأتي الحديث عنها في الباب الثاني من هذا الكتاب.

**طريقة المحاضرة**

تعد طريقة المحاضرة من أقدم طرائق التدريس وأكثرها شيوعا في التدريس لا سيما في المستويات المتقدمة، وبالذات التعليم الجامعي. وتصنف من بين طرائق التدريس التقليدية غير أن هذا التصنيف لا يعني عدم فاعليتها وأهميتها في التدريس وهجرانها إلى غيرها ذلك لأنها ما زالت تمثل ضرورة للكثير من المواد والمواقف التعليمية زيادة على أنها تستجيب لرؤيةبعض الفلسفات التربوية وما تريده من العملية التعليمية، فقد مر بنا أن من الفلسفات التربوية ما يشدد على دور المعلم في التدريس، وطريقة المحاضرة تستجيب لهذا. ومنها ما يشدد على تزويد المتعلم بالقيم الأخلاقية، ولعل طريقة المحاضرة أفضل الطرائق في إثارة المشاعر وتوجيهها، وغرس القيم. زيادة على ما لها من دور في التوضيح، ومعالجة طول المنهج، وزيادة عدد المتعلمين في غرفة الدراسة. إذن فهي تبقى من بين طرائق التدريس الشائعة في التدريس وقد لا يستغني عن بعض أساليبها حتى مدرسو المواد العلمية والعملية.

**مفهوم طريقة المحاضرة**

طريقة المحاضرة: هي عرض شفهي مستمر يقوم به المدرس للخبرات والمعارف والآراء والأفكار على الطلبة من دون مقاطعة واستفسارات، إلا بعد الانتهاء منه إذا سمح المدرس بذلك. ويكون دور المتعلمين فيها الاستماع والفهم وتدوين الملاحظات. ولا يجوز توجيه أي سؤال إلا بعد الانتهاء من الإلقاء، أو العرض كاملا. أو على الأقل انتهاء جزء محدد منه.

وفي ضوء ذلك فإن المدرس في طريقة المحاضر هو محور العملية ومركزها والعملية التدريسية بموجبها تسير باتجاه واحد من المدرس إلى الطلبة. ويفترض أن تنتهي بالتقويم. فالمدرس بموجبها يقوم

بإعداد المحاضرة قبل الدرس، ثم يلقيها على الطلبة في قاعة الدراسة وقد يكون الإلقاء مستمرا طوال الدرس، وقد يسمح للطلبة بتوجيه أسئلة بعد انتهاء الإلقاء. لذا فهي تتطلب قدرة على الإصغاء والاستيعاب، وتدوين الملاحظات قد لا تتأتى لجميع الطلبة في المراحل الدراسية المختلفة. لذا كانت أكثر استخداما وشيوعا في التعليم الجامعي.

والمخطط الآتي يمثل مسار التعليم بطريقة المحاضرة بأسلوبها التقليدي:

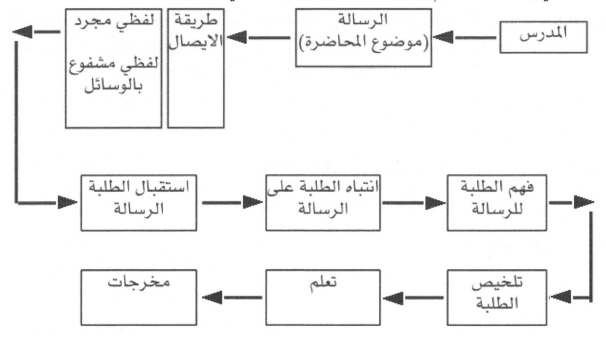

ويلاحظ من الشكل أن المحاضرة تسير باتجاه واحد وهذا هو الأسلوب التقليدي للمحاضرة.


**أساليب طريقة المحاضرة**

تتم طريقة المحاضرة بأساليب مختلفة يمكن إيجازها بالآتي:

١. أسلوب المحاضرة المباشر. وبموجب هذا الأسلوب يقدم المدرس المعلومات التي يتضمنها الكتاب، أو المقرر الدراسي إلى الطلبة، والطلبة يستمعون ويدونون الملاحظات، ثم ينتهي التقديم بالامتحانات القصيرة أحيانا. والطالب في هذا الأسلوب أكثر سلبية. وتعد حاسة السمع عنده أكثر الحواس استخداما في هذا الأسلوب.

٢. أسلوب الإلقاء مع استخدام الطباشير. وبموجب هذا الأسلوب فإن المدرس يقدم المعلومات، أو المادة نطقا وكتابة على السبورة، وبذلك يتيح للطالب أن يشرك أكثر من حاسة في عملية التعلم، فهو يسمع المعلومة منطوقة، ويقرؤها مكتوبة على السبورة، وفي هذا الأسلوب

تستخدم اللوحة والطباشير. ولعل هذا الأسلوب أكثر جدوى من السابق لأنه يتيح للمتعلم فرصة سماع المعلومة وقراءتها.

٣. أسلوب الإلقاء بعد تقديم الملاحظات المنظمة. وبموجب هذا الأسلوب يقوم المدرس بتقديم المعلومات الأساسية في المحاضرة إلى الطلبة بصورة نقاط رئيسة مطبوعة، ويتم تناولها بالتقديم تباعا. وهذا الأسلوب ينظم مسار المحاضرة، ويمكن الطلبة من تجزئتها ليسهل عليهم استيعابها.

٤. أسلوب الإلقاء والتوضيح. وبموجب هذا الأسلوب يتولى المدرس توضيح موقف عملي ووصفه، أو توضيح تشغيل جهاز، أو عمل تجربة. وفي هذا الأسلوب يقترن العرض اللفظي بالمحسوسات. وغالبا ما يستخدم هذا الأسلوب في الدروس العملية أو التي تتعامل مع الأجهزة والمختبرات.

٥. أسلوب الإلقاء المدعوم بالشفافيات أو السلايدات. وبموجب هذا الأسلوب يقرن المدرس إلقاءه بعرض الوسائل التعليمية مثل الشرائح الشفافة والسلايدات فيتزامن الصوت والوسيلة في العرض أي أن المحاضرة تقدم عن طريق العرض الشفهي مدعوما بالعرض البصري. وهذا الأسلوب يعالج مسألة تعدد الحواس في عملية التعلم، إذ كلما زادت الحواس المستعملة في التعلم، كلما كان التعلم أسرع وأكثر ثباتا في الذهن.

٦. أسلوب الإلقاء والمناقشة. وبموجبه يجمع المدرس بين الإلقاء والمناقشة فيقدم المادة على شكل أجزاء. ويناقش الطلبة بعد تقديم كل جزء من أجزاء المحاضرة ويعطي فرصة للطلبة لإبداء آرائهم حول كل جزء. وهذا الأسلوب يعالج سلبية الطالب في المحاضرة ويزيد فاعليته فيها.


**خطوات طريقة المحاضرة**

تنفذ طريقة المحاضرة بعد إعدادها وتصميمها كما يأتي:

١. المقدمة: تعد المقدمة مدخلا للمادة التي يروم المدرس طرحها على الطلبة، زيادة على أنها سبيل المدرس لتهيئة أذهان الطلبة لتلقي المعلومات من خلال ما توفره من إثارة وتحفيز، الأمر الذي يتوقف على مقداره نجاح المحاضرة في تحقيق أهدافها. لذا فعلى المدرس أن يولي المقدمة أهمية كبيرة وأن يخطط لها ويهيئ لها بشكل يمكنه من تحقيق رغبة الطلبة وتشوقهم لتلقي المحاضرة. وتكون المقدمة بأساليب مختلفة منها:

أ- طرح أسئلة مثيرة تكمن إجابتها في موضوع المحاضرة بحيث توظف المحاضرة للإجابة عن تلك الأسئلة.

ب- التذكير بمعلومات سابقة تم تعرفها لها صلة بموضوع المحاضرة مع الإشارة إلى نقص فيها يتم بتقديم المعلومات التي تتضمنها المحاضرة الجديدة.

ت- عرض حادث يومي، أو تاريخي، أو علمي يتصل بموضوع المحاضرة اتصالا وثيقا.

ث- طرح بعض الحاجات أو المشكلات التي يمكن أن يتحسسها المتعلمون، ويشعرون بحاجة إلى حل أو تفسير لها، وان هذا الحل أو التفسير يكمن في موضوع المحاضرة. وغير ذلك من الأساليب التي يرى المدرس أنها تحقق غايات التقديم للدرس.

٢. عرض الموضوع أو شرحه: وهذه الخطوة تعد الرئيسة في طريقة المحاضرة وتعطى أغلب وقت الدرس. وفي هذه الخطوة يقوم المدرس بعرض المادة مراعيا الدقة والترتيب المنطقي، والتوضيح التام للمفاهيم الجديدة، وأن يحرص على تعزيز المعلومات بما هو جديد مراعيا شروط الانتقال من السهل إلى المعقد، ومن المحسوس إلى المجرد، ومن الكل إلى الجزء. وعلى المدرس في هذه الخطوة أن يقوم بالآتي:

أ- أن يحاول تجزئة موضوع المحاضرة إلى أجزاء، وأن يتناول كل جزء بالشرح والتوضيح. ثم ينهي عرض الجزء بأسئلة تقويمية ليتأكد من مدى استيعاب الطلبة، ومدى انتباههم عليه.

ب- أن يستعين بالوسائل المعينة التي تسهم في تحقيق التعلم وتثبيته في ذهن المتعلم. وقد تكون هذه الوسائل أشياء، أو نماذج، أو صورا، أو رسوما، أو عينات، أو أمثلة لفظية، أو غير ذلك مما يوفر فهما أسرع وأعمق لدى المتعلم.

ت- أن تكون اللغة التي يعرض بها المادة لغة فصيحة سلسة واضحة، وأن يعرف المدرس أين يرفع صوته، وأين يخفضه، وأين يوجه السؤال، وأين يسترسل في الحديث، وأين يصمت لجلب انتباه الطلبة. أي أن يسخر كل حركاته للتعبير عما يريد وإحداث أثر في المتلقي. فيكون في إشاراته معنى، وفي صمته كلام.

ث- أن يعمل على تطعيم محاضرته بروح الفكاهة، وانشراح النفس، وأن تعلو وجهه الابتسامة والارتياح.

٣. الربط بين أجزاء المادة: يحرص المدرس على الربط بين أجزاء المادة في أثناء عملية الشرح، وأن يتولى تنظيم المعلومات وتسخيرها بالشكل الذي يوصل إلى المفهوم العام والهدف من المحاضرة. بحيث لا ينصرف الطلبة إلى تلقي بعض الفقرات أو المعاني، وإهمال الأخرى. ولا شك إن من أهم ما يمكن المدرس من الربط بين أجزاء المادة هو التسلسل المنطقي لها، وترتيبها على وفقه، فان لم يحصل ذلك في تصميم خطة الدرس وتنفيذها فإنه من الصعب أن يتم الربط بين تلك الأجزاء، أو على الأقل يكون الربط مضطربا.

٤. الاستنتاجات: بعد عرض المادة أو إلقائها وشرحها، والربط بين أجزائها، يأتي دور المدرس في استخلاص الخصائص أو الأمور العامة، والنقاط الأساسية الواردة في الموضوع. وفي هذه الخطوة يفضل أن يعطي المدرس الطلبة دورا في الاستخلاص والاستنتاج وتحديد القوانين أو المفاهيم المقصودة.

٥. التقويم: بعد تقديم المادة والربط بين أجزائها والتوصل إلى الاستنتاجات، تأتي الحاجة إلى معرفة ما تم إنجازه في المحاضرة ويكون ذلك من خلال توجيه أسئلة حول الموضوع الذي تم إلقاؤه. وقد تكون الأسئلة عامة شاملة، أو تفصيلية تتناول جميع أجزاء الموضوع بقصد معرفة مستوى فهم الطلبة واستيعابهم الموضوع وجزئياته. على أن تكون هذه الأسئلة معدة مسبقا، ولا مانع من تعديلها أو تطويرها في ضوء معطيات المحاضرة الفعلية.

٦. خلاصة المحاضرة: كي تعطي المحاضرة أكلها، وتكون أكثر ثباتا في أذهان الطلبة، من الضروري أن تنتهي بخلاصة تتسم بالوضوح ودقة الصياغة، والإيجاز لتمثل الحصيلة النهائية للمحاضرة. ويتولى المدرس ذلك. ويمكن له أن يطلب من بعض الطلبة إيجاز المحاضرة إن توافر له ذلك. كي يشعر الطلبة أنهم في نهاية الدرس مطلوب منهم عرض ما دار في المحاضرة بإيجاز فيشد ذلك من انتباههم.

**كيف تجعل محاضرتك ناجحة؟**

لكي تجعل محاضرتك ناجحة في التدريس هناك جملة أمور ينبغي مراعاتها وهي:

١. أن تمتلك قدرة على شد انتباه الطلبة في بداية الدرس، وفي أثنائه. من خلال الحركات والنبرات الصوتية، واختيار المناسبات لطرح أسئلة مثيرة.

٢. أن تستعد للمحاضرة، والاحاطة بموضوعها وما له صلة بها.

٣. أن تستعين ببعض الوسائل التعليمية المعينة. أي الاستعانة بالمحسوسات.

٤. أن تبوب مادة المحاضرة وتصنفها.

٥. ألا تعتمد كليا على الكتاب المقرر، وان تقدم شيئا جديدا.

٦. أن تجعل طلابك دائما في حالة انتباه وانتظار حل لمشكلة أو إجابة عن سؤال.

٧. أن تتأنى بالإلقاء كي تعطي فرصة للطلبة للاستيعاب وتدوين الملاحظات.

٨. أن تتمتع بحسن الفكاهة وسرعة البديهة، وأن تكون غير متهيب.

٩. أن تختبر مدى انتباه طلبتك من خلال أسئلة تطرحها لهذا الغرض في أثناء المحاضرة.

١٠. أن تشعر طلبتك بأنهم جميعا مستهدفين في المحاضرة.

١١. أن تظهر النقاط الرئيسة في الموضوع ملفتا نظر الطلبة إليها.

١٢. أن تقدم مختصرا عاما في نهاية كل محاضرة.

١٣. أن تلتزم بالوقت المخصص للمحاضرة بداية وانتهاء.

١٤. أن تقوم بتقويم ما تم إنجازه في نهاية المحاضرة.

**ميزات طريقة المحاضرة**

تتميز المحاضرة من غيرها بالآتي:

١. توفر الوقت، إذ إنها تمكن المدرس من تقديم مادة كثيرة في وقت قليل.

٢. تعد الطريقة الأكثر ملاءمة عندما يكون عدد الطلاب كبيرا في قاعة الدرس.

٣. تعطي المدرس فرصة لتوضيح جميع أجزاء المادة.

٤. تعد طريقة المحاضرة الأفضل في تعليم القيم، والموضوعات التي تتعامل مع إثارة الأحاسيس والمشاعر.

٥. يتفرغ الذهن في طريقة المحاضرة إلى الفهم.

٦. يمكن استخدام بعض أساليبها في تدريس جميع المواد الدراسية.

**عيوب طريقة المحاضرة**

لطريقة المحاضرة عيوب يمكن إجمالها بالآتي:

١. مشاركة الطلبة فيها محدودة، إذ يكونون فيها سلبيين.

٢. يمكن أن تمارس بطريقة تسمح بالخروج عن موضوع الدرس.

٣. لا تلائم الطلبة الأقل نضجا، وقدرة على الانتباه والإصغاء.

٤. قد لا يتمكن الطلبة من تحليل المحاضرة إلى أجزائها الرئيسة فتضيع جهودهم ولا يتمكنون من موضوعها.

٥. لا ترسخ المادة في أذهان الطلبة لأن التعلم بها عرضة للنسيان.

٦. لا تراعى بها الفروق الفردية بين المتعلمين.

٧. تتطلب مهارات عالية قد لا يمتلكها جميع المدرسين.

٨. تعد طريقة مجهدة للمدرس.

٩. قد لا يستطيع الطلبة تسجيل كل الملاحظات المطلوبة فيها.

١٠. انشغال الطلبة بتسجيل الملاحظات قد يعرضهم الى إغفال أجزاء من المادة ويشتت

تركيزهم على ما يلقيه المدرس.

١١. قد تنتهي المحاضرة أحيانا إلى أسلوب التملية.

**متى تعتبر المحاضرة ضرورية في التدريس ؟**

تعد طريقة المحاضرة ضرورية في مواقف تعليمية منها:

١. عند تقديم موضوع جديد به حاجة إلى أن يربط بما سبقه.

٢. عند الانتهاء من تقديم وحدة أو فصل، وإعادته ملخصا على الطلبة.

٣. عندما يريد المدرس الإجابة عن عدد من التساؤلات أو المشكلات التي طرحها الطلبة.

٤. عند الرغبة في تقديم معلومات إضافية.

٥. عندما يكون الهدف التأثير في مشاعر الطلبة وإثارة الحماس لديهم.

٦. عندما يريد المدرس إيجاز المنهج أو ما ورد في المقرر الدراسي في نهاية العام.

٧. عندما يكون المنهج طويلا والوقت المخصص له قصيرا.

٨. عندما يكون عدد الطلاب كبيرا وخاصة في كليات الطب والهندسة في الدروس النظرية عندما يجمع جميع الطلبة في المرحلة الواحدة في محاضرة واحدة.

**مجالات استخدام طريقة المحاضرة في تدريس اللغة العربية**

تستخدم طريقة المحاضرة في جميع دروس اللغة العربية بفروعها المختلفة، فقد تستخدم:

١. في تدريس الأدب العربي وتاريخه، وحياة الأدباء، والفنون الأدبية المختلفة.

٢. في تدريس النحو العربي، باستخدام أسلوب التوضيح للمفاهيم والقوانين. والربط بين الموضوعات وفي الأساليب النحوية.

٣. في تدريس النصوص الأدبية. في شرح معانيها وظروفها ووصف أجوائها.

٤. في تدريس القراءة. عند التقديم لدرس القراءة وشرح محتوى الموضوع واستخلاص ما فيه من أفكار.

**طريقة التسميع (الحفظ والاستظهار )**

تعد طريقة التسميع من أقدم الطرائق التعليمية في التعليم النظامي وقد تعود جذورها إلى أسلوب التعليم في الكتاب. وينصب فيها الاهتمام على حفظ المتعلم موضوعا معينا يكلف بحفظه من المدرس أو المعلم. مثل حفظ السور القرآنية، والقصائد الشعرية، أو حفظ القوانين والقواعد والمعادلات، أو بعض الموضوعات في العلوم واللغات. إذ يطلب من المتعلم استظهار قدر معين من

مادة معينة بشكل يستطيع إعادتها بصورة مضبوطة أمام المدرس. وقد لا يكون هذا الاستظهار حاصلا عن فهم أو تفكير.لذا فإن مبدأ التسميع كان تلقينا وتحفيظا ببغاويا قسريا. وتأسيسا على هذا المفهوم للتسميع فإن المدرس قد يلقي أسئلة عديدة على طلبته لا تتطلب الإجابة عنها سوى استظهار الحقائق المجردة الموجودة في المقررات الدراسية.

**خطوات طريقة التسميع على وفق الأسلوب التقليدي:**

تسير على وفق الأسلوب التقليدي كما يأتي:

١. تكليف الطلبة بتحضير الدرس إذ يطلب منهم أن يحضروا مادة معينة وان يحفظوا كذا وكذا منها.

٢. تسميع المادة من الطلبة للمعلم أو المدرس، إذ يطلب المدرس من بعض الطلبة استظهار ما حفظوه من المادة المطلوبة. ويتوقف مستوى الطالب على كمية ما حفظه وعدد الأخطاء التي وقع فيها. وأحيانا يطرح المدرس أو المعلم أسئلة تتطلب الاستظهار. ويشارك في الاستظهار عدد أكبر من الطلبة، إذ يجيب كل طالب عن سؤال، وعند عدم دقة الطالب في الاستظهار ينقل إلى طالب آخر وهكذا.

٣. تعقيب المدرس على استظهار الطلبة للموضوع، وتأنيب من لم يستطع الاستظهار والثناء على من أجاده.

٤. تحديد الواجب للدرس القادم.

وهذه الطريقة لا تتطلب من المدرس سوى صوغ عدد من الأسئلة الاستظهارية التي تغطي جميع مادة الموضوع.

هذا الأسلوب كان سائدا في المدارس في مواد كثيرة ولعل أكثرها استخداما لهذا الأسلوب المواد الاجتماعية، والأدب والإنسانيات بشكل عام. وربما حتى يومنا هذا هناك من يسير على وفق هذا النهج في التدريس، وبشكل خاص المدرسون الذين لا تتوافر لديهم خلفية معرفية واسعة تتجاوز حدود الموضوع أو الكتاب المقرر فإنهم يلجؤون إلى هذه الطريقة لتغطية النقص الحاصل في تأهيلهم المعرفي وربما لعدم تأهيلهم التربوي الذي يتسبب في جهلهم طرائق التدريس وأساليبها.

**على أن ليس من الصواب القول:** لم تعد هناك حاجة إلى طريقة التسميع وليس بالإمكان الاستفادة منها في ظل ما تدعو إليه النظريات التربوية الحديثة في جعل المتعلم ايجابيا فعالا في عملية التعلم. وذلك لأن هذه الطريقة يمكن أن يجري عليها بعض التحوير والتعديل ليجعلها قادرة على الاستجابة لما تقتضيه عملية المشاركة الإيجابية للمتعلم في عملية التعلم.

إذ يتمكن المدرس من الاستفادة من هذه الطريقة في تدريب الطلبة على الفهم والتحليل والتركيب والنقد إذا ما أعد لذلك خطة جيدة يربط فيها بين القدرة على الحفظ، وبين الفهم

والاستيعاب. وتقوم على أساس تحديد أهداف محددة يسعى إلى تحقيقها. وأن يكون المتعلم إيجابيا فيها وان جميع المعلومات والفعاليات يجب أن تكون ذات معنى.

نحن نقر بأن كثيرا من المواد والموضوعات تقتضي الحفظ، ولكن علينا أن نتذكر أن الفرد يحفظ ما يفهم خير من أن يحفظ ما لا يفهم. لأن الفهم يعين على الحفظ، وأن حفظ المادة إذا ما كان مقرونا بفهمها سيجعلها أكثر ثباتا في الذهن وسيجعل المتعلم أكثر قدرة على استخدامها في مواقف حياتية تقتضيها. أما الحفظ الذي لا يستند إلى الفهم فإنه عرضة للنسيان، زيادة على أنه لا يعطي المتعلم الفرصة للاستفادة من المحفوظ في مواقف قد يكون فيها بحاجة لاستظهار المحفوظ. وإذا أردنا من طريقة التسميع الاستجابة لمتطلبات النظريات التربوية الحديثة فعلينا أن نؤديها على وفق الخطوات الآتية:

**خطوات طريقة التسميع على وفق الأسلوب المعدل:**

١. التمهيد: ويكون بأحد أساليب التقديم المعروفة كالأسئلة المثيرة، أو القصة القصيرة، أو عرض خبر، أو حادثة لها صلة بالموضوع والمهم في التقديم أن يجعل الطلبة يشعرون بأهمية المادة وفائدتها وضرورة حفظها والتمكن منها.

٢. قراءة النص من المدرس قراءة جيدة معبرة.

٣. قراءة الطلبة للنص بمحاكاة قراءة المدرس.

٤. شرح المفردات والتراكيب الصعبة في النص، ثم شرح معاني الفقرات والمعنى العام بالتعاون مع الطلبة، أي يطلب من الطلبة الشرح أولا، ثم يعقب الآخرون فالمعلم أو المدرس لاحقا.

٥. تقسيم النص إلى وحدات معنوية.

٦. مناقشة الصور والأفكار المهمة في النص.

٧. طرح أسئلة تتطلب إجابتها تحليل النص وفهم ما فيه من معان جزئية ومعنى عام.

٨. مطالبة الطلبة بالحفظ أو التحضير للدرس القادم والإجابة عن الأسئلة التي تم تحديدها.

٩. التسميع أو الاستظهار: وهنا يطلب من الطلبة استظهار المادة بعد أن تمكنوا من فهمها وتحليلها من خلال الإجابة عن الأسئلة التي حددها المدرس. وبهذا الأسلوب يمكن تلافي السلبية المطلقة للطالب والحفظ الببغاوي وعدم الفهم.

ومن الجدير ذكره أن هذه الطريقة تصلح مع الموضوعات المطلوب حفظها وبالذات النصوص الشعرية، أو النصوص النثرية، وقبل ذلك السور القرآنية والأحاديث النبوية الشريفة. أما في غير

هذه الموضوعات فليس من المجدي استخدام هذه الطريقة إلا في حفظ القواعد والمفاهيم والأحكام العامة.

**ميزات طريقة التسميع:**

١. إن بعض التعميمات والقوانين تستدعي الحفظ والاستظهار في مواقف معينة.

٢. إن الإنسان به حاجة لحفظ بعض النصوص الشعرية والأدبية والأحاديث والحكم والنصوص القرآنية وذلك لصقل لسانه وزيادة ثروته اللغوية وتنمية القدرة لديه على حسن الاستشهاد وسوق الحجج، وغير ذلك. فالحفظ في اللغة العربية خاصة أمر ضروري لا يمكن الاستغناء عنه عملا بمقولة: (على قدر المحفوظ تكون جودة المقول).

**عيوب طريقة التسميع:**

١. إن طريقة التسميع بأسلوبها القديم تعارض اتجاه الفلسفات والنظريات التربوية الحديثة الذي يريد من المتعلم أن يكون نشطا فعالا في عملية التعلم.

٢. إن طريقة التسميع لا تستجيب لميول الطلبة ورغباتهم، فقد يكلف الطالب بحفظ مادة، أو موضوع هو غير راغب فيه ولا يجد لنفسه حاجة إليه.

٣. قد يضطر المتعلم إلى حفظ مواد لا يستفيد منها في حياته.

٤. إن التسميع لا ينمي روح التعاون بين الطلبة في مواجهة متطلبات الحياة.

٥. لا تنمي القدرة على التعبير الإبداعي.

**مجالات استخدام طريقة التسميع في تدريس اللغة العربية**

ربما تعد اللغة العربية من أكثر مجالات استخدام طريقة التسميع في التدريس إذ يمكن استخدام هذه الطريقة في تدريس:

١. النصوص الأدبية في الدراسة الابتدائية والمتوسطة والثانوية.

٢. النقد الأدبي: في حفظ بعض النصوص والاستشهاد بها وتحليلها.

٣. في الصرف: وذلك في حفظ القواعد الصرفية المختلفة بما فيها الإعلال، والإبدال، والتصغير، والنسب، وغير ذلك.

٤. حفظ قواعد النحو العربي المختلفة.

٥. في دروس البلاغة إذ يتم اعتمادها في حفظ النصوص الأدبية التي تتضمن جزئيات القواعد البلاغية.

**طريقة المناقشة**

إذا كانت طريقة المحاضرة تجعل المتعلم سلبيا متلقيا في أثنائها، وان الدور الأساس في الدرس يؤديه المدرس وان المدرس هو محور الدرس فإن طريقة المناقشة تعالج شيئا من سلبيات طريقة المحاضرة وذلك لأنها تتيح للطالب أن يشارك، وأن يتفاعل مع المدرس في اكتساب المعارف والخبرات، فيكون إيجابيا يعمل تفكيره في ما يطرح في أثناء الدرس. وتعتمد طريقة المناقشة على إثارة سؤال أو مشكلة أو قضية يدور حولها الحوار بين المدرس والطلبة، أو بين الطلبة أنفسهم بأشراف المدرس وإدارته. فالمدرس يبدأ بتوجيه الأسئلة إلى الطلبة فيجيبون عنها. وقد تكون الإجابات على شكل: تعليقات، أو اعتراضات، أو أمثلة، أو أسباب، أو استنتاجات، أو تعميمات. وتسير المناقشة في عدة اتجاهات:

من المدرس إلى الطلاب، ومن الطلاب إلى المدرس، ومن الطلاب إلى الطلاب أنفسهم بإشراف المدرس. ويمكن تقسيم المناقشة على أنواع كما يأتي:

**أولا: من حيث المشاركين:**

١. المناقشة الثنائية. وتكون المناقشة ثنائية بين المدرس والمتعلم أو بين متعلمين اثنين فقط.

٢. المناقشة الجماعية. وتعتبر من أكثر الأنواع شيوعا وتعد الأفضل لما توفره من فرصة للجميع بالمشاركة.

**ثانيا: من حيث إدارة النقاش والإشراف عليه:**

١. إشراف مباشر من المدرس. وهنا يكون المدرس هو المسؤول عن إدارة النقاش وطرح الأسئلة مع إعطاء المجال للطلبة للمشاركة في المناقشة على وفق محددات يضعها وإعطاء فرصة للطلبة لمناقشة بعضهم بعضا.

٢. إشراف أحد الطلبة. على وفق هذا الأسلوب يقوم المدرس بتوزيع الطلبة بين مجموعات تكون أعدادها بين خمسة وثمانية من الطلاب. ويتم اختيار طالب لكل مجموعة يتولى إدارة النقاش في إطار مجموعته. إذ يتبادل أفراد المجموعة الآراء، ووجهات النظر حتى الوصول إلى الحقائق المطلوبة. على أن تبقى العملية تحت إشراف المدرس وتوجيهه إن اقتضى الأمر ذلك.

٣. اختيار طالب معين يتولى إدارة النقاش نيابة عن المدرس، إذ يأخذ مكان المدرس ويتولى عملية الضبط وإعطاء الفرصة للطلبة للمشاركة في المناقشة وإبداء آرائهم، ويتولى طرح الأسئلة ويعطي الإجابة عن أسئلة الطلبة، ولا يتدخل المدرس إلا عندما تطرح معلومات

غير صحيحة أو تكون بها حاجة إلى زيادة معلومات. ومن شأن هذا الأسلوب أن ينمي في الطلبة الثقة بالنفس، والتعاون واحترام الغير وتعودهم النظام.

وعلى العموم فإن طريقة المناقشة يجب أن تقوم على التفاعل الإيجابي بين المدرس والطلبة، وعلى هذا الأساس يمكن أن يكون لها نمطان:

* **النمط الأول:** وبموجبه يوجه المدرس سؤالا ثم يتبرع أحد الطلبة بإجابته ثم يعلق على هذه الإجابة. ؟ وإن لم تكن كافية يطرح السؤال على طالب آخر فيجيب، ويعلق المدرس، ثم يطرح سؤالا آخر ويعطي الفرصة لطالب آخر ليجيب. ثم يطرح سؤالا آخر وهكذا تتكرر العملية بإعطاء فرصة للطلبة للمشاركة في موضوع الدرس ومناقشة الآراء وصولا إلى الحلول أو الحل للمشكلة أو السؤال المطروح من خلال التفاعل الذي يقلل من دور المعلم ويزيد من دور الطلبة في معالجة الموضوع والشكل الأتي يوضح مسار هذا الأسلوب من المناقشة:

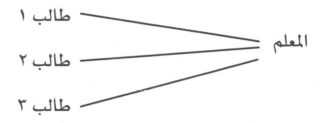

* **النمط الثاني:** وبموجبه يطرح المدرس سؤالا أو قضية ويعطي للطلبة الحرية في المناقشة والتفاعل اللفظي فيما بينهم للتوصل إلى الحلول المطلوبة. وعندما يتوصلون إلى الاستنتاجات والحلول، يكون الجميع مشاركين وإيجابيين في الدرس ويكون دور المدرس التوجيه وضبط سير المناقشة، فلا يتدخل إلا إذا استدعت الضرورة تدخله. ويعد هذا النمط أكثر فاعلية من السابق لأنه يسمح للجميع بالمشاركة ولا يبقي أحدا خارج دائرتها والشكل الآتي يبين مسار هذا النمط:

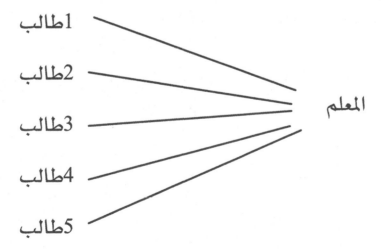

فطريقة المناقشة تمثل اشتراك المدرس وطلابه في فهم الموضوع أو الفكرة وتحليلها وتفسيرها بالحوار اللفظي بين المدرس والطلاب أو بين الطلاب أنفسهم.

**ثالثا: من حيث الموضوع: تقسم المناقشة على نوعين:**

١. المناقشة الحرة: ويهدف هذا النوع من المناقشة إلى تحصيل الأفكار الجديدة المبتكرة المفاجئة التي تأتي نتيجة العصف الذهني في قضية ما.

وتستخدم المناقشة في غرفة الدراسة لتعطي العقل حرية الحركة التي تؤدي إلى الكثير من الأفكار والمقدمات حول موضوع معين أو مشكلة مطروحة.

والعصف الذهني هو موقف يتيح للمتعلمين توليد الأفكار في إطار احترام الآراء، وعدم إصدار الأحكام على الآخرين ومقترحاتهم. ويدور حول مشكلة، ومناقشتها بشكل مفتوح يتقبل الأفكار ويسوده الطابع التعاوني مشجعا على التفكير الإبداعي الموجه نحو حل المشكلات. وتتم إجراءات العصف الذهني كما يأتي:

أ- توزيع المشاركين بين مجموعات لا تزيد المجموعة على ثمانية طلاب.

ب- ذكر المشكلة المطروحة للنقاش وتوضيحها.

ت- التأكد من أن كل طالب يفهم المشكلة المطروحة للنقاش.

ث- إثارة دافعية جميع الطلبة وتشجيع كل منهم على البحث عن حل للمشكلة أو إبداء رأيه فيها.

ج- تنبيه الطلبة على أنه لا يجوز لأي منهم انتقاد اقتراحات الآخرين.

ح- تكليف أحد الطلبة بتدوين الملاحظات.

خ- تحديد الوقت المتاح وإعطاء إشارة البدء والانتهاء.

د- مطالبة المتعلمين بالإجابة عن الأسئلة المطروحة.

ذ- عند انتهاء الوقت المحدد يعود كل طالب إلى مجموعته ليشترك معها في تقديم تقرير شفهي عن النشاطات والإجراءات. ومن أمثلة الموضوعات أو الأسئلة التي تصلح لمناقشة العصف الذهني:

\* ما الذي نفعله كي يخلو المجتمع من أي سارق ؟

\* ما الذي نفعله كي نستغني عن عمال التنظيف مع بقاء مدينتنا نظيفة ؟

\* كيف يستطيع البلد أن يكتفي ذاتيا ولا يحتاج إلى أي بلد آخر ؟

٢. المناقشة الموجهة: هي أسلوب من أساليب المناقشة يسعى إلى الوصول للأفكار والمعلومات من المتعلمين أنفسهم، غير أنها تقع على موضوع معين بعينه من أجل الوصول إلى قرار أو حل. والتفكير هنا غير حر إنما هو محدد المسار في قضية أو سؤال معين. وقد يكون من المستبعد فيه توليد أفكار جديدة غير متوقعة وهذا الأسلوب هو الأسلوب السائد في التدريس لأن المقررات الدراسية التي تعالج بطريقة المناقشة محددة سلفا، ولا بد من السير في إنجازها وليس من المحبذ الخروج عنها إلى غيرها.

**خطوات طريقة المناقشة**

يمكن تنفيذ طريقة المناقشة بإتباع الخطوات الآتية:

١. الإعداد للمناقشة: إن الإعداد المسبق لكل درس مطلوب ومن دونه يلجأ المدرس للارتجال، والارتجال لا يقود إلى النجاح في كل عمل. وهو في طريقة المناقشة يكون سببا من أسباب الفشل. لذلك تمس الحاجة إلى الإعداد المسبق لتنفيذ الدرس بموجب طريقة المناقشة. والمطلوب هنا معرفة ما يقوم به المدرس في هذه الخطوة. ويتطلب الإعداد ما يأتي:

أ- تحديد مصادر المعلومات ذات الصلة بالدرس والإطلاع عليها.

ب- تحديد نوع المعلومات التي يريد تقديمها للمتعلمين.

ت- إعداد الأسئلة الملائمة لإثارة المناقشة حولها بما يمكن أن تقود الإجابة عنها إلى الحلول المطلوبة أو الأهداف المنشودة. على أن تثبت الأسئلة كتابة مع الإجابات الصحيحة لها في دفتر الخطة اليومية.

٢. الترتيب: وهنا يقوم المدرس بتقسيم المادة التي أعدها على أجزاء وتوزيع الأسئلة بينها. ويقوم بتحديد نوع المناقشة. هل هي ثنائية أو جماعية ؟. هل يقسم الطلبة على مجموعات أو يجعلهم جميعا مجموعة واحدة ؟. ويحدد عدد المشاركين فيها، ومن أين يبدأ المناقشة. ويفضل أن تبدأ المناقشة من المعلومات التي يمتلكها الطلبة وخبراتهم، ثم يحدد نوع المناقشة من حيث قصرها وطولها. أي هل يجزأ الدرس إلى أجزاء ؟ وتجري مناقشة كل جزء لوحده وهذا هو الأفضل. أم انه يجعل الدرس كله واحدا ويتناوله كلا بالمناقشة ؟

٣. التنفيذ: وفيه يقوم المدرس بالآتي:

أ- يكتب عنوان الموضوع على السبورة.

ب- يكتب عناصر الموضوع الأساسية على السبورة أيضا (محاور الموضوع).

ت- يحدد هدف كل محور من المحاور المطلوب الخوض فيها.

ث- تحديد الهدف العام للدرس.

ج- يتولى تحفيز الطلبة وإثارة دافعيتهم وميولهم نحو المشاركة في المناقشة وذلك من خلال الربط بين خبراتهم السابقة وما يطرح في هذا الدرس.

ح- يثير انتباه المتعلمين وجذبهم ودفعهم للاهتمام بالدرس من خلال طرح الأسئلة المثيرة للجدل والمناقشة.

خ- يفتح الحوار بينه وبين الطلبة وبين الطلبة أنفسهم على أن يحرص في إدارة النقاش على عدم الخروج عن موضوع الدرس وإضاعة الوقت ويكرس الاحترام المتبادل بينه وبين الطلبة، وبين الطلبة أنفسهم وأن يتعامل مع أجوبة الطلبة بالتقدير والابتعاد عن الازدراء والاستهانة بها.

٤. تقويم الدرس: وهنا تجري عملية التقويم منذ الخطوة الأولى، إذ يعد المدرس خطة لتقويم الطريقة منذ بداية الدرس. وذلك من خلال القدرة على جذب انتباه الطلبة وإثارة أولاعهم، ومشاركتهم في المناقشة وتوصلهم إلى الحلول الصحيحة. فإذا كانت المشاركة تتمثل باندفاع الطلبة بالشكل الذي يجعلها مناقشة جماعية منظمة تقود إلى استنتاجات حقيقية وترسخ المادة العلمية عندها تكون المناقشة ناجحة.

**كيف تجعل طريقة المناقشة فعالة**

لكي تكون طريقة المناقشة فعالة ناجحة يجب الالتزام بما يأتي:

١. الإحاطة التامة بموضوع الدرس وما له صلة به والتهيؤ لأي استفسار من الطلبة.

٢. إعداد الأسئلة مسبقا وتحديد الوقت الذي تطرح فيه على الطلبة.

٣. أن تكون الأسئلة واضحة ولا تتحمل أكثر من إجابة وان ترتبط بموضوع الدرس.

٤. الحرص على أن يكون النقاش موجها نحو الهدف ولا يتاح للنقاش الخروج عن الموضوع.

٥. إشراك جميع الطلبة، وسماع جميع الآراء بتقدير واهتمام.

٦. حث الطلبة وتشجيعهم على النقاش والمشاركة في إبداء الآراء.

٧. تدريب الطلبة على العمل الجماعي والابتعاد عن النقاش غير المجدي.

٨. تعويد الطلاب على احترام آراء زملائهم مهما كانت ومناقشتها بعلمية وموضوعية.

٩. تهيئة أسئلة مثيرة وطرحها في الأوقات التي تستدعي جذب الانتباه.

١٠. إشعار جميع الطلاب بأن مشاركاتهم مهمة، وتسهم في أغناء الدرس.

١١. إعطاء الوقت الكافي لكل كاتب للتعبير عن رأيه.

١٢. تحديد الأدوار. أي دور الطالب أو مجموعة من الطلبة، ودور المدرس في الدرس.

١٣. أن تقوم الطريقة على جهد منظم يكون التفاعل اللفظي عنصرا أساسيا فيه.

**شروط أسئلة المناقشة**

يجب أن تتوافر مجموعة شروط في أسئلة المناقشة منها:

١. أن تراعي المستوى العقلي للطلاب.

٢. أن تراعي المعرفة اللغوية للطلاب.

٣. أن تكون واضحة الصياغة والغرض، تراعي السلامة اللغوية في صياغتها.

٤. أن تتنوع مضامينها وأنماطها ولا تأخذ شكلا واحدا.


**كيف يتعامل المدرس مع أسئلة الطلبة وإجاباتهم**

لموقف المدرس من أسئلة الطلبة أهمية كبيرة في نجاح هذه الطريقة، لذا يجب عليه:

١. أن يشجع الطلبة على توجيه الأسئلة مع التشديد على أن تكون أسئلتهم مهمة ذات صلة بالدرس.

٢. أن يظهر أهمية أسئلة الطلاب ويجيب عنها ولا يتركها.

٣. أن يسمح للطلبة بمناقشة آرائه.

٤. أن يبتعد عن الإجابة غير الصادقة أو التي لم يكن متأكدا من صحتها.

أما تعامله مع إجابات الطلبة فينبغي أن يكون بالتزام الآتي:

١. إظهار الاستحسان لجواب الطالب وزرع الثقة في نفسه.

٢. تقبل إجابات الطالب حتى وان كان فيها نقص.

٣. السماح للطلبة بمناقشة أجوبة زملائهم.

٤. أن يحث الطلبة على أن تتضمن إجاباتهم أفكارا كاملة واضحة.


**ميزات طريقة المناقشة**

إن لطريقة المناقشة مجموعة من الميزات منها:

١. إنها تشرك الطلبة وتحرك عقولهم وتحفزهم على الانتباه وتعودهم التفكير وتشوقهم الى الموضوع.

٢. تمكن المدرس من تعرف مستوى الطلبة واستعداداتهم.

٣. تنمي القدرات الفكرية والمعرفية لدى لطلبة وتدربهم على التحليل والاستنتاج.

٤. يكون الطالب فيها إيجابيا.

٥. تنمي في الطلبة حب التعاون والعمل الجماعي.

٦. تدرب الطلبة على الأسلوب القيادي وتحمل المسؤولية.

٧. تدرب الطلبة على أسلوب الحوار، والجرأة، واحترام آراء الآخرين ووجهات نظرهم.

٨. تعود المتعلم والمعلم الاحترام المتبادل.

٩. توفر مجالا عمليا لإبراز بعض الاتجاهات والمهارات والمعارف.

١٠. تساعد على اكتساب مهارات الاتصال.


**عيوب طريقة المناقشة:**

١. قد يتم التشديد على طريقة المناقشة وإهمال أهداف الدرس.

٢. عند تولي أحد الطلبة إدارة المناقشة، قد لا يتوافر الضبط المطلوب وقد يضعف دور المعلم في الدرس.

٣. قد تخرج إلى مواضيع بعيدة عن الدرس.

٤. قد يستحوذ على المناقشة عدد محدد من الطلبة من دون الآخرين.

٥. قد لا ينتبه الطلبة على كل ما يطرحه زملاؤهم.

٦. قد تتكرر بعض الأفكار والطروحات مما يؤدي إلى الملل والسأم.

٧. قد تؤدي إلى حصول بعض المشكلات في حال عدم قدرة المدرس على ضبط الصف.

٨. تتطلب معلما ذا مهارة عالية في ضبط الصف ولدية قدرة عالية على صوغ الأسئلة وتوجيهها.

٩. تحتاج إلى وقت طويل نسبيا.

١٠. لا تسمح كل المواد باختيار مشكلة صالحة للنقاش.

١١. قد تخرج الإدارة الصفية فيها عن حدود السيطرة.

وهناك من يرى أن ميزات المحاضرة هي عيوب في المناقشة. وعيوب المناقشة هي ميزات في المحاضرة.


**مجالات استخدام طريقة المناقشة في تدريس اللغة العربية**

يمكن استخدام طريقة المناقشة أو بعض أساليبها في تدرس اللغة العربية بمختلف فروعها. إذ يمكن استخدامها في:

١. تدريس الأدب والنقد الأدبي.

٢. يستخدم أسلوب المناقشة الثنائية في التقديم لأغلب دروس العربية. وأسلوب المناقشة الجماعية لمعرفة مستوى إلمام الطلبة لما سبق أن درسوا من خبرات ومعارف.

٣. تستخدم في خطوة الربط بين الأمثلة وإيجاد العلاقات بينها في تدريس القواعد النحوية والبلاغية والصرفية والإملائية.

٤. تستخدم عندما يريد المدرس معرفة مستوى استيعاب طلبته لما قدمه وما تحقق من أهداف الدرس في نهاية كل درس.

٥. يمكن استخدامها في تدريس البلاغة والقواعد الصرفية والنحوية والإملائية.

٦. يمكن المزاوجة بينها وبين المحاضرة في تدريس جميع فروع اللغة العربية.


**طريقة الاستقراء (الطريقة الاستقرائية)**

تعد الطريقة الاستقرائية من الطرائق التي تشدد على إثارة التفكير لدى المتعلم ومشاركته في العملية التعليمية مشاركة حقيقية من خلال بناء المفاهيم بناء منطقيا متدرجا فتمنح المتعلم مجالا واسعا لإعمال الفكر لأغراض الاستقراء الذي يعمق فهم المتعلم ما يحيط به من ظواهر.

والاستقراء هو استدلال أو استنتاج قضية من قضية أخرى أو قضايا متعددة. وهو استدلال صاعد يتدرج فيه الذهن من المواقف الجزئية المحدودة إلى المواقف الكلية الأكثر عمومية، يبدأ بالحقائق المحسوسة وصولا إلى تكوين الكليات المجردة (النظريات). ومفهوم الطريقة الاستقرائية مشتق من مفهوم الاستقراء (Induction) معرفة القوانين والمفاهيم والنظريات والقواعد العامة في الحياة عن طريق الملاحظة والتجريب.

وتقوم طريقة الاستقراء على التدرج المنطقي في الوصول إلى نتيجة أو مجموعة نتائج عن طريق الملاحظة، واكتشاف العلاقات المتشابهة، والمختلفة بين أجزاء المادة التعليمية من خلال الأمثلة المتعلقة بالموضوع أو من خلال مشاهدة التجارب العلمية، ثم يتم استخلاص القانون، أو التعميم وتتم صياغته بلغة واضحة محددة.

وبموجب الطريقة الاستقرائية يعرض المدرس حالات أو أمثلة متنوعة يحاول إيصال الطلبة إلى إدراك العلاقات بينها والوصول من خلال الربط بينها إلى التعميم أو القاعدة أو القانون الملائم. ويكثر استخدام هذه الطريقة في تدريس المواد ذات الطابع العلمي والنحو العربي والصرف والبلاغة والإملاء.


**خصائص الاستقراء: للاستقراء خصائص منها:**

١. انه استدلال صاعد يبدأ بالجزئيات وينتهي بالكليات.

٢. انه يعتمد على ما بين الأشياء من روابط.

٣. انه يؤدي إلى حقائق جديدة لم تكن معروفة من المتعلم سابقا.

**خطوات الطريقة الاستقرائية:** يتفق المربون على أن الطريقة الاستقرائية تمر بخطوات خمس هي:

١. **التمهيد:** وتعد هذه الخطوة مهمة لما يمكن أن تحققه من إثارة انتباه المتعلمين وشدهم إلى الدرس وإثارة دافعيتهم نحوه. ويتم التمهيد بأساليب متعددة حسب طبيعة المادة، والطلبة، والمرحلة الدراسية، وأهداف تدريس الموضوع، وطبيعة المدرس. فقد تكون على شكل أسئلة تحتاج إلى إجابات تتوقف على مباديء الدرس أو إثارة حاجة معينة تكمن تلبيتها في دراسة الموضوع وفهمه، أو قد تكون قصة قصيرة ذات صلة بالموضوع، أو ذكر حادثة أو ظاهرة أو خبر يتصل بالموضوع. أو ربط الدرس الجديد بدروس سابقة.

**المهم إن للتمهيد أهدافا يجب أن يحققها بفاعلية ومن أبرز أهدافه:**

أ- إثارة اهتمام الطلبة بالدرس الجديد وشوقهم إلى دراسته.

ب- شد انتباه الطلبة على المدرس وما يطرحه.

ت- إثارة دافعية الطلبة نحو المشاركة في الدرس الجديد.

**٢. عرض الأمثلة:** الخطوة الثانية في الطريقة الاستقرائية هي عرض الأمثلة الجزئية على أن تكون هذه الأمثلة متصلة بالدرس، وتتضمن جزءا تستند إليه القاعدة، أو يتصل بالقاعدة أو التصميم. ويفضل أن تؤخذ الأمثلة من الطلبة، وأن يشارك الجميع في طرحها ويتولى المدرس التعليق عليها واختيار أوضحها، وكتابتها على السبورة على أن يراعي في عرضها التسلسل المنطقي الذي يسهل استنتاج القاعدة أو التعميم، وأن ترتب الأمثلة بحسب الخصائص التي تجمع بينها وتقتضيها صياغة القاعدة.

فعلى سبيل المثال عندما يكون الموضوع (الفاعل) يجب أن تقدم الجملة التي فيها الفاعل اسم ظاهر على الجملة التي يكون فيها الفاعل ضميرا، ويجب أن يتقدم الفاعل الذي علامة رفعه الضم على الفاعل الذي علامة رفعه الواو أو الألف، وأن يتوقف عليها نجاح الخطوتين اللاحقتين. ومن الجدير ذكره وجوب أن تغطي الأمثلة المعروضة جميع جزئيات القاعدة أو التصميم.

**٣. الربط بين الأمثلة:** وهنا يقوم المدرس بطرح أسئلة حول نقاط التشابه والاختلاف بين الأمثلة مؤكدا تحديد الأمثلة ذات العناصر المتشابهة، وماهية التشابه بينها على أن يحاول أن يكتشف الطلبة بأنفسهم ذلك التشابه أو الاختلاف ليؤسسوا على ذلك ما تتطلبه الخطوة

اللاحقة من استنتاج القاعدة أو القانون أو التصميم. ولا مانع من أن يتدخل المدرس في تثبيت تلك العناصر إذا ما أخفق الطلبة في تحديد بعضها أو كان تحديدهم غير واضح.

**٤. استنتاج القاعدة أو التصميم:** في ضوء الربط بين الأمثلة المعروضة وتحديد عناصر الالتقاء بين الأمثلة، يطلب المدرس من الطلبة استنتاج القاعدة ويشرك في ذلك جميع الطلبة فيسمع منهم شفهيا ويعلق ويقوم الإجابات حتى يتأكد من أن الجميع تمكن من التوصل إلى الاستنتاج الصحيح. عندها يكتب القاعدة على السبورة مصوغة بدقة، و بخط واضح، فيقرؤها و يطلب من أكثر من طالب قراءتها. ثم يطلب منهم كتابتها في دفاترهم إن لم تكن مكتوبة.

**٥. التطبيق:** تعد الخطوة الخامسة في غاية الأهمية من بين خطوات الطريقة الاستقرائية لأن الطلبة فيها يضعون المفهوم أو القاعدة التي توصلوا إليها موضع التطبيق. و يبدأ التطبيق شفهيا بمطالبة الطلبة بأمثلة حول المفهوم و جزئياته. ثم يأتي دور التطبيق التحريري، و غالبا ما يكون على شكل تمرينات أو تدريبات مكتوبة يتولى الطلبة حلها. على أن يراعى في الحل التذكير بالقاعدة و جزئياتها، كي تترسخ في أذهان الطلبة مفهوما و تطبيقا.

### ميزات الطريقة الاستقرائية:

١. تكون المعلومات المكتسبة في هذه الطريقة أكثر ثباتا في ذهن المتعلم لأنه توصل إليها بنفسه.

٢. تؤدي إلى فهم أكثر للتعميمات التي يتوصل إليها المتعلم بمساعدة المدرس.

٣. إن أسلوب التفكير الذي يتعوده الطالب فيها يمكن أن يستفيد منه في مواجهة مواقف حياتية.

### عيوب الطريقة الاستقرائية:

١. بعض المواد لا تصلح لأن تدرس بهذه الطريقة و عند استخدام الطريقة هذه في تدريسها تؤدي إلى خلل في تحقيق الأهداف.

٢. قد لا تضمن الوصول إلى التعميم من جميع الطلاب بموجبها.

٣. تتطلب مهارة في صياغة الأسئلة و مناقشة الأمثلة قد لا تتوافر لدى بعض المدرسين.

٤. تستغرق وقتا أطول قياسا بالقياسية.

### مجالات استخدام طريقة الاستقراء في تدريس اللغة العربية:

تعد الطريقة الاستقرائية من أكثر طرائق التدريس استعمالا، خاصة في تدريس قواعد اللغة

العربية، والإملاء، و البلاغة. حتى إن البعض من مدرسي اللغة العربية يرى أنها الطريقة المثلى في تدريس القواعد ثم تليها القياسية، وما يسمى بطريقة النص. وعلى العموم فإنها يمكن أن تستخدم في:

١. تدريس قواعد اللغة العربية في المراحل المختلفة.

٢. تدريس الإملاء.

٣. تدريس البلاغة.

و سيأتي الحديث عن كيفية استخدامها في أساليب تدريس العربية في الباب الثاني من هذا الكتاب.

### الطريقة القياسية

من الطرائق التدريسية التي يكون فيها الطالب نشيطا هي طريقة القياس أو الطريقة القياسية. والقياس هو استدلال كما إن الاستقراء استدلال. و لكن القياس استدلال نازل فيما قلنا إن الاستقراء استدلال صاعد. وعندما نقول إن القياس استدلال نازل نعني أن العقل فيه ينتقل من الكل إلى الأجزاء و هو بذلك يتماشى وطبيعة الإدراك العقلي للمتعلم. فالتعليم بموجب طريقة القياس يسير من تقديم القاعدة أو التعميم إلى الأمثلة.

فتقدم القاعدة أو المفهوم كمسلمة أو حقيقة جديدة مصوغة بدقة ووضوح. ثم تقدم الأمثلة التي تنطبق عليها القاعدة و كأنما يراد بها إثبات صحة القاعدة أو استخدام القاعدة لقياس صحتها. أي صحة الأمثلة الجزئية. على أن ترتب الأمثلة الجزئية بطريقة تقود إلى إمكانية إعادة تشكيل القانون، أو القاعدة أو التعميم، والبرهنة على صدقة.

و تعد الطريقة القياسية إحدى طرائق التفكير التي يتمكن العقل بموجبها من إدراك الحقيقة. وعند إمعان النظر في طريقة القياس نجدها تتلازم والاستقراء. و ذلك لأنها تطرح حقائق أو قوانين أو تعميمات، و هذه التعميمات في الأصل لا بد أن تكون تم التوصل إليها بالاستقراء.

وتعد القياسية مهمة في تدريس الكثير من المواد و تعلم القوانين، و المبادىء التي لا يستطيع المتعلم معرفتها من خلال الملاحظة أو التجريب. و تعد الأكثر ملاءمة لتعليمها لأنها تقدم القانون كلا متكاملا. ثم التحقق من صحته. ثم تعرض الجزئيات المكونة للمضمون الكلي ليعيد المتعلم بناء الشيء المعروض عليه. فالطريقة القياسية تختلف عن الاستقرائية في ترتيب الخطوات. ففي حين أن الاستقرائية تبدأ بالأمثلة و تنتهي بالقاعدة ثم التطبيق. تبدأ القياسية بالقاعدة ثم الأمثلة فالتطبيق.

و تعد القياسية الأكثر شيوعا في تدريس قواعد اللغة العربية خاصة في مراحل التعليم المتقدمة، و بالذات التعليم الجامعي.

**خطوات الطريقة القياسية:**

١. التمهيد: و يكون التمهيد مخططا له بقصد إثارة انتباه الطلبة و تحفيزهم نحو الدرس الجديد. و قد يكون التمهيد بأشكال متعددة أشرنا لها في أكثر من موضع فقد يكون بصورة أسئلة، أو طرح مشكلة، أو توجيه سؤال إلى أحد الطلاب، والانطلاق من عدم معرفته أو قصور إجابته للدخول في الموضوع.

٢. عرض القاعدة. وفيه يجب توافر الآتي:

أ- أن تكتب القاعدة بخط واضح جميل على اللوحة في مستوى نظر الطلبة. أو أن يكون المدرس قد كتبها مسبقا على شريحة شفافة بالألوان فيعرضها بوساطة جهاز العرض العلوي (الأوفرهيد).

ب- أن تكون دقيقة الصياغة من حيث اللغة.

ت- أن تكون متكاملة لا نقص فيها.

ث- أن تشكل نوعا من الإثارة و اهتمام الطلاب للبحث فيها و التأكد من تطابقها مع أمثلة تعرض.

ج- قراءة القاعدة من المدرس وعدد من الطلبة أكثر من مرة.

٣. عرض الأمثلة.

وهنا يثير المدرس الطلبة نحو تحليل القاعدة. ويقدم مثالا تنطبق القاعدة عليه و يطالب الطلبة بتقديم أمثلة مشابهه على أن تكون هذه الأمثلة واضحة. ويقوم بكتابة أمثلة الطلبة على السبورة مرتبة ترتيبا يسهل على الطلبة إعادة تشكيل القاعدة من خلال الأمثلة. وعلى أن تكون الأمثلة كافية لتغطية جميع جزئيات القاعدة.

٤. التطبيق و هو نوعان:

أ- شفهي و فيه يقدم الطلبة أمثلة تطبيقا للقاعدة على أن يشترك اكبر عدد ممكن منهم في تقديم الأمثلة.

ب- تحريري و يبدأ بالكتابة على السبورة بإعطاء تمرينات خارج تمرينات الكتاب على أن تغطي أهداف الدرس ثم ينتقل بعد ذلك إلى حل التمرينات الموجودة في الكتاب في دفاتر الطلبة المخصصة لذلك.

**ميزات الطريقة القياسية:**

١. إنها لا تستغرق وقتا طويلا قياسا بالاستقرائية.

٢. مريحة للمدرس إذ لا تتطلب منه جهدا كما هو مطلوب في الاستقرائية.

٣. القواعد والحقائق التي تقدم تكون عادة كاملة مضبوطة لأنها تم التوصل إليها بالتجريب و البحث الدقيق.

٤. تلائم الموضوعات التي لا يمكن استخدام الاستقراء في تدريسها مثل الأساليب النحوية كالنفي و التوكيد و غيرها.

٥. تتماشى و طبيعة الإدراك العقلي في الانتقال من الكل الى الأجزاء.

٦. تنماز بكونها ذات طابع تطبيقي يتعلم الطالب فيها كيف يطبق قاعدة عامة على حالات خاصة.


**عيوب الطريقة القياسية:**

١. لا تنمي عادات التفكير الجيد.

٢. لا تلائم المراحل التعليمية الأولية.

٣. تتطلب قدرة على التحليل و تحديد الخصائص و القياس عليها قد لا تتوافر لدى بعض الطلبة.


**مجالات استخدام الطريقة القياسية في تدريس اللغة العربية.**

تستخدم الطريقة القياسية في الكثير من فروع اللغة العربية إذ يمكن استخدامها في:

١. تدريس قواعد اللغة العربية.

٢. تدريس البلاغة.

٣. تدريس الإملاء.

٤. تدريس الأدب.


**طريقة الاستقصاء**

يعرف الاستقصاء بأنه عملية حل مشكلة ذات محتويين. هما توليد الفرضيات، و اختبارها. أو هو نوع من التعلم يستخدم فيه المتعلم مهارات و اتجاهات لتوليد المعلومات و تنظيمها و تقويمها. وطريقة الاستقصاء من طرائق التدريس التي يعد الطالب فيها مركز العملية التعليمية. و تهتم بالمشكلات التعليمية، وطرائق التفكير في إيجاد حلول لها.

فهي تتيح للمتعلم إعمال عقله و التعاون مع زملائه، والتعامل مع المدرس عند الضرورة القصوى. وتعد من الطرائق الحديثة في التربية والتعليم و تمثل طريقة علمية في البحث والتفكير والتحليل وصولا إلى الاستنتاجات. فيكون الطالب فيها نقطة الارتكاز للفعاليات و الأنشطة. إذ يوضع في موقف يتطلب منه تفكيرا عميقا للوصول إلى الأهداف المنشودة. و توفر للطالب قاعدة الاعتماد على نفسه في الوصول إلى الحقائق و الأفكار من خلال الملاحظة و التجربة.

وتتأسس طريقة الاستقصاء على فرضية مفادها إن في الحياة أشياء يكتفنها الغموض يجب اكتشافها ([1]). وعلى هذا الأساس فإن كل شيء في المدرسة أو الحياة يشكل فرعا استقصائيا يمكن المشاركة في كشف غموضه. وتحت هذا الوصف تقع موضوعات الدراسة، وما بها من حاجة إلى إعمال العقل، والتفكير في كشف غموضها. وبموجب التعليم الاستقصائي يوضع الطلبة أمام مشكلة، أو طرح أسئلة مثيرة لتفكيرهم، و تتاح لهم الفرص والمجالات التي يتطلبها التقصي وصولا إلى الحل، وذلك يتطلب توافر خلفية معرفية لدى الطلبة، والقيام بسلسة عمليات إجرائية لمساعدتهم على الاستقصاء.

ومن الجدير ذكره ميل الكثير من التربويين إلى استخدام الاكتشاف و الاستقصاء بمعنى واحد. والصواب إن هناك فرقا بينهما. ففي الاكتشاف يتركز الجهد المبذول من المتعلم على العمليات العقلية لفهم المفاهيم و المبادىء العلمية فالاكتشاف يحدث عندما يبذل المتعلم جهدا عقليا ويستخدم عمليات عقلية لاكتشاف مفهوم معين، أو مبدأ معين. فإذا أدرك مفهوم الصوت يستطيع أن يكتشف مبدأ علميا يقول: إن الصوت ينشأ عن اهتزاز المواد.

أما الاستقصاء فيبنى على الاكتشاف إذ يستخدم التلميذ فيه قدراته الاكتشافية مع أشياء أخرى متمثلة في الممارسات العملية. أي أن الاستقصاء لا يحدث من دون العمليات العقلية في الاكتشاف. ولكنه يعتمد بشكل رئيس على الجانب العملي. فالاستقصاء مزيج من عمليات عقلية و عملية وهو أشمل و أعم من الاكتشاف.

**خطوات طريقة الاستقصاء**

يسير الاستقصاء على وفق منهج تفكير علمي كما يأتي:

١. تحسس المشكلة: إن أول خطوة يقتضيها الاستقصاء هي الإحساس بالمشكلة. لأن الخطوة الأساسية لحل أي مشكلة هي الاعتراف بوجود مشكلة وقبول تحدي البحث عن حل لها. و يعتمد ذلك على طرح سؤال على الطلبة إجابته غير واضحة بحيث يشكل تحديا لهم، ويشعرون بأنه مشكله يحسون بها، وهي موجودة فعلا، و تشكل عندهم موقفا غامضا يولد

(١) وليد أحمد جابر، طرائق التدريس العامة، دار الفكر عمان، ٢٠٠٣، ص ٢٠٦.

لديهم شعورا بالحاجة إلى الحل. وعلى قدر استثارة الطلبة وحفزهم على التفكير في الموضوع المطروح تكون فعالية تفكيرهم. ونشاطهم في البحث عن حل. وعلى هذا الأساس ينبغي أن يخطط المدرس للكيفية التي يطرح بها المشكلة زيادة على نوع المشكلة وما يمثله حلها للطلبة و المشكلة قد تكون مستمدة من المنهج أو من مظاهر الحياة المرتبطة في المنهج. ويمكن أن يطرحها المدرس أو قد تظهر من خلال المناقشة والتفاعل بين الطلبة أو بين الطلبة والمدرس. وهكذا على أن توظف في خدمة حاجات الطلبة ومقتضيات المنهج الدراسي.

٢. تحديد المشكلة: لا يمكن السيطرة على المشكلة ما لم تحدد بوضوح بكل جوانبها و أبعادها لأن التحديد الواضح للمشكلة يساعد في توجيه مسار جمع المعلومات اللازمة لحلها. وتجدر الإشارة هنا إلى وجوب أن تكون المشكلة المطروحة ملائمة لمستوى الطلبة و قدراتهم.

٣. عرض عملية الاستقصاء: و هنا يشرح المدرس القواعد التي ينبغي أن يستعملها الطلبة في الاستقصاء و أن يزودهم ببعض المعلومات أو التلميحات ذات الشأن في توجيه الاستقصاء.

٤. تحديد الفروض: الفروض هي تخمينات لحلول مسبقة للمشكلة يتولى الطلبة اختبار مدى صحتها و كونها تمثل حلا. أو أن بعضها يمثل الحل و هنا يقوم الطلبة بوضع الفرضيات الملائمة في ضوء تحديدهم المشكلة، وما يمتلكون من خلفيات معرفية.

٥. جمع المعلومات و مناقشتها و الربط بينها: لغرض اختبار الفروض و معرفة مدى صحتها، لا بد من جمع المعلومات اللازمة لمحاكمة الفروض و إصدار القرار أو التوصل إلى الاستنتاج. إذ يجب أن يستند الطلبة إلى قاعدة من المعلومات الكافية تقودهم إلى الحل الصحيح. و قد تجمع المعلومات في ضوء طرح تساؤلات، أو مراجعة المصادر والكتب، أو الملاحظات و المقابلات، أو غير ذلك. على أن تكون طرائق الحصول على تلك المعلومات طرائق علمية تتأسس على الموضوعية. وبعد جمع المعلومات تجري مناقشتها في ضوء علاقتها بالمشكلة و الربط بينها بطريقة تمكن الطالب من قبول الفروض أو رفضها أو قبول بعض الفروض و رفض بعضها.

٦. اختبار الفروض و الحلول المقترحة.

بما ان الفروض هي حلول تخمينية قد تكون صحيحة. و قد تكون غير صحيحة فهي بحاجة إلى اختبار و اختبارها يتم في ضوء المعلومات التي تم جمعها و ما تمثل من نتائج.

٧. الاستنتاجات و المقترحات. وهي التعميمات النهائية التي تبنى على المعلومات التي حصل عليها الطلبة وفي ضوئها يتم إثبات صدق الفروض أو عدم صدقها. و في ضوء هذه الاستنتاجات يتم اتخاذ القرارات و المقترحات الملائمة التي يمكن اعتمادها. على أن يتولى

الطلبة التوصل إلى الاستنتاجات و الحلول بأنفسهم و لا يتدخل المدرس إلا في الحالات التي يعجز فيها المتعلم عن الوصول إلى الإجابة الصحيحة.

## أنواع الاستقصاء

**أولا: من حيث الهدف يمكن تقسيم الاستقصاء على أربعة أنواع هي:**

أ- استقصاء الحقائق. أي التثبت من حقائق موجودة و يتم هذا النوع في ضوء جمع معلومات حقيقية حدثت في الماضي يتم الاعتماد عليها و الرجوع إليها و في ضوئها يتخذ القرار بشأن تلك الحقائق.

ب- الاستقصاء التفسيري. و هذا النوع يهتم بالكشف عن الدوافع الحقيقية التي تكون وراء المعلومة.

ت- استقصاء الرأي. و يهتم هذا النوع بتعرف الآراء حول فكرة معينة أو قضية ما.

ث- استقصاء قياس النتائج. ويهتم هذا النوع بقياس مدى تأثير عامل معين في قضية معينة.

**ثانيا: من حيث القائمين به. ويقسم على نوعين:**

أ- الاستقصاء الحر. وتكون الحرية فيه كاملة للطلبة باختيار الطريقة التي يستخدمونها.

ب- الاستقصاء الموجه. ويكون المدرس فيه موجها و مرشدا أساسيا.

## مهارات الاستقصاء

يتطلب الاستقصاء مجموعة من المهارات يجب التمكن منها:

١. الملاحظة. و تتمثل في قدرة المتعلمين على جمع المعلومات باستخدام حواسهم. و يجب أن تكون الملاحظة موجهة مدروسة.

٢. الموازنة (المقارنة). وتعني القدرة على معرفة أوجه الشبه و الاختلاف بين الأشياء. وصياغتها بشكل واضح لا يقبل اللبس.

٣. تعريف الأشياء. ويعني القدرة على تسمية الأشياء أو الأحداث أو الأماكن و التفريق بينها.

٤. التصنيف. وهو القدرة على تصنيف الأشياء في مجموعات تأسيسا على صفه أو أكثر من الصفات التي تم التوصل إليها من خلال الملاحظة والمقارنة.

٥. القياس. ويعني استخدام مرجع معين في تحديد قيمة شيء تمت ملاحظته.

٦. التفسير. و هو القدرة على بناء أفكار غير ملاحظة من خلال مجموعة من الملاحظات والأحكام.

٧. التنبؤ. و هو قدرة المتعلم على صياغة ما يمكن أن يحدث مستقبلا تأسيسا على الملاحظات السابقة.

٨. التأكد. وهو مهارة يتأكد بها الفرد من صحة توقعاته بعد مراجعة تلك التوقعات و اختبارها.

٩. صياغة الفرضيات. الفرضية هي توقع حل أو تخمين، أو مقترح حل. و صياغتها تعتمد على مهارة التنبؤ و هي تقوم على القدرة على بناء إجابة لمشكلة من مجموعة الملاحظات، والمعلومات التي لدى الطلبة حول المشكلة.

١٠. مهارة عزل المتغيرات. و تعني القدرة على تعرف العوامل التي يمكن أن تؤثر في نتائج التجربة، و العوامل التي لا تؤثر و تحديدها.

١١. مهارة التجريب. و تتضمن معرفة المشكلة ووضع خطة لاختبار الفرضيات و استخدام النتائج التي تم الوصول إليها.


**ميزات طريقة الاستقصاء:**

١. تمكن الطلبة من تعرف العلاقات و تحديد العلل.

٢. تشدد على المتعلم.

٣. تنمي القدرات العقلية و التفكير المنظم.

٤. تنمي القدرات الذاتية على جمع المعلومات و تبويبها.

٥. تعلم الطلبة كيف يتعلمون.

٦. تنمي القدرة لدى الطلبة على تحسس المشكلات.

٧. تعطي الطلبة شعورا بالإنجاز.

٨. تدرب الطلبة على أساليب جمع المعلومات والبحث عنها.

٩. تدرب الطلبة على تفسير المعلومات.

١٠. تحول التعزيز لدى الطلبة من تعزيز خارجي إلى داخلي بفعل ما تولده لديهم من حب الاستطلاع.

١١. تنمي القدرة لدى الطلبة على التذكر.

١٢. تعزز انتقال أثر التعلم.


**عيوب الطريقة الاستقصائية.**

١. تتطلب منهجا مبنيا على وفق الاستقصاء.

٢. تستغرق وقتا أطول.

٣. تعد صعبة لبعض الطلبة.

٤. تتطلب خلفية معرفية قد لا تتوافر لدى الجميع.

٥. تقتضي مدرسا مؤهلا بشكل جيد.

**مجالات استخدام الطريقة الاستقصائية في تدريس اللغة العربية**

يمكن استخدام الطريقة الاستقصائية في دراسة الكثير من الظواهر اللغوية والمشكلات، وتعرفها وتحديد الحلول الصحيحة لها، ويمكن أن يحصل ذلك في أكثر من فرع من فروع اللغة العربية كالنحو، والبلاغة، والصرف، والأدب و الإملاء، والقراءة.

**طريقة المشروع**

تتأسس طريقة المشروع على مبدأ ربط التعليم المدرسي بالحياة التي يحياها المتعلم داخل المدرسة وخارجها. وتأتي هذه الطريقة لتجسد ما أرادة المربي جون ديوي من المدرسة. إذ كان يرى أن المدرسة يجب أن تكون محلا يحيا فيه الأطفال حياة اجتماعية حقيقية. يتدربون فيها على مواجهة المشكلات الحياتية التي قد تجابههم خارج المدرسة. وإن طريقة المشروع تقوم على رؤية الفلسفة التربوية الحديثة التي تريد من المتعلم أن يكون إيجابيا في عملية التعلم و أن يبحث عن المعرفة بنفسه و أن يكتسبها بنفسه و إن دور المعلم لا يتعدى التوجيه والإرشاد. وان هذه الطريقة تلائم ما تدعو إليه الفلسفة البراجماتية، والتربية التقدمية حول تدريب المتعلم على أسلوب البحث عن المعرفة من مصادرها المتنوعة ذلك لأن ما يتوصل إليه المتعلم بنفسه و جهده سيحتفظ به مدة أطول و يستخدمه لمواجهة المواقف التي تعترضه في حياته اليومية فطريقة المشروع هي إحدى الطرائق التي يقوم فيها المتعلم بنشاط ذاتي تحت إشراف المدرس. وهي تتماشى ومنهج النشاط إذ تجعل المتعلمين يحيون في المدرسة حياة طبيعية مبنية على نشاطهم الذاتي فيتعلمون عن طريق العمل.

**مفهوم طريقة المشروع**

المشروع هو فعالية قصدية تجري في محيط اجتماعي. أي أنه عمل مقصود يتضمن هدفا معينا متصلا بالحياة، فالمشروع هو عمل ميداني يقوم به المتعلم يتسم بالعملية تحت إشراف المعلم أو المدرس على أن يكون هادفا و يقدم خدمة للمادة العلمية وأن يتم في بيئة اجتماعية، و طريقة المشروع هي أسلوب من أساليب التدريس، و التنفيذ للمناهج الموضوعة. فبدلا من دراسة المنهج بصورة دروس يقوم المدرس بشرحها و يتولى الطلاب الإصغاء إليها و حفظها يكلف الطالب بموجب

طريقة المشروع القيام بالعمل في صورة مشروع يضم عددا من أوجه النشاط مستخدما الكتب وتحصيل المعلومات أو المعارف وسيلة لتحقيق أهداف محددة، لها أهميتها من وجهة نظر المتعلم.

**أنواع المشاريع**

تقسم المشاريع عدة تقسيمات فهي:

**أولا: من حيث المشاركين في المشروع تقسم على:**

١. المشاريع الفردية. وهي التي يتولى فيها كل طالب عملا ما لوحده و هي نوعان:

أ- أن يكون المشروع واحدا لجميع طلبة الصف، ولكن يقوم به كل طالب على حدة. كأن يطلب من الجميع البحث في فن الرثاء. فيتولى كل طالب تنفيذ المشروع مع انه واحد للجميع.

ب- أن يكون لكل طالب مشروع معين يقوم به بنفسه. كأن يكلف بفن الرثاء، والآخر بفن الفخر، و الآخر بفن الغزل، و الآخر بفن المديح و هكذا.

٢. المشاريع الجماعية. وهي أن يكون فيها جميع طلاب الصف يعملون في مشروع واحد مثل إقامة عرض مسرحي أو إصدار مجلة أو نشرة شهرية أو غير ذلك.

**ثانيا: من حيث الإعداد والمحتوى و تقسم على:**

١. المشاريع المكتبية. وفي هذا النوع يقوم المكلف بالمشروع بكتابة التقارير والكتابات، والملخصات التي يكلف بها كلا حسب اختصاصه. ثم يقوم بعرض ما أنجزه على الآخرين. وتتم مناقشته من الطلبة والمدرس.

٢. المشاريع التصميمية. وهذا النوع من المشاريع يختلف باختلاف اختصاصات الدارسين. فطالب الهندسة المعمارية يتولى تصميم النماذج و تقديمها إلى المدرس المشرف والاختصاصين لمناقشتها. وطالب الفنون الجميلة يقوم بتصميم نماذج مصغرة من التي تلائم طبيعة اختصاصه و هكذا.

٣. المشاريع التطويرية. وهي تتناول ما موجود من أجهزة و معدات و أنظمة لتصبح أكثر تطورا وأكثر قدرة على تلبية متطلبات المواقف الجديدة.

٤. المشاريع البحثية. وهي تلك المشاريع التي تهتم بدراسة مشكلة معينة أو موضوع معين من أجل التوصل إلى الحلول الملائمة.

**ثالثا: من حيث الأهداف و هي تقسم على أربعة أنواع:**

١. مشروعات بنائية (إنشائية) و هي مشاريع تتجه نحو العمل و الإنتاج أو صنع الأشياء. مثل

صناعة الصابون، أو صناعة الجبن، أو تربية الدواجن، أو تسمين العجول، أو إنشاء حديقة.
٢. مشروعات استمتاعية. وهي تلك المشروعات التي يكون القصد منها الاستمتاع. مثل الرحلات التعليمية، والزيارات الميدانية التي تخدم مجال الدراسة و يكون المتعلم عضوا فيها.
٣. مشروعات في صورة مشكلات. وهي تلك المشروعات التي تهدف إلى الوصول إلى حل مشكلة معقدة أو حل مشكلة من المشكلات التي يهتم بها المتعلمون، أو محاولة الكشف عن أسبابها، أو طرائق معالجتها. مثل مشروع محاربة الحشرات الضارة. أو مشروع الوقاية من الأمراض.
٤. مشروعات اكتساب المهارات. ويكون الهدف منها اكتساب المهارات العملية أو المهارات الاجتماعية. مثل مشروع إسعاف المصابين، أو مشروع مكافحة الحرائق.

**خطوات طريقة المشروع**

يمر تنفيذ طريقة المشروع بخطوات أربع هي:

١. اختيار المشروع: يعد اختيار المشروع خطوة أساسية في استخدام هذه الطريقة في التدريس إذ عليه يتوقف نجاح المشروع. وتبدأ هذه الخطوة بإثارة المدرس موضوعا معينا ليكون موضع النقاش حوله و بيان ما يتضمنه من أهمية. أو قد يطرح الطلبة موضوعا أو موضوعات تواجههم. و يجدون في أنفسهم حاجة إلى إيجاد حلول لها. أو قد يتم التعرض إلى مظهر من مظاهر الحياة. أو حول صعوبة من صعوبات المنهج. أو حول خبر سمعوه، أو ظاهرة بيئية بهم حاجة إلى معرفة أسبابها و معالجتها. وتجري المناقشة حولها وخلال المناقشة تتاح للمتعلمين الفرصة لاقتراح أكثر من مشروع و على المدرس أن يحرص على إثارة الرغبة لدى الطلبة للتصدي للمشروع. على أن تكون المشاريع المطروحة مهمة في حياة الطلبة، وتلبي رغبتهم و ميولهم، و أن تؤدي خبرة متعددة الجوانب و أن تلائم مستوى الطلبة و أن تكون المشروعات المختارة متنوعة، و تراعي ظروف المدرسة، وإمكانيات العمل. إذ يجب أن يكون المشروع الذي يتم اختياره:

أ- نابعا من حاجات الطلبة.

ب- مراعيا التنوع في المشروعات المختارة.

ت- مراعيا الفروق الفردية.

ث- مراعيا الترابط بين الموضوعات القديمة والجديدة.

ج- محددا زمنا تقريبيا لإنجاز المشروع.

و تكون مسؤولية اختيار المشروع على الطالب إذا كان المشروع فرديا وعلى مجموعة من الطلبة إذا كان جماعيا. و يكون دور المدرس في ذلك هو التوجيه و الإرشاد.

٢. تخطيط المشروع: بعد اختيار المشروع أو قبول مشروع طرحه المدرس والاقتناع به يبدأ الطالب أو الطلبة بوضع خطة لتنفيذه. وإن نجاح المشروع يتوقف على توضيح الطريقة وتفاصيلها التي تتبع في توجيه المشروع والسير فيه. وهنا يقوم الطالب بإشراف المدرس بوضع خطة مفصلة. ومناقشة تفاصيلها من حيث الأهداف و ألوان النشاط، و المعرفة ومصادرها، و المهارات والصعوبات المختلفة، و أن يثبت في الخطة كل ما يحتاجه في التنفيذ. و يسجل دور كل طالب في العمل إذا كان المشروع جماعيا. وأن يقسم الطلبة على مجموعات و تدون كل مجموعة عملها في الخطة. ويكون دور المدرس الإرشاد والتوجيه ويكون للطالب النصيب الأوفر في تحمل المسؤولية في التخطيط و يتضمن التخطيط ما يأتي:

أ- تحديد الأهداف الخاصة بالمشروع.

ب- تحديد نوع النشاط الفردي أو الجماعي اللازم للمشروع.

ت- تحديد الطرق الواجب إتباعها في تنفيذ المشروع.

ث- تحديد مراحل تنفيذ المشروع.

ج- تحديد طبيعة المعلومات المطلوبة و الأساليب الإحصائية إذا كان المشروع يقتضيها.

ح- إذا كان المشروع يتصدى لمشكلة فإن ذلك يقتضي وضع الفروض الملائمة لحلها.

٣. التنفيذ: إن نجاح المشروع يتوقف بشكل أساسي على الجدية في تنفيذه و مدى مثابرة الطلبة. فإن هذه المرحلة تنتقل فيها الخطة من التخيل إلى الممارسة الفعلية و التطبيق. فهذه المرحلة هي مرحلة النشاط والحيوية إذ يقوم كل تلميذ بتنفيذ الجزء المحدد له إذا كان المشروع جماعيا، أو تنفيذ المشروع كاملا إذا كان فرديا. و يتولى تسجيل النتائج التي توصل إليها. و تثبيت الملاحظات التي تحتاج إلى نقاش. و قد تجرى في أثناء التنفيذ بعض التعديلات على أعمال الطلبة وأدوارهم. ويكون دور المدرس تهيئة الظروف و تذليل الصعوبات، والتوجيه التربوي، مع السماح بالوقت الملائم للتنفيذ تبعا لقدرات الطلبة. وعلى المدرس أن يكون صبورا و لا يحل محل الطلبة و يجب أن يدربهم على تنفيذ الخطة، و تقويم كل خطوة يقومون بها تقويما ذاتيا. و يلاحظهم في أثناء التنفيذ و يجتمع بهم عند الضرورة.

٤. التقويم و في هذه الخطوة يتم تحديد نقاط النجاح و الإخفاق و المشكلات، والأخطاء لغرض تلافيها. والتقويم عملية مستمرة مع سير المشروع منذ بدايته، وفي أثناء المراحل السابقة كلها. وفي نهاية المشروع يستعرض كل طالب ما قام به من عمل ويعرض الفوائد التي حصل عليها من هذا المشروع. وإذا كان المشروع فرديا يكون الطالب حكما على نفسه ومنتقدا لها في ضوء معايير يزوده المدرس بها، و يرشده إلى كيفية استعمالها لتقدير نتائج عمله. وعندما يكون عمله ليس صحيحا فللمدرس أن يحكم على ذلك.
وإذا كان المشروع جماعيا فالحكم عليه يجب أن يكون جماعيا من الطلبة. وينتقد الطلبة بعضهم بعضا. إن هذه الخطوة تنمي لدى الطلبة القدرة على التحليل النقدي وتقديم المقترحات. ثم بعد ذلك يتفحص المدرس النتائج الأخيرة، و ينبه الطلبة على أخطائهم إن وجدت و يمكن الاستفادة من طرح التساؤلات الاتية و الاستعانة بها كمعايير للتقويم:

أ- ما هي الصعوبات التي أعاقت تحقيق الأهداف ؟.

ب- ما هي الإجراءات التي اتخذت للتغلب على الصعوبات ؟.

ت- ما مدى دقة الخطة ؟.

ث- ما مدى مرونة الخطة ؟.

ج- ما هي الصعوبات التي واجهت الطلبة أفرادا ؟.

ح- ما هي الصعوبات التي واجهت الطلبة جماعات ؟.

خ- ما مدى اندفاع الطلبة نحو العمل ضمن المجموعة ؟.

د- ما مدى ارتباط العمل بميول الطلبة ؟.

ذ- ما مدى إتاحة المشروع الفرصة لنمو خبرات الطلبة من خلال الاستعانة بالكتب والمراجع ؟

ر- ما مدى إتاحة المشروع الفرصة للتفكير الجماعي والفردي في المشكلات المهمات ؟

ز- إلى أي مدى ساعد المشروع في توجيه ميول الطلبة و إكسابهم اتجاهات جديدة؟

**شروط اختيار المشروع**

هناك عدد من الشروط التي يجب استحضارها عند اختيار موضوع المشروع و هي:

١. أن تكون للمشروع قيمة تربوية.

٢. أن تكون المواد المطلوبة لتنفيذ المشروع متوافرة.

٣. أن تكون الكلفة المادية للمشروع مقبولة. وتقع ضمن حدود إمكانية المؤسسة التعليمية.

٤. توافر الوقت اللازم لإنجاز المشروع.
٥. أن يتماشى تنفيذ المشروع  ونظام توزيع الدروس في المدرسة ولا يعارضه.
٦. ألا يكون كثير التعقيد و ألا يستغرق وقتا طويلا.
٧. أن يقع ضمن حدود قدرات الطلبة.
٨. أن يتحاشى التداخل والتكرار لمشروعات سابقة.
٩. أن يتصل بالحياة الاجتماعية للطلبة و يمكن توظيفه في الحياة.

**ميزات طريقة المشروع**

لطريقة المشروع ميزات تعليمية كثيرة منها:
١. تعود الطلبة تحمل المسؤولية و تزيد الثقة بأنفسهم و تعودهم الصبر.
٢. تدرب الطلبة على حل المشكلات العملية التي تواجههم بالحياة.
٣. تنمي روح التعاون لدى الطلبة و تقدير العمل الجماعي.
٤. تعود الطلبة المثابرة والجد في العمل.
٥. تمني القدرة لدى الطلبة على التقويم وإصدار الأحكام والنقد البناء.
٦. تربط بين المدرسة والحياة. و توفر عوامل الاتصال بالبيئة المحيطة.
٧. يكون المتعلم فيها مركز العملية التعليمية.
٨. تعود الطلبة البحث المنظم.
٩. تظهر الفروق الفردية بين المتعلمين و تكشف عن مواهبهم.

**عيوب طريقة المشروع**

هناك عدد من المآخذ على طريقة المشروع منها:
١. قد يحتاج المشروع إلى إمكانيات مادية و تسهيلات إدارية لا توفرها المؤسسة التعليمية.
٢. إتباع هذه الطريقة يقتضي إعادة توزيع جدول الدروس في المدرسة.
٣. قد تستغرق وقتا طويلا قياسا بطرائق تدريس أخرى.
٤. تحتاج إلى إمكانيات خاصة لدى أعضاء هيأة التدريس قد لا تتوافر عند الجميع.
٥. قد لا تتوافر لدى المدرس الإمكانيات اللازمة لمتابعة المشاريع.

### مجالات استخدام طريقة المشروع في تدريس اللغة العربية

يمكن استخدام طريقة المشروع في تدريس أغلب فروع اللغة العربية خاصة المشاريع المكتبية، والمشاريع البحثية. إذ بالإمكان توزيع مادة الأدب، أو البلاغة، أو القواعد، أو الإملاء بين مشاريع. و توزيع هذه المشاريع بين الطلبة للبحث فيها. وعند مناقشة هذه المشاريع بالتتابع تتكامل معالجة المنهج الدراسي. على سبيل المثال. في دراسة الأدب في العصر العباسي يمكن أن توزع فصول المادة بين مشاريع و يكون كل فصل مشروعا يتولى تنفيذه كل الطلبة فيكون مشروعا جماعيا. أو أن يقسم الطلبة على مجموعات تكلف كل مجموعة البحث في فصل معين. ثم تقدم نتائج البحوث للمناقشة بالتتابع و هكذا في فروع اللغة العربية الأخرى. و يمكن السير بموجب طريقة المشروع في تدريس اللغة العربية و الظن بأن طريقة المشروع لا تصلح لموضوعات اللغة العربية مؤسس على جهل بأساليب طريقة المشروع و تخطيط التدريس بموجبها.

### طريقة الاكتشاف

تعد طريقة الاكتشاف من طرائق التدريس التي يكون دور المتعلم فيها رئيسا مغايرة الطرائق التقليدية التي يكون الطالب فيها سلبيا. وتهتم هذه الطريقة بإعمال الفكر لدى المتعلم. إذ يتحمل الطالب المسؤولية الكبرى في العملية التعليمية لأن الاكتشاف عملية عقلية تهدف اكتشاف حقائق وقوانين جديدة لم تكن معروفة للمتعلم من قبل. وقد يكون المتعلم يعرف بعض الحقائق والمفاهيم عن ظاهرة أو قضية ما، وينطلق منها للكشف عن حقائق جديدة لم تكن معلومة لديه. وقد لا يكون على علم بحقائق معينة فيكتشفها من خلال عمليات الملاحظة والتجريب. ففعل الاكتشاف هو فعل عقلي. وعملية تفكير تتم بكيفية تتيح للفرد الذهاب إلى أبعد من المعلومات المعطاة له. فينتقل منها إلى معلومات جديدة. أي أن الاكتشاف يتطلب من الفرد إعادة تنظيم معلوماته السابقة وتحويرها بشكل يمكنه من إدراك علاقات جديدة في الموقف لم تكن معروفة لديه من قبل.

ويعرف الاكتشاف بأنه: العمليات العقلية القائمة على تمثيل المفاهيم والمبادئ العلمية في العقل. وتتمثل العلاقات العقلية في الملاحظة، والتصنيف، والقياس، والتنبؤ والوصف. فمثلا تلميذ لديه كرات معدنية محفوظة في علبة أخرجها من العلبة فتعرضت إحدى الكرات إلى تسخين من مصدر حراري، فعندما حاول إعادتها إلى العلبة وجدها لا تدخل فتركها حتى تبرد فدخلت. دفعه ذلك إلى تناول قضيب نحاسي قاس طوله وهو بارد ثم عرضه إلى مصدر حراري. وبعد التسخين قاس طوله فوجده قد زاد طولا عما كان عليه وهو بارد. دفعه ذلك إلى اكتشاف حقيقة هي إن النحاس عندما يتعرض إلى الحرارة يتمدد. وهذه حقيقية جديدة تكونت لديه فراح يجرب أشكالا أخرى من المعادن فخلص إلى تعميم مفاده إن المعادن تتمدد بالحرارة.
ففي الحالة

الأولى اكتشف حقيقة من دون أن تكون لدية معلومات أولية، أما في الثانية فكانت لديه معلومات أولية انطلق منها لاكتشاف حقيقة جديدة. وهكذا.

ونلاحظ أن هذا الاكتشاف مر بعمليات عقلية بلورت الحقائق ومثلتها في العقل وتم ذلك من خلال عملية الملاحظة والتجريب. وتأسيسا على ذلك يمكن القول: إن المصدر الأساسي للاكتشاف هو الملاحظة والتجريب. والتعلم بالاكتشاف يهتم بالوسائل والطرق التي يسلكها الإنسان مستخدما قدراته العقلية والجسمية وصولا إلى معرفة جديدة لم تكن معلومة لديه سابقا. فالتعليم بالاكتشاف هو تعليم يتحقق بعمليات ذهنية عالية المستوى، وعن طريق الاستقراء، والاستنباط، والمشاهدة يضع المتعلم فروضا أو تخمينات، ثم بتوصل إلى التثبت من حقيقتها. ويتطلب التعلم بالاكتشاف الموجه قيام المتعلم بأنشطة محددة تحت إشراف المدرس تسهم في تحقيق الاكتشاف. علما بأن التعلم بالاكتشاف له مستويات مختلفة تختلف من متعلم إلى آخر، لذا يجب أخذ الفروق الفردية بنظر الاعتبار عند تكليف الطلبة بأمر معين. ويمكن استخدام طريقة الاكتشاف في معظم الدروس إذا ما روعيت الفروق الفردية من حيث القدرات العقلية عند تكليف الطلبة باكتشاف أمر ما أفرادا أو جماعات. وإن دور المدرس في الاكتشاف الموجه هو إعداد سلسلة من الأنشطة التعليمية التي سيقوم بها المتعلم في عملية الاكتشاف وصولا إلى تحقيق الأهداف. فيخطط المدرس تخطيطا يتسم بالضبط والدقة للموقف التعليمي، وذلك لمساعدة الطالب على إعمال قدراته العقلية في حدود الإمكانيات المتاحة وصولا إلى الاكتشاف. بمعنى على المعلم أن ينظم الموقف التعليمي للمتعلم لمساعدته في إدراك العلاقات بين الأشياء والتوصل إلى الحل. زيادة على ذلك فإن التعليم بالاكتشاف يتطلب ما يأتي:

**١. استثارة دافعية المتعلمين نحو الاكتشاف من خلال:**

أ- استثارة رغبة الطلبة في الاكتشاف.

ب- استدعاء خبرات الطلبة ومعارفهم السابقة كأساس لاكتشاف حقائق جديدة تتأسس على تلك الخبرات.

٢. توفير الظروف الملائمة التي من شأنها تشجيع الطلبة على الاكتشاف وإشراكهم في عمليات عقلية.

٣. مساعدة المتعلم على تحقيق اكتشاف الحل.

٤. مساعدة المتعلم على التطبيق الصحيح.

**خطوات التعلم بطريقة الاكتشاف**

يمر التعلم بالاكتشاف في الخطوات الآتية:

١. الملاحظة. تعد الملاحظة أولى خطوات الاكتشاف، إذ يبدأ المتعلم عن طريق الملاحظة باستقبال معلومات جديدة لم تكن له معرفة سابقة بها. ويشترط في الملاحظة أن تكون منظمة دقيقة موضوعية. وكلما كانت هذه الملاحظة دقيقة منظمة كانت المعلومات التي تلاحظ صحيحة ثابتة، لذا تمس الحاجة إلى تدريب المتعلم باستمرار على الملاحظة الهادفة. وتعويده التركيز على الأشياء والظواهر، والانتباه عليها، والتمعن فيما يلاحظه المتعلم. وأن لا تنحصر الملاحظة في زاوية واحدة من الشئ الملاحظ إنما يجب أن تكون شاملة لزوايا متعددة منه.

٢. عملية التصنيف. بعد عملية جمع المعلومات من خلال الملاحظة تبدأ عملية عقلية أرقى من مجرد الملاحظة. إذ يبدأ المتعلم تصنيف المعلومات التي لاحظها ليتمكن من قياسها، والتنبؤ بالحقائق. فلو عدنا إلى المثال السابق ولو كان المتعلم قد عرض مواد متجمدة إلى مصدر حراري فإنه سيكتشف إنها تذوب وتتحول من حالة إلى حالة، لذا فإن حكم المواد المتجمدة وما تؤول إليه بعد التسخين هو غير حكم المعادن. وهنا يجري عمليات عقلية يصنف بموجبها الأشياء بحسب ما طرأ عليها من ملاحظات. والتصنيف يقوم على أساس اكتشاف الارتباطات بين عناصر الأشياء التي تتم ملاحظتها. ويتم التصنيف في ضوء تلك الارتباطات، وعوامل التشابه والاختلاف بين الأشياء في الموقف الإكتشافي. لذا فإن التصنيف عملية عقلية أكثر تعقيدا من الملاحظة وتأتي بعد الملاحظة مباشرة.

٣. القياس. يمثل القياس المرحلة الثالثة من مراحل الاكتشاف وفيها يستطيع المتعلم التأكد من ماهية الأشياء بقياسها بشئ معلوم لديه. فإذا عرضت عليه مجموعة أشياء فإنه يستطيع بتسخينها معرفة ما هو معدن وما هوغير معدن مقاسة بالتمدد.

٤. التنبؤ. في هذه المرحلة يكون المتعلم قادرا على ذكر مواد جديدة لم تكن موجودة في الخبرة السابقة. فهنا يستطيع أن يحدد خصائص المعادن، ويستطيع في ضوء هذه الخصائص أن يقرر أن هذه الأشياء معادن وتلك ليست معادن.

٥. الوصف. في هذه المرحلة يستطيع المتعلم أن يعطي وصفا للحالة أو الظاهرة أو المادة بحيث يميزها من غيرها محددا الخصائص الأساسية لها.

٦. الاستنتاج. بعد أن يكون المتعلم قادرا على الملاحظة، والتصنيف والتنبؤ، والقياس، والوصف، يصبح قادرا على الاستنتاج الذي يمثل المرحلة الأخيرة من مراحل الاكتشاف. إذ يصل المتعلم إلى مستوى التعميم ويحدد القاعدة، أو القانون، أو المفهوم.

**ميزات طريقة الاكتشاف**

١. تشدد على التعلم الذي هو نتيجة التعليم. والتعلم أبلغ أثرا من التعليم.

٢. تنماز بعملية الاكتشاف والممارسة العملية.

٣. تحقق متعة للمتعلم من خلال شعوره بأنه اكتشف شيئا جديدا.

٤. تنمي الاعتماد على النفس في المتعلم.

٥. تدرب المتعلم على أنشطة مختلفة للكشف عن أشياء جديدة.

٦. تنمي القدرات العقلية في التحليل، والتركيب، والتقويم.

٧. تساعد المتعلمين على تحقيق ذواتهم عند اكتشافهم أشياء جديدة مما يحفز على التعلم.

٨. تتيح أمام المتعلمين خبرات متنوعة تساعدهم على استنتاج الحقائق والتعميمات العلمية.

٩. تنمي اتجاهات وإستراتيجيات تدريبية لدى المتعلمين يمكنهم استخدامها في حل المشكلات، والاستقصاء، والبحث.


**عيوب طريقة الاكتشاف**

١. تحتاج إلى وقت طويل.

٢. لا يستطيع المتعلمون في بداية تعلمهم اكتشاف كل شئ بدرجة كافية.

٣. لا تلائم تدريس كل الموضوعات.

٤. قد لا تلائم جميع المتعلمين.

٥. تتطلب مدرسين من ذوي القدرات القيادية في إدارة الصف.

٦. يصعب استخدام هذه الطريقة في الصفوف ذات العدد الكبير من الطلاب.


**مجالات استخدام طريقة الاكتشاف في تدريس اللغة العربية**

يمكن استخدامها في الفروع ذوات الطابع القواعدي أو العلمي مثل: النحو، البلاغة، الصرف، الإملاء. غير أن استخدامها لا يكون الأمثل، فهناك طرائق تكون أكثر منها جدوى في تدريس هذه المواد.


**طريقة حل المشكلات**

هي طريقة من طرائق التدريس التي تهتم بالمشكلات التعليمية وطرائق التفكير في إيجاد حلول علمية لها. وذلك بإعمال العقل والتعاون بين المتعلمين أنفسهم، وبينهم وبين المدرس عند الضرورة

القصوى. وفيها يكون دور المدرس منظما للخبرات التعليمية، وموجها الطلبة نحو أفضل السبل لتحقيق الأهداف والوصول إلى الحلول. وهي من الطرائق التي تعزز الثقة بالنفس لدى الطلبة من خلال الاعتماد على أنفسهم في التوصل إلى الحلول الصحيحة للمشكلة، أو المشكلات التي تواجههم، ويشعرون بأن بهم حاجة إلى إيجاد حلول لها.

وإذا أردنا تحديد مفهوم طريقة حل المشكلات لا بد أن نحدد مفهوم المشكلة، فالمشكلة هي موقف جديد يواجه المتعلم، أو المتعلمين ولم يكن لديهم حل جاهز لها في ذلك الحين. ومن الجدير ذكره في ضوء هذا المفهوم للمشكلة أن ما يعد مشكلة لفرد قد لا يعد مشكلة للآخر. والأمر الآخر إن الموقف لا يعد مشكلة ما لم يشعر به الفرد، ويشعر بوجود حاجة إلى إيجاد حل له. لأن هذه الحاجة هي التي تدفع الفرد إلى أن ينشط في البحث للوصول إلى ما يلبي تلك الحاجة. فالمشكلة إذن موقف صعب يقف عائقا بين الفرد وتحقيق هدف معين يسعى إليه.

**أما مفهوم طريقة حل المشكلات:** فهي طريقة تشدد على أسلوب الحل والكيفيات اللازمة لاكتشاف ذلك الحل من المتعلمين تحت إشراف المدرس وتوجيهه إذا اقتضى الأمر ذلك. وقد تكون الطريقة سبيلا لاكتساب مهارات تساعد المتعلم على مواجهة مواقف حياتية أو تعليمية، وتجاوزها بنجاح. وتقوم طريقة حل المشكلات على إثارة مشكلة تثير اهتمام المتعلمين وتستهوي انتباههم، وتتصل بحاجاتهم، وتدفعهم إلى التفكير والبحث عن حل علمي لها. فالمشكلة تمثل حالة تسبب الحيرة لدى الطلبة فتدفعهم إلى التفكير والتأمل لإيجاد حل من أجل الخروج من حيرتهم، وحل الغموض الذي واجههم في تلك المشكلة. وتتأسس طريقة حل المشكلات على أن للإفراد حاجات يسعون إلى تحقيقها وإشباعها، ومن أجل إشباعها فإنهم قد يواجهون مشكلات ومعوقات ومواقف تتطلب منهم إيجاد حلول ملائمة. وللوصول إلى حلول صحيحة ملائمة عليهم البحث عن المعلومات، ودراستها وتحليلها، ثم الوصول إلى الحلول واختيار الحل الملائم للمشكلة المعنية. وعندما ينشط الفرد في حل مشكلة مشتقة من الحياة، ويتوصل إلى نتائج ايجابية في حلها فإنه سيكتسب مهارة وخبرة في حل مشكلات مماثلة. لذا كان المربي ديوي شدد على أن تكون المشكلات التي يتصدى لها الطلبة واقعية حقيقية، وتقدم لهم المساعدة لاكتشاف المعلومات المطلوبة لحل تلك المشكلة.

وعلى هذا الأساس تعتبر طريقة حل المشكلات ضرورة اقتضتها عمليات التطور المستمرة في الحياة، وكثرة المواقف والتحديات التي تعترض سبيل الفرد، وتحتاج إلى حلول كي يواصل مسيرة التطور. ولما كان الأفراد يتفاعلون والبيئة المحيطة بهم، يؤثرون ويتأثرون بها فإنهم من خلال تفاعلهم والبيئة سيواجهون مشكلات كثيرة. وان استخدام طريقة حل المشكلات يعزز علاقة المدرسة بالبيئة التي يعيش فيها الطلبة. إذ تكون للمنهج وظيفة اجتماعية نافعة. لأن هذه الطريقة ستجعل المتعلم أكثر قدرة على مواجهة مشكلات الحياة الاجتماعية والتعليمية من خلال ربط العلم بالعمل.

**خطوات طريقة حل المشكلات**

لا شك إن طريقة حل المشكلات إذا ما استخدمت بشكل صحيح تنمي القدرة في المتعلم على التفكير العلمي. والتفكير العلمي يمكن أن يكتسب من خلال إتباع الخطوات الأساسية في أسلوب حل المشكلات. ويجري تنفيذ حل المشكلات بإتباع الخطوات الآتية:

١. الشعور بالمشكلة وتحديدها بوضوح. إن البيئة المحيطة، والتعليمية فيها الكثير من المشكلات، والمواقف المعقدة التي يجد المتعلم نفسه في حيرة منها لعدم امتلاكه المعلومات المطلوبة. ولكن ليس كل هذه المشكلات هي موضع اهتمام الطلبة جميعا، ولا يقع البحث عن حلول لها في بؤرة اهتماماتهم. لذا فإن المشكلة غير موجودة ما دام الطالب غير شاعر بها. فلكي ينشط الطالب في حل المشكلة لا بد له أن يحس بها وأن يجد في نفسه حاجة إلى مواجهتها والتصدي لحل لها. وهنا نقول: من الأفضل أن يتحسس الطالب أو الطلبة المشكلة بأنفسهم مع إمكانية التنبيه عليها وإثارتهم للتفكير بها، وتحسسها من المدرس، أو من بعض الطلبة للبعض الآخر. والعملية التعليمية مليئة بالمشكلات والمناسبات كثيرة لإثارتها. فمثلا يعرض المدرس أوراق إجابات الطلبة في اختبار لمادة النحو، وكانت نسبة الرسوب عالية. هذه النسبة بحد ذاتها مشكلة يمكن أن نبحث عن أسبابها وإيجاد حلول لها. وهكذا مواقف أخرى مثل: استعمال العامية في درس العربية، مشكلة ضعف الطلبة في الإملاء وغيرها كلها تعد مشكلات يمكن أن تكون موضوع دراسة. الأمر الآخر المطلوب بعد الشعور بالمشكلة هو تحديدها بشكل واضح مختصر دقيق كي لا يختلف الطلبة حولها ولا يحدث لبس في البحث فيها.

٢. وضع الفرضيات. وهي عبارة عن حلول أولية مقترحة لحل المشكلة، فمثلا: إذا كانت المشكلة هي زيادة نسبة الرسوب في مادة النحو العربي وحددت كما يأتي: ( أسباب انخفاض نسبة النجاح في مادة النحو العربي لطلبة الثالث المتوسط في مدرسة كذا ) فإن الفروض يمكن أن تكون:

إن أسباب انخفاض نسبة النجاح في مادة النحو تتوزع بين: المدرس، و المنهج، والطلبة، وطريقة التدريس. على أن هذه الفروض هي مجرد تخمينات أولية تفسر أسباب حدوث المشكلة.

٣. جمع المعلومات أو البيانات. لغرض اختبار صحة الفروض لا بد من جمع معلومات، وبيانات تتعلق بالمشكلة. وتجمع هذه البيانات بأساليب مختلفة منها المطالعة، والملاحظة، والمقابلة، والاستبانات، والأسئلة المتعلقة بالمشكلة. وفي هذه الخطوة بالإمكان تقسيم الطلبة على مجموعات كل مجموعة تكلف بجانب معين في جمع المعلومات. كأن تكلف كل مجموعة بجمع البيانات التي تخص أحد الفروض ويكون لكل مجموعة مقرر على أن تعرض إنجازاتهم على المدرس باستمرار بقصد تقويمها واستبعاد ما ليس له صلة بالمشكلة.

٤. عرض المعلومات ودراستها وتبويبها واستبعاد ما ليس له صلة بالمشكلة، أو قد لا يوصل إلى حل للمشكلة. على أن تتولى كل لجنة أو مجموعة هذه المهمة بإشراف المدرس، وأن تربط عملها بما توصلت إليه المجموعات الأخرى. ثم بعد ذلك تتم عملية مناقشة المعلومات وتحليلها على وفق قواعد علمية منطقية. واستنادها إلى معايير التناسق العقلي التي يمكن أن توصل إلى أن أحد الفروض كان صحيحا، وربما يتحقق أكثر من فرض. وقد لا يتحقق الآخر.

٥. الاستنتاجات العامة. وهنا يحدد الطالب في ضوء ما جاء في الخطوة الرابعة الفروض الصحيحة، والحلول التي توصل إليها. وفي ذلك توضع التوصيات والمقترحات التي تتأسس على نتائج التحليل. وتكون هذه التوصيات والمقترحات هي الحلول المقترحة للمشكلة.

**ميزات طريقة حل المشكلات**

١. تنمي حب البحث والاعتماد على النفس في الطلبة.

٢. تثير في الطلبة التفكير في البحث عن حلول يتم اختيار ما هو صحيح منها.

٣. تربط التدريس بواقع الحياة كي يؤدي التدريس بها وظيفة اجتماعية.

٤. يمكن استخدامها في عدد كبير من المواد.

٥. بها يتم الربط بين الفكر والعمل.

٦. تنمي في الطلبة روح العمل الجماعي.

٧. يكون الطالب فيها إيجابيا متفاعلا.

**عيوب طريقة حل المشكلات**

١. يحتاج الطلبة إلى تدريب طويل للعمل بموجبها.

٢. تتطلب خبرة عالية قد لا تتوافر لدى الجميع.

٣. قد تتجه إلى الجوانب الشكلية في المشكلة وتغفل الأمور الجوهرية في معالجتها.

٤. تتطلب وقتا طويلا.

**مجالات استخدام طريقة حل المشكلات في تدريس اللغة العربية**

يمكن استخدامها في اللغة العربية في معظم فروعها فقد تستخدم:

١. في تدريس القواعد النحوية، أو اللغوية، أو البلاغية إذ قد يثير المدرس مشكلات يمكن أن

تكون مواضيع دراسة مثل: أثر الخطأ النحوي في دلالة الجملة. التقديم والتأخير وأثره في سعة التعبير ودقته.

٢. في تدريس الأدب. يمكن أن تثار مشكلات مثل: أثر الحياة السياسية في شاعرية المتنبي. العلاقة بين حياة الحطيئة الاجتماعية وأفكاره الشعرية.

٣. في النقد الأدبي. مثل: مظاهر التجديد في شعر السياب، وغير ذلك.


## طريقة الوحدات

طريقة الوحدات هي تنظيم خاص للمادة في طريقة تدريسها لوضع المتعلمين في موقف تعليمي شامل يثير اهتمامهم، ويدفعهم إلى بذل أنشطة متنوعة تفضي إلى تعلم خاص. وإن ظهور طريقة الوحدات جاء رد فعل على الأساليب التقليدية في بناء المنهج وتقديمه في حصص تقليدية. إذ جرت العادة أن تبنى المناهج التعليمية المقررة في وحدات شاملة واسعة تتضمن كل وحدة عدة موضوعات صغيرة يعالج كل موضوع منها بصورة منفصلة عن الموضوعات الأخرى. ويدرس بموجب طرائق التدريس المعتادة كالمحاضرة، والاستقراء، أو غيرهما. ورأى موريسن أن تجزئة الوحدات العامة، وتدريسها منفصلة عن بعضها قد يؤدي إلى تقنين مواد التعليم وتحديدها بحسب ما تقتضيه طريقة التدريس. ولما كانت طريقة التدريس وسيلة وليست غاية فيجب أن لا تكيف المادة لتلائم طريقة التدريس. وإنما طريقة التدريس ينبغي أن تلبي متطلبات المادة وأهدافها. لذا دعا إلى هذه الطريقة التي عرفت بطريقة الوحدات. فطريقة الوحدات هي من الطرائق الحديثة في التدريس ومن شأنها تعزيز المعلومات لدى المتعلمين. إذ تسهم في تمكين المتعلمين من المادة كاملة. وذلك بتقسيمهاعلى وحدات ذات معنى مترابطة فيما بينها، ومترابطة مع الوحدة الأساسية. ومن خلال تمكن المتعلم من المادة مترابطة تتحقق أهداف المادة متكاملة لا أجزاء منفصلة. وبموجب طريقة الوحدات تنظم مفردات المادة على شكل أقسام كبيرة مترابطة وان كل قسم يمثل وحدة ذات كيان وأهداف قائمة بذاتها مع وجود صلة بين كل وحدة والوحدات الأخرى. أما بموجب الطرائق السائدة فإن المادة تقسم على أجزاء صغيرة بحيث تخصص لكل جزء حصة، أو حصتان على الأكثر من دون أن يكون كل جزء قائما بذاته، فيحصل الطلبة بموجبها على أفكــار غير مترابطة مما يؤدي إلى عدم إدراكهم العلاقة بين أجزاء المادة الشاملة وهذا ما دعت طريقة الوحدات إلى تجنبه.

والوحدة هي نقطة ارتكاز تتجمع حولها المعلومات والأفكار المختلفة. وقد تكون الوحدة مشكلة أو خبرة، أو ظاهرة معينة، أو موقف حياتي معين. ويستند اختيار الوحدة إلى الكتاب المدرسي والمادة الدراسية، مع مراعاة اهتمامات الطلبة وحاجاتهم.

**أنواع الوحدات**

١. الوحدة القائمة على المادة الدراسية. وتعني أن ينظم مقرر كل مادة في وحدات كبيرة قد تستغرق دراسة كل منها مدة طويلة ربما تصل إلى شهرين. وتدور كل وحدة من هذه الوحدات حول محور رئيس يؤخذ من المادة ذاتها. وتعالج جانبا ذا أهمية في حياة المتعلمين. ولا يلتزم بالحدود الفاصلة بين فروع المادة، أو بين المادة ومادة أخرى. مثل أن يكون محور المادة اللغة العربية فيتم تقسيم الوحدة إلى وحدات مترابطة فيما بينها وترتبط بالوحدة الشاملة ( المحور ) فيدرس الطلبة الكلام كوحدة، والاستماع كوحدة أخرى، والكتابة والقراءة. فهذه الوحدات الصغيرة مترابطة، وترتبط بالمحور الرئيس الذي هو اللغة. وهكذا بحيث تقدم الوحدات بطريقة ذات معنى. وقد تصاغ الوحدة القائمة على المادة الدراسية بصورة مشكلة مثل: كيف نتجنب الخطأ الإملائي؟ أو على شكل وحدة استعراضية مثل: الأدب في العصر العباسي. ويتضمن دراسة الحياة السياسية، والاجتماعية، والاقتصادية، والثقافية. كل هذه وحدات تترابط فيما بينها وتدور حول المحور الرئيس ( الأدب في العصر العباس).

٢. الوحدة القائمة على الخبرة. وبموجب هذا النوع يدور نشاط الطلبة حول إحدى حاجاتهم الرئيسة. وتدرس الوحدة القائمة على الخبرة في جميع نواحيها بغض النظر عن الحواجز الفاصلة بين مبادئ المعرفة الإنسانية.

٣. الوحدة ذات المرجع. وبموجبها يوضع مرجع خاص للوحدة سواء كانت قائمة على المادة أو على الخبرة يسمى مرجع الوحدة. ويتضمن المرجع أهداف تدريس الوحدة، والأنشطة الملائمة للوحدة، والوسائل التعليمية، وأساليب التقويم التي يستخدمها المتعلم والمعلم. والوحدة ذات المرجع يعدها نخبة من الاختصاصيين في التربية مع بعض المدرسين والدارسين.

**تحديد الوحدات**

يعد المدرس الوحدات بإتباع ما يأتي:

١. تقسيم المنهج على وحدات كبيرة ذات قوا سم مشتركة.

٢. تحديد عنوان لكل وحدة تبعا لمحورها.

٣. تحديد خبرات المتعلمين السابقة.

٤. تقديم الوحدة والربط بين الوحدات.

٥. تحديد الأنشطة التي تقود إلى استخدام مهارات الطلبة وقدراتهم.

٦. تحديد الحقائق والمعلومات المطلوب دراستها، وتساعد على التوصل إلى النتائج.

**خطوات التدريس بطريقة الوحدات**

تسير طريقة الوحدات بموجب الخطوات الآتية:

١. التمهيد. ويهدف إلى:

أ- معرفة خبرات الطلبة السابقة للتأكد من كون الوحدة المراد دراستها تلائم قدراتهم المعرفية، أو أنها فوق قدراتهم، أو أنها دون مستويات البعض منهم.

ب- ربط الوحدة بخبرات الطلبة السابقة وما اكتسبوه من معارف وتهيئة أفكارهم لتلقي المادة الجديدة.

ت- معرفة ما يجب على المدرس فعله في التخطيط لتنفيذ الوحدة ومعرفة الوقت اللازم لتنفيذ الوحدة من خلال تحديد صعوبتها وسهولتها للمتعلمين.

ويمكن تنفيذ هذه الخطوة بطريقتين أو أسلوبين:

الأول: الاختبار التحريري. إذ يقوم المدرس بإعداد اختبار تحريري يقيس بموجبه قدرات الطلبة العلمية والعقلية. على أن يكون الاختبار واضحا يستطيع أكبر عدد ممكن من الطلبة الإجابة عنه. على ألا يترتب على هذا الاختبار وضع درجات على إجابات الطلبة. ويجب أن يعلم الطلبة بأن الغاية من الاختبار هي معرفة ما يعرفه الطلبة عن الموضوع ومستوى ما يعرفه كل منهم عن ذلك الموضوع. ويحثهم على الإجابة. ويفضل أن تكون أسئلة الاختبار التمهيدي أو الاستطلاعي من نوع الأسئلة الموضوعية. كالصواب والخطأ. والاختيار من متعدد، وتكملة العبارات.

الثاني: أما الأسلوب الثاني الذي يتم فيه الاختبار الاستطلاعي فقد يكون اختبارا شفهيا في صورة مناقشة صفية يتولى المدرس فيها عرض عدد من الأسئلة المعدة مسبقة لقياس قدرات الطلاب على أن يشمل جميع الطلبة بهذه الأسئلة ليعرف المستوى العام. غير أن الأسلوب الأول أكثر دقة في تحديد مستوى خلفية المتعلمين حول الوحدة. علما بأن تنفيذ هذه الخطة قد يستغرق حصة أو أكثر من حصة بحسب نوع المادة وسعة الوحدة.

٢. إثارة دافعية الطلبة وجذب انتباههم على موضوع الوحدة، وإثارة الرغبة لديهم في تعلم الوحدة الجديدة. ويتوقف نجاح الطلبة في التصدي للوحدة على درجة إثارتهم نحوها ورغبتهم في دراستها.

٣. العرض. بعد إثارة الطلبة وحفزهم نحو تعلم الوحدة، يأتي دور المدرس في تقديم لمحة عامة عن الوحدة وما تحتويه من مادة من دون الخوض في التفصيلات. ويتولى تقديم العرض من دون مقاطعة الطلبة، وقد يستغرق العرض حصة كاملة. على أن يحرص في أثناء العرض على شد انتباه الطلبة إليه ومتابعتهم العرض بشكل جيد. وقد يكون لقوة شخصية المدرس

وإتقانه المادة وقوة ملاحظته وعدم التجوال بين الطلبة في أثناء العرض أثر في جعل هذه الخطوة فاعلة. والغرض من خطوة العرض هو استيعاب الإطار العام للوحدة.

٤. اختبار العرض. بعد أن عرض المدرس الإطار العام للوحدة، لا بد من معرفة مدى استيعاب الطلبة لهذا العرض. ومدى استفادتهم منه. وهذه المعرفة تتم بوساطة الاختبار. والاختبار على نوعين:

الأول: الاختبار المقالي. وفيه يعبر الطلبة عما فهمومه من الوحدة من خلال العرض، وقد يكون هذا النوع هو المفضل لأنه يتيح للطالب التعبير ويدفعه إلى الانتباه والفهم العام.

الثاني: الاختبار الموضوعي. ويتكون من أسئلة الصواب والخطأ أو الاختيار من المتعدد أو غيرها. ثم يتولى المدرس فحص الإجابات وتحديد من استوعب العرض ومن لم يستوعب. وإذا ظهر عدد من الطلبة ممن لم يستو عبوا العرض فعليه أن يعيد العرض لهم مع إمكانية تكليف الذين استوعبوا بعمل آخر في أثناء إعادة العرض.

٥. بحث الطلبة في المادة واستيعابها. بعد التأكد من استيعاب الطلبة لعرض المدرس العام يقوم الطلبة بالبحث والتنقيب بأنفسهم في تفصيلات المادة التي تتضمنها الوحدة المطلوب تعلمها. وهذه الخطوة تتطلب تنظيم بيئة التعلم وغرفة الدراسة بالذات بالشكل الذي يتيح للطلبة البحث بحرية. والتنقل من مكان إلى آخر. ويجب تهيئة المراجع اللازمة ووضعها في غرفة الدراسة كي يرجع الطلبة إليها في البحث وعدم الاكتفاء بالكتاب المقرر. ويجب أن تحتوي غرفة الدراسة على مختلف الوسائل المعينة ذات الصلة بالوحدة بحيث تكون غرفة الدراسة أشبه بالمكتبة المدرسية. وفي هذه الخطوة يعتمد الطلبة على أنفسهم في تحصيل المعلومات مؤسسين تلك المعلومات على النقاط العامة للوحدة التي حددها المدرس في خطوة العرض. ومن الجدير ذكره أن قدرات الطلبة مختلفة في تحصيل معلومات الوحدة فمنهم من ينجزها والبعض الآخر ما يزال في أولها. وهنا على المدرس تكليف من أنجز عمله بإعمال أخرى، وإتاحة الفرصة للآخرين كي ينجروا عملهم. ويكون دور المدرس في هذه الخطوة التنقل بين الطلبة وملاحظة أعمالهم وتقديم المساعدة في توضيح الغموض لدى البعض. فيكون مرشدا ومشجعا على العمل. وإذا ما وجد أن هناك نقطة بها حاجة إلى توضيح وتشكل غموضا لمعظم الطلبة فيمكنه أن يوقف عمل الجميع ويشرحها لهم.

٦. اختبار الإتقان والاستيعاب. بعد بحث الطلبة في مادة الوحدة، واستيعابها لا بد للمدرس من أن يتأكد من أن جميع الطلبة استوعبوا مادة الوحدة، لذا تأتي الحاجة إلى تعريضهم إلى اختبار. زيادة على الملاحظة الشخصية من المدرس لأدائهم في أثناء البحث. ويفضل أن يكون الاختبار من نوع الاختيار المتعدد. وعندما يظهر قسم من الطلبة قد استوعب المادة فإنه يكلفهم بعمل ما، أما الذين لم يستوعبوها بشكل جيد فيطلب منهم

الاستمرار في البحث فيها حتى يتمكنوا من استيعابها وإتقانها. ثم ينتقل الجميع للخطوة اللاحقة.

٧. خطوة الإيجاز أو التنظيم. بعد أن أتقن الطلبة الوحدة واستوعبوها، يطلب المدرس منهم إيجاز المادة التي تحتوي عليها الوحدة أو تلخيصها. وأن ينظموا ما بحثوا عنه على شكل رؤوس نقاط. وأن تتقدم النقاط الأوسع على الأضيق أو الأصغر. والغرض من هذه الخطوة هو ليس معرفة إتقان الطلبة للمادة لأن ذلك قد تم في الخطوة السابقة، إنما الغرض هنا هو معرفة قدرة الطلبة على تنظيم أفكارهم وأبحاثهم وترتيبها ترتيبا منطقيا. وهنا يفسح المجال لكل طالب كي يبدع، ويبتكر الترتيب الذي يراه ملائما. على أن هذه الخطوة تحتاج إليها الوحدات الواسعة غير المرتبة ترتيبا منطقيا. أما الوحدات العلمية ذات الترتيب المنطقي فلا حاجة إلى هذه الخطوة فيها. ويتم الانتقال من الخطوة السابقة إلى الأخيرة وهي التسميع.

٨. التسميع. في هذه الخطوة يقوم كل طالب بعرض خلاصة بحثه أمام المدرس والطلبة الآخرين. وليس بالضرورة أن كل ما يطرحه الطلبة يجب أن يكون متشابها متطابقا بل لكل طالب أن يطرح ملخصه من وجهة نظره الخاصة عن المادة ومحتوياتها. وقد تستغرق هذه الخطوة حصتين أو أكثر حسب عدد الطلبة وحجم الوحدة. على أن يشترك الطلبة في مناقشة ما يسمعون والمدرس أيضا.


**ميزات طريقة الوحدات**

١. تمكن الطالب من إدراك العلاقات بين وحدات المادة.

٢. تنمي القدرة لدى الطلبة على البحث والتنقيب.

٣. تزيد من فاعلية الطلبة وتنمي استعداداتهم.

٤. تعزز علاقة المدرس بالطلبة.

٥. تحقق هدف التكامل بين وحدة وأخرى وبين مادة وأخرى.


**عيوب طريقة الوحدات**

١. تستغرق وقتا طويلا.

٢. يكون أثرها سلبيا إذا لم يتمكن الطلبة من إدراك العلاقة بين الوحدات.

٣. بعض الطلبة لا يستطيعون الاعتماد على أنفسهم في البحث.

٤. لا تلائم المراحل الدراسية الأولية.

٥. تحتاج إلى وقت مفتوح لا يلبيه نظام الجدول المدرسي.

٦. تستدعي مرونة في المناهج، ومدرسا ذا خبرة في جميع المناهج لمختلف المواد المرتبطة بالوحدة.

٧. تحتاج إلى إعداد خاص بالمدرسين.

**مجالات استخدام طريقة الوحدات في تدريس اللغة العربية**

يمكن تدريس معظم فروع اللغة العربية بطريقة الوحدات وذلك كما يأتي:

١. في الأدب يمكن تقسيم المنهج على وحدات بحسب العصور أو بحسب الشعراء أو بحسب الفنون الشعرية ويدرس بموجب هذه الطريقة.

٢. في البلاغة يمكن تقسيم المنهج على وحدات بحسب العلوم البلاغية.

٣. في الإملاء يمكن تقسيم المنهج على وحدات بحسب الموضوعات.

٤. في النحو العربي يمكن تقسيم المنهج على وحدات مثل الإعراب والبناء، أو المرفوعات، والمنصوبات، والمجرورات. أو أركان الجملة العربية وهكذا. وإذا ما أريد لطريقة الوحدات أن تؤتي أكلها في التدريس، فمن الأفضل أن تبنى المناهج على أساسها كي لا يتخبط المدرسون في تقسيم المنهج على وحدات بحسب محاورها.

**الحقائب التعليمية**

ظهر استخدام الحقائب التعليمية في التدريس استجابة لبعض الفلسفات والنظريات التربوية التي تدعو إلى تفريد التعليم تأسيسا على اختلاف المتعلمين واختلاف قدراتهم واستعداداتهم وخلفياتهم المعرفية وسرعتهم في التعلم. مما يستدعي عدم التعامل معهم في التدريس بطريقة تدريسية واحدة يترتب عليها أن يجد الطالب نفسه مضطرا لمسايرة من هو أقل منه قدرة، أو أبطأ منه فيصاب بالإحباط، وهدر الوقت إن كان أوسع وأكثر قدرة من غيره. أما إذا كان بطيئا فيضطر إلى مسايرة الأسرع خوفا من الحرج والشعور بالنقص، فيؤثر ذلك في التعلم سلبا. ولمعالجة هذه المشكلة وإتاحة الفرصة للمتعلم كي يتعلم على وفق قدراته واختيار الوقت الذي يفضله يتم استخدام الحقائب التعليمية. وقد أطلق عليها أكثر من تسمية من بينها: الحقائب التعليمية، والرزم التعليمية. وقد عرفت الحقيبة التعليمية أكثر من تعريف، فقد قيل عنها: إنها برنامج محكم التنظيم يقترح مجموعة من الأنشطة والبدائل التعليمية التي تساعد على تحقيق أهداف تعليمية محددة. أو هي مجموعة من المواد المبرمجة بشكل واسع يمكن أن تزود كل طالب بالبدائل عن طريق إتباع مسار معين نحو تحقيق الأهداف. ويتم تفاعل الطالب والمادة التعليمية بإجابة بعض الأسئلة، أو إجراء تجربة، أو مشاهدة فيلم، أو اللعب، أو أي نشاط آخر. فهي مجموعة من المواد التعليمية يستطيع الطالب دراستها بمفرده بعيدا عن المعلم، بحسب سرعته في التعلم. لذا يمكن

القول: إن طريقة الحقائب التعليمية تراعي الفروق الفردية بين المتعلمين، وتثير في المتعلم اهتماما أكبر بالمادة التعليمية لأنها برنامج للتعلم الذاتي ينتقل محور الاهتمام فيه من المعلم الى المتعلم. والتعليم بموجبها يعتمد أسلوب التوجيه الذاتي من خلال احتواء الحقيبة على إرشادات وتعليمات توجه الطالب نحو تحقيق الأهداف المطلوبة.

**طريقة تصميم الحقيبة التعليمية**

الحقيبة التعليمية برنامج تعليمي مصمم لتعليم وحدة معرفية معينة بتوفير مصادر أو بدائل تعليمية معينة يمكن للمتعلم استخدامها بطرائق متعددة لتحقيق أهداف معرفية وسلوكية محددة. وقبل عرض مكونات الحقيبة وكيفية تصميمها لا بد من معرفة المبادئ الأساسية لأعداد الحقيبة. وهذه المبادئ هي:

١. تعليم مجموعة متباينة من الطلبة وحدة تعليمية محددة عن طريق التعلم الذاتي.

٢. تحديد الأهداف المعرفية والسلوكية المراد تحقيقها في ضوء تعلم هذه الوحدة.

٣. تحديد أسلوب التعلم ومواده وأدواته وتحديد النشاطات المطلوبة.

٤. توفير بيئة تعليمية تساعد الطالب على التعلم مثل المكان، وأدوات التعلم، والأجهزة والإشراف والإرشادات والتقويم.

وبعد تحديد المبادئ الأساسية يتم البدء بتصميم الحقيبة على وفق خطوات سيأتي ذكرها. وقبل الحديث عن خطوات التصميم لا بد من معرفة مكونات الحقيبة. الحقيبة تتكون من:

١. الغلاف. وهو المحفظة التي ترتب فيها مكونات الحقيبة كافة. وترتب هذه المكونات، وتنظم بطريقة تلائم مادة الوحدة التعليمية المراد تعلمها.

٢. دليل الحقيبة وتعليماتها على أن يسجل في الدليل:

أ- محتويات الحقيبة.

ب- تعليمات وإرشادات لاستخدام مواد الحقيبة.

ت- عنوان الوحدة التعليمية، ومستوى الصف، وفاعلية التدريس بالحقيبة التعليمية مما يشجع المعلم على استخدامها.

٣. الأهداف السلوكية المطلوب تحقيقها.

٤. الأنشطة والبدائل التعليمية التي تتضمنها الحقيبة.

٥. الاختبار القبلي.

٦. برنامج التقويم الذاتي.

٧. دليل الإجابات الصحيحة.

٨. المصادر والمراجع التي يمكن الرجوع إليها.

**أما تصميم الحقيبة فيسير على وفق الخطوات الآتية:**

أولا: عرض النظرة الشاملة عن الحقيبة. ويتضمن العرض تقديم فكرة عامة عن الموضوع الدراسي، وتعريف المتعلم بما سيتعلمه مع تأكيد أهمية الموضوع وما يمكن أن يحققه من فائدة للمتعلم. ويعرف المتعلم بطريقة تناول الموضوع معتمدا على نفسه، مع الإشارة إلى أهمية التعلم الذاتي، والتدريب على تحقيق أهداف التعلم، مع بيان أهمية الاختبار القبلي والاختبار البعدي.

ثانيا: تحديد الأهداف. لا بد من تحديد أهداف التعلم من الحقيبة التعليمية لأن ذلك يحفز الطالب، ويولد لديه دافعية نحو العمل بالأنشطة المقترحة. ويجب أن تحدد الأهداف بوضوح، وتصاغ بعبارات سلوكية قابلة للتحقق في مدة زمنية قصيرة كي لا يصاب المتعلم بالإحباط.

ثالثا: خطة التنفيذ. وتعني أن يضع مصمم الحقيبة التعليمية خطة يوضح فيها كيفية تنفيذ الحقيبة. ويمكن أن تكون الحقيبة على شكل لوحة تمثل مخطط التنفيذ ليرجع إليه المتعلم عند الحاجة، ويهتدي من خلالها إلى خطوات السير في الحقيبة من دون الرجوع إلى قراءة الإرشادات والتعليمات.

رابعا: الاختبار القبلي. يقوم مصمم الحقيبة بوضع اختبار مبسط يتصف بالشمول. يهدف إلى قياس مستوى الطلبة، وتحديد خلفيتهم المعرفية حول الموضوع الذي سيطرحه من خلال الحقيبة. ومن شأن ذلك أن يهدي واضع الحقيبة إلى تحديد مستوى الحقيبة. ويحدد ما إذا كان المتعلم سيحتاج إلى دراسة الوحدة التعليمية أم لا. ويساعد الاختبار القبلي في تحديد القسم الذي يبدأ منه المتعلم إذا كانت الحقيبة مكونة من أقسام أو أجزاء.

خامسا: الأنشطة والمواد التعليمية. لا شك إن تحقيق الأهداف التي حددها مصمم الحقيبة يحتاج إلى مواد وأنشطة متنوعة مختلفة باختلاف الأهداف. وقد يحتاج كل هدف إلى أكثر من نشاط لتحقيقه. ويجب أن تكون الأنشطة المقترحة متنوعة تتضمن بدائل كثيرة يختار المعلم منها ما يلائمه. وقد تكون تلك الأنشطة أفلاما متحركة أو ثابتة أو أدوات عمل، أو مواد مقروءة، أو غير ذلك. وللمتعلم اختيار ما يلائمه منها، وقد يختار أكثر من بديل لتحقيق الأهداف. على أن يراعى في تحديد هذه الأنشطة:

أ- تعدد مصادر التعلم.

ب- التدرج في طرح المعلومات من السهل إلى الصعب.

ت- تنوع المواد التعليمية.

سادسا: الوحدة التعليمية. ذكرنا أن الأهداف السلوكية يجب أن تكون واضحة قابلة للتحقق في وقت قصير. بمعنى أن تكون الأهداف مجزأة، ويمكن أن تحقق على مراحل في أثناء السير في دراسة الحقيبة. وعلى هذا الأساس تقسم الحقيبة على وحدات، كل وحدة تمثل جزءا من الحقيبة تعالج مجموعة متشابهة من الأهداف والموضوعات. وذلك لتلافي مواجهة المتعلم بالحقيبة ككل مما يشكل صعوبة عليه. لذا تجزأ الأهداف وفي ضوئها تجزأ الحقيبة إلى وحدات مع الحفاظ على التسلسل والترتيب المنطقي بين الوحدات. وكل وحدة تتكون من أهداف سلوكية خاصة بها. وأنشطة ومواد تعليمية ذات بدائل متعددة. وتنتهي باختبار ذاتي مع دليل للإجابات الصحيحة. إذ لا ينتقل المتعلم من وحدة إلى أخرى ما لم يتجاوز الاختبار الذاتي بنجاح.

سابعا: الاختبارات الذاتية. وهي اختبارات يواجهها المتعلم بعد ممارسة الأنشطة الخاصة بكل وحدة فيجيب عليها ليعرف بنفسه درجة تقدمه نحو تحقيق الأهداف المتحققة. ولهذه الاختبارات أهمية أخرى في عملية التعلم من خلال ما توفره من تغذية راجعة للمتعلم. وعندما يخفق المتعلم في الإجابة عن هذه الاختبارات فإنه يعيد تنفيذ الأنشطة والمواد التعليمية. لذا فإن من بين ما توفره الاختبارات الذاتية تمكين المتعلم من اكتشاف نقاط القوة، ونقاط الضعف في تعلمه.

ثامنا: الاختبار البعدي. وهو اختبار تحصيلي يرمي إلى قياس مدى تحقق الأهداف التي سعت الحقيبة التعليمية إليها. ويكون الاختبار البعدي في نهاية وحدات الحقيبة. ويجيب عليه المتعلم ذاتيا. كما في حال الاختبار القبلي، والاختبارات الذاتية بعد الوحدات. ويتطلب الاختبار البعدي كما تتطلب الاختبارات الأخرى في الحقيبة عرض الإجابات الصحيحة، ولكن ليس أمام الأسئلة أو معها. إنما تعرض الأسئلة ويجيب عنها المتعلم ثم ينتقل إلى الإجابات الصحيحة ليقيس بموجبها مدى صحة إجاباته.

تاسعا: الأنشطة الإضافية. لما كان الغرض الأساسي من استخدام الحقيبة التعليمية هو الاستجابة لمراعاة الفروق الفردية، فلا بد من وجود أنشطة ومواد إضافية استجابة لرغبة المتفوقين. وربما يكون بعض المتعلمين بحاجة إلى أنشطة ومواد تعليمية أخرى، ويرون ما موجود منها ليس كافيا، لذا فمن المفيد أن تتضمن الحقيبة أنشطة إضافية ولكن يجب أن تصب هذه الأنشطة في خدمة الأهداف المحددة للحقيبة.

عاشرا: المراجع والمصادر. وهنا يجب على مصمم الحقيبة ذكر المراجع والمصادر التي استند إليها في تصميم الحقيبة في نهاية الحقيبة لإتاحة الفرصة أمام من يرغب من المتعلمين في الرجوع إليها والاستفادة منها.

**كيف تقدم الحقيبة للمتعلمين؟**

تقدم الحقيبة التعليمية للمتعلمين على الشكل الآتي:

١. وصف الحقيبة والنظرة الشاملة إليها. وتبدأ بعبارات مثل:

عزيزي الطالب: إن هذه الحقيبة توفر لك أن تتعلم كذا... معتمدا على نفسك. وتتضمن كذا وكذا، وفيها مجموعة من البدائل تتمثل بكذا وكذا بإمكانك اختيار ما يلائمك منها.

٢. الأهداف: عزيزي الطالب: بعد دراستك هذه الحقيبة يتوقع منك أن تكون قادرا على:

أن + فعل السلوك + محددات السلوك

وهكذا بحيث يحدد جميع الأهداف المطلوبة مراعيا فيها أن تكون مرتبة كما هو حال ترتيب الأهداف في الحقيبة.

٣. خطة التنفيذ: عزيزي الطالب: أمامك مخطط توضيحي يبين خطوات السير في دراسة الموضوع الذي جاء في هذه الحقيبة يمكنك الرجوع إليه لمعرفة الخطوة اللاحقة بعد إنجاز سابقتها. ثم يعرض المخطط.

٤. الاختبار القبلي: عزيزي الطالب: إن هذا الاختبار ليس بقصد تحديد درجات تقرر مستقبلك ونجاحك أو رسوبك، إنما يهدف إلى معرفة ما أنت بحاجة إليه من معلومات، ويسهم في تحديد النقطة التي تبدأ منها في دراسة الحقيبة. لذا مطلوب منك أن تقرأه بدقة ثم تحدد الإجابة الصحيحة من وجهة نظرك. وهكذا. وغالبا ما يكون من نوع الاختيار المتعدد مثل:

ضع دائرة حول الحرف الذي يمثل الإجابة الصحيحة:

الفقرة.....    الإجابة

أ-............

ب-............

ج-............

د-............

ويقدم بعد الاختبار دليل الإجابات الصحيحة وكما يأتي:

| رقم الفقرة | رمز الإجابة |
|---|---|
| ١. | أ |
| ٢. | ج |
| ٣. | د |
| ٤. | ب |

وهكذا.

٥. النشاطات والمواد التعليمية: عزيزي الطالب: تتضمن الحقيبة التعليمية التي بين يديك ما يأتي:

أ- فيلما متحركا.

ب- صورا ثابتة.

ت- كراسا مكتوبا.

ث- الكتاب المقرر.

لك أن تختار واحدا منها أو أكثر فتدرسه حول موضوع كذا.......

أو أن تكون الصيغة كالآتي: اقرأ في الكتاب المدرسي عن........ وحاول أن تلاحظ ما جاء في الموضوع وهو:

أ-.........

ب-.........

ت-..........

أو بديل آخر مثل:

اجر التجربة كذا......... بإتباع كذا وكذا....... وسجل ما تتوصل إليه من نتائج.

ثم يلي ذلك الاختبار الذاتي في نهاية الوحدة ثم يلي الاختبار الإجابات الصحيحة وهكذا حتى يأتي الاختبار البعدي.


**ميزات طريقة الحقائب التعليمية:**

١. تتسم بالمرونة وتسمح لكل متعلم أن يسير في البرنامج على وفق خصائصه الفردية.

٢. تتيح للمتعلم حرية اختيار الأسلوب والنشاط الذي يلائمه وصولا إلى تحقيق الأهداف.

٣. تعتمد أسلوب التوجيه الذاتي.

٤. توجه مسار التعلم نحو الأهداف التي تحدد مسبقا.

٥. تمكن المتعلم من تقويم تعلمه ذاتيا.

٦. تبني في المتعلم الاعتماد على النفس.

**عيوب طريقة الحقائب التعليمية:**

١. تتطلب إعادة بناء المناهج الدراسية في صورة حقائب تعليمية.

٢. تتطلب متابعة من المدرس لمعرفة ما تم إنجازه في كل مراحل الحقيبة ولكل طالب على انفراد.

٣. في اللغة العربية لا تنمي القدرة على التعبير بنوعيه، لأن المتعلم فيها لا يمارس الكلام كثيرا ولا يمارس التعبير الكتابي لأن وسائل القياس فيها غالبا ما تكون من نوع الأسئلة قصيرة الإجابة. لذا فإن الطالب قد يجد نفسه متمكنا من المعلومات وناجحا من دون أن يحسن التعبير. وحتى مهارة الكتابة، فإن المتعلم بهذه الطريقة لا يكتب كثيرا ولا يجد في نفسه حاجة إلى أن يكتب كثيرا.

٤. المتعلم بهذه الطريقة أقل سعة في الثقافة العامة من غيره لأن الحقائب مصممة لخدمة أهداف مواد بعينها ولا تتعرض إلى سواها.

٥. يفتقر المتعلم بها إلى اكتساب الكثير من المهارات مثل المناقشة والحوار والنقد لأنه لا يتفاعل مع آراء الآخرين.


**طريقة التعليم المبرمج**

لقد أصبح من الثابت أن الأفراد يختلف بعضهم عن بعض في مستوى الإستعداد والدافعية، والقدرات العقلية، والمهارات التي تقتضيها عملية التعلم وأنه من المؤكد وجود فروق فردية بين المتعلمين في القابليات، والسرعة في التعلم مما دعا عددا من الفلسفات التربوية ومنها الوجودية على وجه الخصوص إلى تبني تعليم المتعلمين أفرادا وليس جماعات، وذلك مراعاة لتلك الفروق الفردية واستجابة لهذا الاتجاه في التدريس ظهرت أكثر من طريقة للتعليم الفردي. واستجابة لدعوات البعض إلى ضرورة اعتماد المتعلم على نفسه في التعلم جاءت طريقة الحقائق التعليمية، وطريقة التعليم المبرمج وقد شجع استخدام طريقة التعليم المبرمج التطور التكنولوجي الذي حصل في أواخر القرن الماضي. فما هي طريقة التعليم المبرمج وما هي خطواتها ؟


**التعليم المبرمج:**

هو تعلم ذاتي يقوم على قدرات المتعلم، وسرعته في عملية التعلم. وهو من النوع الذي يوفر للمتعلم فرصة الحرية في الاستمرار في عملية التعلم أو التوقف في الوقت الذي يريد، خاصة عند شعوره بالتعب أو الملل. ويعد التعليم المبرمج من طرائق التدريس التي تقوم على تكنولوجيا التعليم والتعلم الذاتي للمتعلم.

والمتعلم في التعليم المبرمج لا ينطلق من فراغ، إنما يؤسس تعليمه على خبرات سابقة ينتقل منها إلى ما هو جديد من خلال أسلوب منطقي منظم. وبموجب هذا الأسلوب ترتب مادة التعلم ترتيبا منطقيا من السهل إلى الصعب بلغة تتسم بالدقة والوضوح.

وتقدم المادة للمتعلم بموجب هذه الطريقة بخطوات متعددة الأشكال متسلسلة الترتيب. فقد تكون:

١. في صورة أسئلة ذات إجابات قصيرة مثل الاختيار من متعدد، أو الصح والخطأ.

٢. في صورة عبارات واضحة وشرح مفهوم.

٣. في صورة عبارات أو جمل ناقصة يطلب إكمالها لتكون تامة صحيحة.

وان الفقرات بموجب هذا البرنامج تقدم بالتتابع، وتوفر ما يحفز المتعلم نحو الخطوة اللاحقة. وكل فقرة تمثل مثيرا، وإجابة المتعلم على الفقرة تمثل استجابة لذلك المثير. وإذا كانت الاستجابة تحتاج إلى تعزيز فإن شعور المتعلم بالارتياح عندما تكون إجابته صحيحة يمثل تعزيزا فوريا لاستجابته الصحيحة.

فالتعليم المبرمج هو تعلم ذاتي وهو نوع من أنواع التعليم الفردي مبني على نظرية سكنر في التعلم التي تتأسس على توفير المثيرات المشروطة للتعلم كي يستجيب لها استجابات ملائمة. وبموجب التعليم المبرمج. يتم تقسيم المادة على مجموعة من الخطوات أو الأطر ويعقب كل جزء أو إطار سؤال ( مثير ) يجاب عنه بكلمة أو اختيار كلمة بمعنى تحصل (استجابة) لذلك المثير. وتعزز الاستجابة فورا عندما يكتشف المتعلم أن إجابته صحيحة فينتقل إلى الإطار الآخر.

وإن الخطوات التي تقدم بموجبها المادة تكون كما ذكرنا مرتبة ترتيبا منطقيا متسلسلا تهدف إلى تحقيق أهداف محددة. وتعرض هذه الفقرات أو الخطوات أما مكتوبة أو مسموعة أو مرئية من خلال جهاز معين أو آلة معينة.

ويتم انتقال الطالب في التعليم المبرمج انتقالا تدريجيا يعطي في نهاية كل خطوة تغذية راجعة، وذلك بإخباره عما إذا كانت إجابته صحيحة أو لا. وبموجب التعليم المبرمج يتقدم الطالب على وفق قدراته مستعينا بإرشادات المدرس الذي يكون دوره مراقبة الطلبة وتقديم المساعدة. ويفترض في المادة التي تعلم بهذه الطريقة أن تكون منظمة متسلسلة بأسلوب خاص، ومكتوبة بعناية. وقد تكون على هيأة كتاب، أو موضوعات يقرؤها الطالب كما هي حال المناهج المدرسية. وقد تكون مخزونة في آلة خاصة في صورة شريط ورقي أو سمعي أو غير ذلك كما هو في حال الحواسب.

### أنظمة التعليم المبرمج

**للتعليم المبرمج نظامان:**

الأول: النظام الخطي. وبموجبه ترتب المادة في خطوات متسلسلة من السهل إلى الصعب. ويرتبط السابق منها باللاحق. أي متلازمة، وتشكل كل خطوة من جملة أو جملتين حذفت منها كلمة يتولى المتعلم ملأها. وتكون الكلمة التي يستخدمها المتعلم موجودة ولكن مخفية، أو مغطاة يمكن الإطلاع عليها بعد الإجابة. فإن كانت صحيحة انتقل إلى الخطوة الثانية على أن يقوم المتعلم بتسجيل إجابته قبل الإطلاع على الإجابة الصحيحة. وبموجب هذا النوع لا يسمح للمتعلم إعطاء أكثر من إجابة إنما إجابة واحدة. فإن كانت صحيحة يحصل على تعزيزه بأن إجابته صحيحة، فينتقل مندفعا إلى الإطار الآخر أو الخطوة اللاحقة. والشكل الآتي يوضح هذا النظام:

| الإطار | استجابة المتعلم | الاستجابة الصحيحة (مخفية) |
|---|---|---|
| المحل الإعرابي للفاعل دائما.. | ☐ ← | الرفع |
| الأفعال مبنية عدا الفعل.. | ☐ ← | المضارع |

وهكذا على أن تكون الإجابة الصحيحة مخفية ولا يطلع عليها المتعلم إلا بعد تسجيل إجابته.

الثاني: النظام المتشعب. بموجب هذا النظام تقدم المادة على شكل فقرات متسلسلة. ولكن لكل فقرة عدة إجابات يختار المتعلم إحداها، فإن كانت الإجابة التي اختارها صحيحة يوجه إلى إطار فرعي آخر. أما إذا كانت الإجابة غير صحيحة فإن البرنامج سيوجه المتعلم إلى إطار فرعي آخر يعالج فيه الخطأ يسمى بالإطار العلاجي. وبموجبه تتاح للمتعلم فرصة تصحيح الخطأ. ولا يختلف البرنامج المتشعب عن الخطي من حيث الحاجة إلى تعزيز. فكلا البرنامجين يشدد على الإجابة الصحيحة. ولكنها في الخطي مفتوحة. أما في المتشعب فهي منتقاة من متعدد.

ويتميز النظام الخطي بكونه أيسر وأسهل تنظيما من المتشعب زيادة على أن الخطي يغطي المادة بدقة لا يرقى إليها المتشعب.

### خطوات إعداد مادة التعليم المبرمج

تعد مادة البرنامج بإتباع ما يأتي:

١. تحديد الأهداف المطلوب تحقيقها.

٢. وصف السلوك النهائي للمتعلم.

٣. تحليل السلوك التعليمي إلى أصغر مهمة ثم ترتب المهمات ترتيبا مترابطا بحيث تؤدي كل استجابة إلى الانتقال للإطار الذي يليها.

٤. ممارسة بعض الأنشطة. أو طلب الرجوع إلى مادة معينة.

٥. يتم البدء بالبرنامج فيسجل المتعلم استجابته كتابة أو بالضغط على زر جهاز معد لهذا الغرض ثم يوازن تلك الاستجابة بالإجابة الصحيحة ليحصل على التعزيز الملائم.

٦. تجريب البرنامج على عدد قليل من المتعلمين بقصد تقويمهم.

٧. يفضل إجراء الاختبارات القبلية والبعدية لمعرفة ما حصل من تقدم نحو تحقيق الأهداف.

## ميزات التعليم المبرمج:

١. يساعد على تحقيق أهداف التعليم بدقة.

٢. يجزيء العمل إلى وحدات صغيرة تقلل فرص الأخطاء فيه.

٣. المتعلم فيه أكثر إيجابية لحصوله على التعزيز الفردي.

٤. تنفيذ البرنامج لا يحتاج إلى جهد كبير وخاصة إذا ما كان في الصف.

٥. يتيح الفرصة للمتعلم ليتعلم على وفق قدراته.

٦. يساعد المتعلم على التفكير المنطقي.

٧. يساعد على التعلم الاتقاني.

## عيوب التعليم المبرمج

١. استخدامه في التدريس محدود.

٢. قد يتطلب أدوات أو أجهزة غير متوافرة.

٣. قد لا يستطيع المدرسون تهيئة البرنامج بشكل دقيق.

٤. يقلل فرص الإبداع لدى المتعلمين.

## مجالات استخدام التعليم المبرمج في تدريس اللغة العربية

يمكن استخدام التعليم المبرمج في أغلب فروع اللغة العربية إذا ما تم بناء مناهجها على وفق مقتضياته إذ يمكن أن يستخدم في تدريس:

١. القواعد.

٢. الإملاء.

٣. البلاغة.

# الباب الثاني
# اللغة العربية أساسياتها وأساليب تدريسها

الفصل الأول: اللغة العربية مفهومها و أساسيات في تدريسها

الفصل الثاني: أساليب تدريس:

١. الاستماع

٢. التعبير الشفهي

٣. التعبير الكتابي

٤. الإملاء

الفصل الثالث: أساليب تدريس:

١. القراءة

٢. القواعد

الفصل الرابع: أساليب تدريس:

١. الأدب

٢. البلاغة

٣. النقد

٤. العروض

# الفصل الأول:
## اللغة العربية أساسياتها وأساليب تدريسها

**الأهداف المتوخاة من دراسة هذا الفصل**

يتوقع بعد دراستك هذا الفصل أن تكون قادرا على أن:

١. تحدد مفهوم اللغة.

٢. تحدد وظيفة اللغة العربية.

٣. تحدد المداخل الحديثة في تدريس اللغة العربية.

٤. تعرف مدخل الاتصال.

٥. تشرح مدخل التكامل.

٦. توضح مدخل الوظيفية.

٧. تحدد مهارات الاتصال اللغوي.

٨. تصف العلاقة بين مهارات الاتصال اللغوي.

٩. تبين كيفية تحصيل مهارة الاستماع.

١٠. تبين كيفية تحصيل مهارة الكلام.

١١. تبين كيفية تحصيل مهارة الكتابة.

١٢. تبين كيفية تحصيل مهارة القراءة.

١٣. تشرح معنى اتجاه الوحدة في تدريس اللغة العربية.

١٤. تشرح معنى اتجاه الفروع في تدريس اللغة العربية.

١٥. تبين رأيك في تبني مدخل الاتصال في تدريس اللغة العربية.

١٦. تبين رأيك في تبني مدخل التكامل في تدريس اللغة العربية.

١٧. تبين رأيك في تبني مدخل الوظيفية في تدريس اللغة العربية.

١٨. تعدد المبادىء العامة التي يتأسس عليها تعليم اللغة العربية.

١٩. تشرح المبادىء العامة التي يتأسس عليها تعليم اللغة العربية.

٢٠. تبين رأيك في المبادىء العامة التي يتأسس عليها تعليم اللغة العربية.

٢١. تعدد المعايير اللازمة لمدرسي اللغة العربية.

٢٢. تشرح المعايير العامة لمدرسي اللغة العربية.

٢٣. تبين رأيك في المعايير اللازمة لمدرسي اللغة العربية.

٢٤. تحدد مجالات برنامج إعداد مدرسي اللغة العربية.

٢٥. تبين رأيك في مجالات برنامج إعداد مدرسي اللغة العربية.

٢٦. تحدد الظواهر السلبية في تدريس اللغة العربية.

٢٧. تشرح الظواهر السلبية في تدريس اللغة العربية.

٢٨. تبين رأيك في الظواهر السلبية في تدريس اللغة العربية.

٢٩. تبين رأيك فيما تضمنه الفصل.

قبل الخوض في طرائق تدريس اللغة العربية، و أساليبها الخاصة نجد من الضروري المرور ببعض الأساسيات في تدريس اللغة العربية التي ينبغي إحاطة مدرس اللغة العربية بها ليضعها في عين الاعتبار عند تصميم تدريس اللغة العربية بفروعها المختلفة و من هذه الأساسيات:

أولا:

١. مفهوم اللغة ووظيفتها

٢. المداخل الحديثة في تدريس اللغة العربية و تشمل:

أ- مدخل الاتصال، و مهارات الاتصال اللغوي.

ب- مدخل التكامل.

ت- مدخل الوظيفية.

٣. تحصيل مهارات الاتصال اللغوي.

٤. اتجاه الوحدة، و اتجاه الفروع في تدريس اللغة العربية.

ثانيا:

١. المباديء العامة التي يتأسس عليها تعليم اللغة العربية.

٢. المعايير اللازمة لمدرسي اللغة العربية.

٣. مجالات برنامج إعداد مدرسي اللغة العربية.

ثالثا:

الظواهر السلبية في تدريس اللغة العربية.

و فيما يأتي نقدم عرضا لما تقدم من هذه الأساسيات.

أولا:

١. مفهوم اللغة: اللغة شأن من شؤون المجتمع يستخدمها للتواصل فيما بين أفراده، و بين الجماعات في الأزمنه والأمكنة المختلفة.

و قد عرفها ابن جنبي المتوفى (٣٩٢هـ) بأنها: أصوات يعبر بها كل قوم عن أغراضهم[1].

---

(١) محمود فهمي حجازي، مدخل في علم اللغة، دار قباء للطباعة، القاهرة، ١٩٩٨. وابن منظور، لسان العرب، مادة لغا.

وعرفت اللغة: بأنها نظام عرفي مكون من رموز و علامات يستغلها الناس لإتصال بعضهم ببعض، و التعبير عن أفكارهم. أو هي الأصوات التي يحدثها جهاز النطق الإنساني و تدركها الأذن فتؤدي إلى دلالات اصطلاحية معينة في مجتمع معين.

وهي بموجب هذا الوصف لها جانبان: اجتماعي، ونفسي.

و يمكن من خلال هذا المفهوم تحديد جملة خصائص للغة هي:

أ- اللغة نظام. و النظام لا بد أن يكون محكوما بقواعد وهذا يعني أن للغة قواعد تحكمها و لكل لغة نظام خاص بها.

ب- اللغة صوتية. أي أن اللغة ذات طبيعة صوتية و إن هذه الطبيعة تعد أساسية في اللغة، فالصوت يسبق الشكل أو الرمز المكتوب في الوجود والاستعمال الإنساني. فبالأصوات تعامل الإنسان أولا، و تفاهم، ثم جاءت الكتابة لاحقا متأخرة بالاستعمال عن الصوت. و يترتب على ذلك أن يضع مدرس اللغة الجانب الصوتي في بؤرة اهتمامه.

ت- اللغة اجتماعية. بمعنى أنها متعارف عليها اجتماعيا و العرف هو الذي يحكم اللغة و ليس المنطق العقلي. والخروج على العرف يعد خطأ. وهذا ما يجب التنبه عليه. إذ ليس جميع قواعد اللغة يحكمها المنطق، إنما يحكمها العرف. ولك دليل على ذلك في قولهم: خرق الثوب المسمار. لو خضعت للمنطق لكانت خرق الثوب المسمار.

ث- اللغة متطورة نامية. بمعنى ان اللغة لم تكن جامدة بل هي متطورة من خلال تقبلها ألفاظا جديدة و ذلك لتغطية ما يستجد من حاجة إلى مفردات في الحياة.

ج- اللغة سلوك مكتسب. وهذا ما يدحض الرأي القائل بوقف اللغة، أو وراثتها فهي تكتسب من المحيط. وهذا ما يجب أن يكون موضع اهتمام المدرسين في مصارعة التعابير المتداولة في المحيط التي من شأنها إفساد اللغة. لذا يتوجب على مدرسي اللغة أن يؤسسوا على هذه الخصائص في تدرسيها و إعداد أنشطتها.

و للغة العربية خصائص تنفرد بها عن غيرها من اللغات و من هذه الخصائص:

أ- تمايزها الصوتي: فقد اتسمت العربية بوضوح مخارج الحروف. فلكل صوت مخرج يميزه من غيره. وهذا يقتضي أن يكون المدرس دقيقا في نطق الحروف وإخراجها من مخارجها الصحيحة و أن يدرب المتعلمين على ذلك.

ب- الترادف. وهو يعني وجود ألفاظ متعددة المعاني قابلة للتبادل في الاستعمال ضمن سياق الكلام. علما بأن أهل اللغة اختلفوا حول مفهوم الترادف. فمنهم من رأى أن لكل كلمة دلاله خاصة، ويجب البحث عن الفوارق بين المفردات التي تبدو مترا دفة. و منهم من رأى عدم تكليف المتعلمين العناء في البحث عن هذه الفوارق.

ت- الاشتقاق. و يعني توليد ألفاظ من ألفاظ أخرى، و الرجوع إلى أصل واحد ليحدد مادتها، و يوحي بمعناها المشترك الأصل. والاشتقاق في العربية يقوم بدور لا يستهان به في تنويع المعنى. ويمكن أن يستفيد مدرس العربية من خاصية الاشتقاق في ربط الزيادات بالدلالة.

ث- الإعراب. الإعراب من خصائص اللغة العربية التي مكنت من استخدام التركيب في الدلالة عن أدق المعاني من خلال التقديم و التأخير في التركيب. و ذلك لتلبية مقتضيات حال السامع.

أما وظيفة اللغة فيمكن تحديدها في ضوء المفهوم الاصطلاحي لها فاللغة اصطلاحا: أداة لتحقيق الاتصال اللغوي بين الأفراد والجماعات في المكان الواحد والأمكنة المختلفة. و في الزمان الواحد و الأزمنة المختلفة. تحقيق التواصل بين الماضي والحاضر، وبين الحاضر و المستقبل، وبين القاصي والداني. بها يحدث التفاعل بين الأفكار والآراء، و بها تنتقل المعارف بين الناس. وبها تسجل الحوادث و المكتشفات، و بها يحصل التفاهم بين بني البشر. زيادة على ما لها من دور في كونها:

أ- وسيلة لحفظ تراث الأمة و نشره.

ب- أداة للتفكير. إذ لا تفكير من دون ألفاظ. ولا ألفاظ من دون لغة.

ت- وسيلة لتوحيد أبناء الأمة الواحدة.

ث- وسيلة رئيسة للتعليم.

ج- أداة فعالة في خلق الاتجاهات و تنمية القيم و إثارة الحماس.

**٢. المداخل الحديثة في تدريس اللغة العربية**

مع تطور الحياة و تعقدها وانتشار اللحن في العربية، و ما حصل من شطط و ابتعاد في تدريس اللغة العربية عن غاياتها، ووظيفتها ظهرت اتجاهات و دعوات تشكل مداخل حديثة في تدريس اللغة العربية وتأخذ بعين الاعتبار طبيعة اللغة و وظيفتها في الحياة و حاجة المتعلم إليها و تتمثل هذه المداخل بالأتي:

أ- مدخل الاتصال.

ب- مدخل التكامل.

ت- مدخل الوظيفية.

أ- مدخل الاتصال

يتأسس هذا المدخل على كون اللغة وسيلة اتصال. وعملية الاتصال هي تفاعل بين فرد وآخر،

أو بين فرد ومجموعة، أو بين مجموعة من الأفراد و مجموعة أخرى. وذلك بهدف المشاركة في خبرة يترتب عليها تعديل في سلوك الأفراد. و للاتصال اللغوي مهارات. فما هي مهارات الاتصال اللغوي ؟

للإجابة عن هذا التساؤل لا بد من معرفة أن الاتصال اللغوي أي اتصال لا يمكن أن يكون إلا بين طرفين:

الطرف الأول: المرسل.

الطرف الثاني: المستقبل.

و الرابط بين هذين الطرفين هو موضوع الاتصال،أو الرسالة كما في المخطط الأتي

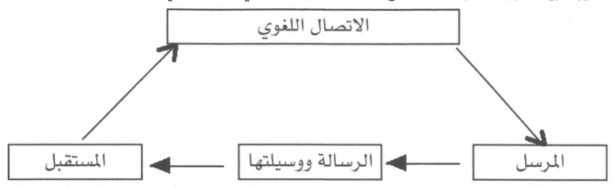

فإذن في عملية الاتصال اللغوي هناك المرسل،وهناك المستقبل و هناك رسالة ووسائل لنقل الرسالة من المرسل إلى المستقبل. فالمرسل هو الفرد أو مجموعة الأفراد التي تبدأ الرسالة منهم بقصد التعبير عن آرائهم والتأثير في الآخرين، أو تحقيقهم أغراضهم و إشباع حاجاتهم.

أما المستقبل فهو الفرد الذي توجه إليه الرسالة أو الموضوع بقصد تعديل سلوكه أو التأثير فيه، وقد يكون مجموعة أفراد.

أما الرسالة فهي موضوع الاتصال، أو مجموعة الألفاظ والتراكيب التي تمثل الأفكار والمعلومات، والحقائق، والأحاسيس، والاتجاهات، والمهارات التي يريد المرسل إيصالها إلى المستقبل. أما الوسيلة فهي اللغة التي تتكون من التراكيب والألفاظ التي تحمل موضوع الرسالة وبها يتم الفهم والإفهام بين المرسل والمستقبل. و ما يهمنا في موضوعنا الآن هو الوسيلة وما لها من مهارات. إذ من دون الوسيلة لا يمكن أن يتحقق الاتصال اللغوي. فما هي مهارات الاتصال اللغوي؟ للإجابة عن هذا السؤال لا بد من القول إن عملية الاتصال اللغوي تقتضي التمكن من:

١. الإرسال.

٢. الاستقبال.

فما هي مهارات الإرسال اللغوي؟. و ما هي مهارات الاستقبال اللغوي ؟. أما مهارات الاتصال فيتم تحديدها في ضوء معرفتنا أن المرسل أما ان يكون متكلما. و أما أن يكون كاتبا. وبغير ذلك لا يمكن إلا أن يكون مؤشرا و الإشارة لا تقع ضمن مفهوم الاتصال اللغوي. و تأسيسا على هذا فإن مهارات الإرسال هي:

- مهارة الكلام.
- مهارة الكتابة.

أما مهارات الاستقبال. فتحدد في ضوء معرفتنا أن المستقبل أما أن يكون سامعا و أما أن يكون قارئا. فهناك إذا مهارتان للاستقبال هما:

- مهارة الاستماع.
- مهارة القراءة.

وفي ضوء ذلك فإن الاتصال اللغوي يقتضي تمكين المتصلين من المهارات الأربع التي مر ذكرها. فأنت عندما تريد التعبير عن رأيك، أو حاجتك، و تريد إيصال ذلك للغير فإن ذلك لا يتحقق لك إلا عن طريق الكلام، أو عن طريق الكتابة و أحيانا عن طريق الأثنين معا. فقد تتحدث في موضع المواجهة أو بوساطة وسائل الاتصال الصوتي. و قد تكتب. و قد تتحدث و تكتب كما في حال المدرس أمام الطلاب أو أمام وسائل الاتصال المرئية. و لكي تكون قادرا على تحقيق غايتك في الإرسال لا بد من إتقان مهارتي الكلام والكتابة و ما يتصل بكل منها. وبما أن الفرد لا يمكن أن يكون مرسلا بشكل دائم فقد يكون مرسلا مرة ومستقبلا مرة أخرى وقد يكون مرسلا مستقبلا في موقف واحد و ذلك عن طريق الكلام المتبادل (الحوار) المواجه أومن خلال الوسائل المرئية أو عن طريق الرسائل المتبادلة عبر التقنيات الحديثة كالهواتف أو الانترنت. لذلك فالمرء يحتاج إلى التمكن من مهارات الاستقبال مثلما يحتاج إلى مهارات الإرسال. لذا فكما عليه إتقان الكلام والكتابة عليه إتقان الاستماع و القراءة. و أي قصور عند الفرد عن التمكن من أية مهارة من المهارات الأربع سيؤدي إلى خلل في الاتصال اللغوي مما ينسحب سلبا على تحقيق وظيفة الاتصال. وبناء على ذلك يتوجب على كل فرد إنسان أن يتمكن من مهارات الاتصال الأربع كي تتحقق عنده وظيفة اللغة الأساسية ( الاتصال اللغوي).
والمخطط الأتي يبين مهارات الاتصال اللغوي الأربع:

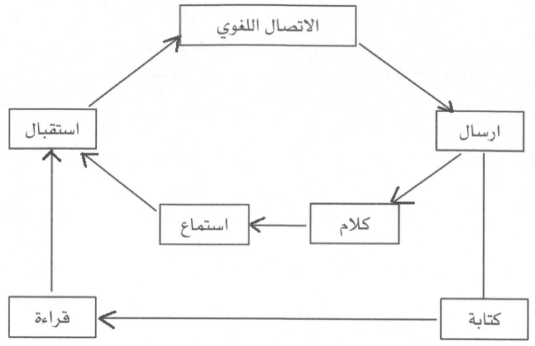

على أن الفهم مطلوب مع كل هذه المهارات إذ لا بد أن يحصل بين الكلام و الاستماع فهم و كذلك بين الكتابة والقراءة. وما لم يحصل فهم لم يتحقق الاتصال. وفي ضوء ما تقدم يجب الموازنة بين المهارات المذكورة و عدم ترجيح واحدة على الأخرى. ولا توجيه الاهتمام نحو مهارة من دون سواها لأن ذلك إن حصل سيؤدي إلى قصور في عملية الإتصال اللغوي.

ومن الجدير ذكره أن للإرسال والاستقبال والرسالة و الوسيلة صفات ينبغي الحرص على توافرها.

فلكي يكون الإرسال حسنا، فعندما يكون كلاما يجب أن يكون لائقا واضح الألفاظ ذا أسلوب خال من التعقيد و عبارات متناسقة مفهومة مع تدعيم الكلام بالحركات و الإيماءات و تقاسيم الوجه والوقف و الوصل. و كل ما يدعم المعنى الذي يراد إيصاله.

أما إذا كان كتابة فينبغي الحرص على استخدام ألفاظ ملائمة مع الحرص على ترتيب الأفكار، و الدقة في المعنى، وبلاغة التعبير، وحسن الخط والتنظيم، والاهتمام بعلامات الترقيم التي يمكن أن تحل محل الحركات والإيماءات ورفع نبرة الصوت وخفضه عندما يكون الإرسال كلاما.

وعلى المرسل في كلا الحالين أن يقدر حال المرسل إليه و اختيار الأسلوب الملائم للرسالة. و أن يكون ملما بموضوع الرسالة، وان يكون واثقا من قدرته على تحقيق أهداف الرسالة.

أما الاستقبال فيقتضي أن يكون المستقبل متمكنا من فهم رموز الرسالة و استيعابها. و متمكنا

من مهارات الاستقبال (الاستماع والقراءة) و أن يكون ذا خلفية معرفية تعينه على فهم الرسالة. أما الرسالة فيجب أن تكون ذات محتوى ملائم لقدرات المستقبل العقلية والنفسية والجسمية. ويجب أن تكون رموزها معروفة من المستقبل كي يتمكن من فهم محتواها.

أما ما يخص الوسيلة في الاتصال التي قلنا إنها تتمثل بالألفاظ و التراكيب اللغوية و ما يصاحبها من إيماءات، وحركات ونبرات صوتيه، و علامات ترقيم، فيجب أن تكون قادرة على حمل المعاني و الدلالات التي أرادها المرسل و إيصالها إلى المستقبل بنجاح. و في ضوء ما تقدم يمكن تأشير بعض العوامل المؤثرة في عملية الاتصال اللغوي كما يأتي.

> مدى قدرة أطراف الاتصال (المتحدث أو الكاتب، والسامع أو القارىء) على فهم موقف الاتصال و تحليله، و تحديد مقاصده و ترتيب المعلومات و الأفكار المطلوب التعامل معها. زيادة على معرفة خصائص المرسل من المستقبل. والمستقبل من المرسل.

> مدى تمكن كل من المرسل والمستقبل من مهارات الإرسال والاستقبال التي تحدثنا عنها.

> مستوى المستقبل أو المرسل الثقافي و الاجتماعي وسعة أفقهما.

> مدى ملاءمة موضوع الاتصال اللغوي لكل من المرسل والمستقبل.

و في ضوء ما تقدم يمكننا القول إن تدريس اللغة العربية في ضوء مدخل الاتصال يتطلب الاهتمام بكفاية الاتصال و ضرورة تمكين متعلم اللغة العربية و جعله على قدر كبير من الكفاية اللغوية من خلال إتقان مهارات الاتصال التي أشرنا إليها. و معنى ذلك إن هذا المدخل يهتم باستخدام اللغة و ممارسة أنظمتها و قواعدها ووضعها موضع الاستعمال. وعدم الاكتفاء بحفظ قواعدها بعيدة عن الممارسة الفعلية في الحياة و مواقفها.

وهذا يعني أن على المدرس إتاحة الفرصة للمتعلمين لاستخدام اللغة بكل أشكالها و عليه أن يبحث عن مواقف يستخدم فيها المتعلمون اللغة في غرفة الدراسة مشابهة لتلك المواقف التي تواجههم في حياتهم اليومية. و يمكننا أن نلحظ أن هذا المدخل يؤكد اجتماعية اللغة وكونها مكتسبة مما يقتضي إعطاء الاستماع و الكلام قدرا أكبر من الاهتمام بوصف المهارتين الأكثر استعمالا في الاتصال اللغوي.

**ب- مدخل التكامل**

ظهر هذا الاتجاه في التعليم حديثا استجابة لدعوات بعض النظريات التربوية الداعية إلى وحدة المعرفة و تكاملها. والتكامل يعكس العلاقة بين المواد و الفروع المختلفة. وهذا يقتضي أن تتوجه عملية التعليم نحو الربط بينما يتعلمه المتعلم من العلوم المختلفة. فالتكامل يعني التعامل مع المواد و الموضوعات بمنطق وحدة المعرفة وهو عملية تنظيم للمنهج بحيث تزول فيه الحواجز بين المواد

الدراسية فتقدم الخبرات المتفرقة في صورة متكاملة تؤدي إلى تمكين المتعلم من إدراك العلاقات بين الخبرات والموضوعات التي تقدم له.

ويعني هذا الاتجاه في تدريس اللغة العربية أن تدرس على أنها وحدة متكاملة من حيث فروعها. وترابطها مع المواد الأخرى. والتكامل بين فروع اللغة يعني الموازنة بين مهاراتها في التدريس. وأن تدرس اللغة كلا متكاملا. وبموجبه لم يعد هناك درس للنحو و آخر للأدب. إنما يدرس النحو من خلال موقف طبيعي و أن لا ترجح مهارة على مهارة أخرى في التدريس. ويرى أصحاب هذا الاتجاه أن منهج تعليم اللغة العربية يكون أكثر فاعلية إذا ما تناول فنون اللغة كلها على إنها أساسية، و إنها وسائل لغاية مهمة هي الاتصال. وان هذا الاتجاه يدعو إلى التكامل المعرفي، مما يقتضي ربط منهج اللغة العربية بمناهج المواد الأخرى. لا سيما إن اللغة تعد الوسيلة الأساسية في تحصيل العلوم المختلفة. لذا فإن القصور في اللغة يمتد أثرة إلى جميع المواد الأخرى، وعلى هذا الأساس فإن ربط اللغة بغيرها من المناهج ستكون له آثار إيجابية في تحصيل المتعلمين علما أن هذا الربط لا يعني مدرسي اللغة العربية وحدهم، بل يجب أن يمتد ليكون موضع اهتمام مدرسي المواد الأخرى.

**ت- مدخل الوظيفية:**

يتأسس هذا الاتجاه على طبيعة وظيفة اللغة في الحياة. وكون اللغة تحقق التواصل في شؤون الحياة المختلفة. و لما كانت اللغة كذلك فإنها يجب أن تلبي حاجة المتعلم لاستخدامها في المواقف الحياتية المختلفة التي تتشكل منها الحياة. لذا فإن مدخل الوظيفية يقتضي تحديد مواقف الكلام الأكثر شيوعا و تبويبها، و تكييف المواقف داخل غرفة الدراسة، و مفردات المنهج لتنسجم ومتطلبات تلك المواقف على سبيل المثال: المتعلم في الحياة يحتاج إلى أن يهنيء صديقا. أو يعزي صديقا. أو يودع عزيزا. أو يستقبل أحدا. أو يقدم طلبا تحريريا في موضوع معين. أو يكتب رسالة إلى صديق أو آخر. و غير ذلك. فإن المدخل الوظيفي يقتضي من تعليم العربية أن يتجه نحو التعامل مع هذه المواقف و توجيه العناية إليها، وتمكن المتعلم من استخدام ما تعلمه من اللغة فيها استخداما سليما ملائما. وتأسيسا على هذا فإن مجرد حفظ القواعد و الألفاظ والنصوص والتراكيب لا يعد تعلما من وجهة نظر هذا الاتجاه. إنما المطلوب أن توضع القواعد و الألفاظ والنصوص و التراكيب موضع الاستعمال في الحياة اليومية. وكل ما يقتضيه من المعلم هو حصر مواقف الكلام في الحياة اليومية. وحصر مواقف الكتابة فيها. و تكييف التعليم لخدمتها ومعالجتها.

ويرى أصحاب هذا الاتجاه أنه يخلق في المتعلم دافعا نحو التعلم و يجعله أكثر اهتماما باللغة، وتعلمها. لما تقدم له من خدمة و تمكنه من مواجهة مواقف حياتية قد تواجهه. والوظيفية تتطلب تنمية مهارات الاستماع و مهارات القراءة بأنواعها و التعبير الشفوي و التعبير الكتابي.

**تحصيل مهارات الاتصال اللغوي**

بعد تحديد مهارات الاتصال اللغوي يكون من الضروري معرفة الكيفية التي يتم بها اكتساب مهارات الاتصال اللغوي. من المعروف أن المهارات تكتسب بالدربة و التمرس. و كلما زادت الدربة والتمرس زاد التمكن من المهارة. و تأسيسا على ذلك فللتمكن من الكلام لا بد من تدريب المتعلم على مواقف يتكلم فيها. و لا بد أن يعرض إلى مثيرات تدفعه للكلام. والحال نفسه مطلوب مع مهارة الاستماع و مهارة الكتابة و مهارة القراءة. و سنعرض بعض الأنشطة التي يمكن من خلالها تنمية كل مهارة من دون الخوض في التفصيلات لأن ذلك سيأتي عند الحديث عن طرائق التدريس الخاصة بالإملاء و التعبير و القراءة والقواعد و غيرها.

و فيما يأتي عرض موجز لأنشطة تدريبية يمكن أن تساعد المتعلم على اكتساب مهارات الاتصال اللغوي:

**مهارة الكلام**

من الأنشطة التي يمكن تعريض المتعلم لها بقصد تطوير مهارته على الكلام:

تعريض المتعلم إلى مواقف يحتاج فيها إلى أن يتكلم و هذه المواقف متعددة، و يجب أن تندرج من السهل إلى الصعب. على سبيل المثال في المراحل الأولى:

* تعرض عليه صورة محببة إلى نفسه و يطلب منه التحدث عما يراه فيها.
* ثم نزيد الأمر تعقيدا فنطلب تبيان رأيه فيما رآه.
* قد نأخذه لجولة في مكان قريب أو سفرة إلى مكان جميل ثم نطلب منه إيجاز ما رآه و تبيان رأيه فيه.
* ثم نطور الموقف فنعرض عليه قصة قصيرة ثم نطلب منه أو منهم تبيان أبرز الأحداث والشخصيات التي وردت فيها.
* ثم نزيد الأمر تعقيدا فنسأله عما يمكن أن نستفيد ه من قراءة القصة أو سماعها.
* و قد نعرض فلما متحركا حول موضوع معين،ثم نطلب منه بعد عرض الفلم التحدث عن أبرز أحداثه.
* و قد نعرض صورا ثابتة في كل صورة موضوع. و نطلب منهم التحدث عن موضوع كل صورة.
* قد نزيد الأمر تعقيدا فنطرح موضوعات محببة إلى نفوسهم. ونطلب منهم التحدث فيها أو نسج حكاية مبسطه فيها.

\* ثم نزيد الأمر تعقيدا فنطرح عليهم موضوعات في قيم و مفاهيم متعارضة و نطلب منهم تبيان آرائهم في كل منها. والدفاع عن أرائهم على أن يكون ذلك في المراحل المتقدمة. مع الأخذ بنظر الاعتبار عوامل التعزيز مع كل نشاط من هذه الأنشطة.

\* ومن الأنشطة الأخرى أن نطلب منهم قراءة قصة أو موضوع جميل و تكوين فكره عنه و تقديم سرد موجز مشافهة أمام الجميع.

\* و قد نطلب منهم ملاحظة ظاهرة سلبية أو إيجابية تحصل في المجتمع. والتحدث عنها و بيان الرأي فيها

\* وقد نعقد مناظرات بين الطلبة في موضوع أدبي أو علمي ليتباروا فيه بالحديث عنه. و غير ذلك من الأنشطة التي لا يمكن حصرها. والمدرس الجيد كفيل بالبحث عنها، و تدريب الطلبة على ممارستها كي تنمو لديهم القدرة على التحدث بلباقة و رباطة جأش فلا يكونون مضطرين إلى التحدث أمام الآخرين من خلال ورقة مكتوبة كما هو حاصل للكثير، إذ حتى من أصحاب الاختصاص في اللغة نجدهم اليوم يضطرون إلى مواجهة الآخرين بحديث مكتوب. على أن تكرر هذه المواقف مع جميع المتعلمين و لا يقل نصيب المتعلم منها عن مرتين أسبوعيا. و خاصة في المراحل الأولى من التعليم.

مهارة الكتابة

المهارة الثانية من مهارات الاتصال اللغوي الخاصة بالإرسال هي الكتابة و يمكن تنمية المهارة على الكتابة منذ المراحل الأولى و حتى الجامعية من خلال ممارسة أنشطة عديدة منها.

١. في المرحلة الابتدائية: يتدرب الطالب على:

\* كيفية مسك الطباشير وكيفية مسك القلم. و أين يستخدم الطباشير و أين يستخدم القلم.

\* معرفة لوازم الكتابة ودور كل منها. القلم، والطباشير، والمبراة، و الممحاة، الورقة و الدفتر.

\* الشخبطة غير المنظمة بالطباشير على اللوحة. و بالقلم على الأوراق.

\* الشخبطة المنظمة بالطباشير على اللوحة. و بالقلم على الأوراق.

\* رسم الرسوم التخطيطية على السبورة بالطباشير. ثم على الورق مثل:

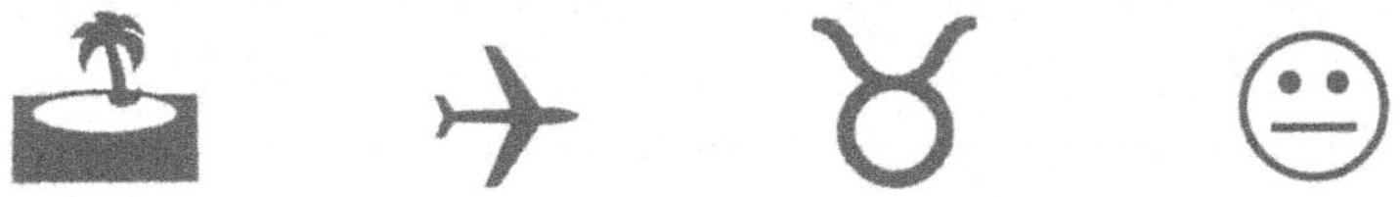

وذلك لكي يتمكن من مسك القلم و التعامل معه و يتدرب على المحاكاة. و بعد التمكن من مسك القلم و التعامل معه و التمكن من رسم بعض الأشكال، يمكن أن ندربه على الكتابة. أي كتابة الكلمات والحروف على السبورة ثم على الورق عن طريق المحاكاة أولا، ثم ندربه على النسخ (النقل) على السبورة بتجزئتها إلى جزأين أعلى وأسفل. نكتب على القسم العلوي بطريقة مرتبة. ثم نضع خطوطا تقابل مواقع الكلمات في الجزء الأسفل و نطلب من الطالب أن ينقل كل كلمة من القسم العلوي و يكتبها في الموقع المناظر لموقعها في القسم الأسفل. ثم نكرر هذه العملية من دون تخطيط على اللوحة ثم على الورق و ذلك لكي يتعلم النسخ.

* ثم بعد ذلك ندربه على الكتابة من خلال الملاحظة ثم التملية. و هذا ما يطلق عليه الإملاء الملحوظ ثم يليه الإملاء المسموع ثم الإختباري  و هكذا على أن يستمر التدريب على النسخ بكميات أكبر كلما تقدمنا في صفوف المرحلة الابتدائية.

٢. في المرحلة المتوسطة: يمكن تدريب المتعلمين على مهارة الكتابة من خلال ممارسة أنشطة كثيرة منها:

* الطلب من المتعلمين نسخ دروس معينة من كتاب المطالعة.

* الطلب من المتعلمين نسخ دروس محببة إلى نفوسهم يقرؤونها في كتب خارجية.

* الطلب من المتعلمين كتابة موضوعات إنشائية حرة.

* الطلب منهم تلخيص قصص معينة و كتابتها.

على ألا يقل ما يكتبه الطالب في المتوسطه عن خمسة صفحات أسبوعيا مع التشديد على وجوب تصحيح ما يكتبه الطلبة و تعزيز أداء المميزين منهم. ووضع برنامج تشجيعي لتنمية الاتجاه نحو حسن الخط و التنظيم و النظافة.

٣. في المرحلة الإعدادية يمكن تدريب الطلبة على اكتساب مهارة الكتابة من خلال ممارسة أنشطة مثل:

* كتابة موضوعات إنشائية حرة.

* كتابة القصة القصية بشكل مبسط.

* قراءة كتب خارجية، و تلخيص ما جاء فيها.

* قراءة نصوص معينه، وعرض معانيها و تحليلها.

* قراءة نصوص معينة، و بيان آرائهم فيها.

* إجراء مسابقات في كتابة الخواطر و المراسلات.

* الكتابة في النشرات الجدارية.

* الكتابة لأغراض المشاركة في المهرجانات الخطابية والثقافية. و غيرها من الأنشطة التي تتبدى للمدرسين والطلبة في أثناء عملهم. على أن عملية التدريب على اكتساب مهارة الكتابة لا تقف عند مرحلة الإعدادية إنما تستمر مع الطالب حتى في المرحلة الجامعية، ويفضل أن يكون ذلك عاما شاملا جميع المتعلمين لأن الجميع بهم حاجه إلى أن يكتبوا، ويتحدثوا، و يستمعوا، ويقرؤوا. و ردا على من يقول: إن كثرة النسخ و الكتابة قد تحدث الملل و السأم عند المتعلم نقول: يمكن معالجة ذلك من خلال وضع برنامج لقراءة الطلبة ما يكتبون و مناقشتهم فيه و تكريم من حسن موضوعة و خطه، وصح رسمه منهم.


**مهارة الاستماع**

قد تكون مهارة الاستماع من بين مهارات الاتصال اللغوي التي تكاد أن تكون مهملة في أغلب المدارس و عند أغلب المدرسين. مع أنها مهمة جدا في حياة الفرد لأن المواقف التي يمكن أن نكون فيها مستمعين كثيرة. و قد تزيد كثيرا على تلك المواقف التي نكون فيها قارئين. وان النقص في التدريب على الاستماع سيؤدي بالفرد إلى عدم قدرته على استيعاب ما يسمع. وكذلك عدم قدرته على الإنصات لفترات طويلة. وان التدريب على الاستماع يجب أن يبدأ مع المتعلمين منذ المراحل التعليمية الأولى. و من وسائل التدريب على الاستماع:

**١. في المرحلة الابتدائية يمكن ممارسة الأنشطة الآتية:**

* سرد قصة قصيرة محببة إلى نفوس الصغار. و مطالبتهم بذكر ما جاء فيها.

* قراءة نصوص تتضمن أفكارا جميلة واضحة ثم مطالبة المستمعين بذكر ما جاء فيها.

* التدريب على الإصغاء في أثناء حديث المعلم أو أحد المتعلمين.

* ثم يتطور الأمر إلى مطالبتهم بالإصغاء إلى متحدث، وكتابة رؤوس أقلام عما تحدث به،ثم يتطور الأمر إلى سرد موضوع أو فكرة أو قصة، وبعد الانتهاء تجري مسابقة بين المستمعين لذكر ما جاء فيها، أو عرض الغاز و مطالبتهم بالحلول. على أن يراعى في ذلك كله أن تكون الموضوعات جديدة غير مسموعة سابقا، وأن تكون محببة إلى النفوس. وأن يرافق التدريب عملية إثابة المستمعين الجيدين.

**٢. في المرحلة المتوسطة. ويمكن فيها ممارسة الأنشطة الآتية:**

* قراءة الموضوعات الإنشائية من بعض الطلبة ومطالبة الآخرين بالإصغاء و تسجيل الملاحظات. و مناقشة الطالب بعد الانتهاء من قراءته.

* الاستماع إلى حديث المدرس في موضوع معين و تسجيل الملاحظات و الاستفسارات

٣. في المرحلة الإعدادية. ويمكن تدريب الطلبة على الاستماع من خلال:

* قراءة الموضوعات الإنشائية ومناقشتها

* الاستماع إلى ملخص قصة، وتسجيل الملاحظات حولها

* الاستماع إلى شريط تسجيل فيه موضوع معين أو قصة معينة. وتسجيل الملاحظات حوله ومناقشتها. على أن هذه الأنشطة تزداد طولا مع تقدم المرحلة التعليمية لتوسيع القدرة على الإصغاء و الاستيعاب وعلينا أن نتذكر أن الاستماع ينمي القدرة على الاستيعاب و الفهم و التذكر لأن الذهن فيه يتفرغ للمسموع. زد على ذلك أنه يدرب على صفة أخلاقية تقتضيها طبيعة المجالسة و آدابها.

**مهارة القراءة:**

إن التدريب على مهارات القراءة غالبا ما يأتي متلازما مع التدريب على الكتابة إذ يتم تعليم القراءة والكتابة بالتلازم لأنك عندما تكتب الكلمة نسخا لا بد أن تقرأها. لذا فإن كثيرا من مواقف الكتابة غير الاختبارية أو الإنشائية تلازم القراءة. ومع ذلك علينا أن نعرف أن القراءة نوعان:

الأول: القراءة الصائتة ( الجهرية).

الثاني: القراءة الصامتة.

ولكل وسائل تدريب تختلف عن الثانية.

أما القراءة الصائتة التي سيأتي الحديث عن مفهومها و ميزاتها و عيوبها فيتم التدريب عليها بوساطة أنشطة قرائية عديدة منها.

١. في المرحلة الابتدائية: يتم التدريب عليها بوساطة الترديد بعد المعلم في الصفوف الأولى

* ثم يطلب من الطلبة الاستماع إلى قراءة المعلم ثم محاكاتها عند تكليفهم قراءة موضوعات كتاب القراءة.

* عرض بطاقات كتبت عليها بعض الجمل و الكلمات. ومطالبة الطلبة بقراءتها بصوت مسموع.

* عرض شريط مسجل يتضمن قصة أو مقالة تمر أمام الطالب بوساطة الفيديو و التلفاز. ويطالب الطالب بقراءتها بسرعة ملائمة لقدراته و تطور سرعة العرض كلما أردنا أن ندرب الطلبة على السرعة في القراءة.

* زيارة مكتبة المدرسة و استعراض بعض القصص المحببة إلى نفوس الطلبة و تكليفهم بقراءتها بالتتابع و الآخرون يستمعون،و بذلك نمارس التدريب على القراءة الجهرية و الاستماع في الوقت نفسه.

٢. المرحلة المتوسطة و فيها يتم:

* قراءة موضوعات كتاب المطالعة و النصوص.

* تكليف الطلبة بالبحث عن نصوص مميزة و قصائد شعرية في كتب خارجية وكتابتها ثم قراءتها في الصف و الآخرون يستمعون

* تسميع الطلبة أشرطة مسجلة و مطالبتهم بالاستماع إلى طريقة القراءة وحسن الإلقاء، ومراعاة علامات الترقيم بما فيها الوقف والوصل، والاستفهام و التعجب، والسكوت الطويل والقصير، ورفع الصوت وخفضه. بمعنى تدريبهم على حسن الإلقاء. ثم توزيع محتوى الشريط مكتوبا على الطلبة ومطالبتهم محاكاة ما سمعوه.

٣. المرحلة الإعدادية و فيها يتم تدريب الطلبة على القراءة الجهرية بوساطة الأنشطة الآتية:

* قراءة الموضوعات الواردة في كتاب المطالعة.

* إجراء مباريات في حسن الإلقاء للنصوص الشعرية و النثرية.

* عقد مسابقات في الخطابة بعد التدريب على أساليبها ثم إجراء مناقشة للطالب الذي يلقي خطابا فيما أحسن أو أخفق فيه على وفق معايير حسن الإلقاء التي يجب على المدرس تزويد الطلبة بها.

و من الجدير ذكره معرفة دور القراءة الجهرية في إعطاء الكلمة حقها في التعبير عن المعنى الذي أراده الكاتب. لأن الكلمة في العربية لا تؤدي غرضها المعنوي من خلال تركيبها فقط، و إنما من خلال تركيبها و بنيتها الصرفية، و دورها في سياق الجملة، و الأداء الصوتي لها. فكلمة رجل بصورتها الطبيعية تعطي معنى كلمة غير كلمة رجل التي تنطق بمد الجيم كذلك قولك زيد شاعر غير قولك زيد شاعر بمد الألف و التشديد على العين و هكذا.. و إن طريقة الإلقاء تعطي معنى خاصا للنص و تمكنه من إحداث الأثر المطلوب إذا راعى القارىء شروط الإلقاء. و لعل إتقان التعبير عما تقتضيه علامات الترقيم يعين القارىء على تمثيل ما يريده الكاتب. لأن المتحدث يستخدم عوامل مساعدة في تدعيم كلامه لإحداث التأثير المطلوب في نفس السامع. و عندما لا تتوافر المواجهة و يضطر المرء للكتابة فسيستعين بعلامات الترقيم للتدليل على تلك المعينات الصوتية التي إذا ما أحسن القارىء التعامل معها يكون قد حقق ما أرادة الكاتب و هذا ما مطلوب من القراءة الجهرية. و التدريب عليها يجب أن يأخذ هذا بعين الاعتبار.

النوع الثاني من القراءة هو القراءة الصامتة وسيأتي الحديث عن مفهومها و الحاجة إليها وعيوبها وميزاتها. وما نعرضه هنا كيفية التدريب عليها.

١. في المرحلة الابتدائية. يتم التدريب عليها بوساطة أنشطة عديدة منها:

* عرض بطاقات تتضمن حروفا، ثم حجبها عن أنظار التلاميذ، و مطالبتهم بكتابة ما شاهدوه فيها

* ثم عرض بطاقات فيها كلمات. ومطالبتهم بقراءتها بصمت، ثم كتابتها في دفاترهم

* ثم عرض بطاقات فيها جمل. مع زيادة مدة العرض طبقا لطول الجمل و السرعة المطلوبة في الكتابة. و مطالبتهم بكابتها في دفاترهم. وإجراء مسابقة في عدد الجمل و الكلمات التي يكتبها الطلبة صحيحة و هكذا.

* عرض فقرة على لوحة. و مطالبتهم بقراءتها بصمت، ثم حجبها بعد مدة ملائمة. ومطالبتهم بذكر ما جاء فيها كتابة أو مشافهة.

* و يمكن استخدام أشرطة مسجلة عليها جمل أو فقرات تمر أمامهم على شاشة التلفاز بسرعة يحددها المعلم، ومطالبتهم بذكر ما جاء فيها. وهكذا يجري التدريب عليها بأنشطة متعددة تحقق التمكن من القراءة الصامتة، وتوفر السرعة فيها. بعد أن يعرف الطلبة أن القراءة الصامتة هي قراءة بصرية ذهنية لا أثر للنطق فيها و لا لتحريك الشفاه.

٢. المرحلة المتوسطة بعد اتساع مدركات الطلبة وقدراتهم على الاستيعاب يمكن أن تطور أساليب التدريب على القراءة الصامتة كما يأتي:

* قراءة الموضوعات الموجودة في كتاب المطالعة قراءة صامته في مدة يحددها المعلم ثم يطلب منهم بعد الانتهاء من المدة غلق الكتب و التحدث عما استوعبوه.

* طرح جملة أسئله على الطلبة و مطالبتهم بقراءة موضوع معين للبحث عن إجابة تلك الأسئلة فيه. على أن يكون ذلك في مدة يحددها المعلم.

* عرض موضوعات أدبية أو قصص، ومطالبة الجميع بقراءتها ثم توجيه أسئلة عن أحداث أو شخصيات أو تواريخ وردت فيها.

٣. المرحلة الإعدادية. فيها يمكن التدريب على القراءة الصامتة من خلال أنشطة عديدة مثل:

* قراءة موضوعات القراءة قراءة صامتة و مناقشتهم فيها بعد الانتهاء من تلك القراءة التي يحدد زمنها المعلم

* عرض أفلام أجنبية مترجمة. و بعد الانتهاء من العرض يطلب منهم سرد أحداث الفلم.

* عرض إعلانات مكتوبة متعددة في جهاز التلفاز. و مطالبة الطلبة بذكر محتوى تلك الإعلانات. و هكذا يبحث المعلم و المدرس عن وسائل التدريب على القراءة الصامتة بحيث تحقق أهدافها، ووظيفتها في تحقيق الفهم و السرعة و اختصار الجهد. و من الجدير ذكره إن الكثير من طلبتنا الآن لا يمارسون القراءة الصامتة بمفهومها الصحيح إنما يمارسونها و كأنما هي قراءة جهرية مع خفض الصوت و هذا أسلوب غير صحيح في ممارسة هذا النوع من القراءة.

**تدريس اللغة العربية بين الوحدة و الفرو ع**

من المعروف أن هناك وسائل متعددة لا بد من توافرها جميعا لغرض تمكن اللغة من تحقيق وظيفتها. فاللغة كتابة، و كلام، وقراءة، واستماع. ولكل من هذه المهارات لوازم و قواعد لا بد من إحاطة المتعلم بها كي يتمكن من اللغة. و من هنا تباينت الاتجاهات في دراسة علوم اللغة وآدابها، وظهر اتجاهان.

الاتجاه الأول. دعا أصحابه إلى أن تدرس اللغة العربية و حدة متكاملة كتابة، و قراءة، وتذوقا، و نقدا، وكلاما، واستماعا، وخطابا. وأطلق على هذا الاتجاه نظرية الوحدة و يتأسس هذا الاتجاه على طبيعة وظيفة اللغة وكونها وسيلة اتصال. ويرى أصحابه أن مستخدم اللغة لا يتعامل معها كأجزاء، إنما وحدة متكاملة. فعندما نتكلم لا بد أن نستحضر قواعد النحو والصرف، و حسن الإلقاء، و معرفة أسس تركيب الجمل، والفقرات، وما يقتضيه المعنى من ذكر أو حذف، أو تقديم أو تأخير، أو تشبيه، أو استعارة بقصد إحداث الأثر المطلوب في السامع. والحال نفسه عندما نكتب. لا بد أن نستحضر قواعد النحو و اللغة، وعلوم البلاغة و مقتضيات مطابقة الكلام لمقتضى الحال. زيادة على وجوب معرفتنا شروط الرسم الصحيح لأن معنى الكلمة مرتبط بهجائها فحيث ما اختلف الهجاء اختلف المعنى. والحاجة قائمة لكل ذلك عندما نقرأ نصا معينا، إذ لا نمكن النص من تحقيق أغراضه ما لم تكن قراءتنا صحيحة. ولا تكون صحيحة إلا عندما نتمكن من جميع قواعد اللغة و مقتضيات حسن الإلقاء. و تحويل تلك القواعد إلى ممارسة فعلية في أثناء القراءة. و لا نغفل حاجة السامع إلى الإلمام بعلوم اللغة كي يفهم ما يريده المتحدث أو القاري. وعلى هذا الأساس فإن اللغة من وجهة نظر أصحاب هذا الاتجاه ينبغي أن تدرس وحدة متكاملة. وهذا ما أشرنا إليه في الحديث عن المدخل التكاملي في التدريس. وما تجدر معرفته هو ماذا يترتب على المدرس الذي يدرس العربية على وفق هذا الاتجاه أو النظرية؟.

يتوجب على المدرس عندما يتبنى نظرية الوحدة أن يستحضر جميع فروع اللغة العربية في الدرس الواحد. يستحضر القراءة والرسم (الهجاء)، والأدب والبلاغة بعلومها، و الصرف و النحو. و يجعل من أحد فروع اللغة محورا تدور حوله ممارسة تعليم الفروع الأخرى. و يمكن أن يكون ذلك

الفرع في الإبتدائية و المتوسطة القراءة. أما في الإعدادية فيمكن أن يكون الأدب. فيتم تناول النص من زوايا مختلفة. وفي كل زاوية يتم لفت انتباه الطلبة إلى فرع من فروع العربية. فعلى سبيل المثال:

١. نقرأ الدرس قراءة صامته فنكون مارسنا التدريب على القراءة الصامتة

٢. نقرأ الدرس قراءة جهرية نكون مارسنا التدريب على الجهرية.

٣. نشرح معاني الفقرات و المعنى العام و بيان مواطن الجمال وحسن التركيب في النص نكون قد مارسنا الأدب و التعبير الشفوي.

٤. نشير إلى مواطن التشبيه و التقديم والتأخير، والكناية والاستعارة نكون مارسنا البلاغة.

٥. نشير إلى مواطن القوة والضعف في النص في تحقيق أهدافه نكون قد مارسنا التدريب على النقد.

٦. نشير إلى بعض النصوص والفقرات أو الأبيات الجميلة و نطلب حفظها فنكون قد مارسنا التدريب على المحفوظات.

٧. نشير إلى كتابة بعض الكلمات المهموزة أو التي تنتهي بتاء أو بألف أو التي تضمنت ظاء أو ضادا، و نذكر بقواعد الكتابة نكون قد مارسنا الإملاء.

٨. نحدد بعض الجمل و نطلب نطقها وإعرابها نكون ذكرنا بالقواعد النحوية والتدريب عليها وهكذا يمكننا معالجة جميع فروع اللغة العربية من خلال درس واحد من خلال زوايا مختلفة.

و لو عدنا إلى آثار الأولين في اللغة لوجدناهم قد نبهوا على وحدة اللغة و تناولها في أماليهم، ومؤلفاتهم على أنها كيان موحد، وبناء اتسم بتراص لبناته. وعلى هذه الشاكلة جاءت مؤلفاتهم متمازجة المواضيع متناغمة الأجزاء بين تفسير، و نحو و صرف، و نقد، وحكم، و بلاغة، وعروض، وحكايات، وقصص، وشعر، ونثر. و مثال على ذلك: البيان و التبيين للجاحظ، والأغاني لأبي فرج الاصفهاني و الأمالي لأبي علي القالي، والكامل للمبرد.

وإذا اهتدينا بهديهم علينا أن نتعلم اللغة و نعلمها وحدة متكاملة، لا فروع مستقلة عن بعضها.

و نظرية الوحدة تؤمن بأن اللغة كيان واحد لا يجوز تقسيمها على فروع. و مادامت وحدة متكاملة فلا يجوز إفراد حصص لكل فرع من فروعها في جدول الدروس، و يمكن تعليم اللغة على وفق نظرية الوحدة من خلال أي نص لغوي كما ذكرنا. و الذين ينادون بالوحدة يدعون إلى عدم الاقتصار في تدريس اللغة على النص في الكتاب المقرر. بل يمكن الاستعاضة عنه بنص خارجي. وتستند طريقة الوحدة إلى أسس نفسية و تربوية و فلسفية.

أما الأسس النفسية فهي:

١. إنها تدفع الملل الذي قد يصيب المتعلم من خلال التشديد على فرع واحد طوال درس كامل.

٢. إنها تساعد على تثبيت المعلومات في ذهن الطالب و ذلك من خلال التكرار

٣. الفهم بها يتدرج من الكل إلى الأجزاء.

و أما الأسس التربوية فهي:

١. إنها تتعامل مع اللغة كوحدة متكاملة مترابطة بطريقة تؤلف بين فروع اللغة المختلفة ليشد بعضها أزر البعض الأخر.

٢. تتعامل مع فروع اللغة العربية بدرجة متساوية من حيث الاهتمام والعناية، فبموجبها لا يطغى فرع على فرع.

٣. إنها تساير الواقع اللغوي، و الاستعمال الحقيقي للغة لأن الطالب يتعلم اللغة بموجبها من خلال واقع لغوي ملموس يتمثل في النص و أن الفهم يحصل غالبا من خلال السياق.

**و أما الأسس الفلسفية فهي:**

إن طريقة الوحدة تستندإلى أن اللغة تتكون من مهارات هي الكلام، و الاستماع، و الكتابة، والقراءة. و إن هذه المهارات متلازمة غير منفصلة. وتأسيسا على هذا فإن طريقة الوحدة تضمن التعامل مع هذه المهارات مجتمعة من دون تغييب أو تأخير لأي منها.

**ميزات الوحدة:**

١. التشويق و التجديد.

٢. تثبيت المعلومات.

٣. الربط التكاملي بين مهارات اللغة.

٤. مسايرة طبيعة المعرفة (الانتقال من الكل الى الأجزاء).

٥. مسايرة الاستعمال اللغوي مع استخدامها في الواقع.

**عيوب الوحدة**

١. تتطلب وقتا طويلا و جهدا كبيرا.

٢. تتطلب مدرسا على مستوى عال من الثقافة و الإطلاع.

٣. لا تلائم جدول توزيع الدروس.

٤. لا تلائم المراحل الأساسية (الابتدائية).

٥. لا تراعي ميول الطلبة نحو فرع معين. أو مهارة معينة.

٦. قد يؤدي الربط بين فروع اللغة العربية إلى تكلف أو عنت من المدرس.

٧. قد يصعب تأمين نص واحد تتوافر فيه إمكانية تعليم جميع مهارات اللغة أو فروعها.

**الاتجاه الثاني**

وهو ما يطلق عليه نظرية الفروع أو طريقة الفروع. وبموجب هذا الاتجاه يتم تعليم اللغة العربية على أساس أنها فروع متعددة مثل: النحو، والصرف، والرسم، والقراءة، و الأدب، والبلاغة، والنقد.

ويحتج أصحاب هذا الاتجاه على أصحاب نظرية الوحدة بأن الوقت أو الحصص التي تخصص لكل فرع من فروع اللغة العربية يجب أن تلائم سعته و أهميته. و لما كانت فروع اللغة لا تتجانس من حيث السعة فإن ذلك ينسحب على الوقت الذي ينبغي إتاحته لتعليم كل منها. فليس من المنطق أن يكون الوقت المتاح لتدريس الرسم مساويا للوقت المتاح لتدريس القواعد على سبيل المثال. لذا توجب أن تحدد الحصص المتاحة لتدريس كل فرع من هذه الفروع بشكل يراعي سعة مفرداته، والحاجة إليه في كل مرحلة دراسية. وهم يعالجون سلبيات التجزئة بوجوب الربط بين فرو ع اللغة في كل درس.

بمعنى إن المدرس عندما يدرس القواعد يدرب على القراءة. و يذكر بقواعد الإملاء ويلفت الانتباه على حسن التراكيب و تذوقها. وبذلك يشعر الطلبة بأن اللغة وحدة متكاملة. وردا على هذا نقول: لو كان هذا ممكنا عمليا، ومطبقا في الواقع لما عادت هناك فروع، و لعدنا إلى الوحدة. ولكن الذي يحدث غالبا إن المدرس عندما يدرس القواعد النحوية يغفل التذكير بقواعد الرسم أو التعرض إلى التذوق الأدبي. وبذلك ينحاز كليا إلى الفرع الذي يدرسه (موضوع الحصة) و يهمل الفروع الأخرى فيقع في القصور. و نرى أن من بين سلبيات هذا الاتجاه إن الطلبة يتولد لديهم اعتقاد بأن اللغة هي فروع وأن هناك فروعا أكثر أهمية من فروع أخرى. وان هذا الشعور يرافق المتعلمين حتى الى المراحل المتقدمة من التعليم الجامعي.حتى أن هناك من يرى أن العمود الفقري لدروس قسم اللغة العربية هو النحو. أما الفروع الأخرى فتأتي متأخرة في الأهمية عنه عند مقايستها به. وللأسف قد لا نعدو الصواب لو قلنا إن هذا الشعور امتد إلى المتخصصين في أقسام اللغة العربية في الجامعات.

فنرى مدرس النحو لا يرى نفسه مسؤولا عن تحليل نص أدبي تحليلا أدبيا. وكذلك الحال مع مدرس الأدب قد لا يجد نفسه مطالبا بأن يحسن التمكن من النحو مسوغا لنفسه بأن تخصصه أدب و ليس نحوا و هكذا.

وتأسيسا على ذلك يمكن القول: إن مسألة الفصل التام بين فروع اللغة العربية عيب في تدريسها. والواجب التنبه عليه، وإعادة بناء المناهج بطريقة تلزم المدرسين مراعاة الوحدة بين فروع اللغة العربية. و أن يمتد ذلك إلى مناهج الدراسات العليا بحيث يعكس برنامج الدراسة ربطا وثيقا بين فروع اللغة وأن يكون الهدف الأساس من أهداف البرنامج تمكين المتعلم من اللغة العربية بجميع فروعها زيادة على المذهب العمودي في فرع معين.

ثانيا:

**١. مباديء عامة في تدريس اللغة العربية:**

قبل الخوض في أساليب تدريس اللغة العربية لا بد من إحاطة مدرس العربية بالمباديء العامة التي ينبغي أن يتأسس عليها تدريس اللغة العربية. كي يضعها المدرس نصب عينيه في تصميم خططه التدريسية و تحديد أهدافه و تنفيذ تلك الخطط. و يرى المؤلف أن من الممكن إجمال عدد من الأسس التي يجب أن يقوم عليها تدريس اللغة العربية في الآتي:

أ- إن اللغة وسيلة تواصل يستخدمها الفرد في مواقف حياتية مختلفة. لذا يجب أن يكون تعليمها وظيفيا. بمعنى إن تعليم العربية ينبغي أن يوظف في مجالات تلبية حاجة الفرد للغة في مواقف مختلفة تكون به حاجه إليها. إذ جرت العادة أن نعلم المتعلم قواعد اللغة والأدب و البلاغة و الرسم و غيرها من دون أن يسعفه ذلك التعليم عند حاجته للتعبير عما يريد في موقف معين. فمثلا قد نجد شخصا حاصلا على شهادة البكالوريوس في اللغة العربية يقف عاجزا عن كتابة طلب إلى موظف الجوازات للحصول على جواز سفر. أو كتابة طلب إلى مدير المدرسة للحصول على إجازة. فيذهب إلى محرر عرائض قد لا يكون حاصلا على شهادة المتوسطة، فيطلب منه تحرير طلب بذلك مقابل ثمن. فلاحظ أي تعليم هذا الذي لا يمكن حامل الشهادة الجامعية في اللغة العربية من استخدام اللغة للتعبير عن حاجاته !. لا شك إنه يعكس خيبة أمل كبيرة في طريقة تعليم اللغة، ومنهجها، ثم إنك قد تجد رئيس قسم اللغة العربية في جامعة ما عندما يكون في وضع يقتضي منه إلقاء كلمة في حفل تخرج طلبة القسم لا يسعفه تعليمه في إلقاء كلمته مشافهة فيضطر إلى أن يكتبها فيكون قارئا. ذلك لأن ما تعلمه لم يرق إلى أن يصبح جزئا من سلوكه اللغوي. و هذا يدل على أن طريقة تعليمنا العربية للمتعلمين لم تعدهم إعدادا ووظيفيا لمتطلبات الحياة. و التعليم الوظيفي يتطلب دراسة تحليلية لمواقف الحياة المختلفة التي يحتاج الفرد فيها استخدام اللغة و أن تبنى مناهج تعليم اللغة بحيث تتضمن هذه المواقف. و توزع هذه المواقف بحسب أهميتها و مستوى تعقيدها بين المراحل الدراسية المختلفة على أن يراعى فيها التدرج من البسيط إلى المعقد. والأهم على المهم بحسب تقدم المستوى الدراسي.

و في ضوء ما تقدم فإن بالمناهج حاجة لبنائها بطريقة جديدة يوظف فيها المنهج لخدمة المتعلم و تلبية حاجاته، وتمكينه من استخدام اللغة في مواقف الحياة المختلفة.

ب- موازنة الاهتمام بين مهارات الاتصال اللغوي. و هذا هو الأساس الثاني من الأسس التي ينبغي مراعاتها في تدريس العربية، بحيث يجري تصميم الخطط و تنفيذها بطريقة توازن بين المهارات الأربع التي مر ذكرها. الكلام، والكتابة، و القراءة، والاستماع. ولا ينصب الاهتمام على واحدة و يترك الأخريات لما يترتب على ذلك من عيب في تحقيق الاتصال المطلوب.

ت- اللغة وضع و استعمال. أما الأساس الثالث، فهو اللغة وضع واستعمال. بمعنى إن هناك قواعد عملية ينبغي الإحاطه بها. ولكن مجرد الإحاطة بها لا توجد متعلما جيدا. وإنما يجب أن توظف تلك الإحاطة للاستعمال اللغوي. أي التمرس لأن التمرس يثبت المعلومات في الذهن و يعطيها طعما و تذوقا يتحسسه المتمرس. وقد يرجح الاستعمال على الوضع أهمية. والدليل على ذلك إننا قد نجد بعض خطباء الجوامع يحسنون الكلام، و لا يخطؤون من دون إحاطة علمية تامة بأحكام اللغة. ولعل ذلك بسبب كثرة الممارسة والدربة و الحفظ.

ث- اللغة عرفت منطوقة قبل أن تكون مكتوبة. من المعروف أن نشأة اللغة تشير إلى أنها عرفت أولا منطوقة، وجاءت الكتابة متأخرة عن النطق. وذلك لأن الإنسان استخدم اللغة مشافهة قبل أن يعرف الكتابة وعندما تعقدت الحياة و زادت الحاجة إلى نقل الآراء والآثار الفكرية من جيل إلى جيل، ومن مكان إلى مكان،مست الحاجة إلى وسيلة تحقق ذلك فتم اختراع الكتابة، ورموزها المختلفة. فالكتابة جاءت متأخرة عن الكلام و المشافهة. ومن هنا نستنتج أن أصل الحاجة إلى اللغة المشافهة(الكلام).

ج- اللغة تستعمل مشافهة أكثر من استعمالها كتابة. و ذلك لأن المواقف التي يحتاج بها الفرد إلى أن يعبر عن حاجاته مشافهة هي أكثر من تلك التي يحتاج بها إلى التعبير الكتابي في الحياة اليومية. وهذا ما يجب على المدرس استحضاره في تدريس اللغة العربية.

ح- القدرة على التعبير هي الغاية الأساسية من تعليم العربية. من المعروف أن أسمى أهداف تعليم العربية هو تمكين المتعلم من التعبير عن حاجاته. و ما قواعد النحو، والصرف، والبلاغة، والرسم، والنقد،والأدب إلا وسائل لتحقيق ذلك الهدف. وعلى هذا الأساس فإن جميع فروع العربية لا تدرس لذاتها، إنما يجب أن تدرس لخدمة التعبير.

خ- تقديم الأثر المعنوي الوظيفي للعامل على الأثر النحوي. جرت العادة أن يشدد المدرسون على الأثر النحوي في اللغة أكثر من تشديدهم على الأثر المعنوي أو الوظيفي لذلك العامل. وأمثلة ذلك كثيرة في تدريس النحو. على سبيل المثال: لن، يقدمها المدرس على

أنها أداة نصب،و أن الفعل المضارع بعدها منصوب. في حين الصواب أن تقدم أداة نفي تنفي المضارع في الزمن المستقبل، و يأتي الأثر النحوي، و هو النصب ناتجا عرضيا أو تابعا. أما الأصل فهو أن تقدم وظيفتها المعنوية. و كذلك الحال مع لم، و لما. يقدمهما المدرس أداتي جزم تجزمان المضارع قبل أن يقدمها أداتي نفي و كل منهما تنفي وقوع الحدث في زمن محدد. و هكذا نجدهم يقدمون ليس على أنها فعل ماض ناقص جامد، بينما الأساس الوظيفي يتطلب أن تقدم على أنها أداة نفي و تأتي خصائصها النحوية لاحقا. كي لا يكون النحو هو الغاية بل المعنى يجب أن يكون هو الغاية. و على هذا الأساس فمن الضروري إعادة تبويب بعض الموضوعات النحوية لكي يتمكن المدرس من تدريس النحو وظيفيا. وذلك على أساس وظيفتها في اللغة لا على أساس أثرها النحوي.

د- على قدر المحفوظ تكون جودة المقول. يرى ابن خلدون أنه على قدر المحفوظ من كلام العرب تكون جودة المقول لأن الحافظة تهذب اللسان، و تمكن الفرد من المقايسة، والمحاكاة وهذا ما ينبغي أن يضعه المدرس بنظر الاعتبار عند تدريس العربية. إذ عليه أن يتخذ كل ما من شأنه تمكين المتعلم من حفظ أكبر ما يمكن من القرآن الكريم، والفصيح من كلام العرب شعرا،ونثرا،وأحاديث نبوية شريفة، وحكما أو أمثالا. و حبذا لو بوبت لتشمل مفردات حياتية مختلفة بحيث يستحضرها المتعلم في كل مناسبة تتطابق و موضوعاتها ليستشهد بها أو يقيس عليها فيعذب كلامه و يحسن أثره في ذهن سامعيه.

ذ- اللغة مهارات. ما دامت اللغة مهارات فالمهارات تكتسب بالدربة والمران. و كلما زادت الدربة واشتد المران تم التمكن من اللغة. و ربما تكون الكتب المنهجية وحدها غير كافية لتحقيق المران المطلوب في اكتساب مهارات اللغة لذا يجب أن يصار إلى وضع برنامج مخطط له من شأنه إطلاع الطلبة على كتب خارجية تتضمن أنواعا من الأساليب الأدبية لتزيد ثروتهم الأدبية و تأخذ بأيديهم نحو محاكاتها.

ر- فاقد الشيء لا يعطيه. لما كان المدرس هو القدوة. و يحاول بالإيحاء تحبيب اللغة العربية للطلبة وجب عليه هجر العامية و التزام الفصيحة السهلة الواضحة ليكون مثلا يحتذي به. و ليكون عاملا بما يدعو إليه و يعلمه. و إن لم يكن كذلك كان كمن يعلم الصلاة و لم يصل. وبعد تحديد المبادىء الأساسية لتدريس اللغة العربية لا بد من معرفة أبرز المعايير التي يجب أن تتوافر في مدرس اللغة العربية لكي يمهد سبيل نجاحهم في أداء رسالتهم التعليمية وهذا ما سنتناوله في الأتي.

**٢. المعايير اللازمة لأداء مدرسي اللغة العربية:**

مما لاشك فيه إن هناك معايير عامة ينبغي أن تتوافر في كل مدرس يتخذ من تدريس اللغة

العربية مهنة له بجميع فروعها، و هناك معايير أداء خاصة بتدريس كل فرع من فروعها و ما نعرضه الآن تلك المعايير العامة، أما الخاصة فسيأتي الحديث عنها عند عرض تدريس كل فرع من فروع العربية. و المعايير العامة في ضوء وظيفة اللغة في الحياة و في ضوء أساسيات تعليم اللغة ينبغي أن تتوافر في مدرس اللغة العربية الأمور الآتية:

أ- أن يكون قادرا على نطق الحروف و إخراجها من مخارجها الصحيحة. فلا يصلح لتدريس العربية من لديه عيب في النطق.لأن اللغة أصوات و للأصوات مخارج. فمن ليس لديه القدرة على التعبير الصوتي بشكل سليم لا يمكن أن يكون موصلا جيدا مما يؤدي إلى إحداث عيوب في التلقي.

ب- أن يكون قادرا على تحبيب العربية للمتعلمين. و هذا يقتضي أن يكون هو نفسه محبا لها، وأن يعد برنامجا مخططا له يتضمن فقرات عملية تلائم كل مرحلة تعليمية يتولى تدريس العربية فيها. مثل: تحديد نصوص جميلة، ووضع خطه لعرضها على الطلبة، أو وضع برنامج لتكليف الطلبة البحث عن موضوعات جميلة، وغير ذلك.

ت- أن يكون حافظا لنصوص قرآنية كثيرة في مجالات كثيرة، و نصوص شعرية، ونثرية، وحكم وأمثال، وحكايات يرصع بها حديثه، فيزيده حسنا و تأثيرا في نفوس الطلبه. على أن يتحرى أكبر ما يمكن من مفردات الحياة، و يحفظ ما يتطابق معها من الحديث، والقرآن، و الشعر، والنثر. ومفردات الحياة كثيرة مثل: العمل،الجد والإخلاص،التعاون، وكتمان السر، والرحمة، والعدل، والكرم والجود، والبخل، و الشجاعة، والوفاء، والصدق، وحسن المظهر، والإيثار، و مد يد العون للآخرين، والإيمان بالله، وحب الوطن، وحب الخير للآخرين، ونبذ الحسد، والتعامل مع اللئيم، وغيرها من المعاني. بحيث يكون للمدرس في كل منها زاد يجود به على مسامع المتعلمين كلما سنحت فرصة، ومست حاجه.

ث- أن يكون قارئا جيدا للقرآن الكريم. لأن قراءة القرآن تصقل اللسان و تنقيه من عيوب النطق من خلال الدربة. ولأن القرآن من أساسيات التقعيد في اللغة العربية. فإن قراءة القرآن تعين المدرس على المقايسة في صياغة التراكيب و حل الكثير مما يتعرض له من لبس.

ج- أن يكون قادرا على الموازنة بين مهارات اللغة. الكلام، والكتابة والاستماع، و القراءة. وأن لا يكون بارعا في واحدة و متراجعا في أخرى. ولا يهتم بواحدة على حساب الأخرى.

ح- أن يكون قادرا على الربط بين فروع اللغة في التدريس. وأن يستحضر كل فروع اللغة العربية في الدرس الواحد. وأن ينحاز إلى تدريس اللغة كلا متكاملا وليست أجزاء منفصلة عن بعضها.

خ- أن يكون قادرا على المقايسة بين النصوص الأدبية من حيث حسن التركيب، وقوة التعبير، وجمال المبنى، وحسن الأثر. وأن يدرب الطلبة على ذلك.
د- أن يكون قادرا على تصميم برامج إضافية لتدريب الطلبة تزيد من تمرسهم. على أن تكون متصلة بالمنهج.
ذ- أن يقدم الأغراض الوظيفية لتعليم اللغة. بحيث يحدد مواطن الحاجة في الحياة اليومية، ويعمل على تلبيتها في تدريس العربية. بمعنى يضع المادة في خدمة الحياة.وأن يزود المتعلم بما يمكنه من مواجهة تلك المواقف.
ر- أن يكون قادرا على إعداد برامج تنافسية تشجيعية بين الطلبة.مثل القراءات الخارجية،وتلخيص المقروء،أو الكتابة الموجهة، أو الحرة وغير ذلك.
ز- أن يلاحق الخطأ أينما ورد في الحديث، أو الكتابة. وأن يذكر بالقواعد اللازمة لتلافي الخطأ.
س- أن يكون متمكنا من حسن الإلقاء مجيدا التعبير الصوتي عارفا أين يصمت وأين يقف وأين يتعجب، وأين يستفهم، وأين يخفض صوته، و أين يرفعه. أين يعزز الصوت بالحركة، وكيف يوزع نظرته كي يبلغ تعبيره الصوتي مداه، و يحدث الأثر المطلوب في السامع.
ش- أن يكون متمكنا من علوم العربية المختلفة. النحو، والصرف، والرسم، والنقد،و البلاغة، والأدب. لأن فاقد الشيء لا يعطيه.
ص- أن يرصد جميع المشكلات التي تواجه الطلبة ويسعى إلى تحديدها ومعرفة أسبابها واتخاذ ما يلزم لمعالجتها.
ض- أن يكون قادرا على إجراء بحث حول قضية من قضايا اللغة و تدريسها مراعيا فيه مقتضيات منهج البحث العلمي ليسهم من موقعه بتشخيص المشكلات، و حلولها، ولا ينتظر أن تأتيه جاهزة.
وهناك معايير شخصية أخرى لم نذكرها لكونها لا تلزم مدرسي العربية وحدهم بل هي لازمه لجميع المدرسين مثل: حسن المظهر، وحسن التعامل مع الطلبة، وغير ذلك. و بعد عرض المعايير اللازمة لأداء مدرسي اللغة العربية بشكل عام نجد من الملائم أن يحاط مدرس اللغة العربية بمعرفة مفردات إعداده لمهنة تدريس العربية و ذلك من خلال تحديد مجالات برنامج إعداد مدرسي اللغة العربية في أقسام اللغة العربية و ذلك كما في الأتي.

**٣. برنامج إعداد مدرسي اللغة العربية:**

من المعروف أن برنامج الإعداد يتحدد في ضوء الأهداف المطلوبة، وعندما يكون الهدف من

إعداد المتعلمين أن يكونوا مدرسين قادرين على تدريس العربية في مراحل دراسية معينة بقدرة وكفاية، وأن تتوافر فيهم الكفايات اللازمة لأداء مدرسي اللغة العربية ينبغي أن يتضمن برنامج الإعداد المجالات الآتية.

المجال الأول: أن يتضمن دروسا نظرية في علوم اللغة المختلفة. النحو، والقراءة والأدب، والنقد، والبلاغة بعلومها المختلفة. زيادة على الرسم وأن يتم توزيع هذا البرنامج بين سنوات الإعداد بشكل متوازن وأن تكون هناك موازنة في الاهتمام بين مفردات البرنامج، وألايترك أي علم من علوم اللغة من دون إعطائه الاهتمام اللازم. ويجب أن يحرص المعدون والمنفذون على إيصال فكرة الاهتمام بجميع علوم العربية، وعدم السعي إلى تكريس المفهوم الخاطيء بأن النحو هو كل ما موجود في العربية. ويتوجب على التدريسيين في الجامعات عدم تكريس مفهوم المهم والأهم بين فروع اللغة ومهاراتها، لأن اللغة كل متكامل، و أي خلل في أي جزء منها يمتد أثره إلى الأجزاء الأخرى. وتجدر الإشارة إلى تخطئة الاتجاه القائل: إن مدرسي النحو غير معنيين بالأدب أو النقد، و إن مدرسي الأدب غير معنيين باللغة أو النحو. لأن هذا المفهوم يكرس تجزئة اللغة و يجعل تعليمها قاصرا. إذ كيف يمكن لمدرس النحو أن يكون قادرا على توظيفه في خدمة اللغة إذا كان لا يعرف أصول النقد، وحسن التركيب، وعلوم البلاغة؟. والحال نفسه مع مدرس الأدب إذ كيف يمكن أن يحدث أثرا في المتعلمين من دون استعمال لغة فصيحة؟ وكيف يكون له ذلك من دون معرفة أصول النحو وقواعد اللغة؟و للأسف انك تجد حتى في الجامعات من مدرسي الأدب العربي من يتذرع لعدم معرفته الدقيقة بالنحو بأن تخصصه أدب. والعكس فيما يخص مدرسي النحو.

المجال الثاني: الموادالتربوية. بما ان المدرس يعد للتعامل مع متعلمين فلا بد من إحاطته بخلفية معرفية عن أسس التربية، و علم النفس، و نظريات التعلم وطرق التدريس، و بناء المنهج، والتقنيات المعينة،وكيفية التعامل معها. والاستفادة منها وإدامتها، ومتى تستخدم.

المجال الثالث: هو الممارسة العملية. أي التدريب على تطبيق المفاهيم والقواعد النظرية التي تعلمها في المجال الأول والثاني. و كيفية ممارستها في الصف. بمعنى يجب أن يخضع المعد لمهنة تدريس العربية إلى برنامج عملي تدريبي في أثناء مدة الإعداد. وأن يكون هذا البرنامج على مراحل:

المرحلة الأولى: مرحلة استخدام صور مرئية تعرض بعد كل درس نظري حول تدريس مادة معينة و يكون ذلك العرض في داخل الكلية.

المرحلة الثانية: مرحلة الممارسة الفعلية للطلبة وتدريبهم على كيفية تنفيذ مواقف تعليمية أمام بعضهم، بحيث تكون العملية بمثابة مشهد تمثيلي يكون الممثل فيه أحد المتعلمين والباقون مشاهدين. يقدم فيه موقفا تعليميا، أو درسا تعليميا كاملا و يخضع للتقويم والمناقشة والتعديل.

المرحلة الثالثة: هي مرحلة المشاهدة الميدانية لدروس حقيقية تلقى على الطلبة من مدرسين معروفين بحسن أدائهم و تجسيد جميع المبادىء النظرية عمليا في التدريس. و تكون عملية المشاهدة عملية منظمة مخططا لها. ذات أهداف محددة يعلم المتعلمين بها قبل وقوعها. و أن تختم كل مشاهدة من هذا القبيل بمناقشة موضوعية و علمية أساسها مدى التقارب و الابتعاد عن الأسس النظرية التي تم تبنيها، و مواطن الإبداع، و الخلق إن وجدت.

المرحلة الرابعة: مرحلة الممارسة الفعلية من المتعلمين أمام زملائهم. و يكون فيها المدرس هو أحد المعدين و الطلبة هم طلبة حقيقيون في مدارس مختارة زيادة على حضور جميع طلبة الكلية الدرس. و حبذا لو يصور مثل هذا الدرس. وعند الانتهاء يعرض الفلم و يناقش الطالب (المتدرب) حول ما قام به من أداء خلال فعاليات الدرس المختلفة.

المرحلة الخامسة: هي مرحلة التطبيق الجماعي بحيث يتم توزيع الطلبة بين عدد من المدارس لممارسة تدريس العربية بشكل حقيقي تحت إشراف مدرس الكلية، و مدرس المدرسة. و في هذه المرحلة يمارس المتعلم دوره كمدرس حقيقي. و يحاول تطبيق جميع المبادىء النظرية التي درسها في الكلية على أرض الواقع. و تنتهي هذه المرحلة بإعداد تقارير علمية من كل متعلم حول تطبيق البرنامج و أهم المشكلات التي واجهته و ما هي الأمور التي يوصي بها من يأتي بعده. سواء في مواد الإعداد أو في طريقة الإعداد، أو عملية توزيع الطلبة بين المدارس. وأهم المشكلات التي واجهته من المدرسين، أو إدارة المدرسة أو مدرس الكلية، والمقترحات. مع الحرص على أن تجزأ مراحل الممارسة العملية إلى سنتين و لاتكدس كاملة في السنة الأخيرة لأن ذلك قد يحد من إمكانية تنفيذ مراحلها بشكل كامل.


**٤. الظواهر السلبية في تدريس اللغة العربية:**

قبل الخوض في صلب الموضوع و هو أساليب اللغة العربية لا بد لنا من تأشير بعض الظواهر السلبية في تدريس اللغة العربية في المدارس المتوسطة و الثانوية كي نحاول معالجتها عندما نتطرق إلى الأساليب المقترحة في تدريس اللغة العربية. من خلال الإطلاع على العديد من البحوث في تدريس اللغة العربية، وأدبيات اللغة والممارسة الميدانية الطويلة في تدريس اللغة العربية، والمشاهدات الميدانية لأعداد كبيرة من مدرسي اللغة العربية، يمكن تأشير جملة ظواهر سلبية في تدريس اللغة العربية منها:

**أ- الاهتمام بتعليم القراءة والكتابة وإهمال التدريب على الاستماع والكلام.**

فعلى الرغم من أن المواقف التي يكون فيها الفرد مستمعا أكثر من تلك التي يكونه فيها قارئا. والتي يكون فيها متحدثا أكثر من تلك التي يكون فيها كاتبا. نرى أن المعنيين بتعليم اللغة اغفلوا،

او تغافلوا عن هذا الحقيقة. وراحوا يهتمون بالقراءة أكثر من الاستماع. وبالكتابة أكثر من الحديث. متغافلين أن ذلك سيؤدي إلى خلق حالة من الخلل في تمكين المتعلم من التواصل مع الآخرين في مواقف حياتية مختلفة. وعندما نقول ذلك فإننا نستند إلى ما يدور في مدارسنا اليوم. فإنك قد لا تجد معلما واحدا يدرب طلبته على حسن الإصغاء. وقد لا يوجد برنامج في مقررات اللغة العربية في المراحل المختلفة للتدريب على الاستماع. وترك الأمر لمبادرات شخصية من بعض المعلمين. مع إن مهارة الاستماع طريق المتعلم إلى الفهم. لأن الذهن فيها يتفرغ إلى المعاني، ولا ينشغل بشئ آخر. وكلما جعلنا من المتعلم مستمعا جيدا استطعنا أن نجعل منه مؤهلا أكثر لفهم ما يطرح عليه من نصوص مقروءة،أو كلام مسموع. كذلك الحال فيما يخص مهارة الكلام. إذ إن تمكن المتعلم من الكلام يمكنه من إيصال آرائه وما يريده إلى الآخرين. ويحدث فيهم الأثر المطلوب. فيحصل على الاستجابة المطلوبة. ومن لا يحسن الكلام لا تسعفه اللغة في مواقف عديدة تقتضي التحدث إلى الآخرين والتأثير فيهم.

ب- ترجيح الاهتمام بقواعد النحو على غيرها من فروع اللغة العربية. واعتبار الطالب المتمكن من النحو متمكنا من اللغة. وهذا أمر قد لا يلازم الصواب. لأن النحو وقواعد اللغة ما هما إلا لوازم من لوازم اللغة، أو معينات ووسائل من خلالها يسعى المتعلم للوصول إلى غاية هي القدرة على التعبير والتواصل. فالتعبير هو الغاية. ومن يكون قادرا على التعبير عن حاجاته في مواضع الحياة المختلفة يقال عنه انه متمكن من اللغة. فالنظرة إلى النحو على أنه أساس اللغة تعد عيبا يمتد أثره إلى أساليب التدريس. لأن من يؤمن بهذا من المدرسين ينصب جهده من حيث يدري أو لا يدري على النحو، ويترك الفروع الأخرى. لأنه وقر في ذهنه إن الاحاطة بقواعد اللغة تجعل المتعلم فحلا في اللغة. وأظن أن هذا يجافي الحقيقة. إذ يقال إن المبرد النحوي المعروف كان إذا أراد أن يكتب رسالة أعياه الأمر. ومما يساند ذلك إن بعض المتخصصين في اللغة عندما يكونون في مواقف تتطلب مخاطبة جمهور من الناس يستعينون بالأوراق والأقلام فيكتبون ثم يقرؤون.

ت- ضعف الاهتمام بالتطبيقات على القواعد المدروسة. إن اللغة وضع واستعمال. أما الوضع فهو ما ندرسه في كتب الوضع والتقعيد المختلفة. وأما الاستعمال فهو عملية تطبيق تلك القواعد، أو القوانين الموضوعة في ممارسة عملية. وهذا ما ينقص الكثيرين من مدرسي اللغة العربية. فإنهم يهتمون بحفظ القواعد النحوية، ولا يعطون الأهمية نفسها للتطبيق العملي. فالغاية عندهم كأنها حفظ القواعد النحوية. وحفظ القواعد لا يجدي نفعا ما لم يوضع موضع التطبيق. والأمر مع القواعد النحوية يسري على القواعد الصرفية، والبلاغة، وقواعد الرسم. فكل هذه القواعد ما لم تمارس عمليا لا تبقى في الذهن. ولا يمكن أن تصبح جزءا من سلوك المتعلم في اللغة. ولا ننسى القواعد النقدية، وكيفية تحليل

النصوص الأدبية، وبيان الجيد فيها من الضعيف، وإصدار الأحكام بشأن ذلك. كل هذه الأمور يجب أن تمارس بشكل متكرر عمليا لكي تصبح جزءا من ثروة المتعلم. وذلك تأسيسا على القول بأن اللغة تكتسب بالدربة والمران. فمن دون مران لا يمكن أن يكون هنالك تمكن من اللغة.

فاللغة ليست طبعا. إنما تطبع. والتطبع لا يحصل إلا بكثرة الممارسة. وهذا الأمر شبه غائب في مدارسنا المتوسطة والثانوية. والمدرسون يكتفون بالمقررات الدراسية. ولا يحاولون حتى تكييفها لما يلبي الغايات الأساسية من تعليم اللغة العربية.

ث- قلة المحفوظ من القرآن الكريم وكلام العرب شعرا ونثرا. فلو راجعنا أية مرحلة من المراحل الدراسية سنجد المطلوب حفظه من تلك النصوص قد لا يتعدى مئة بيت من الشعر وربما أقل من ذلك بكثير، وما لا يزيد عن ثلاث صفحات من النثر إذا ما أحسنا التقدير. وهذا القدر من المحفوظ لا يخلق متمكنا من اللغة. ولو رجعنا إلى السابقين ممن عرفوا بإمكانياتهم اللغوية لوجدناهم من الحفظة لما حسن وجاد من كلام العرب. زيادة على حفظ الكثير من القرآن الكريم والحديث النبوي الشريف مما يترشح في الكلام ويجعله أكثر تأثيرا في المتلقين.

ج- من الظواهر السلبية في تدريس اللغة العربية التي يجب أن يتنبه عليها المدرسون هي توجيه التدريس لما يلبي متطلبات الأسئلة الامتحانية. وبخاصة الوزارية. ولما كانت هذه الأسئلة لا تلتزم تماما بقياس أهداف المناهج المقررة. وما يتطلبه تحقيقها من مستويات مختلفة. فإن الذهاب بتدريس العربية إلى ما يمكن الطلبة من الإجابة عن تلك الأسئلة المحتملة بقصد الحصول على درجات مميزة سيؤدي إلى إغفال جوانب مهمة من أهداف تدريس العربية. وعندها سيكون الأثر ناقصا مما يتسبب في حالة من ضعف القدرة على استخدام اللغة بما أريد للمتعلم أن يكون متمكنا منه. لذا فبدلا من أن تكون الأسئلة الوزارية، والإجابة عنها هي الهاجس الأول لمدرسي اللغة العربية يجب أن يطلع المدرس على أهداف المنهج الذي يقوم بتدريسه. وأن يحدد تلك الأهداف بعبارات سلوكية يمكن ملاحظتها وقياسها. وأن يبلغ المتعلمين بها. ثم يخطط برنامجه التعليمي الذي يؤدي إلى تحقيقها كاملة من دون نقص. أو أن تقوم وزارة التربية بوضع أهداف محددة تفصيلية لكل مادة، ولكل درس، ولكل مرحلة. وتحدد درجة لكل هدف. ثم تأتي الأسئلة لقياس ما تحقق من جميع تلك الأهداف من دون إهمال لأي نشاط، أو موضوع تضمنه المنهج. بمعنى أن المنهج ينبغي ألا يتضمن ما هو فائض. وبناء على ذلك فلا توجد درجات فائضة يمكن التخلي عنها. إنما يجب أن يحصل الطالب على درجات النجاح المحددة في ضوء الدرجات المحددة لكل هدف من أهداف تدريس المادة. وعند ذلك يمكن أن يهتدي المدرس إلى تلك الأهداف. فيوجه طريقة تدريسه لما يحقق الاستجابة لها. بمعنى آخر استخدام مفهوم التقويم البديل الذي من

بين ما يعنيه أن توصف المهارات والكفايات المطلوبة من المتعلم بعد دراسة كل مادة أو موضوع. وأن يوضع مقياس لقياس ما تحقق من جميع تلك المهارات، والكفايات. وعند وجود خلل في أية كفاية أو مهارة فإن الطالب لا يعطى إجازة النجاح إلا بعد أن يثبت بموجب ذلك المقياس أنه حقق المستوى المقبول في كل كفاية أو مهارة وردت في أهداف المادة.

ح- تفشي العامية بين المتعلمين والمدرسين. من الظواهر السلبية في تدريس العربية تفشي العامية بين المتعلمين والمدرسين حتى صارت العامية هي السائدة في الدرس التعليمي في جميع الدروس. ربما حتى في دروس اللغة العربية نفسها. ومن خلال زيارات ميدانية نستطيع ان نؤشر عددا ليس قليلا من مدرسي اللغة العربية يشرحون دروس النحو باللـهجة العامية وهذا ما أظهرته إحدى الدراسات التي أجريت في العراق عام ٢٠٠١.([1]) وهذه الطريقة لا يمكن أن تخلق متعلمين جيدين في اللغة العربية. ومن حق المتعلم أن يتساءل؛ لماذا ندرس العربية إذا كان مدرس اللغة العربية يتحدث بالعامية ؟ لذا بات تعليم اللغة العربية في مدارسنا كتعليم أية لغة أجنبية. فمثلما يشرح المدرس بعض تراكيب الإنكليزية بالعربية فإننا نجد بعض مدرسي العربية يشرحون بعض التراكيب باللـهجة العامية. وخاصة في دروس الأدب والنصوص والنقد الأدبي. لذا فإذا كنا نريد أن نوقف حالة التدني لدى المتعلمين في اللغة العربية فعلا علينا أن نتنبه على هذه الحالة. ونحيط الطالب ببيئة فصيحة لا يسمع فيها لحنا، على أقل ما يكون في داخل المدرسة، أو داخل غرفة الدراسة، وفي درس العربية على الأقل. وعلينا أن ندرك أن السليقة لا تتكون عند متعلمي العربية إلا إذا ضمنا أنهم لا يقرؤون، ولا يكتبون، ولا يتحدثون إلا بكلام عربي فصيح. بل لا يسمعون غير ذلك. ولما كان هذا الأمر غير ممكن عمليا فعلينا أن نحرص على أقل تقدير أن نحقق لهم ذلك في داخل غرفة الدراسة. وأقل من ذلك في درس اللغة العربية. أما أن يتحدث مدرس اللغة العربية بالعامية أمام طلبته فهذا يعني انه لا يحاسب ولا يخطـيء من يتحدث بالعامية. فتسود العامية درس العربية. وتصبح عبئا على درس اللغة العربية، وعقبة كأداء أمام تحقيق أي هدف من أهداف تعليمها.

خ- قلة النسخ في جميع المراحل الدراسية. من المعروف أن عملية النسخ هي عملية مزدوجة يكون فيها الناسخ قارئا وكاتبا، وبذلك فهي تؤدي غرضين:

الغرض الأول: رؤية صور الكلمات الصحيحة في مصادر معينة. وتحويل تلك الصور أو الرموز

---

(١) رغد علوان الجبوري، الأخطاء اللفظية في ما يتحدث به مدرسو اللغة العربية./ دراسة تحليلية، جامعة بابل، رسالة ماجستير غير منشورة، ص٩٨.

إلى ألفاظ غير منطوقة. فيتحقق عند الناسخ تثبيت صور الكلمات في ذهنه، ثم يتحقق له التدريب على تحويل الرموز المكتوبة إلى ألفاظ. فيكون قد مارس إحدى مهارات القراءة.

الغرض الثاني: هو المحاكاة، إذ تتاح للمتعلم الناسخ فرصة محاكاة ما ينسخ وبذلك تتحقق عنده الدربة على الكتابة الصحيحة. فعملية النسخ عملية مهمة. ولكن لو زرنا المدارس الابتدائية فإننا لا نجد المعلمين يطالبون التلاميذ بنسخ موضوعات محددة إلا بقدر نادر يسير، ويتذرعون بعدم إرهاق المتعلم بالكتابة لكي لا يسأم المدرسة. نحن نقول: إن ذلك يمكن أن يكون صحيحا إذا أفرطنا في نسخ الموضوعات. وكلف التلميذ بما يقع خارج إمكانياته. ولكن علينا أن ندرك أن إهمال النسخ يؤدي إلى خلق متعلم يتخرج من المدرسة الإبتدائية، بل ربما من الثانوية من دون معرفة الكتابة. والأمر المهم في هذا المجال انه وقر في أذهان بعض المدرسين إن النسخ موقوف على طلبة المدارس الإبتدائية ولا يتعداها إلى سواها وهذا أمر غير سليم. فالنسخ يحتاج إليه طالب الابتدائية، والمتوسطة، والثانوية وحتى الجامعية. فما من أحد يستغني عن النسخ في حياته. وللنسخ فوائد كثيرة منها:

* تنمية القدرة على المحاكاة.
* تنمية قوة الملاحظة.
* تفعيل الذاكرة.
* حفظ صور الأشياء.

لذا فإن إهمال النسخ من بين الأسباب الرئيسة في تدني مستوى المتعلمين في العربية وخاصة في الكتابة.

د- قلة تكليف الطلبة بمطالعات خارجية. فمن بين الظواهر السلبية التي سادت مدارسنا اليوم ندرة تكليف الطلبة بمطالعات كتب خارجية. وقلة إشراكهم بأنشطة ثقافية خلال العام الدراسي. وعندما نؤشر هذه الملاحظة هنا. إنما نؤسس على استطلاعات عديدة أجراها باحثون. وطلبة مطبقون في المدارس المتوسطة والثانوية. أكدت أن المدرسين لا يكلفون الطلبة بمطالعات خارجية إلا ما ندر ([1]). وهذا يعني قلة الروافد التي يتزود منها المتعلم من زاد العربية مما يجعله فقيرا للكثير من أساليب التعبير، وبناء التراكيب اللغوية. وعندما يقل زاد المتعلم في موضوع معين تقل ثروته اللغوية، فتتدنى قدرته التعبيرية. إذ من المعروف أن المطالعات الخارجية تفتح أعين المتعلمين على نماذج مختلفة من الأساليب والصور الفنية.

---

(١) محسن علي عطية، واقع تدريس اللغة في المدارس المتوسطة والثانوية من وجهة نظر الطلبة المطبقين، مجلة جامعة بابل، المجلد لسنة ٢٠٠١.

وطرق عرض الأفكار والتعبير عنها. وكلما زادت معرفة الطالب بطرق التعبير زادت قدراته على التعبير عن حاجاته وما يريد الوصول إليه من استخدام اللغة في مواقف حياتية مختلفة. ومثل قلة المطالعات الخارجية أثرا قلة الأنشطة الثقافية التي يشارك فيها المتعلمون سواء في داخل المدرسة أم في خارجها. مثل النشرات، أو القصص، أو العروض المسرحية، أو المهرجانات الخطابية، أو المناظرات ومجالس الحوار الثقافي، أو المطاردات الشعرية. وغير ذلك من الأنشطة المختلفة التي تعد من بين المحفزات على المزيد من تعلم العربية. وعلى المزيد من القراءات. وتنمي الميل نحو العربية ودرسها ومدرسها. ولكن للأسف إننا نجد اليوم مثل هذه الأنشطة بائسة وربما معدومة. وذلك أما لعدم معرفة المدرسين بها. أو لعدم تشديد إدارات المدارس عليها. أو لأن بعضها يقتضي بعض المصروفات المادية، وليس هناك من يغطي هذه المصروفات. أو أنها تمارس في موضوعات جافة غير حيوية مما تسبب النفور لدى المتعلمين منها، ومجافاتها لعدم جدواها. وقد يكون ذلك بسبب الاعتماد الكلي على الكتب المقررة بحجة عدم جواز الخروج عليها وان الخروج عليها تحاسب عليه التعليمات. وفي هذا المجال نقول: إن عملية تنظيم أنشطة ثقافية لا ينبغي أن تكون خروجا على المناهج المقررة بل يجب أن تكون ساندا لها معينا على تحقيق أهدافها. ثم إن المنهج المقرر هو الإطار العام الذي يحدد حركة المدرس. وللمدرس أن يتحرك في حدود ذلك الإطار. ويبحث عما يقدم له من سند يزيد فاعليته والانتفاع منه.

ذ- قلة الاستعانة بالتقنيات التعليمية الحديثة. من بين الظواهر السلبية في تدرس العربية انحسار استخدام التقنيات الحديثة في دروس العربية وربما انعدام استخدامها. والاقتصار على اللوحة والطباشير والكلام فقط. وكأنما وجدت التقنيات جميعا لغير العربية. وان درس اللغة العربية لا يصلح له غير اللوحة والطباشير والمثال الملفوظ، أو المكتوب. وهذا توجه غير سليم لأنه يحرم مدرس اللغة العربية من إمكانية إشراك أكثر من حاسة من حواس التعلم لدى المتعلم في عملية التعلم. إن درس اللغة العربية كأي درس آخر يمكن أن يستفيد من تقنيات حديثة عديدة. إذ يمكن للمدرس استخدام جهاز العرض فوق الرأس في عرض دروس قواعد يخطط لها وينظمها على شرائح شفافة قبل دخول الدرس. وينظم خطوات الدرس وعرض القاعدة بشكل يخلق متعة لدى المتعلمين،ويختزل الوقت ويتيح الفرصة للمدرس لاستخدام أقلام ملونة وتنظيم أفضل. كذلك يمكن استخدام الأفلام المتحركة لعرض موضوع أو قصة، ومطالبة الطلبة النظر والإصغاء. ثم كتابة انطباعاتهم عما رأوا في نهاية العرض. ويمكن استخدام الصور الثابتة لإثارة موضوع معين والتعبير عما فيه. ولا ننسى إمكانية استخدام التسجيلات الصوتية للتدريب على حسن الإصغاء. ومعرفة التعامل مع علامات الترقيم.

ر- إناطة تدريس العربية لمدرسين غير مؤهلين تربويا. بات مألوفا أن نجد الكثير ممن يتولون مهمة تدريس العربية في المدارس المتوسطة والثانوية من المتخرجين في كليات الآداب. ولم يتلقوا أي مستوى من مستويات الدراسة التربوية أو التدريب على التدريس. وفي الوقت الذي نقول فيه: إننا لا نشكك في قدرة هؤلاء العلمية في مجال اللغة. ولكن عدم معرفتهم بالأسس النفسية، والتربوية التي تقوم عليها مناهج اللغة العربية تجعلهم غير قادرين على تحقيق أهداف هذه المناهج. فهم يتجهون نحو المعرفة العلمية فقط. ويتركون المجالات الأخرى مما يجعل تعليم العربية قاصرا. وهنا تجدر الإشارة إلى أن المدرس أي مدرس نصفه مطبوع، ونصفه الأخر مصنوع. أما الطبع فهو لذاته ومكونات شخصيته. وأما الصناعة فهذا أمر يتولاه برنامج الإعداد في الجامعة أو المعهد. وخريجو كليات الآداب ليس لديهم برنامج إعداد مدرسين كامل. وان برنامج الإعداد عندهم مقصور على المواد النظرية. والمواد النظرية تشكل عنصرا واحدا من عناصر إعداد مدرسي اللغة العربية التي أشرنا اليها. وهذا العنصر يتطلب عناصر أخرى من بينها المواد التربوية. والبرنامج التدريبي بمراحله المختلفة التي تم الحديث عنها. وهذا غير موجود في كليات الآداب. لذا نجد هناك ضعفا في مستوى التعلم لدى المتعلمين لأنهم لم يتلقوا العربية من مدرس معد مهنيا لمهنة تدريس العربية.

ومن الغريب إن هناك اتجاه أخذ يتسع ربما على مستوى الوطن العربي وهو إلغاء كليات التربية والاكتفاء بكليات الآداب. ويدافع أصحاب هذا الاتجاه عنه بأن المستوى العلمي لخريجي الآداب هو غالبا ما يكون أرفع من مستوى خريجي كليات التربية. وعلى الرغم من عدم التأكد عمليا من مدى صدقية هذا الرجحان فإننا نقول: لو ذهبنا مع أهل هذا الاتجاه إلى صحته فإن ذلك الرجحان مرده إلى أن خريجي كليات الآداب انصرفوا في دراستهم إلى الجانب النظري المعرفي التخصصي وتركوا الجانب التربوي الوظيفي، وكل ما له صلة بأسس التربية، وطرائق التدريس، والمناهج، وخصائصها، والبرنامج التدريبي العملي. وما يترتب عليه من ممارسات عملية في داخل الكلية وخارجها. أما كلية التربية فقد زاوج برنامج الإعداد فيها بين موضوعات التخصص والموضوعات التربوية والعملية. مما يجعل فرصتهم في تحصيل المعرفة النظرية أقل من تلك التي يحصل عليها خريجو كليات الآداب. لذا وإذا أردنا الموضوعية في الموازنة بين الخريجين يجب أن يكون المعيار شاملا لكل مقتضيات العملية التعليمية. لا على الجانب المعرفي فقط. وإذا أردنا رفع الكفاءة المعرفية لدى خريجي كليات التربية فبدلا من أن نوصي بغلقها يمكن أن تكون التوصية زيادة الدراسة فيها لسنة أخرى كي تحقق الكفاية العلمية المحققة لطلبة الآداب، والتربوية المحققة لكليات التربية. وبذلك نضمن مدرسا معدا إعدادا مهنيا سليما لتدريس العربية.

# الفصل الثاني: أساليب التدريس

أولا: الاستماع

ثانيا: التعبير الشفهي

ثالثا: التعبير الكتابي

رابعا: الإملاء

الأهداف المتوخاة من دراسة هذا الفصل

يتوقع بعد دراستك هذا الفصل أن تكون قادرا على أن:

١. تعرف الاستماع.     ٢. تعرف التعبير الشفهي.

٣. تعرف التعبير الكتابي.     ٤. تعرف الإملاء.

٥. تحدد أهمية الاستماع.     ٦. تفرق بين الاستماع والسماع والإنصات.

٧. تحدد مهارات الاستماع.     ٨. تحدد أهداف تدريس الاستماع.

٩. تحدد خطوات درس الاستماع.

١٠. تذكر ميزات الاستماع.     ١١. تحدد عيوب درس الاستماع.

١٢. تدرس الاستماع.     ١٣. تحدد أهداف التعبير الشفوي.

١٤. تشرح الكيفية التي يكون فيها درس التعبير الشفهي فعالا.

١٥. تفرق بين التعبير الوظيفي والتعبير الإبداعي.

١٦. تشرح خطوات درس التعبير الشفهي.

١٧. تدرس التعبير الشفهي.

١٨. تحدد مجالات التعبير الكتابي في الحياة اليومية.

١٩. تشرح مفهوم التعبير الكتابي.

٢٠. تحدد أسس التعبير الجيد.

٢١. تذكر أهداف تدريس التعبير الكتابي.

٢٢. تشرح طريقة تصحيح التعبير الكتابي.

٢٣. تعدد خطوات تدريس التعبير الكتابي.

٢٤. تشرح خطوات تدريس التعبير الكتابي.

٢٥. تدرس موضوعا في التعبير الكتابي.

٢٦. تقوم درسا في التعبير الكتابي.

٢٧. تقوم درسا في التعبير الشفهي.

٢٨. تقوم درسا في الاستماع.

٢٩. تحدد مفهوم الإملاء.

٣٠. تشرح أهمية الإملاء.

٣١. تحدد أهداف الإملاء.

٣٢. تعدد أنواع الإملاء.

٣٣. تشرح طريقة الإملاء المنقول.

٣٤. تشرح طريقة الإملاء المنظور.

٣٥. تشرح طريقة الإملاء المسموع.

٣٦. تشرح طبيعة الإملاء الاختباري.

٣٧. تحدد شروط القطعة الإملائية.

٣٨. تشرح طريقة تدريس القواعد الإملائية.

٣٩. تدرس درسا في قواعد الإملاء.

٤٠. تقوم درسا في الإملاء.

٤١. تشرح طرائق تصحيح الإملاء.

٤٢. تصحح الإملاء.

# أولا: تدريس الاستماع

## أهمية الاستماع

من المعروف أن اللغة استعملت مشافهة قبل استعمالها مكتوبة. وان طبيعة تعلم اللغة تبدأ بالاستماع. فالطفل يسمع، ثم يتكلم، ثم يقرأ ويكتب لاحقا. وعلى هذا الأساس فان الاستماع يمثل بداية تعلم اللغة. والاستماع يتلازم والكلام مثلما إن القراءة تتلازم والكتابة. زيادة على أن الحاجة إلى مهارتي الاستماع، والكلام تتقدم على غيرها. ذلك لأننا نسمع ونتكلم أكثر مما نقرأ ونكتب. ومن هنا تنطلق أهمية الاستماع في اللغة. ونحن عندما نفصل الاستماع في الدراسة عن الكلام مع تلازمهما ذلك لكي نتعرف ما لكل منهما من مهارات فرعية. وكيفية تنميتها لدى المتعلمين. والسمع هو الحاسة الأساسية في اتصال الفرد بالآخرين، ومعرفة ما يدور حوله من أحداث. مما يفضي إلى تفاعله ومن حوله. ولمهارة الاستماع دور تنيف به على غيرها من المهارات. إذ من دونها لا يمكن اكتساب مهارة الكلام، ولا مهارة القراءة. زد على ذلك فإن للاستماع دورا كبيرا في عملية التعلم. فإن الله سبحانه وتعالى خلق الإنسان وخلق له عددا من النوافذ ليتعرف من خلالهاما حوله، فيتعلم ويعدل سلوكه. وتتمثل هذه النوافذ بالحواس. ومن هذه الحواس السمع والبصر. وقد خص الخالق تعالى السمع بما يجعله يتقدم على البصر في اكتساب المعرفة. ويتجلى ذلك في آيات كثيرة وردت في القرآن الكريم يتقدم فيها السمع على البصر منها:

١. قوله تعالى: { والله أخرجكم من بطون أمهاتكم لا تعلمون شيئا وجعل لكم السمع والأبصار والأفئدة لعلكم تشكرون}. النحل (٨٧).

٢. قوله تعالى: {قل هو الذي أنشأكم وجعل لكم السمع والأبصار والأفئدة قليلا ما تشكرون}تبارك (٢٣).

٣. قوله تعالى: {لو شاء لذهب بسمعهم وأبصارهم} البقرة (٢٠٥).

٤. قوله تعالى: {أولئك الذين لعنهم الله فأصمهم وأعمى أبصارهم} محمد (٢٣).

٥. قوله تعالى: { إن الله كان سميعا بصيرا } النساء (٥٨).

٦. قوله تعالى: { ليس كمثله شيء وهو السميع البصير } الشورى (١١).

٧. قوله تعالى: { وقالوا لو كنا نسمع أو نعقل ما كنا من أصحاب السعير } تبارك (١٠).

فهذا التكرار بتقديم السمع على البصر في الآيات القرآنية التي ورد ذكرها دليل قاطع على دور السمع فيما يتعلمه الإنسان، وذلك لما لحاسة السمع من دقة في الإدراك، وحتى نجده سبحانه

وتعالى في الآية الأخيرة قدم السمع على العقل لأنه وسيلة لإعمال العقل، أو نافذة لإعماله. وما يدل على رجحان حاسة السمع على البصر هو أننا بالسمع ندرك المجردات، ولا سبيل للبصر في إدراكها. وإدراك المجردات أصعب من إدراك المحسوسات. وعلى هذا يبنى القول بأهمية الاستماع في عملية الاتصال والتعلم. وتأسيسا على ما تقدم يمكن القول: إن للاستماع دورا مهما في العملية التعليمية، خاصة إن معظم أدوات المدرسين ووسائلهم في التعليم هي لفظية. وبذلك يكون معظم الوقت الذي يمضيه المتعلم في المدرسة يمضيه مستمعا. بقي أن نعرف أن هناك ثلاثة مصطلحات هي: السماع، والاستماع، والإنصات تتردد على ألسنة المعنيين بتدريس اللغة العربية ومدرسيها. فهل هي واحدة المعنى أم ان لكل منها معنى؟ وهذا يتطلب الإجابة عن السؤال الآتي: ما الفرق بين السماع، والاستماع، والإنصات؟ وهذا ما سنجيب عنه فيما يأتي.

**الفرق بين السماع والاستماع والإنصات**

إن السماع شيء، والاستماع شيء آخر. والإنصات غير الاثنين. فلكل مصطلح معنى خاص ينماز به عن سواه. فأما السماع: فهو يعني استقبال الأذن ذبذبات صوتية من مصدر معين من دون أن يعيرها السامع اهتماما يذكر، ومن دون إعمال الفكر فيها كسماعنا صوت سيارة في شارع، أو قطار يمر.

أما الاستماع فهو: استقبال الأذن ذبذبات صوتية من مصدر معين مع إعطائها اهتماما وانتباها، وإعمال الفكر فيها. فهو عملية أكثر تعقيدا من السماع تؤدي إلى الفهم. وبموجب التعريفين يمكن التفريق بين السماع والاستماع. فالإنسان قد يسمع شيئا، ولا يستمع إليه.

أما الإنصات فهو: استماع غير أنه مستمر. فالمستمع يهتم وينتبه على ما يسمع. ولكن قد لا يكون هذا الانتباه، والاهتمام مستمرين. فأنت عندما تستمع إلى خطيب قد تنصرف عنه أحيانا. وعندما تستمع إلى محاضرة قد تنصرف عنها أحيانا وتسهو ثم تعود فيكون الاستماع متقطع الانتباه والاهتمام. أما الإنصات فهو مستمر، والفرق بين الاستماع والإنصات هو فرق في الدرجة، وبهذا المعنى جاء قوله تعالى: {وإذا قريء القرآن فاستمعوا له وأنصتوا لعلكم ترحمون} الأعراف (٢٠٤). فنلاحظ أن الإنصات جاء بعد الاستماع لأن ليس كل مستمع منصتا. فبدأ بالأشمل الأوسع، وانتهى بالضيق الأدق. ولذلك فالفرق بين الاستماع والإنصات ليس في نوع المهارة إنما في درجتها.

**وظائف الاستماع**

١. للاستماع دور مهم في نشر الثقافة والمعرفة عن طريق وسائل الاتصال المختلفة. فقد نستمع إلى محاضرات مباشرة، أو بوساطة أجهزة التسجيل الصوتي، أو الفضائيات المختلفة.

فالاستماع يعد نافذة واسعة يطل من خلالها الفرد على أنوع المعارف والخبرات.

٢. بعد أن تطورت تكنولوجيا الإرسال الصوتي مست الحاجة إلى الاستماع. إذ لا قيمة لكل هذا التقدم لو لا مهارة الاستماع، ووظيفتها في التعلم وتعديل السلوك.

٣. في عصر الديمقراطية والحاجة إلى حشد التأييد تكون للاستماع وظيفة لا تؤديها مهارات أخرى.

٤. للاستماع دور في تعبئة الرأي وإثارة الحماس نحو موقف معين.

٥. للاستماع دور رئيس في الاتصال عند من فقد البصر.

٦. الاستماع المنفذ الوحيد لتعلم الكلام.

٧. به تكتسب عادات اجتماعية ضرورية في حياة الناس.

٨. ينمي القدرة على الاستيعاب والفهم.

٩. يعد الوسيلة الرئيسة لفهم ما يدور في المحاضرات والندوات والمناظرات.

١٠. يزيد من ثروة المستمع اللغوية.

١١. يمكن الفرد من الإحاطة بالإرشادات، والتوجيهات التي يتطلبها عمله اليومي.

١٢. ينمي القدرة على الفهم والاستيعاب، ويدرب على الإنصات.

١٣. يعود على تقدير الآخرين واحترامهم. وإشعار المتحدث، أو القاريء بأن موضوعه ذو قيمة. ويضع الأسس الأولية للفكر الناقد.


**أنواع الاستماع**

الاستماع يصنف في ثلاثة أنواع كما يأتي:

١. من حيث المهارات التي يستهدفها:

أ- الاستماع للاستنتاج: وهو استماع يعقبه استنتاج الأفكار واستخلاصها من المسموع.

ب- الاستماع للموازنة والنقد: وبموجبه ينصب الاستماع على الموازنة بين متحدث وآخر. أو مصدر وآخر، والموازنة بين المعاني والأفكار الواردة في المسموع.

ت- الاستماع التذكري: وفيه يكون الغرض من الاستماع استرجاع ما تم سماعه وتذكر محتواه.

ث- التوقع: وفيه ينصرف ذهن السامع إلى توقع ما سيقوله المتحدث ومعرفة غرضه من الكلام.

٢. أنواع الاستماع من حيث غرضه:

أ- الاستماع الوظيفي: وهو ما يمارسه الفرد في حياته اليومية لقضاء متطلبات الحياة.

ب- الاستماع التحصيلي: وهو المدرسي. في المدرسة، وفي المحاضرات، والندوات، والمناظرات، والمناقشات. وكل كلام غرضه التعليم المدرسي.

ت- الاستماع الناقد: وهو استماع ينصرف فيه الذهن إلى تحليل المسموع. وتقويمه والرد عليه.

ث- الاستماع الاستمتاعي: وهو استماع ينصب فيه الذهن على المتعة واستغلال الفراغ.

٣. أنواع الاستماع من حيث موقف المستمع:

أ- استماع من دون كلام: ويكون المستمع فيه متلقيا لا يقاطع المتحدث. وغالبا ما يكون هذا النوع في المحاضرات عندما يتبع المتحدث أسلوب الإلقاء المستمر.

ب- استماع وكلام: وهو ما يستخدم في جلسات المناقشة، أو دروس المناقشة. إذ يستمع الفرد ثم يرد أو يناقش.


**مهارات الاستماع**

لمهارة الاستماع مهارات فرعية يجب التنبه عليها وهي:

١. مهارة متابعة المتحدث مع تركيز الانتباه.

٢. مهارة إدراك معاني التراكيب والتعبيرات اللغوية.

٣. مهارة استخلاص النقاط الرئيسة في الموضوع وتذكرها.

٤. مهارة الالتزام بآداب الاستماع.

٥. مهارة تحليل المسموع وتحديد مواطن القوة والضعف فيه.

٦. مهارة تدوين بعض الملاحظات حول المسموع.

٧. مهارة تذكر المسموع وحفظه.

٨. مهارة تلخيص المسموع شفهيا أو تحريريا.


**أهداف تدريس الاستماع**

١. تنمية القدرة على الإنصات.

٢. تنمية القدرة على الفهم.

٣. تنمية القدرة على التذكر والاستيعاب.

٤. تنمية القدرة على متابعة المتحدث.

٥. تنمية القدرة على إدراك معاني التراكيب والتعبيرات اللغوية.

٦. التدريب على آداب الاستماع.

٧. التدريب على تدوين الملاحظات حول ما يسمعه المتعلم.

٨. تنمية القدرة على تحليل المسموع ونقده.

٩. التدريب على استخلاص الأفكار الرئيسة في الموضوع وتذكرها.


**طريقة تدريس الاستماع**

لكي يؤدي درس الاستماع الغرض منه يجب أن يعد المدرس نفسه إعداد جيدا لتنفيذ هذا الدرس بدءا من التخطيط له، ومرورا بتنفيذه، وانتهاء بالأنشطة المصاحبة والتقويم. ويمر درس التدريب على الاستماع بما يأتي:

١. اختيار النص: إن أول عملية يقوم بها المدرس هي اختيار النص. إذ يعد الركن الأساس الذي يقوم عليه درس الاستماع. وفي هذا النص يشترط توافر الشروط الآتية:

أ- أن يكون جديدا غير مسموع من المتعلمين من قبل. لأنك بالفطرة تنجذب إلى ما هو جديد. أما المعاد المكرر فلا تجد بك حاجة إليه.

ب- أن يكون موضوعه ذا صلة بحياة المتعلمين، ويشعرون بشوق للخوض فيه.

ت- أن تكون لغته سهلة واضحة تتسم بالسلاسة، والابتعاد عن التكلف.

ث- أن يكون من حيث الأفكار والترتيب ملائما لمستويات الطلبة وقدراتهم العقلية.

ج- أن لا يكون طويلا مملا يحدث السأم والملل لدى الطلبة، أو يفوق مستوى استيعابهم. وبعد اختيار النص يجب على المدرس:

* قراءة النص قراءة دقيقة والتأكد من شكل الكلمات، وعلامات الترقيم، وتمثيل معانيها في التعبير الصوتي.

* تحديد الكلمات التي بها حاجة إلى شرح وإيضاح مستعينا بأحد المعاجم. على أن يستعين في شرح الكلمات بأسلوب المرادف، أو الضد، أو الشرح، أو إدخال المفردة في جملة. وأن يثبت ذلك في دفتر خطته اليومية.

* دراسة النص دراسة تحليلية. بقصد تحديد أبرز عناصره، وأفكاره وما يمكن أن يستنتج منه، وصلته بالحياة.

* تهيئة الأسئلة التي يمكن أن يثيرها بقصد حث الطلبة على الإصغاء والاستيعاب. والأسئلة التقويمية.

٢. المقدمة وشد انتباه الطلبة. بعد أن درس المدرس الموضوع لا بد له من التفكير بكيفية التقديم له بما يضمن إثارة انتباه الطلبة. ودفعهم للإنصات والاستيعاب. لما يترتب على ذلك من فوائد آنية ومستقبلية. الآنية تكمن في إجابتهم عن أسئلة ستطرح عليهم بعد سماع الموضوع. والمستقبلية تتمثل فيما يستخلصونه من فوائد، وأفكار ذات صلة بالحياة. ويحرص على تحبيب موضوع النص إلى نفوسهم. وبيان ما يمكن أن يحققه لهم من فائدة. مع الحرص على ما يأتي:

أ- معالجة حالة البعض من الطلبة ممن يشكو من ضعف في السمع بحيث تكون أماكن جلوسهم في مقدمة الصف.

ب- توافر كل ما يضمن الهدوء وعدم إثارة أي نوع من الضوضاء في أثناء الاستماع كي تنصب الأذهان على ما يسمعون من دون تشتيت.

ت- إبعاد كل شيء لا صلة له بموضوع الاستماع ومطالبة الطلبة بتهيئة الأقلام والدفاتر لتسجيل بعض الملاحظات إن وجدت، وعدم السماح لأحد بأن يفتح كتابا، أو يلهو بغير الاستماع.

ث- إعطاء توجيهاته للطلبة حول ضرورة الإنصات. وعدم التحدث مع الغير، أو الشرود الذهني. وانه سيوجه أسئلة لهم بعد الانتهاء من القراءة.

٣. قراءة النص. يفضل أن يقرأ النص من المدرس. وعلى المدرس أن يراعي في القراءة ما يأتي:

أ- أن يقف في مكان ما أمام الطلاب. وأن لا يتجول في أثناء القراءة كي لا يشتت انتباه التلاميذ، ولا يضعف سيطرته في متابعتهم.

ب-أن يقرأ النص بصوت يلائم سعة الصف، وقدرات الطلبة السمعية. ويحرص على إخراج الحروف من مخارجها، والالتزام بالشكل وعلامات الترقيم، وقواعد اللغة. وأن تكون قراءته قراءة تعبيرية تتمثل فيها وظائف علامات الترقيم. وأن يحسن السكوت والاستفهام والتعجب. ويحسن اختيار أماكن رفع الصوت وأماكن خفضه. وأن يستعين بالإيماءات والحركات وتقاسيم الوجه، وماتستلزمه القراءة التعبيرية من تلك الأمور. مع الحرص على أن يرفع عينيه بين الحين والآخر لمتابعة الطلبة، وملاحظة مدى تواصل استماعهم إليه.

٤. الحوار والمناقشة. في هذه الخطوة يطرح المدرس الأسئلة التي كان هيأها حول النص. ويطلب من الطلبة إجابتها، ويعقب، ويسمح لهم بمناقشة بعضهم البعض فيما فهموه، واستوعبوه من موضوع النص. مع الحرص على إشراك الجميع في هذه الخطوة كي يتأكد

المدرس من أن الكل استمع واستوعب. وكي يقف على مستوى استيعابهم. ويتعرف الفروق الفردية بينهم. على أن لا تكون الأسئلة من نمط واحد. إنما يحرص على تنوعها ويعطي فرصة لسماع أسئلة الطلبة، والإجابة عنها منه أو من زملائهم. بحيث يكون الطلبة في هذه الخطوة إيجابيين متفاعلين.

٥. التقويم. بعد الانتهاء من الحوار تبدأ الخطوة اللاحقة وهي التقويم، ويكون ذا اتجاهين:

الاتجاه الأول: تقويم يصدره الطلبة حول الموضوع يبينوا آراءهم فيه، وما يمكن أن يقدمه، وما هي نقاط القوة والضعف فيه من حيث الأفكار التي تضمنها، واللغة التي عبر بها عن تلك الأفكار، وما درجة صدق الأفكار وترابطها، وصلتها بعنوان النص والتزامها القواعد المتعارف عليه.

الاتجاه الثاني: هو تقويم المدرس لما تحقق من أهداف درسه التي حددها عند دراسة القطعة. ودرجة إسهامها في تحقيق تنمية القدرة على اكتساب مهارة الاستماع.

## أنموذج درس تطبيقي في الاستماع

الموضوع: قطعة شعرية بعنوان حنان الأم

الأهداف العامة: ذكرت سابقا وهي واحدة في جميع دروس الاستماع

الأهداف الخاصة:

١. أن يتعرف الطلبة مستوى حب الأم أبناءها.

٢. أن يدرك الطلبة مستوى تضحية الأم لأبنائها.

٣. أن يوضح الطلبة حنان الأم بلغتهم.

٤. أن يستوعب الطلبة معنى النص بعد الاستماع إليه.

٥. أن يتدرب الطلبة على حسن الإنصات.

٦. أن يبدي الطلبة رغبة في الحديث عن الأم.

٧. أن يتفاعل الطلبة مع ما يتضمنه الموضوع من صور تعبر عن حنان الأم.

٨. أن يبدي الطلبة آراءهم في النص.

٩. أن يتذوق الطلبة أسلوب النص.

## خطوات سير الدرس:

١. المقدمة وشد انتباه الطلبة: بعد أن اختار المدرس موضوع النص الذي يدور حول الأم يتولى تهيئة أذهان الطلبة وشد انتباههم لسماع النص فيقول:

هيأت لكم اليوم نصا جميلا يتحدث عن ذات طالما أحببتموها... يتحدث عن واحد من الذين خصهم الله تعالى بقوله: {وقل ربي ارحمهما كما ربياني صغيرا}... عن واحد ممن قال فيهما تعالى: {وقضى ربك أن لا تعبدوا إلا إياه وبالوالدين إحسانا}... عن واحد ممن قال تعالى فيهما: {إما يبلغن عندك الكبر أحدهما أو كلاهما فلا تقل لهما أف ولا تنهرهما وقل لهما قولا كريما}... موضوعنا اليوم عمن قال البارئ فيها: {ووصينا الإنسان بوالديه حملته أمه وهنا على وهن وفصاله في عامين أن أشكر لي ولوالديك إلي المصير}... موضوعنا اليوم عمن قال فيها رسول الله النبي الكريم محمد صلى الله عليه وسلم: {الجنة تحت أقدام الأمهات}... موضوعنا اليوم عمن قال فيها الشاعر:

| | |
|---|---|
| الأم مدرسة إذا أعددتها | أعددت شعبا طيب الأعراق |

موضوعنا الذي ستسمعون عن الأم. إنه قصة حنان في قصيدة شعر... انه عن الأم.....من هي الأم؟ !... سيريكم صورة الحنان وعمق التضحية من أجلكم.

٢. قراءة النص. قبل أن يبدأ المدرس القراءة يقول:

أنا سأقرأ وعليكم الاستماع والإنصات التام لكي تفهموا المعنى وما يدور في النص من أحداث لأني بعد الانتهاء من القراءة سأوجه لكم أسئلة حول النص، ومعناه، وما ورد فيه من أفكار وأحداث. ومن لم يستطع الإجابة فهو لم يصغ ولم يستوعب. ومن يلم بإحداثها فهذا يعني أنه انتبه واستوعب وهذا ما نريد. اقطعوا الحديث مع بعضكم، واستمعوا جيدا.

ثم يقرأ النص الآتي:

| | |
|---|---|
| أغرى امرؤ يوما غلاما جاهلا | بنقوده حتى ينال به الوطر |
| قال أأتني بفؤاد أمك يا فتى | في لحظة ولك الدراهم والدرر |
| فمضى وأغمد خنجرا في صدرها | والقلب أخرجه وعاد على الأثر |
| لكنه من فرط سرعته هوى | فتدحرج القلب المعنى إذ عثر |
| ناداه قلب الأم وهو معفر | ولدي حبيبي هل أصابك من ضرر |
| فدرى فضيع خيانة لم يأتها | ولد سواه منذ تأريخ البشر |
| فاستل خنجره ليطعن نفسه | ويظل فعله عبرة لمن اعتبر |
| ناداه قلب الأم لا تذبح فؤا | دي يا حبيبي مرتين على الأثر |

٣. الحوار والمناقشة. بعد أن انتهى من قراءة النص، يتوجه إلى الطلبة قائلا:

الآن نريد معرفة ما استوعبتموه مما سمعتم. من منكم يسرد أحداث القصة الشعرية؟فيقوم طالب ويتحدث بلغته الخاصة عما سمع من أحداث وشخصيات في النص. ثم يطلب من طالب آخر الحديث، وهكذا يتم السرد في إطار النص العام أولا. ثم بعد ذلك يوجه الأسئلة الآتية:

ماذا طلب الرجل من الغلام ؟

ثم يسمع الإجابة من أكثر من طالب ثم يسأل.

بما ذا وعد الرجل الغلام إذا ما جاء بفؤاد أمه ؟

فإذا ما سمع الإجابة يعلق هنا: هل المال عزيز بهذه الدرجة عند الناس؟ هل من الجائز أن يرتكب الفرد الرذيلة من أجل المال؟. المال وسيلة وليس غاية، وإذا ما جد المرء، واجتهد سيأتي المال بالعرق فيكون حلالا طيبا.

ثم يسأل المدرس الطلبة قائلا:

ماذا فعل الطفل بعد سماع طلب الرجل منه ؟

وبعد سماع الإجابة من أكثر من طالب يعقب المدرس: يا للبشاعة والدناءة، إنه سلوك المجرمين، إنه سلوك عبدة السحت، إنه فعل لا يفعله ذو جنان، ولا يأتي بمثله إنسان. من يتصور مثل هذه البشاعة؟ ثم يسأل. بعد أن جرأ الغلام على ذلك الفعل الشائن، ماذا فعل؟

فيسمع الإجابة فيقول: لماذا عاد مسرعا؟ وهكذا فيسمع الإجابة من الطلبة ثم يسأل.

ماذا فعل قلب الأم ؟

فيجب الطلبة: صاح بلوعة مناديا الابن العاق بقوله: ولدي الحبيب هل أصابك من ضرر. لاحظوا مستوى الحنان، فهل على وجه الأرض أكثر حنانا من الأم؟ لم تتألم لذبحها، إنما تألمت لسقوط ولدها على الأرض فما زال قلبها يعشق ولدها على الرغم من قطعه بالخنجر فؤادها.

ثم يسأل: ماذا فعل الابن بعد سماعه مناداة القلب؟ ويستمع إلى إجابات الطلبة ويسأل:

وماذا فعل قلب الأم عندما رأى الغلام يستل خنجره ليطعن نفسه؟ فيستمع إلى الإجابات ثم يسأل: لماذا أراد الغلام طعن نفسه؟

ويستمع إلى الإجابات وهكذا يكون قد مر على جميع ما جاء في النص من أفكار وحوار، وبذلك يكون قدمكن الطلبة من استيعاب فكرة الموضوع وحوارات القصة.

٤. التقويم. وفي هذه الخطوة يوجه أسئلة إلى الطلبة ليقوم ما تحقق من أهداف النص فيطرح الأسئلة الآتية:

أ- من يصف لنا حب الأم للأبناء ؟

ب- بماذا تستدلون على حنان الأم من خلال سماعكم النص ؟

ت- من يتحدث منكم عن الأم وحنانها ؟

ث- من يتحدث عن مواقف الأم مع الأبناء ؟

ج- كيف عبر الشاعر عن مستوى حنان الأم ؟

ح- هل تعتقدون أن النص جميل ؟

خ- من منكم يشعر أن النص أثر في نفسه؟

د- ما هو رأيكم بالأسلوب الذي اتبعه الشاعر فؤاد بليبل في هذا النص؟

٥. الواجب البيتي.

مطلوب منكم كتابة ما لا يقل عن صفحة واحدة عن الأم وحنانها ومالها على الأبناء بأسلوب جميل وتأتون به في الدرس القادم.

ثانيا: تدريس التعبيري الشفهي

يعد التعبير غاية اللغة إذا ما أخذنا وظيفتها بنظر الاعتبار، فعندما تكون وظيفة اللغة تحقيق التواصل بين الناس فان هذا التواصل اللغوي لا يكون إلا من خلال التعبير، فكل ما تسمعه من خلال الكلام أو القراءة هو تعبير، وكل ما تكتبه هو تعبير وان اختلفت إغراضه فغاية اللغة هو التعبير وما غير التعبير إلا وسائل وضوابط تمكن التعبير من تحقيق غاياته.

فالتعبير وسيلة من وسائل الإفهام واتصال الفرد بغيره وبناء روابطه الفكرية والاجتماعية مع الآخرين.

والتعبير هذا نوعان:

الأول: التعبير الشفهي.

الثاني: التعبير الكتابي أو التحريري.

ولكل منهما خصائصه ووظيفته في الاتصال اللغوي.

**التعبير الشفهي:**

التعبير الشفهي هو الكلام: وهو مهارة من مهارات اللغة بها تنتقل الأفكار، والمعتقدات

والآراء، والمعلومات، والطلبات إلى الآخرين بوساطة الصوت. فهو ينطوي على لغة وصوت وأفكار وأداء.

ويستمد التعبير الشفهي رجحانه على التعبير الكتابي من:

١. إن الكلام أسبق من الكتابة في الاستخدام.

٢. إن الكلام أوسع استخداما في اللغة من الكتابة.

٣. الكلام يستخدمه كل إنسان صح سمعه وسلمت أعضاء نطقه، فيما الكتابة لا يستخدمها إلا من تعلم الكتابة، وهم بالتأكيد أقل عددا ممن يستخدمون الكلام.

٤. استعمال الكلام ولوازمه أيسر من الكتابة.

٥. الجميع يفضلون التواصل بالكلام على الكتابة.

٦. الحياة اليومية تقتضي الكلام أكثر من الكتابة.

٧. الكلام والتمكن منه يعين الفرد على التكيف الاجتماعي.

٨. يمنح الفرد قدرة على المواجهة والمناقشة وإبداء الرأي.

٩. يعد المكان الطبيعي للتطبيق اللغوي واستخدام اللغة استخداما صحيحا.

والتعبير الشفهي من حيث الغرض نوعان:

١. التعبير الشفهي الوظيفي.

٢. التعبير الشفهي الإبداعي.

أما الوظيفي: فهو كل تعبير يؤدي غرضا وظيفيا في الحياة لأنه يلبي حاجة تقتضيها حياة المتكلم، سواء كان هذا داخل المدرسة أم خارجها. والحياة مليئة بالمواقف التي تقتضي التعبير الوظيفي منها:

أ- مواقف استقبال الآخرين.

ب- مواقف التعريف بالآخرين.

ت- مواقف وداع الآخرين.

ث- مواقف تهنئة الآخرين في مواقف فرح.

ج- مواقف مؤاساة الآخرين وتعزيتهم في مواقف حزن.

ح- مواقف تقديم إرشادات وتعليمات.

خ- مواقف التعليمات والتعقيبات على الأحداث والأقوال.

د- مواقف التعامل والبيع والشراء.

وغيرها من المواقف. كل هذه المواقف ترد تحت التعبير الوظيفي الشفهي.

## أما الإبداعي:

فهو التعبير الذي يحرص فيه الفرد على إظهار أحاسيسه وعواطفه بعبارات مختارة بدقة وعناية يتوخى منها المعبر إحداث أكبر الأثر في نفس السامع من خلال سلامة الألفاظ وعذوبتها، وحسن تركيبها وما تشتمل عليه من مواطن الجمال، وعمق الدلالة، وجزالة المعنى مما يؤدي إلى استثارة السامع، وتفاعله مع ما يسمع، فالتعبير الإبداعي فيه صنعة وجمال وإثارة تطل على نفس السامع فتهيجها، وتتفاعل معها. وتقاس جودته بمستوى ما يحققه من أثر في نفس السامع. وفي الحياة مواقف كثيرة تقتفي هذا النوع من التعبير، منها على سبيل المثال:

أ- المواقف الشخصية ذات الأغراض الوجدانية.

ب- استثارة السامعين نحو قيمة معينة.

ت- شحذ الهمم للذود عن الوطن.

ث- تعبئة الرأي العام ضد ظاهرة سيئة.

ج- التذكير بسير الصالحين والحث على التحلي بها.

ح- معالجة الظواهر السيئة، والتصدي لها وتبيان آثارها. وغير ذلك.

## أهداف التعبير الشفهي

يهدف التعبير الشفهي إلى:

١. تمكين الطلبة من النطق الصحيح وإخراج الحروف من مخارجها.

٢. تدريب الطلبة على استخدام الكلمات في سياقاتها الصحيحة.

٣. تدريب الطلبة على بناء التراكيب اللغوية بناء صحيحا.

٤. تدريب الطلبة على ترتيب الأفكار والتعبير عنها.

٥. تدريب الطلبة على التعبير الصوتي المعبر عن المعنى.

٦. تدريب الطلبة على مواجهة الآخرين، وقتل الخجل في نفوسهم.

٧. تدريب الطلبة على أساليب إلقاء الكلام، والتفاعل مع السامعين.

٨. تدريب الطلبة على حسن الاستماع، وتسجيل الملاحظات.

٩. تدريب الطلبة على كيفية مناقشة الآخرين، واحترام آرائهم.

١٠. تدريب الطلبة على كيفية الدفاع عن آرائهم بأسلوب لائق.

١١. تهيئة التلاميذ للتفكير المنطقي.

١٢. تنمية القدرة لدى الطلبة على الارتجال، والاسترسال في الحديث.

١٣. تنقية لغة الطلبة من الأخطاء الشائعة.

١٤. تدريب الطلبة على وضع القواعد النحوية موضع التطبيق في الكلام.

١٥. إتاحة الفرص أمام الطلبة لاستخدام محصولهم اللغوي وتنميته.


**كيف يكون درس التعبير الشفهي فعالا**

يمكن أن يكون درس التعبير الشفهي فعالا من خلال:

١. حسن اختيار الموضوع.

٢. توسيع مجالات الحديث، وتعدد الأنشطة.

٣. منح المتحدثين فرصة لاختيار ما يحبون التحدث فيه.

٤. عدم السخرية والاستهزاء مما يتحدث به الطلبة.

٥. إشراك الجميع في المناقشة.

٦. تشجيع المتعلمين على المطالعات الخارجية والاستماع إلى أحاديث ومقالات متنوعة.

٧. إشراك الطلبة في أنشطة تستدعي الكلام مثل: الإذاعة المدرسية، والمسرحيات، واللقاءات الاجتماعية والمدرسية.

٨. استعمال عناصر التعزيز للمحسنين، والإرشاد والتوجيه للمقصرين.

٩. التخطيط المتقن، والتنفيذ الدقيق، والتقويم الصادق كلها تجعل من درس التعبير الشفهي فعالا.


**طريقة تدريس التعبير الشفهي**

جرت العادة أن تخصص حصص بعينها لتدريس التعبير الشفهي، ولعدم وجود مقرر دراسي للتعبير فإن هذه الحصة كثيرا ما تستغل لتدريس فروع أخرى. وربما يتم الاكتفاء بدمج التعبير الشفهي بدروس التعبير التحريري، والاكتفاء بمناقشة عناصر الموضوع التحريري شفهيا من الطلبة لممارسة التعبير الشفهي. ولكي لا يكرس هذا الاتجاه، ولإعطاء الكلام نصيبا من التدريس يتلاءم ودوره في الاتصال اللغوي نشدد على وجوب إعطاء هذا النوع من التعبير النصيب الأكبر لا من خلال الحصة المخصصة له، وإنما من خلال ممارسته في فروع اللغة الأخرى. ويصمم درس التعبير الشفهي على وفق ما يأتي:

**١. إعداد خطة الدرس:**

إن درس التعبير الشفهي ليس درسا للراحة، إنما له أهدافه وأهميته في تمكين المتعلم من استخدام اللغة في المواقف التي تواجهه في حياته اليومية. لذا يتوجب على المدرس أن يعد خطة الدرس مسبقا، ويحرص على أن يضمنها الموضوع، وكيفية اختياره، وتحديد أهداف الدرس، وتحديد عناصر الموضوع، وتحديد التساؤلات التي سيطرحها على الطلبة، والشواهد القرآنية أو الأدبية التي يمكن أن يدعم بها الآراء وغير ذلك. ثم يضمنها أسلوب التقويم وكيفية التعامل مع الأخطاء وطريقة إشراك الطلبة والتوجيهات والإرشادات التي يقدمها والمقدمة.

**٢. اختيار الموضوع.**

إن اختيار عنوان الموضوع يعد خطوة أساسية يترتب عليها نجاح الدرس، لذا يجب أن يكون الموضوع الذي يتم اختياره من الموضوعات التي تثير الطلبة وتحفز دافعيتهم على التحدث فيه. وهناك أكثر من أسلوب لاختبار الموضوع منها:

أ- يطرح المدرس عددا من الموضوعات ويعطي الطلبة فكرة موجزة عن كل موضوع. ويتم اختيار أحدها بحسب رغبة الطلبة.

ب- يطرح المدرس عددا من الموضوعات مع إعطاء فكرة عن كل منها وإعطاء الخيار لكل طالب لاختيار أي منها والتحدث فيه.

ت- يطرح الطلبة جملة مواضيع وتتم مناقشتها فيتم اختيار أحدها للتحدث فيه.

ث- أن يختار المدرس موضوعا واحدا ويعطي صورة موجزة عنه ويطلب من الطلبة التحدث فيه.

ج- يعطي لكل طالب حرية اختيار الموضوع الذي يرغب فيه فيتحدث عنه. وهذا يعد الأسلوب الأفضل لما يوفره للطالب من حرية اختيار الموضوع، ويجعله أكثر قدرة على الاسترسال فيه والدفاع عنه.

٣. المقدمة. قبل البدء في اختيار الموضوع يتم التقديم للدرس، ويشدد على أهدافه وما يمكن أن يحققه. ويذكر المدرس بقواعد التحدث والاسترسال، وكيفية الإلقاء. وانشراح النفس، وعدم الارتباك، ومراعاة القواعد النحوية، ومستوى الصوت، والتعبير الصوتي عن المعاني. وكيفية الإصغاء وتسجيل الملاحظات. ومناقشة المتحدث.بعد الانتهاء من حديثه باحترام وتقدير. وكيف يرد المناقش على ملاحظات الآخرين وهكذا. وإذا كان الموضوع المختار من المدرس فيكون التقديم حول الموضوع وأهميته. وما يحققه للفرد، وما يمكن استخلاصه منه. وإذا كان الموضوع من اختيار الطالب فالطالب يقدم له بما يلفت انتباه الآخرين ويحفزهم على سماع حديثه.

٤. تحديد عناصر الموضوع الذي يتحدث فيه الطالب من الطالب ومعاونة المدرس. ثم يبدأ حديث الطالب عن تلك العناصر بأسلوب أدبي على وفق ما ذكرنا في الفقرة الثالثة، ويكون دور الطلبة الإصغاء وتسجيل الملاحظات. وفهم الأفكار وتحليل عناصر الموضوع وتثبيت نقاط القوة والضعف في الموضوع، وفي طريقة معالجته وفي طريقة الأداء.

٥. المناقشة. بعد انتهاء. الطالب من التحدث في الموضوع تبدأ مناقشة. الطلبة له. ويتولى المدرس إدارة المناقشة وجعلها هادفة بناءة لا تخرج عن أهداف الدرس. ويعطي الفرصة للطالب للدفاع عن آرائه دفاعا مبنيا على الحجة والمنطق. ثم يتولى المدرس مهمة التعقيب، والتعليق على الآراء التي تطرح في أثناء المناقشة.

٦. التقويم. وهنا تقدم الآراء النهائية حول الموضوع، وطريقة معالجته وأفكاره، ومدى الاستفادة منه. ويتم ذلك من الطلبة والمدرس.

أنموذج درس تطبيقي في التعبير الشفهي

الموضوع:

قال الشاعر:

ازرع جميلا ولو في غير موضعه

وقال آخر:

ومن يجعل المعروف في غير أهله

من أي الرأيين أنت ؟. بين وجهة نظرك ودافع عنها بأسلوب أدبي جميل.

الأهداف العامة:

ذكرت سابقا وهي نفسها في جميع دروس التعبير الشفهي، ويمكن أن يكتفي المدرس بكتابتها مرة واحدة في بداية العام. والعودة إليها عند اشتقاق الأهداف الخاصة كي تصب فيها ولا تتقاطع معها.

الأهداف الخاصة:

١. أن يبدي الطلبة آراءهم في عمل الخير والإحسان.

٢. أن يتحدث الطلبة مشافهة أمام زملائهم عن فعل الخير.

٣. أن يدافع الطلبة عن آرائهم بحجج منطقية.
٤. أن يسترسل الطلبة في الحديث أمام الآخرين.
٥. أن يصغي الطلبة إلى أحاديث زملائهم.
٦. أن ينتقد الطلبة أحاديث زملائهم من حيث الأفكار وترابطها، والأسلوب، وسلامة اللغة وتراكيبها.
٧. أن يتفاعل الطلبة والقيم التي يتضمنها النص.
٨. أن يبدي الطلبة رغبة في التحدث أمام زملائهم.
٩. أن يتدرب الطلبة على كيفية الاستشهاد بنصوص مأثورة لها صلة بالنص.
١٠. أن يوازن الطلبة بين الاتجاهين الواردين في الموضوع.
١١. أن يوضح الطلبة أسباب ترجيحهم اتجاها على اتجاه.

**خطوات سير الدرس:**

١. المقدمة: قبل أن تتحدثوا في الموضوع لا بد من أن نذكر بما نريده من درس التعبير الشفهي. إن ما نرمي إليه هو أن نتعلم الحديث بنفس منشرحة، ولغة سليمة، ورباطة جأش، وأفكار مترابطة، وأسلوب جميل تتخللـه الشواهد من القرآن الكريم، أو المأثور من كلام العرب. مع مراعاة قواعد اللغة، وصحة النطق، وحسن الإلقاء. والاستماع إلى المتحدث، وتسجيل الملاحظات حول أفكاره، وعباراتها. وأسلوب إلقائه.. وحسن البدء، وحسن الختام. وجودة الإلقاء.

أما الموضوع الذي نتناوله في الحديث فهو يتناول غرضا أو شأنا طالما حثت عليه الأديان. وخصه أهل التقى بالرجحان.وعدوه ضرورة لكل زمان ومكان.. إنه البر والعرفان... إنه فعل الخير والإحسان الذي طالما شدد عليه البارئ في القرآن..ولكن للناس فيه اتجاهين. عبر عنهما هذان البيتان. ثم يكتب الأبيات في أعلى السبورة بخط جميل واضح وتحتهما السؤال ثم يقرأ البيتين ويقرأ السؤال فيقول:

يرى قائل البيت الأول أن علينا زرع الجميل، وفعل المعروف من دون البحث عما إذا كان من نحسن إليه يستحق ذلك الإحسان أم لا، لأن الإحسان لا يضيع أينما زرع.

أما قائل الثاني: فإنه يرى غير ذلك، إذ يقول: من يفعل الخير في غير موضعه ينقلب ما يتوخاه من مدح إلى ذم. فيندم على فعله. فالرأيان متضادان ولكل منهما مسوغاته وحجته فمن أي الرأيين انتم؟. المطلوب منكم إجراء الموازنة بين الرأيين. وبيان ما ترجحونه منهما على الآخر مع ذكر الأسباب. ولكن بأسلوب أدبي جميل.

٢. تحديد عناصر الموضوع، والحديث عنها من الطلبة. بعد أن قدم المدرس للموضوع وقرأه ووضح ما مطلوب من الطلبة. يعطيهم فاصلة زمنية لتنظيم أفكارهم. ثم يطلب ممن لديه رغبة في الحديث الوقوف أمام زملائه والتحدث في الموضوع مدافعا عن رأيه. ويبدأ بالطلبة المميزين. وإذا ما قام الطالب أمام زملائه طلب منه المدرس تحديد عناصر الموضوع. ثم يستمع منه ويجري عليها بعض التهذيب ثم يثبتها في صورة نقاط على السبورة كما يأتي:

الإحسان وفعله في تكافل المجتمع.

موقف الإسلام من فعل الخير والمعروف.

موقف العرب من فعل الخير.

موقف المتحدث من فعل الخير.

دعوة المتحدث الآخرين نحو فعل الخير.

ويذكر للطلبة أن هذه العناصر ليست عنوانات. إنما تشكل أطرا تحدد مسار الحديث. وللمتحدث أن يزيد عليها إذا ما رأى في ذلك ما يجعل حديثه أكثر تماسكا، واشد سبكا، وأجمل أفكارا. ثم يسمح بعد ذلك للطالب بالحديث بعد تذكير الطلبة بوجوب الإصغاء. وإخراج الأقلام وتثبيت الملاحظات. ومناقشة المتحدث بعد الانتهاء من حديثه. ويستمر الطالب بالحديث من دون أن يقاطعه إلا إذا ما ارتكب خطأ يفسد المعنى، أو خرج على قواعد اللغة فينبهه على ذلك. لأن كثرة المقاطعة تعيق الاسترسال في الحديث.

٣. المناقشة. بما أن الموضوع يطلب من الطالب تبني رأيا من رأيين، فعليه أن يسوق الحجج والشواهد التي تدعم رأيه. وللمدرس والطلبة الآخرين معارضته وسوق الحجج التي تفند رأيه لكي تنمى في الطالب القدرة على المحاورة. فمثلا لو قال الطالب: أنا من الرأي الأول لأن فعل الخير هو الأصل، وأن المرء عندما يعمل خيرا لا ينبغي أن ينتظر جميلا ممن أحسن إليه. إنما الجزاء عند اللـه إذ يقول تعالى: {من يعمل مثقال ذرة خيرا يره ومن يعمل مثقال ذرة شرا يره}. وإن الإحسان للناس يقرب القلوب، ويزرع الود، فيها ويخفف من نزعة الحسد. يرد عليه المدرس أو أحد الطلبة قائلا: ألم تقرأ قوله تعالى: {وهل جزاء الإحسان إلا الإحسان} ؟... ألم تسمع الحكمة: اتق شر من أحسنت إليه؟... ألم تقرأ قول المتنبي:

ووضع الندى في موضع السيف بالعلا　　　مضر كوضع السيف في موضع الندى

مما يعني أن إكرام من لا يستحق عمل غير مقبول. وهو عمل لا يختلف عن إشهار السيف بوجه من يستحق الإكرام. وهكذا تكون المناقشة بين المتحدث من جهة، وبين الطلبة والمدرس من

جهة أخرى. على أن يشرف المدرس على إدارة النقاش ولا يسمح بخروجه عن المسار المؤدي إلى تحقيق أهداف الدرس.

أما إذا قال الطالب: أنا من أصحاب الرأي الثاني لأن فعل الخير لا ينبغي أن يكون إلا في مكانه لأن فاعل الفعل ينتظر نتائج فعله، فهو كالزارع يزرع فينتظر الزرع والثمار. فلا ينبغي أن يضع بذوره في أرض لا تصلح للإنبات. فيذهب فعله هباء منثورا. ولنا في قول المتنبي دليل على أن إكرام من لا يستحق الكرم مفسدة للأخلاق إذ يقول:

إذا أنت أكرمت الكريم ملكته    وإن أنت أكرمت اللئيم تمردا

وهكذا.

فيرد عليه الطلبة أو المدرس بالقول:

ألم تسمع قول الشاعر:

أحسن إلى الناس تستعبد قلوبهم    إذ طالما استعبد الإنسان إحسان

ألم تسمع قول الآخر:

بادر هواك إذا هممت بصالح    خوف الغوالب أن تجيء فتغلب

وإذا هممت بسيء فاغمض له    وتجنب الأمر الذي يتجنب

لاحظ القائل هنا يدعو المرء إلى فعل الخير من دون تردد أو تحسب. إذ ربما يأتي ما يمنع من فعل الخير. أما فعل الشر فيدعو إلى التريث وعدم الإقدام عليه.

ثم ألم تسمع قول أحد الحكماء:

(( العلم خليل المؤمن، والحلم وزيره، والعقل دليله، والعمل قائده، والرفق والده، والبر أخوه، والصبر أمير جنوده ))

فقد جعل البر أخا للمرء، وانتم تعرفون منزلة الأخ ودوره. فهذا هو البر ما بالنا نفتش ونمحص فيمن يستحق وفيمن لا يستحق ؟. فيرد الطالب: إن الناس صنفان منهم الكرام، ومنهم اللئام. والإحسان للئام إطغاء، ألم تسمعوا قول الشاعر:

لا تلطفن بذي لؤم فتطغيه    وأغلظ له يأت مطواعا ومذعانا

وهكذا يستمر الحوار بأسلوب أدبي جميل، ويرصع بحجج أدبية، وآيات قرآنية وأحاديث نبوية. وبعد أن تتم المناقشة، ويعطى كل طالب فرصته للدفاع عن آرائه وتعقيب المدرس على تلك الآراء، ينتقل إلى الخطوة الأخيرة وهي التقويم.

٤. التقويم. ولأغراض التقويم يبدي الطلبة آراءهم في استرسال المتحدث في حديثه، ومنطقية حججه، ومستوى دفاعه عن آرائه، ومدى ترابط أفكاره، وأسلوبه، وسلامة لغته وجرأته، وعدم ارتباكه. ويناقشهم المدرس فيما يطرحون. ثم يسأل:

أ- ما رأيكم فيما تضمنه الموضوع من أفكار ؟

ب- هل يعالج الموضوع مفردة حياتية تتعاملون معها ؟

ت- هل وجدتم في الموضوع قيمة تقدرونها؟ ما هي ؟

ث- هل فتح الموضوع أمامنا بابا للتعامل مع عمل الخير ؟

ويأخذ الإجابات من الطلبة ثم يعقب عليها. وبذلك يكون المدرس حقق الأهداف الخاصة التي حددها.


**ثالثا: تدريس التعبير الكتابي**

ذكرنا أن اللغة من حيث الاستعمال شفهية ومكتوبة. وتحدثنا عن مهارتي اللغة الشفهية. وهما الاستماع والكلام. والآن ننتقل إلى اللغة المكتوبة على وفق مدخل الاتصال الذي تعد الكتابة بموجبه واحدة من مهارات الاتصال اللغوي. وإحدى وسائل الإرسال فيه. والكتابة: هي حروف أو رموز مرسومة تصور ألفاظا دالة على المعاني التي قصدها الكاتب من النص المكتوب. ومن المعروف أن ظهور الكتابة جاء متأخرا عن استعمال اللغة مشافهة. إذ استخدم الإنسان الأصوات للتعبير بها عن حاجاته، والتواصل مع الآخرين. وعندما تقدمت الحياة وتطورت، ووجد الإنسان بنفسه حاجة إلى أن ينقل آراءه وما يريد إلى آخرين بعيدين عنه مكانا و زمانا، فكر بوسيلة للتعبير تستخدم عند عدم تحقق المواجهة بين المرسل والمستقبل. فتوصل العقل الإنساني إلى اختراع الكتابة. ومن المعروف أن الكتابة تطورت خلال مراحل هي:

مرحلة الصور: أي استخدام الصور والرسوم للدلالة على المطلوب فمثلا: يرسم المعبر صورة بقرة للدلالة على البقرة، وصورة الحصان للدلالة على الحصان.

مرحلة التصوير المعنوي: وذلك عندما وجد الإنسان انه بحاجة إلى التعبير عن معنى معين لجأ إلى التعبير عن ذلك المعنى بصور تتصل به فمثلا: عندما يريد الحديث عن معركة يصور السيوف، والرماح، والخيول للدلالة على الحرب.

مرحلة التصوير الحرفي: وهنا حدثت نقلة في الكتابة، إذ تم تصوير الحروف التي تتكون منها الكلمات، وجعل لكل حرف صورة، ومن مجموع الحروف تتكون الجمل.

مرحلة الحروف الأبجدية: وهي المرحلة الأخيرة. وتم بموجبها استبدال الحروف الأبجدية بالصور.

**وتتضمن الكتابة ثلاثة فروع هي:**

١. التعبير الكتابي (التحريري).

٢. الرسم الهجائي (الإملاء).

٣. الخط

وهنا نتناول التعبير الكتابي من حيث المفهوم والأسس والأهداف وطريقة التصحيح وطريقة التدريس ثم نقدم أنموذجا لدرس تطبيقي في التعبير الكتابي.

## مفهوم التعبير الكتابي وأهميته

التعبير الكتابي هو عملية التعبير عن المشاعر، والأحاسيس، والآراء والحاجات. ونقل المعلومات بكلام مكتوب كتابة صحيحة تراعى فيها قواعد الرسم الصحيح واللغة، وحسن التركيب، والتنظيم وترابط الأفكار، ووضوحها. وقلنا انه جاء متأخرا عن التعبير الشفهي. وأصبح الآن بعد التطور العلمي، وتعقد الحياة، وشدة الحاجة إلى التواصل بين الماضي والحاضر. وبين القريب والبعيد أصبح يمثل ضرورة، ويحتل أهمية كبيرة في عملية التواصل ونقل التراث، وإطلاع الآخرين على ما تم التوصل إليه. وبيان الرأي ووجهات النظر فيما يطرحه الآخرون. ثم إن على الكتابة تتوقف مهارة القراءة. فمن دون الكتابة لا توجد قراءة. والتعبير الكتابي من حيث الوظيفة نوعان أيضا هما:

١. التعبير الكتابي الوظيفي.

٢. التعبير الكتابي الإبداعي.

أما الوظيفي فهو ذلك النوع الذي يستخدمه الفرد لقضاء متطلبات الحياة اليومية. ومجالاته متعددة تعدد متطلبات الحياة، ومنها:

أ- كتابة الرسائل ذات الغرض المصلحي.

ب- كتابة البرقيات.

ت- كتابة تقارير العمل.

ث- ملء الاستمارات.

ج- كتابة الطلبات مثل: طلب الحصول على هوية.و طلب الحصول على إجازة.وطلب الحصول على جواز سفر. وغير ذلك من الحاجات اليومية.

وفي هذا النوع من التعبير لا يستلزم التصنع والتزويق وما تقتضيه إثارة الوجدان. بل المطلوب الوصول إلى الغرض بأيسر الأساليب وأوضحها. والملاحظ أن هذا النوع من التعبير مهمل تماما في

مدارسنا. إذ يتجه المدرسون نحو التعبير الإبداعي فقط متناسين وظيفة اللغة، وما يقتضيه المدخل الوظيفي في تدريس اللغة الذي أشرنا إليه سابقا، الذي يعد من الاتجاهات الحديثة في تدريس اللغة. وقد نتج عن هذا الإهمال أو الإغفال أن نجد العديد من المتعلمين، وربما من حملة الشهادات الجامعية الأولية إذا ما واجههم موقف يحتاجون فيه تحرير طلب للحصول على هوية الأحوال المدنية يعييهم الأمر فيتجهون إلى محرر العرائض. وفي ضوء هذه الحالة لك أن تتصور درجة فشل تعليم اللغة في تحقيق أغراضها الوظيفية. والشيء اللافت للنظر أننا نرى المدرسين في دروس الإنكليزية يدربون الطلبة على كتابة الرسائل وغيرها. فيما نجد هذا التوجه معدوما عند مدرسي اللغة العربية. إن التعبير الإبداعي ضروري،ولكن الوظيفي لا يقل عنه ضرورة. وإذا كان لكل درس وظيفة وغاية، فإن غاية درس اللغة العربية هي تمكين المتعلم من استخدامها استخداما صحيحا في جميع المواقف الحياتية التي تقوم على استخدام اللغة.وتأسيسا على ما تقدم يجب أن يتم حصر كل تلك المواقف التي يمكن أن يتعرض لها الفرد وتستدعي التعبير الكتابي. وتدريب الطلبة على ممارسة التعبير الكتابي فيها كي توظف اللغة في خدمة الحياة. هذا ما ذكرناه سابقا. أما التعبير الكتابي الإبداعي: فهو ذلك النوع من التعبير الذي يقصد به إظهار المشاعر والأحاسيس والعواطف الجياشة، وخلجات النفس بعبارات منتقاة تتسم بالجمال والسلاسة، وإثارة الشوق محدثة أبلغ الأثر في القارئ، مثيرة الرغبة في تفاعله معها تفاعلا وجدانيا، وبموجب هذا المفهوم للتعبير الكتابي نرى أنه يتطلب:

أ- إظهار المشاعر والأحاسيس والعواطف.

ب- الصدق في التعبير.

ت- الجمال والسلاسة.

ث- انتقاء الألفاظ والتراكيب والأساليب المؤثرة.

ج-مراعاة مطابقة الكلام لمقتضى حال السامع بقصد إحداث الأثر فيه. فلا يكون فوق مستوى قدراته اللغوية فيصعب عليه فهمه. ولا دون ذلك فلا يجد فيه جديدا ولا يستجيب له.

فالتصنع والتزويق، وبلاغة التراكيب مطلوبة في التعبير الإبداعي بنوعيه الشفهي والتحريري. إلا إن الحاجة إليها في التعبير الكتابي أكثر وأعمق. زد على ذلك أن التعبير الكتابي يحتاج إلى أمور أخرى يقتضيها الشكل منها:

١. تنظيم الفقرات وترابطها. والفصل بين فقرة وأخرى بالعلامات المطلوبة.

٢. استخدام علامات الترقيم في مواضعها الصحيحة. إذ من المعروف أن التعبير الشفهي، كلام فيه يتمكن المتعلم من الاستعانة بوسائل معينة لتمثيل المعاني المطلوبة منها؛ الإيماءات والحركات، والوقف والوصل، والاستفهام والتعجب. فالمتحدث عندما يصمت

ففي صمته كلام. أي انتبهوا على ما أقول. وفي تعجبه كلام. أي عجبا من هذا، وفي استفهامه كلام، وهكذا. وعندما يكون التعبير كتابيا لا يتأتى للكاتب استخدام هذه المعينات مما يترتب على ذلك وصول المعنى بأقل مما يريد الكاتب، أو على غير ما يريده. من هنا مست الحاجة إلى علامات الترقيم واستخدامها في الكتابة. ومثلما على القارئ إخراج أصوات الحروف من مخارجها عليه أن يعبر عن معاني علامات الترقيم. لذا فإن علامات الترقيم وسيلة من وسائل الكتابة تعين الكاتب على إيصال المعاني إلى القارئ كما يريد الكاتب. ولو أجرينا دراسة ميدانية على خريجي أقسام اللغة العربية في الجامعات بقصد معرفة مستوى قدرتهم على استخدام علامات الترقيم في مواضعها الصحيحة. وأخرى لمعرفة مستوى قدرتهم على التعبير الصوتي لمعاني علامات الترقيم لوجدنا المستويين متدنيين. ومن هنا نجد قلة اهتمام بتدريب الطلبة على التعامل مع علامات الترقيم كتابة وقراءة. لذا يجب على المدرسين إيلاء هذا الموضوع اهتماما كبيرا في درس التعبير الكتابي وما له صلة به.

٣. حسن الخط: من العوامل المؤثرة في القارئ حسن الخط وجماله. وكلما كان الخط حسنا كان له أثر في نفس القارئ، والعكس صحيح كلما كان الخط رديئا، قل أثره وإن حسنت أفكاره.

٤. صحة الرسم: من المعروف أن دلالة الكلمة ترتبط ببنيتها وشكلها. وحيث ما اختلف الشكل أو البنية اختلف المعنى زيادة على ما يمكن أن تحدثه الأخطاء الإملائية من حالة ازدراء من القارئ لما يقرأ، لذا فإن من الأمور التي يجب التشديد عليها في التعبير الكتابي صحة الرسم.

٥. التزام قواعد النحو واللغة: من المعروف أن النحو وسيلة للدلالة عن المعنى، وإذا ما اختلفت الحركات الإعرابية للتراكيب اختلف معناها. لذا فإن الخلل في تطبيق القواعد النحوية يعد خللا في التعبير الكتابي.

٦. الإسهاب الممل والإيجاز المخل: من عيوب التعبير الكتابي إذا أسهب الكاتب، وتجاوز حاجة الموضوع، أو الفكرة لما سينتج عن ذلك من السأم والملل عند القارئ، فيضيع الغرض من التعبير. كذلك إذا أوجز الكاتب إيجازا مخلا، فإنه لا يعطي الفكرة أبعادها التي ينشدها القارئ مما يترتب على ذلك عدم تمكين الرسالة من تحقيق مبتغاها.

٧. من العيوب الشكلية في التعبير الكتابي تكرار الفكرة والدوران حولها، فيحدث الضجر عند القارئ، ويدفعه إلى عدم التشديد على ما في الموضوع.

٨. إن ما يتضمنه التعبير الكتابي من شواهد مأثورة، وآيات قرآنية يزيد من فاعليته في ذهن القارئ، لذا يجب أن يتم التشديد على هذا الجانب. مع التزام الآتي:

أ- أن تكون الشواهد ذات صلة وثيقة بالفكرة التي ترد في سياقها.

ب- ألا يحشر الشاهد حشرا. بحيث يبدو التكلف واضحا في الموضوع.

ت- أن تكون الشواهد دقيقة صحيحة من دون تحوير أو تحريف. لأن ذلك يقلب الأمر على عقبه. فبدلا من أن يكون الشاهد مدعما للموضوع يتحول إلى سبيل للتشكيك في أمانة الكاتب أو جهله بمصدر الشاهد.

أسس التعبير الجيد

يقوم التعبير الجيد على عنصرين هما:

١. الأفكار.

٢. الأساليب.

أما الأفكار فتأتي من تجارب الطالب الفكرية وسعتها، ومساحة قراءاته وإطلاعه، ومشاهداته. فكلما اتسعت قراءات الطالب ومطالعاته وتعرفه إلى ما تتضمنه كتب الأدب من أفكار تتولد لديه أفكار جديدة. وهذه الأفكار تتسع وتزداد تبعا لزيادة قراءاته وسعتها.

وأما الأساليب. فهي أوعية الأفكار. بها تنقل من الكاتب إلى القارئ عن طريق الكلمات والتراكيب. ومصدر الأساليب هو القراءات المتنوعة لكتاب متنوعين زيادة على الاستماع إلى فنون الأدب المختلفة من خلال وسائل متعددة كالمحاضرات،والندوات، والمسرحيات وغيرها. لذا توجب على المدرس تنبيه الطلبة على هذين العنصرين المهمين اللذين يقوم عليهما التعبير الكتابي. لكي تتحقق في التعبير الخصائص التي تجعله جيدا ومنها:

أ- أن يكون التعبير صادرا عن تجربة حية، وإحساس صادق. لأن ما يخرج من القلب يدخل إلى القلب. والإحساس بالقضية والشعور بها، والتعامل معها يجعل التعبير أكثر صدقا وتمثيلا لحالة الكاتب.

ب- أن يكون موضوع التعبير الكتابي واضحا للطالب، وأفكاره متجسدة في ذهنه.

ت- أن يوشح الموضوع بما يلائمه من تعبيرات وجدانية، أو حجج منطقية مع اختيار الأسلوب الملائم له. فلكل موضوع أسلوب يلائمه.

ث- أن يتسم الموضوع بالجمال. والجمال يتوقف على فصاحة الألفاظ وعذوبتها، وشدة تماسكها.

ج- الابتعاد عن التصنع والتكلف في التعبير.

ح- أن يتخلل الموضوع شيء من محفوظ الطالب القرآني والأدبي.

خ- أن يعرض في فقرات تتضمن أفكارا مترابطة.

**أهداف تدريس التعبير الكتابي**

للتعبير الكتابي أهداف عامة لا تختلف كثيرا عن أهداف التعبير الشفهي ويمكن إيجازها بالآتي:

١. تمكين المتعلمين من التعبير عما في نفوسهم بلغة سليمة، وكتابة صحيحة.

٢. توسيع دائرة أفكار المتعلمين من خلال سماعهم أفكارا يطرحها الآخرون والمدرس ويدافعون عنها.

٣. زيادة الثروة اللغوية لدى المتعلمين.

٤. تعويد المتعلمين التفكير المنطقي، وترتيب الأفكار وربطها ببعضها.

٥. تأهيل المتعلمين لمواجهة مواقف حياتية تتطلب الفصاحة وسلامة التعبير.

٦. تدريب المتعلمين على حسن تنظيم ما يكتبون.

٧. تدريب المتعلمين على حسن الخط والنظافة في الكتابة.

٨. تنمية القدرة على ممارسة النقد والمناقشة.

٩. اطلاع المتعلمين على أفكار الآخرين واحترامها.

١٠. حفز المتعلمين على المطالعات الخارجية والإطلاع على أساليب التعبير المختلفة.

١١. تدريب المتعلمين على حسن الاستشهاد وسوق الافكار والدفاع عنها.

**رابعا: تصحيح التعبير الكتابي**

قبل التصحيح على المدرس أن يعد معيارا يصحح بموجيه، وأن يعرض المعيار على الطلبة قبل الكتابة في الموضوع. ويتوجب عليه الالتزام التام بالمعيار عند التصحيح لكي يبتعد عن الذاتية في التصحيح. وأن يتبع هذا المعيار في تصحيح جميع موضوعات التعبير الكتابي.

وهناك معايير مختلفة متعددة. ولكن إذا أردنا معيارا عمليا ممكن الاستخدام والتطبيق فيفضل أن لا يكون كثير الفقرات، وإلا فيصبح غير عملي لأن المعيار ذا الفقرات الكثيرة يستغرق وقتا طويلا غير متاح للمدرسين بحكم زيادة حصصهم الأسبوعية وزيادة عدد الطلبة، لذا نقترح أن يتكون المعيار من الفقرات الآتية:

١. خلوالكتابة من الأخطاء اللغوية والإملائية.

٢. جودة الخط وحسن التنظيم.

٣. حسن البدء وحسن الختام.

٤. تسلسل الأفكار وصلتها بالموضوع.

٥. الصور البلاغية وسعة الخيال.

٦. جمال التراكيب اللغوية وحسن الاستشهاد.

**ولتصحيح التعبير ثلاثة أساليب وهي:**

١. الاسلوب العلاجي: وبموجبه يضع المدرس خطا تحت أي خطأ ويكتب الصواب فوقه. وفائدة هذا الأسلوب انه يعالج الأخطاء مباشرة غير أنه لا يحفز الطالب على التفكير بالخطأ ونوعه وسببه.

٢. الأسلوب الإشاري: وبموجبه يضع المدرس خطا تحت أي خطأ ويتركه للطالب يفكر به حتى يتوصل إلى ماهية الخطأ وسببه ثم يصححه بنفسه. ولهذا الأسلوب فضل حفز الطلبة على التفكير في الخطأ وتصحيحه بأنفسهم، ولكن يؤخذ عليه أن بعض الطلبة لا يتمكنون من معرفة ماهية الخطأ ولا يصححونه.

٣. الأسلوب المرمز: وبموجبه يضع المدرس خطا تحت كل خطأ ثم يضع رمزا فوق الخطأ يدل على نوع الخطأ، على أن يكون قد إطلع الطلبة على ما يعنيه كل رمز مثلا: (ن) خطأ نحوي، (م) خطأ إملائي، (ل) خطأ في التركيب، (ش) خطأ في الاستشهاد، (غ) صورة بلاغية غير مناسبة وهكذا.

ويعد هذا الأسلوب حلا وسطا بين الأسلوبين السابقين فهو يدل الطالب على نوع الخطأ ويدفعه للتفكير بالتصحيح.

وهكذا يتولى المدرس تصحيح الدفاتر بدقة بعد اصطحابها إلى غرفة المدرسين وربما إلى البيت على أن يقرأها بدقة ويصححها بأحد الأساليب التي مر ذكرها.

ثم يضع الدرجة الملائمة بموجب المعيار الذي اعتمده وتلي الدرجة كتابة عبارات التوجيه مثل: اقرأ كذا وكذا، أسلوبك جيد، تحتاج إلى تطوير، إعتن بخطك، تخلص من الأخطاء الإملائية، وغير ذلك من العبارات التي تقتضيها نتائج التصحيح، على أن يتولى متابعة تصحيح الأخطاء من الطلبة، ولا يتركها من دون متابعة.

**خامسا: طريقة تدريس التعبير الكتابي**

يمر درس التعبير الكتابي بعد الإعداد له وتخطيطه بالخطوات الآتية:

١. اختيار الموضوع: يعد اختيار الموضوع من بين أهم عناصر نجاح التعبير كما ذكرنا في التعبير الشفهي، لذا يجب أن يكون الموضوع المختار يوفر فسحة للطالب في التعبير، وإطلاق خياله،

وإثارة أحاسيسه، وان يكون من الموضوعات التي تمس مشاعره، وتثير في نفسه حاجة إلى التعبير عنها. وما أكثر الموضوعات المثيرة في حياتنا اليومية فإذا ما لامسها المدرس ستنهال عليه العنوانات، والأفكار من الطلبة انهيالا، ويفضل من المواضيع تلك التي تتيح للطالب أن يعبر عن آرائه ويدافع عنها بأسلوب أدبي وأساليب اختيار الموضوع في التعبير الكتابي لا تختلف كثيرا عنها في التعبير الشفهي إذ قد تكون كما يأتي:

أ- أن يطرح المدرس موضوعا واحدا يرتبط بحدث يومي أو ظاهرة أو مشكلة يحس بها الطلبة، أو يطرح أكثر من موضوع ذا صلة بموقف يومي ويتم اختيار أحدها أو إعطاء الفرصة للطلبة في الكتابة في أي منها.

ب-أن يطرح الطلبة موضوعات عدة ويكتبها المدرس على السبورة ويعطي فكرة عن كل منها. ويتم اختيار أحدها للكتابة فيه، أو إعطاء الحرية للطلبة في الكتابة في أي منها.

ت-إعطاء الحرية لكل طالب لأن يختار الموضوع الذي يريده، ويكتب فيه.

٢. المقدمة للموضوع: عندما يتم تحديد موضوع معين، أو موضوعات يعطي المدرس فكرة مختصرة عن كل موضوع، وأهميته، ودرجة ملامسته المشاعر، والمساحة التي يغطيها من حاجة الناس، ورغباتهم مع الحرص على إثارة الدافعية لدى الجميع للكتابة في الموضوع.

٣. تحديد عناصر الموضوع: إذا كان الموضوع واحدا فإن المدرس يتولى عن طريق المناقشة مع الطلبة تحديد عناصره، أي يحدد لهم الأفكار التي ينبغي تناولها عند الكتابة في الموضوع. وتتم كتابة هذه العناصر على السبورة والقصد منها ليس تجزئة الموضوع، إنما تنظيم أفكاره. إذ لا ينبغي أن تكون هذه العناصر عنوانات جانبية للموضوع عند الكتابة، إنما يجب أن يدور الحديث حولها مع الحرص على الترابط، والتماسك بين تلك الأفكار، والحال نفسه عندما يعرض أكثر من موضوع، ويعطى الخيار للطلبة للكتابة في أي منها. إذ ينبغي تحديد عناصر كل موضوع منها كي تعطى الفرصة نفسها لجميع الطلبة.

٤. الحديث في عناصر الموضوع (في الموضوع): يتحدث المدرس بإيجاز عن الأفكار الواردة في الموضوع مع ذكر بعض الشواهد، وكتابتها على السبورة وإعطاء فرصة لبعض الطلبة في التحدث عن عناصر الموضوع لكي يتم تناول الموضوع من أكثر من زاوية، على أن يتولى المدرس التعقيب على حديث الطلبة، وكتابة بعض الشواهد التي قد ترد على ألسنتهم على السبورة للاستفادة منها في زيادة الثروة اللغوية للطلبة والاستشهاد بها حين يقتضي الأمر بعد ذلك.

٥. التوجيهات: وهنا يعطي المدرس توجيهاته حول الكتابة في الموضوع وهذه التوجيهات تتضمن ما يأتي:

أ- حسن البدء وحسن الختام.

ب- ترابط الأفكار وتسلسلها.

ت- تقسيم الموضوع على فقرات.

ث- استخدام علامات الترقيم.

ج- صحة الرسم والالتزام بقواعد الإملاء.

ح- الالتزام بقواعد اللغة والنحو.

خ- حسن الاستشهاد ودقته وحسن اختيار مواضعه.

د- حسن الخط والتنظيم والنظافة.

ذ- سلاسة الألفاظ وعذوبتها، والابتعاد عن التكلف.

ر- ألا يقل الموضوع عن كذا سطر أو صفحة.

٦. الكتابة في الموضوع: هنا تأتي خطوة الكتابة في الموضوع بعد اختياره، والتحدث في عناصره، وسماع توجيهات المدرس حول الكتابة فيه. وتكون الكتابة؛ أما في داخل الصف إذا كان الموضوع قصيرا. وهناك وقت كاف للكتابة فيه، على أن الكتابة داخل الصف تقتضي الإيجاز في الخطوات السابقة. والغاية في الكتابة داخل الصف هي غاية اختبارية، أي أنها تمكن المدرس من معرفة القدرات التعبيرية لدى الطلبة، والفروق الفردية فيما بينهم وإلا فإن فرصة تطور أدائهم التعبيري فيها أقل منها عند الكتابة خارج الصف مع ما على الكتابة خارج الصف من مآخذ لإمكانية تدخل الآخرين في الكتاب أو النقل من مصادر معينة، ولكن علينا أن نعرف أن تدخل الآخرين يمكن أن يكتشفه المدرس بسهولة خلال تعامله مع الطلاب، ومعرفة قدراتهم. أما ما يتعلق بالاستعانة بمصادر خارجية على الكتابة في الموضوع فإن هذه الاستعانة لا تخلو من فائدة لما توفره للطالب من زيادة ثروته اللغوية وإطلاعه على أساليب التعبير ومعالجة الأفكار.

أما إذا كانت الكتابة خارج الصف فلا بأس من قراءات الطلبة في مصادر خارجية للاستفادة منها من دون النسخ الحرفي. والكتابة خارج الصف توفر للطالب فرصة الخلو مع نفسه، والتفكير بتمعن في الموضوع، وترتيب أفكاره، واستدعاء التعبيرات الجميلة، والشواهد الملائمة والعناية بالكتابة وتنظيمها، ومراجعة القواعد النحوية والإملائية وتطبيقها. لذا فإن لكتابة الموضوع خارج الصف فوائد ترجح على عيوبه وعندها يكون المدرس قد درب على نوعين من التعبير: الأول التعبير الشفهي وهو ما تم من خلال مناقشة عناصر الموضوع، والثاني هو التعبير الكتابي الذي تم خارج المدرسة.

٧. تصحيح التعبير: بعد خطوة كتابة الموضوع تأتي خطوة التصحيح، إذ يقوم المدرس بتصحيح ما كتبه الطلبة مستخدما المعيار الذي أعده، واطلع الطلبة على فقراته. متبعا أحد الأساليب التي مر ذكرها ؛كالعلاجي، أو الإشاري، أو المرمز. وعليه الالتزام التام بالمعيار، والابتعاد عن الذاتية وتأشير كل خطأ مهما كان نوعه ثم وضع درجة في نهاية الموضوع، مع ذكر الملاحظات التي أشرنا إليها. وعادة تكون تشجيعية وتوجيهية مثل: بارك اللـه فيك، إقرأ كذا وكذا... حسن خط، أفكارك جميلة، لا تخرج عن الموضوع، وهكذا من ملاحظات تسهم في تحفيز الطالب وحفزه على أداء أفضل.

٨. قراءة الموضوع أمام الطلبة: الخطوة الأخيرة من خطوات درس التعبير الكتابي هي قراءة الطالب ما كتبه أمام زملائه. وعلى الآخرين الإصغاء وتسجيل الملاحظات التي تخص جانبين:

الأول: جانب المحتوى: مثل حسن البدء وحسن الختام، وجمال الأفكار وترابطها، وحسن الاستشهاد، وعذوبة الألفاظ، والصور البلاغية، وصلتها بالموضوع، ومراعاة القواعد النحوية، وغير ذلك مما مر ذكره من خصائص التعبير الكتابي.

الثاني: جانب الأداء، ويعني جودة الإلقاء، وحسن التعبير الصوتي، وجودة الحركات والإيماءات المتآزرة مع الألفاظ، ورفع الصوت وخفضه، والوقف، والوصل، والاستفهام، والتعجب، وغير ذلك مما يقتضيه الأداء في قراءة الموضوع.

وبعد انتهاء الطالب من القراءة، تبدأ مناقشته من زملائه، ويعطى المجال للرد والدفاع عن موضوعه، على أن يسود المناقشة جو من الاحترام والنقد البناء، والابتعاد عن الاستهزاء، والازدراء، والأساليب التي تجرح المشاعر. ويتولى المدرس مهمة إدارة المناقشة، والتعقيبات على بعض الأمور فيها.

والجدير ذكره؛ أن من المؤكد إن وقت الدرس لا يسمح لتقرئة جميع الطلبة، فلا مانع من أن يعطى المتبقون فرصة للقراءة في الدرس اللاحق عند تناول موضوع آخر.

ومن الأمور التي يجب أن يتنبه عليها مدرس اللغة العربية في هذه الخطوة أنها مناسبة لوضع قواعد اللغة موضع التطبيق في القراءة والكلام، وهي فرصة للتدريب على تطبيق تلك القواعد في الكلام. والأمر الأخر الذي يجب التنبه عليه إن هذه الخطوة فرصة للتدرب على حسن الإلقاء الذي يشكل مهارة أساسية من مهارات القراءة والكلام، والتفاعل مع الآخريـــن في أثناء المواجهة.

## أنموذج درس تطبيقي في تدريس التعبير الكتابي

**الموضوع:**

قال الشاعر:

إذا كنت في كل الأمور معاتبا     صديقك لم تلق الذي لا تعاتبه

اكتب فيما يوحيه القول بأسلوب أدبي جميل.

**الأهداف العامة**

كما ذكرنا سابقا هي واحدة في جميع الموضوعات.

**الأهداف الخاصة:**

١. أن يعرف الطالب مفهوم الصداقة.

٢. أن يحدد الطالب سمات العلاقة بين الأصدقاء.

٣. أن يبدي الطالب رغبة في الكتابة في الصداقة.

٤. أن يتفاعل الطالب مع فكرة الموضوع.

٥. أن يحدد الطالب عناصر الموضوع.

٦. أن يعبر الطالب عن فكرة الموضوع كتابيا بأسلوب أدبي.

٧. أن يبين الطلبة آراءهم في فكرة الموضوع.

٨. أن يبدي الطلبة توصياتهم للحفاظ على الصداقة.

**خطوات تدريس الموضوع**

١. التمهيد: يطلب المدرس من الطلبة الانتباه ثم يكتب عنوان الموضوع على السبورة ويقول:

الصداقة ود في القلوب... الصداقة وطن عند الكروب..... الصداقة محبة وولاء... هي للروح غذاء... هي بين الناس إخاء.

صديقك عونك على كل بلاء.....مجيبك عند كل استغاثة ونداء... فاغلق بينك وبينه منافذ الجفاء.

واعلم أن خير الأصدقاء من كان الجميل لديه معتاد، والفضل مبدوء منه ومعاد... الصفح

طبعه والوداد... هو شريك في همك... هو كاتم سرك... قليل الملامة كثير الشهامة.... إذا قال صدق، وبالحق نطق....هو نصوح في موضع النصح... هو جواد في موضع الشح... فاحفظ له العهد والذمام، واعلم أن كثرة الملامة من صفات اللئام، فلا تكثر على زلة ملامته لأن الملامة تشتت القلوب وتباعد الدروب...كن له عفوا والتمس له العذر في نفسك إذ يقول الشاعر:

خذ من أخيك العفو واغفر ذنوبه

فحافظ على ما بينكما من صفاء، وادرأ بالمحبة، والسماحة كل جفاء وتذكر قول الشاعر:

واحرص على حفظ القلوب من الأذى

إن القلوب إذا تنافر ودها

الصداقة حبل بين القلوب... الصداقة مشروع... الصداقة رأس مال الأمانة أساس دوامه... والعفو لباسه... والسماحة بقاؤه.. والمودة ثماره.. وكثرة العتاب دماره.

ثم من لك بفرد منزه من كل عيب: ألم تسمعوا قول الشاعر:

فإنك لن تلقى أخاك مهذبا

لذا فإن قائل النص الذي هو موضوعنا اليوم استشرف هذه القيمة، وهو بصدد دعوتنا إلى الحفاظ عليها... فتلمسوا فكرة النص واكتبوا فيما توحيه.

٢. تحديد عناصر الموضوع. يقول المدرس: قبل الكتابة في الموضوع دعونا نحدد أهم الأفكار التي يمكن أن يمر عليها من يكتب فيه، فمن منكم يحدد هذه الأفكار؟ وبعد الاستماع إلى آراء الطلبة يعقب عليها ويكتب العناصر الآتية:

معنى الصداقة.

صفات الصديق.

طبيعة العلاقة بين الأصدقاء.

كيف نحافظ على الصداقة ؟.

ثم يقول: إن هذه الأفكار التي كتبتها ليست عنوانات جانبية للموضوع، إنما هي مؤشرات توجه مسار الكتابة في الموضوع، وبالإمكان الزيادة عليها مع الحرص على عدم الخروج عن فكرة الموضوع ومناقشتها.

٣. الحديث في عناصر الموضوع: يطلب من بعض الطلبة المميزين التحدث عن معنى الصداقة ويستمع، ثم يعقب بإيجاز قائلا: العلاقة بين اثنين أو أكثر أساسها المحبة والإخلاص، والاحترام المتبادل وإبداء العون والنصح حيثما كانت بالصديق حاجة اليهما. والصداقة مشتقة من جذر الصدق، فهي رباط مقدس يوحد بين القلوب ويجعل المجتمع أكثر تماسكا. والصديق للإنسان أخوه، وفي هذا المعنى قيل:
((رب أخ لك لم تلده أمك)). والصديق مرآة صديقه، بها يرى نفسه، فلا يخفي عليه من نفسه شيء. وفي هذا المعنى قيل: ((صديقك من صدقك، لا من صدقك)). ويكتب القولين على جانب من السبورة. ثم يطلب من طالب آخر أن يتحدث عن الفكرة الثانية: ((صفات الصديق))، وبعد سماعه يعقب قائلا:
إن من أبرز صفات الصديق الوفاء وصدق المودة لصديقه. وفي هذا المعنى يقول الشاعر:

| | |
|---|---|
| إذا لم يكن صفو الوداد طبيعة | فى خير في ود يجيء تكلفا |
| ولا خير في خل يخون خليله | ويلقاه من بعد المودة بالجفا |

ويكتب هذه الأبيات على السبورة ثم يقول: ومن صفات الصديق عدم نسيان صديقه إذا ما نأى عنه، أو تمكنت منه النوائب، وفي هذا المعنى يقول الشاعر:

| | |
|---|---|
| أخوك الذي لا ينقض النأي عهده | ولا عند صرف الدهر يزور جانبه |

ويكتب البيت على السبورة. ثم يطلب من طالب آخر ليتحدث عن الفكرة الثالثة في الموضوع وهي: طبيعة العلاقة بين الأصدقاء. ويستمع إليه ثم يعقب قائلا:
إن الصديق موضع أسرار الصديق ومستودعها، وأول من ينبغي منه كتمانها. وفي هذا المعنى يقول الشاعر:

| | |
|---|---|
| إذا المرء لم يحفظ ثلاثا | فبعه ولو بكف من رماد |
| وفاء للصديق وبذل مال | وكتمان السرائر في الفؤاد |

ثم يكتب الأبيات على السبورة. ويقول: إن الصداقة أمانة وعلى المرء أن لا يخون الأمانة ولا يفضح أسرارها. وفي هذا المعنى يقول الشاعر:

| | |
|---|---|
| ولا خير في خل يخون خليله | ويلقاه من بعد المودة بالجفا |
| وينكر عيشا قد تقادم عهده | ويفضح سرا كان من قبل قد خفا |

ويكتب الأبيات على السبورة ثم يقول:

الصداقة هي أن يصدق الصديق صديقه، وينجز له وعده، وإن لم يحصل ذلك فلا صداقة ولا مودة. وفي هذا المعنى يقول الشاعر:

سلام على الدنيا إذا لم يكن بها صديق صدوق ينجز الوعد منصفا

فيكتب البيت على السبورة، ثم يطلب من طالب آخر الحديث عن الفكرة الرابعة وهي: كيفية الحفاظ على الصداقة. وبعد حديث الطالب، وآخرين يعقب المدرس فيقول:

إن طريق المحافظة على الصداقة يمر من:

- المحبة والتسامح وخفض الجناح للصديق، وفي هذا المعنى يقول الشاعر:

واخفض جناحك للصديق وكن له كأب على أولاده يتحدب

- ثم قلة الملامة والعتاب على هفواته، وفي هذا المعنى يقول الشاعر:

ألم تر أن الملامة نفعها قليل إذا ما الشيء ولى وأدبرا

- حفظ العهد للصديق وعدم خيانته، وفي هذا المعنى يقول الشاعر:

وإن خان الصديق فلا تخنه ودم بالحفظ منه وبالذمام

- كتمان أسرار الصداقة، فان العرب كانوا يتفاخرون بكتمان السر ويعدونه قيمة عليا، وهذا قائلهم يقول:

والسر عندي في بيت له غلق قد ضاع مفتاحه والباب مختوم

ويقول:

لا تودع السر إلا عند ذي كرم والسر عند كرام الناس مكتوم

ويكتب هذه الشواهد على السبورة لإمكانية استفادة الطلبة منها.

٤. التوجيهات: قبل البدء بالكتابة في الموضوع، يذكر المدرس الطلبة بالآتي:

أ- حسن البدء وحسن الختام.

ب- ترابط الأفكار.

ت-صحة الرسم ومراعاة قواعد الإملاء.

ث-سلامة اللغة والالتزام بقواعد النحو.

ج- استخدام علامات الترقيم وتنظيم العبارات.

ح- حسن الخط والنظافة.

خ- حسن الاستشهاد وجمال الأسلوب.

د- لا تقل الكتابة عن عشرين سطرا.

ذ- يذكرهم بفقرات المعيار الذي يستخدمه لتصحيح الموضوع.

ر- يذكرهم بأن يكونوا مستعدين لقراءة ما يكتبون أمام زملائهم ومناقشة ما يقرؤون.

٥. الكتابة في الموضوع: عليكم كتابة الموضوع في البيت وجلبه في الدرس القادم ويمكنكم الإطلاع على كذا وكذا للاستفادة مما ورد فيها من نصوص وأساليب، ولكن لا يجوز الاستنساخ الحرفي منها، ثم لا يعتمد أحدكم على غيره في كتابة الموضوع لأن الغرض من درس التعبير هو تعليمكم كيف تعبرون وكيف تكتبون وهذا لا يتم إلا من خلال الممارسة الفعلية، والاعتماد على الآخرين لا يؤدي إلى تعلم التعبير.

٦. تصحيح الدفاتر: بعد جلب الدفاتر من الطلبة يتولى المدرس جمعها، وتصحيحها بموجب المعيار الذي تحدثنا عنه، وعلى وفق الأساليب التي أشرنا إليها متوخيا الدقة في عملية التصحيح.

٧. قراءة الموضوع من الطلبة ومناقشته: وهذه العملية تتم بعد التصحيح بالطريقة التي أشرنا إليها سابقا، إذ يقرأ الطالب موضوعه والآخرون يصغون إليه ويسجلون ملاحظاتهم حول ما قرأ، ثم مناقشة القارئ بعد الانتهاء من قراءة الموضوع، ويتولى المدرس إدارة النقاش.


**رابعا: تدريس الإملاء**

عرفنا فيما تقدم إن مهارات الاتصال اللغوي أربع هي الكلام، والكتابة للإرسال، والاستماع، والقراءة للاستقبال. وقلنا إن اللغة من حيث الاستعمال نوعان:

لغة شفهية وفروعها الاستماع والتعبير الشفهي.

ولغة مكتوبة وفروعها الإملاء والتعبير الكتابي أو التحريري.

فالإملاء إذا هو أحد فروع اللغة المكتوبة، وهو معني بصحة الرسم، وحسن الهجاء. والإملاء من حيث المفهوم اللغوي هو إملاء ممل وكتابة سامع، ولكنه اصطلاحا أطلق على تعليم الرسم (الهجاء).

وعرف بأنه: إكساب المتعلمين مهارة عملية (يدوية وعقلية) تتمثل في القدرة على رسم الحروف وكتابة الكلمات مفردة، أو في جمل واستخراجها من الذاكرة كما حفظت بصورتها الصحيحة.

وعرف أيضا بأنه: عملية يراد بها التأكد من مدى حفظ التلاميذ الصور الصحيحة للكلمات، واكتشاف ما يخطئون به منها، ثم العمل على إعادة حفظها من جديد بصورة صحيحة.

وتتأسس أهمية الإملاء على أهمية الكتابة والقلم الذي يعد لليد لسانا وللخلد ترجمانا. الذي على ركن منه تقوم جودة الأدب. وبه يبلغ الكاتب معالي الرتب، فإذا كان المرء باللسان يخاطب الحاضر والغائب، فالإملاء له مهم لأنه معني بصحة الكتابة التي لا أدل على أهميتها من ورودها في القسم في قوله تعالى: {نون والقلم وما يسطرون} (القلم) (١). إذ جمع بين الكتابة وأداتها. ويرد تأكيد أهمية الكتابة في قوله تعالى مبتدئا الوحي: {اقرأ وربك الأكرم الذي علم بالقلم } (العلق) (آية ٣، ٤). وعلى هذه المنزلة تقوم منزلة الإملاء لما له من أثر في تحقيق الكتابة غاياتها.

ولما كانت القواعد النحوية والصرفية حارس اللسان من الخطأ، فإنها وقواعد الرسم حارس الكاتب من الوقوع في خطأ. وإذا كان التعبير الكتابي ترجمة أحاسيس النفس بالكلام المكتوب، فالإملاء يتولى تلك الكتابة بالرسم الصحيح.

وإذا كان الخطأ في الإعراب يغير معنى الجملة، فإنه في الإملاء قد يغير معنى الكلمة لأن رسم الكلمات بصورها المتعارف عليها سبيل إلى تعرف دلالاتها، فمعاني الكلمات ترتبط برسمها المتعارف عليه فلو نظرنا إلى كلمتي (علي،علا) نجد نطقا واحدا، ورسما مختلفا، ودلالة خاصة مرتبطة برسم كل منهما، وكذلك نجد كلمتي (ضل، ظل) و ( بلى، بلا) وغير ذلك. وهناك كلمات في العربية حذف منها حرف مثل: هذا، هذه، هؤلاء، لكن، أو زيد عليها حرف مثل: عمرو، كتبوا، فلولا معرفة رسمها لكان ذلك من أسباب الخطأ في نطقها عند القراءة وفي رسمها عند الكتابة.

زيادة على أن الكتابة الصحيحة من الأمور المهمة في العملية التعليمية لأنها أول ما يبدأ بها المتعلمون تعلم لغتهم، لذا احتلت الكتابة مكانة بارزة في اهتمام المعنيين بالتعليم، ومن هنا جاءت أهمية الإملاء، إذ يحتكم الكاتب في كتابته إلى قواعد الإملاء وقواعد اللغة.

وقد شدد المربون على أهمية الإملاء كما شددوا على أهمية القراءة لأن الإملاء والقراءة عمليتان متصلتان أشد الاتصال، ولا يمكن الفصل بينهما في العملية التربوية وهما مفتاح الوصول إلى المعارف.

زيادة على أن عدم القدرة على الكتابة الصحيحة يعد عائقا للسرعة فيها وسببا في غموض معناها والبطء في فهمه. لذا أشار المربون إلى ضرورة الاهتمام بالإملاء وإزالة كل ما من شأنه أن يقف حائلا بين المتعلم وبين الكتابة الصحيحة لما يسمعه، أو ما يريد التعبير عنه. وعد الإملاء وسيلة لاختبار قابلية الطلبة على التعلم لوجود علاقة قوية بين الإملاء من جهة، وبين كل من المفردات، والقواعد، والإنشاء والصوت من جهة أخرى.

وفضلا عن ذلك كله فإن الإملاء يمرس الطلبة على الإدراك والفهم والإصغاء. وتأسيسا على ما تقدم، وما يلاحظ من تدني في قدرات المتعلمين على الرسم الصحيح في المراحل الدراسية المختلفة يتوجب على مدرس اللغة العربية أن ينظر إلى الإملاء وتدريسه من زاوية أهميته في الاتصال اللغوي ولا ينظر إليه انه درس للراحة، وأن المراحل المتقدمة غير معنية به، بل المطلوب أن يعد المدرس لدرس الإملاء إعدادا جيدا، وأن يذكر بقواعد كتابته كلما سنحت فرصة أو مرت مناسبة لذلك.

## أهداف تدريس الإملاء

هناك أهداف عامة لتعليم الإملاء يمكن السعي إليها في جميع دروس الإملاء وفروع اللغة الأخرى هي:

١. تدريب الطلبة على رسم الحروف والكلمات رسما صحيحا.

٢. تدريب الطلبة على حسن الخط وتنظيم ما يكتبون.

٣. تعويد الطلبة النظافة فيما يكتبون.

٤. زيادة الثروة اللغوية لدى الطلبة من خلال ما يطلعون عليه من نصوص في درس الإملاء.

٥. التمرس على السرعة في الكتابة.

٦. تنمية القدرة لدى الطلبة على الفهم والإفهام.

٧. يدرب الطلبة على حسن الإصغاء، والاستيعاب، وتذكر صور الكلمات.

## وللإملاء أسس ثلاثة يقوم عليها هي:

أ- رؤية الكلمة.

ب- سماع الكلمة.

ت- المران على كتابة الكلمة.

## أنواع الإملاء:

يقسم الإملاء من حيث طريقة التملية على أربعة أنواع هي:

١. الإملاء المنقول: والمقصود بالإملاء المنقول هو أن يتولى المتعلم نقل ( استنساخ ) ما معروض أمامه نقلا مباشرا معتمدا في ذلك على المحاكاة، والتقليد بالاعتماد على الملاحظة. ويستخدم هذا النوع من الإملاء في المراحل التعليمية الأولية، أي في بداية عهد المتعلمين بالكتابة. ومن مزايا هذا النوع من الإملاء:

أ- يدرب المتعلمين على الملاحظة، وحفظ صور الكلمات.

ب- يدرب المتعلمين على المحاكاة والتقليد.

ت- يدرب الذاكرة على حفظ أشكال الرموز.

ث- يدرب المتعلمين على ترتيب الكتابة وتنظيمها.

ج- يدرب المتعلمين على القراءة.

وعندما نقول إن هذا النوع يستخدم في المراحل التعليمية الأولية فإن هذا لا يعني عدم استخدامه في المراحل الدراسية التالية، فهو ضروي في كل المراحل الدراسية في غير دروس الإملاء، فقد يطلب المدرس من طلبة المتوسطة نسخ موضوع من موضوعات المطالعة لتدريبهم على صحة الكتابة، وحسن الخط، والسرعة في الكتابة. كما أننا نجد أحيانا حتى طلبة الدراسات العليا يمارسون النسخ عندما يجدون هناك حاجة إلى نسخ نص مهم يتصل بموضوعات دراستهم، لذا فإن التدريب على النسخ، أو النقل أمر مهم للتمكن من الكتابة لما له من دور مهم في تثبيت صور الكلمات في أذهان المتعلمين.

٢. الإملاء المنظور: ويعني أن ينظر الطلبة إلى القطعة الإملائية قبيل إملائها عليهم. فقبل أن يقوم المدرس بإملاء القطعة الإملائية على الطلبة يعرضها عليهم بطريقة من الطرائق التي سيأتي شرحها، ثم يقرؤها هو والطلبة، ثم يخفيها ويمليها عليهم، وهكذا فالإملاء المنظور يمثل خطوة الانتقال بالطالب من الاعتماد كليا على النقل والمحاكاة إلى مرحلة حفظ صور الكلمات، واستدعاء تلك الصور من ذاكرته عندما يمليها عليهم المدرس أو المعلم. وله أهداف منها:

أ-تدريب الطلبة على دقة الملاحظة.

ب-تدريب الطلبة على حفظ صور الكلمات.

ت-تدريب الطلبة على التذكر ( تنمية الذاكرة ).

ث-الانتقال بالطلبة من الاعتماد على الصور المعروضة إلى الاعتماد على أنفسهم وذاكرتهم.

ويستخدم هذا النوع من الإملاء في المراحل الأولى من الدراسة الابتدائية.

٣. الإملاء المسموع: إن هذا النوع من الإملاء ينتقل بالمتعلمين من الاعتماد على حاسة البصر، وتذكر الصور البصرية إلى حاسة السمع، والربط بين الرموز الصوتية للكلمات، وصورها التي يفترض قد علقت في ذاكرتهم من خلال قراءتها سابقا.

ويعنى درس الإملاء المسموع أن يقوم المدرس بقراءة القطعة الإملائية على الطلبة قبيل إملائها

عليهم، وشرح معناها ومعالجة بعض الصعوبات الواردة فيها، ثم يقوم بعد ذلك بتمليتها من دون النظر إليها. وتقوم هذه الطريقة على مبدأ استدعاء صور الكلمات من الذاكرة، ومبدأ فهم الطلبة لما يطلب منهم كتابته لأن كتابة المفهوم أيسر على الطالب من كتابة المجهول، وان فهم ما تدور حوله القطعة الإملائية يقلل من وقوع الطلبة في أخطاء إملائية عند كتابتها. والإملاء المسموع يهدف إلى:

أ- تدريب الطلبة على حسن الإصغاء.

ب- تدريب حاسة السمع وتمرينها.

ت- تدريب الذاكرة لدى المتعلمين.

ث- تدريب الطلبة على استدعاء صور الكلمات من الذاكرة.

ج- الانتقال بالطلبة إلى الاعتماد على أنفسهم فيما يكتبون.

ويستعمل هذا النوع من الإملاء في المرحلة الابتدائية. كما يمكن أن يمارس في دروس غير دروس الإملاء، ومنها النثر مثلا كتابة ملخصات المحاضرات، إذ يلجأ المدرس بعد عرض مادة الدرس إلى إيجازها وتمليتها على الطلبة. وأحيانــــا يضطر المدرس إلى تملية الأحكام العامة التي تم استنباطها من عرض الأمثلة والربط بينـــها لذا فإن التدريب على هذا النوع من الإملاء يعد مهما.

٤. الإملاء الاختباري: من خلال التسمية فإن هذا النوع من الإملاء يمارس بقصد اختبار الطلبة، ومعرفة قدراتهم على الكتابة الصحيحة، وتمكنهم من القواعد الإملائية التي تعلموها، أو كتابة الكلمات التي اطلعوا عليها سابقا. ويتم الدرس بموجب هذا النوع من الإملاء بأن يملي المدرس على الطلبة قطعة إملائية لم يسبق لهم أن نظروا إليها أو قرؤوها أو سمعوها قبيل تمليتها من المدرس. ويقوم الطلبة بكتابة ما يملى عليهم اعتمادا على أنفسهم، ومخزونهم من صور الكلمات وإحاطتهم بقواعد الكتابة التي تعلموها. ويهدف هذا النوع من الإملاء إلى:

١. تدريب الطلبة على الاعتماد على أنفسهم عند الكتابة.

٢. اختبار مدى تمكن الطلبة من الرسم الصحيح.

٣. اكتشاف نقاط القوة والضعف لدى الطلبة في الكتابة.

٤. معرفة الأخطاء الإملائية الشائعة ومعالجتها.

٥. التدريب على بعض العادات السلوكية الحسنة مثل الأمانة، وعدم التحدث مع الآخرين والاعتماد عليهم.

**القطعة الإملائية وشروط اختيارها**

هناك نوعان من النصوص التي تقدم للطلبة، وتملى عليهم: نوع يتكون من جمل متقطعة، أو كلمات منفردة تملى على الطلبة. وما يعاب على هذا النوع إن الكثير من الجمل أو الكلمات تتضح معانيها من خلال ورودها ضمن سياق الكلام في موضوع معين، وعندما ترد الكلمات خارج سياقها قد لا يفهم المتعلمون معناها، ويشعرون بأنها وردت في موقف مصطنع، لذا فقد تكون سببا للوقوع في أخطاء إملائية.

أما النوع الآخر؛ هو أن تكون القطعة نصا يتضمن فكرة أو أكثر يعبر عنها. وبهذا تكون القطعة أكثر وظيفية، ثم إنها تحقق أكثر من غاية من غايات تدريس اللغة العربية، ولعل من بينها التكامل بين فروع اللغة العربية، إذ يمكن للمدرس أن يسخر تدريس القطعة الإملائية لخدمة أكثر من فرع من فروع اللغة العربية مثل القراءة، والقواعد النحوية، والمحفوظات زيادة على ما يتضمنه موضوع القطعة من قيم واتجاهات يرى المدرس من المفيد تنميتها لدى المتعلمين.

وعلى العموم هناك جملة شروط يجب توافرها في القطعة الإملائية منها:

١. أن تكون تطبيقا على ما تمت دراسته من قواعد إملائية.

٢. أن تتضمن معلومات ذات قيمة للطلبة.

٣. أن تكون لغة القطعة متسمة بالسهولة وقلة التعقيد.

٤. أن تلائم قدرات الطلبة وزمن الدرس من حيث الطول والقصر.

٥. أن تكون خالية من التكلف بعيدة عن التصنع.


**طرائق التملية**

ذكرنا أن الإملاء يتم بأربع طرائق، ولكل طريقة خطواتها وهي كالآتي:

أولا: طريقة الإملاء المنقول:

يتم تدريس الإملاء المنقول على وفق الخطوات الآتية:

١. التمهيد: ويتم بالحديث عن موضوع القطعة الإملائية، أو إثارة بعض الأسئلة حولها، أو عرض صور تتصل بموضوع القطعة الإملائية والتحدث عنها.

٢. عرض القطعة: ويتم العرض بـ:

أ-عرض القطعة في الكتاب المقرر بعد إرشاد الطلبة إلى الصفحة المطلوبة.

ب-عرض القطعة على بطاقة خاصة هيأها المعلم مسبقا بخط واضح يستطيع آخر طالب في الصف ملاحظته.

ت-عرضها على سبورة إضافية بحيث يكتبها المعلم قبل دخول الطلبة ويحجبها بوساطة ستائر ويعرضها بعد التقديم لها.

٣. قراءة المعلم القطعة الإملائية قراءة واضحة مؤكدا على إخراج الحروف والكلمات من مخارجها منبها الطلبة على متابعتها معه في الكتاب، أو على البطاقة، أو السبورة الإضافية على أن يلازم القراءة التأشير على الكلمات بمؤشر إذا كانت معروضة في بطاقات، أو على سبورة إضافية.

٤. قراءة الطلبة الجهرية للقطعة. وهنا يطلب من أكثر من طالب قراءة القطعة الإملائية قراءة صحيحة مقوما الأخطاء إن حصلت بعد انتهاء الطالب من قراءته.

٥. شرح معاني المفردات، والمعنى العام، وذلك بطرح أسئلة على الطلبة، والاستماع إلى إجاباتهم، والتعقيب عليها وشرح المعنى العام من الطلبة أولا للتأكد من فهمهم للنص، وتدريبهم على الإنشاء الشفهي ثم يتولى المدرس إعادة الشرح وبيان أبرز الأفكار التي تضمنتها القطعة.

٦. معالجة الكلمات الصعبة في القطعة، وذلك بمطالبة الطلبة بكتابتها على السبورة وكتابة كلمات مماثلة لها على، أن يشرك أكبر عدد ممكن من الطلبة في ذلك.

٧. النقل (النسخ): وهنا يقوم المعلم بالآتي:

أ- يطلب من الطلاب إحضار دفاتر الإملاء ولوازم الكتابة.

ب- يطلب منهم كتابة اليوم، والتاريخ، والدرس في أعلى الورقة.

ت-بعد أن يتأكد من أن كل طالب أخرج دفتره، وفتح صفحة جديدة، وكتب المعلومات في أعلى الصفحة؛ يقدم مجموعة من التوجيهات، إذ يقول للطلبة إني سأقرأ عليكم الكلمات المعروضة بأناة والمطلوب منكم أولا ملاحظة الكلمة التي أقرؤها ثم نقلها إلى دفاتركم مراعين في ذلك شكل ترتيب الكلمات المعروضة، أي تكتبونها بترتيب يماثل ترتيبها المعروض أمامكم. مطلوب منكم الدقة في النقل وإني سأعيد قراءة القطعة مرة أخرى لتلافي ما فاتكم في المرة الأولى.

ث- يقوم المدرس بتملية القطعة على الطلبة كلمة كلمة بسرعة ملائمة لقدرات الطلبة مع الإشارة إليها إذا كانت معروضة في غير الكتاب.

ج- يعيد قراءة القطعة مرة أخرى بعد أن يطلب من الطلبة التنبه على ما فاتهم.

ح-جمع الدفاتر بطريقة منظمة.

## ثانيا: طريقة الإملاء المنظور

إن تدريس الإملاء المنظور يسير بخطوات تدريس الإملاء المنقول نفسها، غير أن المدرس بعد الانتهاء من قراءة القطعة، ومعالجة صعوباتها، ومناقشة المعنى يقوم بما يأتي:

١. حجب القطعة الإملائية عن أنظار الطلبة.

٢. مطالبة الطلبة بإخراج الدفاتر وفتح صفحة جديدة وإحضار لوازم الكتابة، وكتابة المعلومات العامة: اليوم، والتاريخ، والدرس في أعلى الصفحة ويعطي توجيهاته التي تؤكد حسن الخط، ونظافة الكتابة، وترك فراغ للكلمة التي لم يتأكدوا من كتابتها بفعل البطء أو عدم وضوح الصوت،وانه سيعيد قراءة القطعة مرة ثانية.

٣. تملية القطعة كلمة كلمة، أو جملة جملة، بحسب قدرات الطلبة، ومستوى تعلمهم الكتابة وسرعتهم فيها.

٤. إعادة قراءة القطعة مرة أخرى لتلافي الأخطاء.

٥. جمع الدفاتر بترتيب، وهدوء بعد الأمر بوضع الأقلام، وعدم الاستمرار بالكتابة بعد الانتهاء من القراءة الثانية.

## ثالثا: الإملاء المسموع

ويسير الدرس فيه كما يأتي:

١. التمهيد بإحدى طرائق التمهيد لدرس المطالعة. مع توجيه الطلبة نحو موضوع القطعة، وأنه سيقرؤها على مسامعهم، ومطلوب منهم الإصغاء إليها.

٢. قراءة القطعة من المعلم قراءة تعبيرية تتسم بالدقة والوضوح.

٣. مناقشة المعنى العام للقطعة من خلال توجيه أسئلة إلى الطلبة، والاستماع إلى إجاباتهم.

٤. معالجة بعض الكلمات الصعبة في القطعة من خلال كتابة كلمات مشابهة لها على السبورة، وإدخال تلك الكلمات في جمل مفيدة.

٥. مطالبة الطلبة بفتح دفاتر الإملاء على صفحة جديدة، وكتابة المعلومات العامة في أعلى الصفحة ثم محو السبورة مما كتب عليها من كلمات.

٦. توجيه الطلبة حول ما مطلوب منهم في أثناء التملية مثل:

أ- عدم التحدث مع الغير.

ب- عدم النظر إلى دفاتر الآخرين.

ت- الإنصات والإصغاء التام لسماع قراءة المدرس، وانه سوف لا يعيد قراءة النص مرة أخرى.

٧. قراءة القطعة الإملائية مرة ثانية لتكون المدة بين ما سمعوه وما سيكتبونه قريبة.

٨. تملية القطعة بعد تقسيمها على وحدات ذات معنى تلائم قدرات الطلبة من حيث الطول والقصر. ومراعاة أن تملى الوحدة مرة واحدة، وذلك لتدريب الطلبة على حسن الإصغاء، والانتباه على قراءة االكتابة. والحرص على تملية علامات الترقيم التي تتضمنها القطعة، وذلك لتأهيل الطلبة للتعامل معها في الكتابة. من دون ان ينسى المدرس توجيه طلبته حول حسن الجلوس والمسافة بين النظر والدفتر،وحسن الخط ونظافة الورقة.

٩. إعادة قراءة القطعة لتلافي بعض النواقص.

١٠. جمع دفاتر الإملاء بطريقة منظمة.

**رابعا: الإملاء الاختباري**

ويسير على وفق الخطوات الآتية:

١. التمهيد للموضوع بما يلفت انتباه الطلبة إليه، ويثير رغبتهم في الإطلاع على مضمونه.

٢. إخراج الدفاتر وفتح صفحة جديدة، وكتابة عنوان الدرس بعد المعلومات العامة.

٣. توجيه الطلبة بما يأتي:

أ- الاعتماد على أنفسهم،وعدم النظر في دفاتر الآخرين.

ب-عدم التحدث مع الآخرين.

ت-عدم مقاطعة المدرس لأنه سيعيد القراءة مرة أخرى، ومن يفوته شيء يجب أن يترك له فراغا ليكتبه عند القراءة الثانية للمدرس.

ث- التشديد على حسن الخط والنظافة، وحسن الجلوس.

ج- وضع الأقلام جانبا حال الانتهاء من القراءة الثانية، وعدم الاستمرار بالكتابة.

٤. تملية القطعة الإملائية بعد تجزئتها إلى وحدات ذات معنى ملائمة في طولها لقدرات الطلبة، مع قراءة كل وحدة مرتين بسرعة ملائمة.

٥. إعادة قراءة القطعة مرة أخرى كي يتلافى الطلبة بعض النواقص،وحال الانتهاء من القراءة الثانية يطلب من الطلبة وضع الأقلام جانبا ثم غلق الدفاتر.

٦. جمع الدفاتر بهدوء وترتيب من الخلف إلى الأمام بحسب ترتيب مقاعد الجلوس.

**طريقة تدريس القواعد الإملائية**

القواعد الإملائية لا تختلف كثيرا عن القواعد النحوية أو الصرفية لذا فإن طرائق تدريسها

تتماثل وطرائق تدريس القواعد إذ يمكن أن تدرس القواعد الإملائية بموجب الطريقة الاستقرائية، وبموجب الطريقة القياسية، والجمع بين المحاضرة والقياس.

ولكن تبدو القياسية أكثر استعمالا في تدريس القواعد الإملائية عندما تكون القاعدة الإملائية ذات أجزاء متعددة يصعب الوصول إلى كل جزء منها بالاستقراء كما هو الحال مع بعض دروس القواعد النحوية فمثلا أسلوب النفي قد لا يصلح الاستقراء في تدريسه لتعدد أدوات النفي واختلاف خصائصها، لذا يلجأ المدرس إلى القياس أو المحاضرة أحيانا لأنها الأجدى في مثل هذه الحالة.

والطرائق الثلاث وضحناها في الفصل الثالث، وبالإمكان الرجوع إليها.وسنقدم درسا تطبيقيا لتدريس الهمزة المتوسطة بموجب الطريقة القياسية.

**الموضوع / كتابة الهمزة المتوسطة**

**الطريقة / القياسية**

**الصف / الأول المتوسط**

الأهداف العامة: تذكر مرة واحدة. في بداية العام الدراسي، ولا موجب لتكرار كتابتها في جميع دروس الإملاء. وقد مر ذكرها.

الأهداف الخاصة: يهدف تدريس كتابة الهمزة المتوسطة إلى:

١. أن يتعرف الطلبة أشكال رسم الهمزة المتوسطة.؟

٢. أن يتعرف الطالب الشروط التي بموجبها يتقرر شكل كتابة الهمزة المتوسطة.

٣. أن يحدد الطالب متى تكتب الهمزة المتوسطة على ألف.

٤. أن يحدد الطالب متى تكتب الهمزة المتوسطة على نبرة.

٥. أن يحدد الطالب متى تكتب الهمزة المتوسطة على واو.

٦. أن يحدد الطالب متى تكتب الهمزة المتوسطة على السطر.

٧. أن يتمكن الطالب من كتابة الهمزة المتوسطة بشكلها الصحيح.

٨. أن يقدم الطالب أمثلة صحيحة لتراكيب تتضمن همزة متوسطة.

٩. أن يدخل الطالب كلمات مهموزة في جمل مفيدة.

١٠. أن يميز الطالب الرسم الصحيح من الخطأ في كتابة الهمزة.

١١. أن يبدي الطالب رغبة في دراسة الهمزة المتوسطة.

١٢. أن يتفاعل الطالب مع كتابة الهمزة المتوسطة.

**خطوات سير الدرس بموجب الطريقة القياسية:**

**١. التمهيد:** ويكون بإثارة الأسئلة الآتية مشافهة:

أ- نقول: طمأنت خالدا، ونقول: خالد مطمئن

فكيف نكتب (طمأنت)؟ وكيف تكتب (مطمئن )؟ ولماذا ؟

ب- ونقول: أجبت عن سؤال خالد، وساءلت خالدا

فكيف نكتب (سؤالا)؟ وكيف تكتب (ساءلت)؟

الآن أريد طالبا يكتب: طمأنت خالدا. وآخر يكتب جملة خالد مطمئن. فيقوم الأول فيكتب الجملة الأولى. ثم يقوم الثاني فيكتب الجملة الثانية. ثم يقوم الثالث فيكتب أجبت عن سؤال خالد. ويقوم رابع فيكتب ساءلت خالدا. ومن المتوقع أن يقع أحد الطلبة، أو جميعهم بأخطاء في الكتابة، وعلى الخطأ المحتمل تؤسس المشكلة فيقول المدرس: درسنا لهذا اليوم معني بكتابة الهمزة المتوسطة، ومنه نتعلم متى تكتب الهمزة على ألف، ومتى تكتبها على واو، ومتى تكتبها على نبرة، ومتى تكتبها منفردة. إذ من المعلوم أن الهمزة المتوسطة تكتب بأربعة أشكال؛ أما على ألف (أ)، وأما على واو (ؤ)، وأما على نبرة(ئـ)، وأما على السطر (ء) (منفردة).

**٢. عرض القاعدة:**

يكتب المدرس في أعلى السبورة القاعدة الآتية:

الهمزة المتوسطة ترد: ساكنة بعد متحرك مثل: رأس.

أو متحركة بعد ساكن مثل:طمأن.

أو متحركة بعد متحرك مثل: سأل.

فإذا كانت ساكنة بعد متحرك تكتب على حرف يجانس حركة ما قبلها.

وان كانت متحركة بعد ساكن تكتب على حرف يجانس حركتهاوإن كانت متحركة بعد متحرك تكتب على حرف يجانس الحركة الأقوى.

والحركات تتسلسل من حيث القوة: الكسر، الضم، الفتح، ثم السكون

ويذكر الطلبة بأن الحرف المجانس للكسرة هو الياء، والمجانس للضم هو الواو، والمجانس للفتحة هو الألف.

ثم يقرأ القاعدة ويطلب من الطلبة قراءتها أكثر من مرة.

٣. تحليل القاعدة وتقديم أمثلة عليها: فيعود إلى الجزء الأول من القاعدة فيقول الآن أريد مثالا على همزة ساكنة:

أ- بعد فتح: فيجيب الطلبة: رأي،كأس، فأس. ويكتب هذه الكلمات على السبورة، ويربط بينها وبين الجزء الأول من القاعدة القائل إذا كانت الهمزة ساكنة بعد متحرك تكتب على حرف يجانس حركة ما قبلها، فيقول لاحظوا أن الهمزة ساكنة، وما قبلها مفتوح فتكتب على ألف لأن الألف يجانس الفتحة.

ب- ثم ساكنة بعد ضم: فيجيب الطلبة: بؤس، رؤية، مؤلم، شؤم. فيكتبها على السبورة ويشير إلى الجزء الأول من القاعدة فيقول لاحظوا الهمزة ساكنة، وما قبلها مضموم تكتب على الواو لأنه يجانس الضم.

ت- ثم ساكنة بعد كسر: فيجيب الطلبة:بئس، ذئب، بئر، إئتزر. فيكتب هذه الكلمات على السبورة، ويشير إلى الجزء الأول من القاعدة ويقول لاحظوا أن الهمزة هنا وردت ساكنة بعد كسر فتكتب على نبرة لان الياء تجانس الكسرة. ثم ينتقل إلى الجزء الثاني من القاعدة وهو ورود الهمزة متحركة بعد ساكن فيطلب من الطلاب أن يقدموا:

أ- همزة مفتوحة بعد ساكن، فيقول الطلبة: مسألة، فجأة، جزأين، جرأة. فيشير المدرس إلى الجزء الثاني من القاعدة، ويربط بينه وبين هذه الكلمات فيقول: انظروا، إن الهمزة هنا جاءت بعد ساكن، وكانت مفتوحة فتكتب على حرف يجانس حركتها لأن الألف تجانس الفتحة.

ب- همزة مضمومة بعد ساكن: فيقول الطلبة: مسؤولية، أرؤس، تفاؤل. فيكتب هذه الكلمات على السبورة، ثم يربط بينها وبين الجزء الثاني من القاعدة فيقول: وردت الهمزة ساكنة هنا وما قبلها مضموم فكتبت على حرف يجانس الضم وهو الواو.

ت- همزة مكسورة بعد ساكن فيقول الطلبة: أسئلة، مسائل، أفئدة. فيكتب هذه الكلمات ويربط بينها، وبين الجزء الثاني من القاعدة فيقول: وردت الهمزة مكسورة وما قبلها ساكن فتكتب على حرف يجانس حركتها وهو النبرة ( الياء ). ثم ينتقل إلى الجزء الثالث من القاعدة وهو عندما تكون الهمزة متحركة بعد متحرك فيطلب من الطلبة:

١. همزة مفتوحة بعد مفتوح فيقول الطلبة: سأل، رأس، نأى، تأمل، اشمأز
فيكتب هذه الكلمات ويشير إلى القاعدة فيقول: إن الحركتين متساويتين فكتبت الهمزة على حرف يجانس حركتها وهو الألف لأنه يجانس الفتحة.

٢. همزة مفتوحة بعد ضم فيقول الطلبة: مؤلف، سؤال، مؤول. فيكتب الكلمات على السبورة، ويربط بينها وبين الجزء الثالث من القاعدة فيقول: وردت الهمزة مفتوحة بعد ضم، والضم أقوى من الفتح فتكتب على واو لأن الواو يجانس الضم.

238

٣. مفتوحة بعد كسر مثل: فئة، ناشئة، سيئة. ثم يربط بينها وبين القاعدة فيقول اجتمعت فتحة وكسر، والكسر أقوى فتكتب على ياء (نبرة) لأن الياء تجانس الكسر.

٤. همزة مضمومة بعد كسر: فيقول الطلبة: يستهزئون، يجترئون، مئون. فيكتب هذه الكلمات على السبورة، ويربط بينها وبين القاعدة فيقول وردت الهمزة مضمومة بعد كسر فكتبت على ياء لأن الياء تجانس الكسرة والكسرة أقوى من الضم.

٥. همزة مضمومة بعد فتح فيقول الطلبة: لـؤم، يؤوس، رؤوم. فيكتب هذه الأمثلة على السبورة ثم يربط بينها وبين القاعدة فيقول وردت الهمزة مضمومة بعد فتح، والضم أقوى من الفتح فكتبت على واو لأن الواو يجانس الضم.

٦. مضمومة بعد ضم، فيقول الطلبة: شؤون، نؤوم، رؤوس. فيكتب المدرس هذه الكلمات على السبورة، ويربط بينها وبين القاعدة فيقول: وردت الهمزة مضمومة بعد ضم فكتبت على حرف يجانس الضم وهو الواو.

٧. همزة مكسورة بعد كسر فيقول الطلبة: أبطئي، مئين، فئين. فيكتب المدرس هذه الكلمات على السبورة ويربط بينها وبين القاعدة فيقول: وردت الهمزة مكسورة بعد كسر فكتبت على حرف يجانس الكسرة وهو الياء.

٨. همزة مكسورة بعد ضم فيقول الطلبة: رئي، دئل. ويربط بين الكلمات والقاعدة بالأسلوب نفسه وهكذا.

٩. همزة مكسورة بعد فتح فيقول الطلبة: مطمـئن، اللئيم، أرتـئي. ثم يربط بين الكلمات والقاعدة بالأسلوب السابق وهكذا. وبعد الانتهاء من عملية الربط بين الأمثلة والقاعدة يذكر الملاحظة الآتية:

١. إذا وقعت الهمزة المتوسطة مفتوحة بعد ألف تكتب على السطر منفردة مثل:

تساءل، قراءة.

٢. تكتب الهمزة المتوسطة المفتوحة بعد ياء ساكنة على نبرة مثل: مشيئة، خطيئة

ثم يطلب من الطلبة كلمات مماثلة ويربط بينها وبين ما ورد في الملاحظتين فيقول لا حظوا كلمة (تساءل): جاءت الهمزة مفتوحة بعد ألف ساكنة فكتبت على السطر وكذلك (قراءة) وذلك تلافيا لتوالي الأمثال. إذ من حقها أن تكتب على ألف فتكون (تساأل) وتلافيا للألف الثانية كتبت على السطر.

أما كلمة خطيئة فقد كتبت على النبرة لأنها وردت مفتوحة بعد ياء ساكنة، وإذا ما كتبت على ألف فهذا يعني أن تغير حركة الياء من سكون إلى فتح لذا كتبت الهمزة على نبرة.

٣. التطبيق: وفي خطوة التطبيق يقوم المدرس بالآتي:

أ - مطالبة الطلبة بإعطاء كلمات مهموزة الوسط بأشكالها الأربعة.

ب ـ يطلب من بعض الطلبة كتابة جمل على السبورة يمليها عليهم تتضمن كلمات مهموزة.

ت - يكتب كلمات مهموزة ويسأل عن سبب كتابتها بالشكل الذي وردت فيه.

ث - يمحو السبورة ويطلب من الطلبة ترديد قواعد كتابة الهمزة

ج - يمليهم قطعة تتضمن كلمات مهموزة الوسط بأشكالها المختلفة بطريقة الإملاء الاختباري.

**تصحيح الإملاء**

يتم تصحيح الإملاء بست طرائق، ثلاث يؤديها المدرس وثلاث يمكن أن يؤديها الطلبة كما يأتي:

**أولا: طرائق التصحيح التي يؤديها المدرس:**

١. التصحيح أمام الطلبة، وبموجب هذه الطريقة يتم استدعاء الطالب أمام المدرس ويصحح أخطاءه أمامه، وينبهه على كل خطأ، ويضع خطا تحت الخطأ، ويطلب من الطالب إعادة كتابة الكلمات التي أخطا فيها بصورتها الصحيحة عدة مرات في دفتر الإملاء، ويتابع ذلك ويضع درجة، ويكتب ملاحظاته في نهاية الموضوع. ويعد هذا الأسلوب من أفضل الأساليب في التصحيح، غير أنه يستغرق وقتا طويلا، ثم إن الطلبة في أثناء التصحيح يمكن أن يحدثوا ضوضاء، وعلى المدرس الانتباه على ذلك وتكليفهم بواجب آخر في أثناء التصحيح.

٢. أن يمر المدرس على الطلبة واحدا واحدا ويؤشر أخطاءهم ويطلب منهم إعادة الكلمات التي أخطؤوا فيها مرات متكررة في دفتر الإملاء. وتعد هذه الطريقة متعبة للمدرس، وقد تفوت المدرس بعض الأخطاء، وقد تثير الضوضاء والتحادث بين الطلبة في أثناء قيام المدرس بعملية التصحيح.

٣. أن يصطحب المدرس دفاتر الإملاء إلى خارج الصف، ثم يقوم بتصحيحها وإعادتها إلى الطلبة في الدرس القادم مؤشرا تحت كل خطأ طالبا من الطلبة إعادة كتابته بصورته الصحيحة. هذه الطريقة مريحة للمدرس ولكنها تتسبب في فاصلة زمنية بين كتابة القطعة، ومراجعة الأخطاء، علما بأن هناك أسلوبين للتعامل مع أخطاء الطلبة من المدرس:

A. الأول يسمى الأسلوب العلاجي، وبموجبه يؤشر المدرس تحت الخطأ ويكتب الصواب فوقه.

B. الإشاري: وبموجبه يؤشر المدرس تحت الخطأ ويتولى الطالب عملية تصحيح خطئه بعد كتابة القطعة بصورتها الصحيحة على السبورة.

**ثانيا: طرائق التصحيح التي يؤديها الطلبة:**

١. يكتب المدرس القطعة على السبورة، ويطلب من كل طالب تصحيح أخطائه بنفسه من خلال ملاحظة القطعة بصورتها الصحيحة على السبورة. وهذه الطريقة تنمي عند الطلبة الثقة بأنفسهم والاعتماد عليها، ولكنها قد تتسبب في أن تفوت بعض الأخطاء على الطلبة من خلال عدم ملاحظتها، وإذا ما كانت هناك درجات فإن تأشير الأخطاء لا يكون دقيقا.

٢. يستخدم المدرس التوزيع المتبادل للدفاتر فيأخذ كل طالب دفتر غيره ثم يكتب المدرس القطعة على السبورة، ويطلب من كل طالب تأشير الخطأ بموجب ما يلاحظ على السبورة. هذه الطريقة توفر الوقت، وتعود الطلبة ملاحظة الأخطاء وتبني فيهم الثقة بأنفسهم، ولكن قد يحابي الطلبة بعضهم بعضا ولا يؤشر أخطاءه.

٣. أن يختار المدرس عددا من الطلبة المميزين، ويوزع بينهم الدفاتر فيتولون تصحيحها في ضوء ما يكتبه المدرس على السبورة على أن يغير هؤلاء الطلبة في كل درس، ولا تعهد عملية التصحيح إلى طلاب معينين بشكل متكرر.وعلى العموم للمدرس أن ينوع بين هذه الطرائق بحسب ظروفه ونوع القطعة ومستوى الطلبة.

وعلى المدرس أن يحدد الأخطاء الشائعة في القطعة لدى الطلبة وينبه عليها، ويتحدث عن قواعد كتابتها، ويجري عليها بعض التدريبات، ويخصص لها بعض الأنشطة مثل كتابات حكم، أو أقوال جميلة تتضمن الكلمات التي يخطيء فيها الطلبة أكثر من غيرها ويطالبهم بحفظها. أو غير ذلك من الإجراءات التي من شأنها معالجة الأخطاء الإملائية وهي كثيرة.

# الفصل الثالث:
## أساليب تدريس القراءة والقواعد

أولا: تدريس القراءة

ثانيا: تدريس القواعد

**الأهداف المتوخاة من دراسة هذا الفصل**

يتوقع بعد دراستك هذا الفصل أن تكون قادرا على أن:

١. تحدد تطور مفهوم القراءة.

٢. تعرف القراءة بموجب المفهوم الحديث لها.

٣. تعدد أنواع القراءة.

٤. تبين مفهوم القراءة الصامتة.

٥. تعدد ميزات القراءة الصامتة.

٦. تعدد عيوب القراءة الصامتة.

٧. تحدد عوامل نجاح القراءة الصامتة.

٨. توضح ميزات القراءة الجهرية.

٩. توضح عيوب القراءة الجهرية.

١٠. تحدد وسائل نجاح القراءة الجهرية.

١١. تحدد مفهوم القراءة الاستماعية.

١٢. تشرح خطوات تدريس القراءة.

١٣. تقوم درسا في القراءة.

١٤. تعرف القواعد.

١٥. تعدد أهداف تدريس القواعد.

١٦. تحدد طرائق تدريس القواعد.

١٧. تشرح خطوات تدريس القواعد بموجب الطريقة الاستقرائية.

١٨. تشرح خطوات تدريس القواعد بموجب الطريقة القياسية

١٩. تحدد مفهوم طريقة النص.

٢٠. تبين ميزات طريقة النص.

٢١. تبين عيوب طريقة النص.

٢٢. تشرح خطوات طريقة النص.

٢٣. تقوم طرائق تدريس القواعد.

٢٤. تستعد لتدريس القواعد.

**أولا: تدريس القراءة**

تعد القراءة ركنا أساسيا من أركان الاتصال اللغوي. فعندما يكون المرسل كاتبا لا بد أن يكون المستقبل قارئا. فهي الوسيلة التي بها تتحقق غايات الكتابة. إذ بدون القراءة ليست ثمة قيمة للكتابة. والقراءة فن لغوي يتصل بالجانب الشفهي للغة عندما تمارس جهرا بوساطة العين، واللسان، و ترتبط بالجانب الكتابي للغة عندما تترجم الرموز المكتوبة سواء تم ذلك بالعين و اللسان، أم بالعين فقط. فعند القراءة تمارس اللغة شفهيا و كتابة. وتعد القراءة وسيلة من وسائل تحصيل الخبرات، وأداة لاكتساب المعرفة، و توسيع دائرة الخبرة. ونافذة على الثقافة العامة. وقد مر مفهوم القراءة تبعا لما مطلوب منها بمراحل عديدة هي:

المرحلة الأولى: و ينظر إلى القراءة فيها على أنها مجرد عملية ميكانيكية تهدف إلى تعرف الحروف، و الكلمات و نطقها. أي أن وظيفتها ترجمة الرموز إلى ألفاظ.

المرحلة الثانية: و فيها لم يكتف بكون القراءة عملية ترجمة الرموز إلى ألفاظ. إنما أصبح مطلوبا منها أن تحقق الفهم. أي أنها أصبحت تعني عملية تعرف الرموز و نطقها، و فهم ما فيها من معان و أفكار.

المرحلة الثالثة: وفيها تطورمفهوم القراءة ليتعدى وظيفة ترجمة الرموز إلى ألفاظ، وفهم معانيها إلى وجوب تفاعل القاريء و ما يتضمنه المقروء من قيم وأفكار، و إصدار حكم عليها. أي تقويم المقروء. فأصبحت القراءة تعني: عملية ترجمة الرموز إلى ألفاظ و فهم معانيها، و التفاعل معها، وأبداء الرأي فيما تضمنه المقروء من قيم و أفكار.

المرحلة الرابعة: وفيها تطور المطلوب من القراءة. إذ لم تعد ترجمة الرموز إلى ألفاظ، و فهم معانيها، و التفاعل معها و تقويمها عملية كافية. بل أصبح يراد من القراءة أن تؤثر في السلوك فتحدث فيه تغيرا ليحصل التعلم. فأصبحت القراءة تعني: عملية ترجمة الرموز إلى ألفاظ، و فهم معانيها وأفكارها، و التفاعل معها و تقويم المقروء. و تعديل السلوك تبعا لما في المقروء من قيم وأفكار. و بموجب مفهوم القراءة الحديث فإنها أصبحت عملية عقلية وعضوية وانفعالية تتم فيها ترجمة الرموز المكتوبة إلى ألفاظ منطوقة مفهومة إذا كانت القراءة جهرية، و مفهومة إذا كانت صامتة. والتفاعل معها و نقدها و الاستفادة منها في مواجهة متطلبات الحياة.

**أهداف تدريس القراءة**

لتدريس القراءة أهداف عامة تتحقق من خلال ممارسة القراءة في جميع الدروس وأهداف

خاصة تختلف من درس إلى آخر على أن الأهداف الخاصة تترابط مع الأهداف العامة، ولا تتقاطع معها أما الأهداف العامة فهي:

١. تدريب الطلاب على صحة النطق، وإخراج الحروف من مخارجها.

٢. تدريب الطلاب على التعبير الصوتي، وتمثيل المعاني من خلال النبرات الصوتية.

٣. وضع القواعد النحوية واللغوية موضع التطبيق في القراءة الجهرية.

٤. زيادة الثروة اللغوية لدى المتعلمين من خلال قراءتهم موضوعات قرائية مختلفة.

٥. الإطلاع على أساليب الكتابة، وطرق التعبير عن الأفكار و تماسكها.

٦. تعرف الرسم الصحيح للكلمات من خلال ترسخ صور الكلمات المقروءة في أذهان الطلبة.

٧. الإطلاع على موضوعات ثقافية وعلمية كثيرة تتضمنها موضوعات القراءة مما يزيد من الثقافة العامة للمتعلمين.

٨. الاستمتاع بالمقروء، و استغلال أوقات الفراغ فيما هو نافع  ممتع.

٩. توسيع الخبرات العامة لدى المتعلمين.

١٠. الارتقاء بمستوى التعبير لدى المتعلمين.

١١. التدريب على السرعة في القراءة والاسترسال فيها.


## أنواع القراءة

تقسم القراءة من حيث طريقة الأداء على ثلاثة أنواع:

١. القراءة الصامتة.

٢. القراءة الجهرية.

٣. القراءة الاستماعية.

ولكل نوع من هذه القراءات وظائفة، و مواضع استخدامه، و ميزاته و عيوبه، وطرائق تدريسه. وهذا ما سنتناوله في الآتي:


## أولا: القراءة الصامتة:

القراءة الصامتة هي عملية ترجمة الرموز المكتوبة إلى ألفاظ مفهومة من دون نطقها. أي أنها قراءة خالية من الصوت، وتحريك الشفاه و الهمس. وهي قراءة ما يقع تحت مساحة البصر في آن واحد. وهي في ضوء المفهوم تؤكد فهم المعنى والسرعة في القراءة، و ترفض استخدام النطق

بالكلمات والجمل. وإن تحقيق الفهم، والاستيعاب، والسرعة في القراءة لا يتأتى بشكل مرض من القراءة الجهرية. إذ يتشتت الذهن فيها بين ترجمة الرموز و نطقها، و مراعاة قواعد اللغة، و ما يترتب على ذلك من حالة القلق، والخوف من الخطأ. وبهذا تنماز القراءة الصامتة على الجهرية.

## ميزات القراءة الصامتة

تتقدم القراءة الصامتة على الجهرية في أمور منها:

١. إنها الأكثر استعمالا في الحياة اليومية.

٢. إن بعض المواقف تستدعي أن يقرأ الفرد ما يريد قراءته صامتة عندما يكون بين جمع من الناس أو في المكتبة العامة مما يستدعي عدم التشويش على الآخرين.

٣. إن الذهن فيها ينصرف إلى المعاني و الأفكار، و تحليلها و استيعابها.

٤. إنها توفر إنتاجية عالية قياسا بالجهرية، خاصة عندما نطبق ما ورد في مفهومها، وهو قراءة كل ما يقع تحت مساحة البصر في آن واحد. أي أن القراءة فيها لا تسير من خلال الحروف والكلمات إنما تستند إلى إدراك الكل من خلال النظرة الواحدة. و بهذا يستطيع الفرد بموجبها أن يحقق حصيلة مقروءة تزيد على ما يحققه في القراءة الجهرية.

٥. إنها غير مجهدة للقارىء.

٦. إن المعاني التي يلتقطها القارىء في الصامتة أدعى للثبات في الذهن من تلك التي يلتقطها في القراءة الجهرية.

## عيوب القراءة الصامتة

إن القراءة الصامتة على الرغم مما فيها من محاسن فإن عليها مآخذ منها:

١. لا تدرب على صحة النطق.

٢. لا تمكن المدرس من اكتشاف عيوب النطق.

٣. الطالب فيها قد يسرح ذهنه، فلا يمارس القراءة بل ينشغل في أمور أخرى.

٤. لا تعالج عامل الخجل والخوف لدى التلميذ في مواجهة الآخرين.

## عوامل نجاح القراءة الصامتة

١. شرح مفهوم القراءة الصامتة للطلاب، وأهدافها و فوائدها.

٢. إعداد مجموعة من الأسئلة لطرحها على الطلاب بعد الانتهاء من القراءة الصامتة للتأكد من تشديدهم على محتوى الموضوع.

٣. شرح بعض التراكيب الغامضة في الموضوع قبل قراءته، لأن الطالب يستوعب المعلوم أكثر من استيعابه المجهول.

٤. الحرص على الهدوء، وعدم الضوضاء لإتاحة الفرصة أمام أذهان الطلبة للتركيز على المعاني.

٥. توجيه الطلبة إلى أمور و أفكار محددة مطلوبة منهم في نهاية القراءة.

٦. متابعة الطلبة في أثناء القراءة الصامتة للتأكد من ممارستهم لها.

٧. لغرض تحقيق السرعة في القراءة يجب أن يتدرج المدرس في الزمن الذي يخصصه لها، فيكون أقصر كلما مر الطلبة بتجربة أطول. وعليه أن ينهي زمن القراءة الصامتة بالوقت الذي ينتهي عنده الطلبة المميزون. لكي يكون ذلك دافعا للآخرين للتدريب على الإسراع فيها.

٨. التأكيد على الجلسة الصحيحة، والمسافة بين العين والكتابة.


**ثانيا: القراءة الجهرية**

هي عملية ترجمة الرموز المكتوبة إلى ألفاظ منطوقة مفهومة من القارىء بطريقة يراعى فيها صحة النطق، وقواعد اللغة، والتعبير الصوتي عن المعاني، و لها مواقف كثيرة تستعمل فيها في الحياة اليومية من بينها:

١. قراءة دروس المطالعة والنصوص.

٢. قراءة الأخبار والصحف.

٣. قراءة كلمات الخميس أو الخطب.

٤. قراءة التعليمات والقوانين على جمع من الناس بقصد توجيههم.


**ميزات القراءة الجهرية**

للقراءة الجهرية ما يميزها في تحقيق بعض الأهداف و من ذلك:

١. التدريب على صحة النطق.

٢. التدريب على وضع النحو واللغة موضع التطبيق.

٣. تدرب المتعلم على مواجهة الخجل و التخلص منه، و تنمي عنده الجرأة.

٤. تمكن المدرس من اكتشاف عيوب النطق والقصور لدى الطلبة

٥. تدرب المتعلم على حسن الإلقاء، والتعبير الصوتي عن المعاني.

٦. تدرب المتعلم على كيفية التعامل مع علامات الترقيم.

**عيوب القراءة الجهرية**

هناك عدد من المآخذ على القراءة الجهرية منها:

١. إن الذهن فيها لا يركز على المعنى بل ينصرف إلى صحة النطق.

٢. مجهدة للقارىء.

٣. لا تصلح في مواضع الدراسة لأغراض الفهم، أو في الأوساط العامة.

٤. قد لا يستطيع المدرس تقرئة جميع الطلبة في الدرس الواحد.

٥. قد يضطر المدرس إلى إعادة قراءة الدرس من الطلبة مرات عديدة مما يحدث الملل لانتفاء عناصر التشويق فيه.

٦. قد لا يتابع الطلبة فيها من يقرأ، و ينشغلون بأمور أخرى

٧. الطالب الذي يقرأ و ينتهي دوره في القراءة يكون عرضة للشرود الذهني، و عدم متابعة القراءة.

**وسائل نجاح القراءة الجهرية**

لكي تؤدي القراءة الجهرية أغراضها يجب:

١. أن تسبق بتوجيهات من المدرس يؤكد فيها المحاكاة و صحة النطق، و مراعاة قواعد اللغة، وتشكيل الكلمات غير المشكلة تبعا لقراءة المدرس.

٢. توجيه أسئلة للطالب بعد الانتهاء من القراءة حول بعض الأفكار والمعاني التي وردت في الجزء الذي قرأه.

٣. عدم مقاطعة الطالب الذي يقرأ إلا عند ارتكابه أخطاء مخلة في المعنى لتدريبه على الاسترسال في القراءة.

٤. عدم إتباع ترتيب مقاعد الجلوس عند تقرئة الطلبة.

٥. البدء بالطلبة المميزين عند القراءة.

٦. إعادة تقرئة من قرأ أحيانا كي لا يشعر بأن دوره انتهى.

٧. شرح المفردات و التراكيب الصعبة قبل البدء بالقراءة الجهرية.

٨. تنويع الأنشطة اللغوية التي تتخلل القراءة. مثل التطبيقات النحوية. كإعراب بعض الكلمات أو الجمل. أو شرح بعض المعاني والتراكيب. أو غير ذلك. و ذلك لمعالجة ما يمكن أن يحدث من ملل عند تكرار قراءة الموضوع.

ثالثا: القراءة الاستماعية

هي عملية استيعاب الألفاظ المسموعة وفهمها، و تحليلها وتلخيص ما جاء فيها من معان وأفكار. و فيها يكون القارىء واحدا والآخرون مستمعين فقط من دون متابعة في دفتر أو كتاب. كي يتفرغ الذهن لفهم المعاني و استيعابها. و هي تقوم على الاستماع والإنصات. و هناك مواقف حياتية كثيرة تمارس فيها القراءة الاستماعية منها:

١. الاستماع إلى قصة يقرؤها المدرس أو الطالب.

٢. الاستماع إلى قراءة نشرات الأخبار.

٣. الاستماع إلى قراءة كلمات الخميس.

٤. الاستماع إلى قراءة الأنظمة والقوانين والتوجيهات.

٥. الاستماع إلى قطعة إملائية يمليها المدرس.

٦. الاستماع إلى موضوع إنشائي يقرؤه طالب.

٧. الاستماع إلى قصيدة تقرأ من شخص ما.

وغير ذلك من المواقف. و قد تحدثنا عن الاستماع، و مهاراته و ما يهمنا هنا ما يتعلق بالاستماع من دروس اللغة العربية كالإملاء و الإنشاء والقراءة.


**طريقة تدريس القراءة:**

يعد درس القراءة عند بعض المدرسين أو جزء كبير منهم من أبسط الدروس، و ربما يستغلونه للراحة. إذ لا يكلف المدرس نفسه سوى قراءة الدرس قراءة جهرية، وصامتة من الطلاب ثم جهرية من الطلاب. وربما يجزيء الدرس إلى أجزاء معلومة يتولى كل طالب قراءة جزء واحد. وتتم التقرئة حسب ترتيب مقاعد جلوس الطلبة. وقد لا يكلف المدرس نفسه المتابعة. وبئس الأسلوب هذا. إن درس القراءة يعد من بين الدروس الأصعب، والأهم في اللغة العربية. وذلك لما يتضمنه من أبواب مفتوحة على جميع فروع اللغة العربية. والمدرس فيه قد يتعرض إلى جميع فروع اللغة العربية مما يتوجب عليه أن يكون ملما بجميع علوم اللغة وآدابها. ففي درس القراءة النحو، وفيه الصرف، وفيه البلاغة. وفيه الإملاء، و النصوص، و التاريخ، و الأمور العامة التي تستدعي من المدرس أن يلم بها. إذ إن كل شي مفتوح في درس القراءة. لذا يجب أن يعد بدقة و جهد منظم هادف. وان ينفذ بدقة كذلك و يمر درس القراءة بالخطوات الآتية:


**أولا: الإعداد للدرس (التحضير)**

في هذه الخطوة يقوم المدرس بالآتي:

١. قراءة النص قراءة دقيقة تستهدف الشكل، والمعاني، والتراكيب، و تشكيل غير المشكل. وتصحيح بعض الأخطاء الطباعية. أو غيرها مما يمكن أن يحصل في الموضوع.

٢. التفكير بشرح معاني جميع الكلمات التي يمكن أن يسأل الطلبة عن معانيها. ووضع خطة لشرح تلك المفردات، وتنويعها. فمرة يعطي معنى الكلمة بالمرادف و مرة أخرى بذكر الضد و مرة ثالثة بالشرح ورابعة من خلال السياق مثل:

السيف: الحسام

الأسود: ضد الأبيض

الهضبة: المكان المرتفع من الأرض

قضى: نقول قضى الوقت أي انتهى، وقضى القاضي أي قرر و هكذا

٣. شرح المعاني الجزئية للموضوع و المعنى العام.

٤. إعداد أسئلة تقدم للطلبة بعد الانتهاء من قراءة كل فقرة.

٥. إعداد أسئلة حول العلاقة بين الموضوع والواقع.

٦. استخلاص الأفكار والمعاني العامة.

٧. تحديد بعض التطبيقات النحوية. واستحضار القواعد النحوية التي تنطبق عليها.

٨. تحديد بعض التطبيقات الإملائية. واستحضار القواعد الإملائية التي تنطبق عليها.

٩. تحديد بعض الفقرات أو النصوص ذات المعاني الجميلة المطلوب حفظها.

١٠. تحديد بعض التطبيقات البلاغية، والتذكير بقواعدها عندما يكون الصف متقدما، وإن لم يكن كذلك فللمدرس أن يبين سر التقديم والتأخير، أو استعمال هذه المفردة وليس تلك، أو استخدام التشبيه، أو غير ذلك. فإن ذلك ممكن حتى وان لم يدرس الطلبة موضوعات البلاغة لأنه سبيل التعريف بمواطن جمال اللغة، و دقتها في التعبير مما يؤدي إلى تحبيبها للمتعلمين.

١١. استحضار بعض الأمثلة والنصوص من المأثور ذات العلاقة بالموضوع الجديد، والربط بينها وبين الدرس.

١٢. إذا كان للموضوع صلة بدروس أخرى كالتاريخ، أو الجغرافية أو الكيمياء، أو الفيزياء فيجب على المدرس أن يزود نفسه ببعض الأمور اللازمة عن الموضوع. وذلك عملا بمدخل التكامل بين اللغة العربية وغيرها من المواد.

١٣. تحديد أهداف الدرس بدقة، وصياغتها بعبارات سلوكية قابلة للملاحظة و القياس.

١٤. وضع مقدمة مثيرة مشوقة للدرس.

١٥. تحديد الوسائل التعليمية الملائمة للدرس.

١٦. كتابة خطة مفصلة لتنفيذ الدرس تبدأ بالأهداف و تنتهي بالتقويم والتطبيقات.


**ثانيا: مرحلة التنفيذ (تنفيذ الدرس)**

تتم مرحلة تنفيذ درس القراءة بإتباع الخطوات الآتية:

١. التقديم للدرس. عندما يدخل المدرس الصف فإن أول عمل يقوم به التأكد من نظافة اللوحة، وخلوها من كل الكتابات عدا اليوم والتاريخ، و الحصة، والمادة، والصف، والشعبة في أعلى اللوحة. ثم يعمل على أن يسود النظام، و يتهيأ الطلبة لسماع ما يقول. ويقف أمام الطلبة ثم يبدأ التقديم للدرس. و يشترط في المقدمة أن تكون هادفة ذات صلة بموضوع الدرس و محتواه. و أن تتضمن كل ما يمكن أن يحقق إثارة الطلبة و يشد انتباههم على الدرس، ويشوقهم لقراءته و قد يتخذ التقديم أسلوبا مما يأتي:

أ- يمكن أن يطرح أسئلة تتعلق بأفكار الدرس، أو مجالات يعالجها. وان إجابة هذه الأسئلة لا يمكن معرفتها إلا من خلال قراءة الدرس، والإطلاع على ما فيه.

ب- و يمكن أن يطرح مشكلة بها حاجة إلى معالجة، ومعالجتها موجودة في الموضوع. فينتهي من المقدمة إلى القول: إذا ما أردتم معرفة معالجة هذه القضية فإن موضوع درسنا لهذا اليوم يتضمن هذه المعالجة. فتعالوا نطلع عليه سوية من خلال قراءته وفهم محتواه.

ت- قد يطرح قصة قصيرة ترتبط بالموضوع، أو حدث تاريخي، أو علمي يرتبط بالموضوع، ويثير في الطلبة حاجة إلى الإطلاع على الموضوع فينتقل إليه.

ث- قد يتعلق الموضوع بسيرة أحد الصالحين أو العلماء، أو بعض أفعاله فتكون المقدمة بسرد تذكيري بهذه الشخصية و دورها، و أهميتها. ثم ينتقل من ذلك إلى الموضوع. وهكذا تتعدد أساليب التقديم بحسب نوع الموضوع المقروء، ومحتواه وأهدافه، و لكن القاسم المشترك بين أساليب التقديم هو تحقيق الإثارة والاندفاع والشوق لقراءة الموضوع. فإذا ما توصل المدرس إلى هذا الغرض يكتب عنوان الموضوع في أعلى السبورة بخط جميل واضح يراه جميع الطلاب.

٢. قراءة المدرس الجهرية للموضوع: في هذه الخطوة يقوم المدرس بالآتي:

أ- يطلب من الطلبة فتح كتبهم على الصفحة المحددة. و يتأكد من أن كل طالب فتح كتابه على الصفحة المذكورة. و يتابع من لم يجلب الكتاب لمعرفة السبب. و يشدد على وجوب جلب الكتاب. وإن حصل ان أحدا ليس لديه كتاب يجلسه مع زميل له

ليشترك الاثنان في المتابعة بكتاب واحد. مع الحرص على معالجة مثل هذه الحالة، وعدم السماح باستمرارها.

ب- يطلب من كل طالب أن يمسك قلم الرصاص لغرض تحريك الكلمات على وفق ما يقرأ.

ت- يذكر الطلبة بأهداف القراءة. ويقول لهم: مطلوب منكم الانتباه على قراءتي بقصد محاكاتها عند مجيء دوركم. وملاحظة التعبير الصوتي، والوقوف، والاستفهام، والتعجب، والحركات و الإيماءات وتغيير نبرات الصوت تبعا للمعنى. ومطلوب ممن يقرأ أن يفهم معنى ما يقرأ. و عليكم الالتزام بنطق الكلمات كما مشكلة مراعاة لقواعد اللغة والنحو.

ث- يذكرهم بوجوب متابعته و عدم الانشغال بأمور أخرى، أو التحدث مع الآخرين في أثناء القراءة.

ج- يقف أمام الطلاب من دون أن يتجول. ثم يبدأ القراءة بصوت واضح يلائم سعة غرفة الدرس، وقدرات الطلبة على الاستماع. على أن لا يكون صوته أكثر مما تتطلبه سعة الغرفة فيكون مزعجا مربكا، و لا أقل من ذلك فيكون غير مسموع من جميع الطلبة، فيفقد درس القراءة هدفه. و أن يلتزم في قراءته النطق الصحيح و إخراج الحروف من مخارجها، و مراعاة قواعد اللغة و النحو في شكل الكلمات. ويجب أن يهتم، ويحرص على التعبير الصوتي لمعاني ما يقرأ من خلال توظيف علامات الترقيم، والإيفاء بمتطلباتها في الوقف، والوصل، والتعجب، والاستفهام، ورفع الصوت، وخفضه. مع الحرص على رفع بصره بين لحظة وأخرى للتأكد من متابعة الطلبة وكون الجميع منشغلين بمتابعة قراءته وعدم الانشغال بغيرها. و يتولى قراءة الدرس كله في الصفوف المتوسطة. وإذا كان الموضوع طويلا في المرحلة الإعدادية يمكن أن يعطي فرصة لبعض الطلبة المميزين في إكمال القراءة الجهرية.

٣. القراءة الصامتة للموضوع.

في هذه الخطوة يتوجب على المدرس القيام بالآتي:

أ- يذكر الطلبة بمفهوم القراءة الصامتة، و كونها قراءة بصرية لا أثر للنطق فيها ولا لتحريك الشفاه. وهي قراءة كل ما يقع تحت مساحة البصر مرة واحدة بقصد تحقيق السرعة في القراءة.

ب- يطلب منهم التشديد على تعرف معاني المفردات، والفقرات، و المعنى العام للموضوع. ومعرفة الأفكار التي يتضمنها الموضوع. وهل من علاقة بين الموضوع والواقع؟

ت- يطلب منهم التأشير تحت الكلمات التي يجهلون معانيها، وتحت التعبيرات الغامضة التي يريدون إيضاحها.

ث- ينبههم على أنه سيوجه لهم أسئلة حول الموضوع، وما يتضمنه من أحداث أو أفكار، أو أسماء أو تواريخ بعد الانتهاء من القراءة الصامتة. ومطلوب منهم إجابتها.

ج- يطلب منهم الإسراع في القراءة الصامتة. وانه سينهيها عند انتهاء الطلبة الأوائل. وانه سيبدأ بتوجيه الأسئلة بعد إنتهاء القراءة الصامتة. و يجب عليه أن يبدأ بمساءلة الطلبة الذين يسبقون الآخرين في إنجاز تلك القراءة. كي لا يدعي أحد أنه انتهى من القراءة الصامتة من دون أن يكون ذلك حاصلا فعلا.

ح- يطلب من الجميع البدء بالقراءة الصامتة من دون أي همس، أو صوت، أو كلام. ويقوم هو بالتجول بينهم للتأكد من عدم انشغال بعضهم عنها.

خ- ينهي القراءة الصامتة عندما ينتهي نصف الطلبة أ و أقل من نصفهم وعدم السماح لمن ينتهي بالتحدث أو إثارة الضوضاء.

د- بعد الانتهاء من القراءة الصامتة يبدأ بمساءلة الطلبة حول ما قرؤوه، والمعاني والأفكار. أي يطرح الأسئلة التي هيأها لذلك. وأن يشدد على الطلبة الذين يشك في متابعتهم وتركيزهم. كذلك الطلبة الذين تأخروا كي يحثهم على الإسراع فيها مستقبلا. وتطبيق مفهوم القراءة الكلية.

٤. شرح المفردات الصعبة. تمهيدا للقراءة الجهرية للطلاب لابدمن شرح المفردات الصعبة، والتراكيب الغامضة التي وردت في النص، وأشرها الطلبة في القراءة الصامتة. وهنا يقوم المدرس بالآتي:

أ- يطلب من الطلبة الكلمات والتراكيب غير الواضحة، فيكتبها على السبورة بشكل منظم. ويسأل عن معانيها. ثم يكتب المعنى على السبورة، و يحاول إدخال بعض الكلمات في جمل يشرك الطلبة في صياغتها، ويكتبها على السبورة أيضا. على أن يتم شرح المعنى بالأساليب التي ذكرناها و هي ذكر المرادف، أو الضد، أو شرح المعنى، أو إدخالها في جملة، وفهم معناها من السياق. ويستغل المدرس هذه الخطوة للتذكير ببعض المعاجم، ويرشد الطلبة إليها و إلى طريقة استخدامها. و أرى أن أيسرها مختار الصحاح.

ب- يزيد على ما ورد في تساؤلات الطلبة الكلمات والتراكيب التي يرى أن بها حاجه إلى إيضاح، ولم يسأل الطلبة عنها، فيشرحها و يكتبها على السبورة، مع تجنب التوسع في كتابة الكلمات المشروحة في الكتاب، وعدم هدر الوقت فيها. ويكتفي بقراءتها، والتعليق عليها إن كانت بها حاجه إلى تعليق أو تعقيب.

٥. القراءة الجهرية للطلاب. في بعض الأحيان، في المراحل الأولية عندما يكون مستوى الطلبة ضعيفا، و لكي يتقن الطلبة محاكاة قراءة المدرس يقرأ المدرس الدرس مرة أخرى قراءة جهرية بالطريقة السابقة نفسها. ولكن عندما يكون مستوى الطلبة جيدا، أو في المراحل المتقدمة من المتوسطة و الإعدادية يبدأ الطلبة بالقراءة الجهرية بعد شرح المفردات. وفي هذه الخطوة يقوم المدرس بالآتي:

أ- يذكر الطلبة بما مطلوب منهم مثل محاكاة قراءته، و دقة النطق، و الالتزام بقواعد اللغة، والتعبير الصوتي، و مراعاة علامات الترقيم.

ب- يجب على الجميع متابعة القارىء. وانه سيطلب من أي منهم إكمال القراءة في أية لحظة.

ت- يطلب من القارىء التركيز على المعنى و الأفكار الواردة في الفقرة التي يقرؤها. و انه سيسأله عما فهم منها بعد الانتهاء من القراءة. و ذلك لتحقيق عملية الفهم. وعدم الاكتفاء بترجمة الرموز المكتوبة إلى ألفاظ.

ث- لا بأس من طرح مجموعة من الأسئلة مسبقا على الطلبة يطلب منهم البحث عن إجابات لها في ثنايا الموضوع المقروء كي تكون حافزا لهم على تفحص المعنى وتقصي الأفكار.

ج- يبدأ بتقرئة المميزين أولا. ثم يليهم الآخرون بحسب قدراتهم القرائية. ولا مانع من الخروج على هذا المبدأ عندما يريد اختبار مدى انتباه الطلبة ومتابعتهم. و دفعا لانشغال الطلبة في أمور أخرى في أثناء قراءة زملائهم ينبغي تجنب إتباع ترتيب مقاعد جلوسهم أساسا في تقرئتهم. ثم على المدرس إعادة تقرئة من قرأ أحيانا ذلك كي يضمن انتباه الجميع و متابعتهم القارىء.

ح- أن يسمح للطالب القارىء بالاسترسال في القراءة، وعدم مقاطعته في أثنائها بقصد تصحيح الأخطاء إلا إذا ما ارتكب الطالب خطأ يفسد المعنى. عندها يتدخل المدرس. أما إذا لم يحصل هذا فيمهل الطالب إلى حين الانتهاء من قراءته فيوقفه، و يذكره بمواقع أخطائه فيقول له: قرأت الكلمة كذا أو الجملة كذا بذا و المفروض أن تقرأها كذا، فيعطي فرصة للطالب كي يصحح خطأه بنفسه وإن لم يستطع ينقل السؤال إلى زميل آخر، وإن لم يستطع يتولى المدرس الإجابة. و لا بأس من العودة إلى اللوحة لتوضيح بعض الأمور. والتذكير ببعض القواعد.

خ- وعند انتهاء الطالب من القراءة يطلب منه شرح بعض التراكيب أو الكلمات.

٦. القراءة الجهرية الثانية للطلاب. و فيها يتم التشديد على شرح المعاني الضمنية للفقرات.

إذ كلما انتهى الطالب من قراءة فقرة يطلب منه شرحها والتعقيب على ذلك الشرح من الطلبة والمدرس. ثم يسأل الجميع بعد ذلك عن المعنى العام للموضوع و الأفكار التي تضمنها، وأبرز ما جاء فيه. وأن يشرك في ذلك أكبر عدد ممكن من الطلبة كي لا يشعر الطلبة بضعف دورهم في درس القراءة.

٧. التطبيقات اللغوية. تعد هذه الخطوة الحلقة الرابطة بين فروع اللغة العربية المختلفة. ففيها قد يوقف المدرس الطالب على جملة فيطلب منه إعرابها. أو عند حركة آخر كلمة فيطلب من القاريء تفسيرها. ثم يذكر بقواعدها النحوية. على أن تكون مثل هذه الأسئلة تطبيقا لدروس تمت دراستها كي يشعر الطالب بأن ما درسه في النحو تم توظيفه في القراءة. والحال نفسه مع الإملاء إذ يوقف الطالب عند كلمة مهموزة مثلا فيسأل عن سر كتابتها بهذا الشكل أو ذاك. و مطالبة الآخرين بإعطاء أمثلة مماثلة لها. مع التذكير بقواعد الإملاء. وكذلك مع البلاغة فيسأل لماذا قدمنا كذا على كذا في مثل قولنا: جاء المدير. والمدير جاء. فيسأل متى نقول جاء المدير؟ ومتى نقول المدير جاء؟. وأي الجملتين أبلغ؟: زيد أسد، أم زيد كالأسد. و ماذا نفهم من قولهم: فلان طويل النجاد كثير الرماد؟. وهكذا في الكلام كثير من التطبيقات اللغوية التي من شأنها إبعاد السأم و الملل عن الطلبة في درس القراءة. وتجسيد التكامل بين فروع اللغة العربية. و بالإمكان أن يمر المدرس على تركيب جميل، أو حكمة مفيدة أو مثل سائر فيطلب حفظه لزيادة المحصول اللغوي، وجودة الكلام عملا بمبدأ: (على قدر المحفوظ تكون جودة المقول).

٨. ربط الدرس بالواقع و استخلاص العبر و الفوائد منه، و ما يمكن الاستفادة منه في مواقف الحياة المختلفة. ثم حل التدريبات الموجودة في نهاية الموضوع إن وجدت. ثم يلقي المدرس بعض الأسئلة التقويمية تتضمن بيان آراء الطلبة في محتوى الموضوع، و أسلوبه، والأفكار الذي تضمنها، و درجة تماسكها، واللغة المستخدمة، و سلامتها.

٩. الواجب البيتي. الواجب البيتي قد يكون واحدا من الأمور الآتية:

أ- استنساخ الموضوع. خاصة في الصفوف الأولية.

ب- حفظ بعض النصوص الواردة في الموضوع.

ت- كتابة تقرير حول إمكانية الاستفادة من تطبيقات الأفكار الواردة في الموضوع في الحياة.

**أنموذج درس تطبيقي في تدريس القراءة**
الموضوع: وطني ينزف.

**الأهداف العامة**

ذكرناها سابقا و هي واحدة في دروس القراءة.

**الأهداف الخاصة:**

١. أن يقرأ الطلبة الدرس قراءة تعبيرية.

٢. أن يعرف الطلبة معاني المفردات الواردة في النص.

٣. أن يوضح الطلبة معاني التراكيب الواردة في النص.

٤. أن يحدد الطلبة الأفكار الرئيسة في النص.

٥. أن يشرح الطلبة المعنى العام للنص.

٦. أن يلتزم الطلبة بالقواعد النحوية في قراءة النص.

٧. أن يقدر الطلبة قيمة الوطن.

٨. أن يصف الطلبة العلاقة بين الوطن و مواطنيه.

٩. أن يبدي الطلبة رغبة في قراءة النص.

١.. أن يتفاعل الطلبة و أفكار النص.

١١. أن يقدم الطلبة نصائحهم لأبناء الوطن.

١٢. أن يحدد الطلبة مواضع الجمال في تعبيرات النص.

١٣. أن يربط الطلبة بين أفكار النص والواقع.

١٤. أن يبدي الطلبة آراءهم في أفكار النص.

١٥. أن يبدي الطلبة آراءهم في أسلوب النص.

**خطوات سير الدرس.**

١. المقدمة. بعد أن يطلب من الطلبة الانتباه، و بعد أن يسود النظام يقف المدرس أمام الطلبة قائلا:

بلادي وإن جارت علي عزيزة و أهلي و إن شحوا علي كرام.

ما أجمل الوطن، و أحر الشوق إليه... هو للإنسان مأوى و سكن. هو أم وأب، وأخ و أهل، هو حضن دافيء، هو غذاء... هو مرفأ... ولكن.

ما بال أمريء حل في وطنه الأغراب. و تناهشته الذئاب. فذاق أهله أصناف العذاب. ؟

ما بال أمريء في وطن جعل الـلـه في نعمته نقمة. فراحت تمزقه الأنياب. و فتحت عليه للشرور أبوابا. و صار أهله بين شريد طريد، وبين دسيس في التراب.

ماله غير أن يقول:

تعز فإن الصبر بالحر أجمل          وليس على ريب الزمان معول

ليس له إلا مناجاة الوطن... مناجاة الأهل.... لعلهم من غفوتهم يستيقظون... و لما حل بهم يدركون... و لشملهم يجمعون... و على طرد عدوهم يتوحدون.....

ففي موضوعنا اليوم سنقرأ كيف يناجي العراقي وطنه و أهله تحت عنوان ( وطني ينزف) ويكتب العنوان على السبورة.

٢. قراءة المدرس النموذجية. بعد أن كتب المدرس عنوان الدرس على السبورة يطلب من الطلبة إخراج كتب المطالعة قائلا: على كل منكم مسك قلمه ومتابعة قراءتي بشكل دقيق. وإذا كانت هناك كلمة غير مشكلة فليشكلها تبعا لقراءتي. وعليكم ملاحظة التعبير الصوتي.. أين أقف، أين استفهم،أين أتعجب.، و مطلوب منكم محاكاة قراءتي عندما تقرؤون. ولا يجوز التحدث مع بعضكم في أثناء القراءة. ثم يقف أمام الطلبة و بعد التأكد من أن كل طالب فتح كتابه على صفحة الموضوع يبدأ القراءة، فيقرأ قراءة نموذجية تعبيرية تمثل المعاني. يراعي فيها قواعد اللغة، بصوت واضح ملائم لسعة غرفة الدراسة مع استخدام الحركات و نبرات الصوت، وحركة الأيدي والجسم معينات على تمثيل المعاني. مع إتباع أسلوب المناجاة الذي يخلو من الحسرات في قراءة النص، و رفع بصره بين لحظة وأخرى لمتابعة الطلبة فيقرأ النص الآتي:

وطني ينزف

في عيوني ترقد أنت يا وطني....

في قلبي تنبض أنت يا وطني.....

في عروقي تجري أنت يا وطني.....

بين جوانحي أضمك يا وطني.....

...........

عشقتك حتى الهيام......

توسدتك في المنام........

فلك مني مدى الأيام....... تحية و سلام.....

سلام الله عليك أيها الشامخ الجريح.....

و جعل النار عليك بردا وسلام.....

كم وهبتك من أهلي حريقا و جريح....

و فاء لك يا مثوى العظام....

أشم هواك بعمق من وجع فأستريح......

و قاك الله يا وطني شر اللئام.....

.......

أنت أمي، أنت أبي، أنت أخي أنت أهلي يا وطن

أنت نور، أنت بلسم، أنت دفء صدر أمي في المحن

شلت قدم أوجعتك، قطعت يد نهبتك،

و شفى الله جرحك يا وطن، و حرسك بعين لاتنام

كنت للأجداد فخرا و لواء وعلم....

لا أسعد الله امرءا تطاول على حصنك فهدم

كن صبورا كما عهد ناك  ابتسم.

شدة هي لا محال زائلة ولا بد يوما من جلاء الظلم

هي الحرية عافية تجري في عروقك والعظام

....

سينشد ساعدك بأهلك يا وطني... أهل الحضارات و الهمم

أهل علي أهلك، أهل المبا ديء والشيم

نادهم بالقول توحدوا، واتركوا الفرقة وبيع الذمم

فتلك راية المصطفى وحدت أجدادنا بالعدل والعفو والتسامح والحلم

فاهجروا الثأر للحاقدين، و كونوا من الدنيا قمم.

......

وأنتم يا أخوتي أبناء دجلة والفرات

افتحوا الصدور تنشقوا عبق الحرية الآتي

وضعوا الكف بالكف و شدو الساعد بالساعد ولفوا القلب بالقلب،

و اهجروا البغض فإنه مفتاح التفرقة و باب الضعف، ومدخل الهزائم، وثالم العزائم.

اهجروا اليأس للضعفاء و كونوا بالأمل أقوياء

فباليأس تضيق الصدور، وفي الأمل للحياة جسور

فما أضيق العيش لولا فسحة الأمل.

سيسوأ أنفسكم بالعقول، واهجروا إتباع الهوى فإنه مفتاح السيئات وموصد باب الحسنات.

واعلموا أن صنم كل نفس هواها، ومن انتصر على هواه كسر صنمه.

صونوا الوطن بالجد والإخلاص، و التفاني، و نكران الذات، وتجنبوا أكل السحت فإنه نار في النعم و مجلبة للبؤس والنقم.

وليكن همكم سد النوافذ على من يريد مص دمائكم، و ثلم كبريائكم، وتقتيل أبنائكم وتدنيس أرضكم، فهاهي أرضكم تستنجد بكم فأغيثوها بوحدتكم، و طرد المحتل منها بتحابكم، وهجران التناحر، و تأجيج الأحقاد. فما من طريق يسلكه المحتل إليكم إلا طريق الفرقة وإثارة البغضاء.

لملموا الجراح، واغسلوا القلوب و اجعلوها ثورة نحو العمل.

..........

٣. القراءة الصامتة. بعد أن أكمل المدرس قراءة الدرس قراءة جهرية نموذجية يطلب من الطلبة قراءة الدرس قراءة صامتة قائلا: الآن اقرؤوا الدرس قراءة صامتة. و القراءة الصامتة هي قراءة بصرية لا أثر للنطق فيها ولا لتحريك الشفاه. وهي قراءة كل ما يقع تحت مساحة البصر في آن واحد. وعليكم الآتي:

أ- تأشير الكلمات التي ترونها صعبة.

ب- التشديد على معاني التراكيب.

ت- التشديد على الافكار التي تضمنها النص.

ث- فهم المعنى العام للموضوع.

الآن ابدؤوا القراءة الصامتة. وفي هذه الأثناء يتجول بين الطلبة لمتابعتهم والتأكد من أن كل طالب عينه في كتابه أو ورقته. من دون أن يصوت في أثناء قراءته. و إذا ما انتهى الطلبة المميزون

من القراءة الصامتة بعد لحظات ينهي المدرس القراءة الصامتة قائلا انتهى الوقت المخصص للقراءة الصامتة.

**٤. شرح المفردات والتراكيب.**

يطلب المدرس من الطلبة الكلمات التي يرون أن معناها ليس واضحا. فيكتبها على السبورة، و يوضحها بالأساليب التي مر ذكرها فيكتب مثلا:

عروقي: شراييني وأوردتي التي يجري فيها دمي.

الهيام: شدة الشوق والغرام.

توسدتك: جعلتك وسادة أضع عليها رأسي.

الشامخ: العالي.

مثوى: مكان الثواء، المرقد الذي لا يفارقه الثاوي.

بلسم: دواء.

لواء: راية.

حصنك: سورك. نقول حصن المدينة أي السور الذي يحميها.

الظلم: جمع ظلمة. وتعني الشدة والكرب.

الهمم: جمع همة. و تعني العزائم.

الذمم: الضمائر.

الحلم: العقل.

القمم: جمع قمة. المكان المرتفع أ والمنزلة الرفيعة.

عبق الحرية: رائحة الحرية، عطر الحرية. تعبير مجازي لأن الحرية ليست لها رائحة.

ضعوا الكف بالكف: توحدوا.

لفوا القلب بالقلب: تحابوا. ليحب بعضكم بعضا.

اهجروا البغض: غادروا الكراهية. اتركوا كره بعضكم بعضا.

سيسوا أنفسكم: قودوا أنفسكم.

اتباع الهوى: إتباع النفس والعاطفة.

موصد: مغلق نقول أوصد الباب أي أغلقه.

صنم كل نفس: معبود ها. تمثالها المقدس.

السحت: أكل الحرام. السحت: المال الحرام.

البؤس: الفقر.

النقم: جمع نقمة و هي البلاء.

سد النوافذ: غلق الطرق والمداخل.

كبريائكم: كرامتكم.

أغيثوها: انجدوها، استجيبوا لندائها.

التناحر: التضاد.  والاختلاف.

الأحقاد: جمع حقد. و الأحقاد: الأضغان.


## ٥. القراءة الجهرية الأولى للطلاب.

بعد شرح المفردات الصعبة و كتابتها على السبورة ينتقل المدرس إلى الخطوة اللاحقة وهي القراءة الجهرية للطلاب فيقول: الآن جاء دوركم لتقرؤوا النص قراءة جهرية بعد أن سمعتم قراءتي و فهمتم معاني المفردات الصعبة الواردة في الموضوع و مطلوب منكم ما يأتي:

أ- محاكاة قراءتي من حيث التعبير الصوتي، و رفع الصوت و خفضه، وطريقة الأداء.

ب- الالتزام بالحركات الإعرابية.

ت- التنبه على المعاني التي تتضمنها الفقرة التي تقرؤونها لأني سوف أسألكم عنها.

ث- متابعة الطالب الذي يقرأ. واني سأطلب منكم تكملة القراءة في أية لحظة.

ج- لا يحسب الطالب الذي يقرأ أن دوره انتهى لأني سأطلب منه القراءة مرة أخرى.

والآن اقرأ يا فلان.... على أن يبدأ بالمميزين فيبدأ الطالب القراءة و الجميع يتابعون. وعلى المدرس أن يسمح للطالب بالاسترسال في القراءة و لا يقاطعه إلا إذا ارتكب خطأ يفسد المعنى و إذا ما انتهى من قراءة الفقرة للمدرس أن يوقفه و يذكره بأنه أخطا في كذا. إذ قرأ الكلمة كذا  والمفروض أن يقرأها... و يعطي المجال للطالب أن يصحح خطأه بنفسه. وان لم يستطع فيعطي الفرصة لطالب آخر. و إن لم يستطيعوا يتولى عملية التصحيح بنفسه.

٦. القراءة الجهرية الثانية للطلاب. في هذه الخطوة يطلب من الطالب قراءة الفقرة حتى إذا

انتهى منها طلب منه شرح ما جاء فيها من معان و أفكار، و له أن يشرك الطلبة في ذلك، ويعقب هو بعد سماع إجابات الطلبة فيطلب من طالب قراءة الفقرة الأولى وإذا ما انتهى يسأله ماذا يريد الكاتب في هذا الجزء من النص؟ فيستمع إلى إجابة الطالب و الآخرين ثم يعقب قائلا: الكاتب هنا يجعل من وطنه كائنا حيا لأن الرقود من سمات الكائن الحي. ثم يجعل من عيونه بيتا، وسرير منام يرقد فيها هذا الكائن. فالوطن عنده محبوب عزيز، و لمعزته عنده فتح له عيونه و جعلها مرقدا له. وعندما يضم الوطن في العيون فإنما ذلك بقصد الحفاظ عليه وعدم فقده. ثم يقول: في قلبي تنبض أنت يا وطني. فيجعل من وطنه سر الحياة لأن سر حياة الإنسان نبض قلبه. فحيثما سكن النبض وقف القلب، وانتهت الحياة. فالوطن للكاتب نبض الحياة و سر بقائها. ثم يقول في عروقي تجري. والعروق هي الأوعية الدموية التي يجري فيها الدم. ولولا الدم لهلك الإنسان فالوطن عند الكاتب دم يجري في عروقه. فيديم له الحياة. ثم يقول: بين جوانحي أضمك يا وطني. لاحظوا أن كلمة أضم لا تطلق إلى على العزيز الثمين الذي لا يدانيه نفيس ثم يقول: أضمك إلى صدري تحت جوانحي، وما تضمه الجوانح هو كلما عزو غلى على الفرد.

ثم يطلب من طالب آخرقراءة الفقرة الثانية. وبعد الانتهاء من قراءتها يطلب منه بيان معناها، ثم يستمع إليه والى الآخرين ثم يعقب قائلا: لاحظوا الكاتب يقول: عشقتك حتى الهيام. العشق يعنى الغرام فيقول: إن غرامي بك بلغ أشده، و انتم تعرفون أن العشق والهيام يقع على النساء الفاتنات. لذ فإن الكاتب أنزل وطنه منزلة عشيقته التي فتن بها غراما، وهام بحبها هياما. ثم يقول توسدتك في المنام. تعرفون أن المرء يخلد للنوم من أجل الراحة بعد العناء. فالكاتب هنا يجعل وطنه كالفراش و الوسادة التي يستريح عليها الرأس من كل هم و غم. وهو يريد أن يقول: إن لوطني قلبا حنونا فيه أجد الطمأنينة و الدفء والراحة بعد كل عناء. ثم يمضى الكاتب فيجعل تحيته و سلامه لوطنه دائمين، ثم ينتقل الكاتب، فيدعو لوطنه بسلام الـلـه و حفظه. ثم يعود الكاتب ليقول مذكرا وطنه: كثيرون من أهلي وهبتهم لك ؛منهم الحريق ومنهم الجريح دفاعا عن ثراك خلال الدهور، وما ذاك إلا وفاء لك لأنك مثوى أولئك العظام من أهلي. أنت مثوى علي أنت مثوى الحسين أنت مثوى الأطهار. ثم ينتقل الكاتب بوصف خصائص وطنه فيقول:

أشم هواك بعمق من وجع فأستريح. أي أني إذا ما تألمت و الم بي الوجع ما لي إلا أن استنشق هواك بعمق فأجد فيه شفاء نفسي فيذهب الوجع و تحل الراحة. ثم ينهي المشهد بدعاء الـلـه أن يقي وطنه شر اللئام ممن يكيدون له. ثم يطلب من طالب آخر قراءة المقطع الثالث، و إذا ما انتهى أوقفه و سأله عن معناه. و سمع منه ومن الآخرين ثم يعقب قائلا:

عاد الكاتب ليواصل الحديث عن منزلة الوطن عنده فيخاطبه قائلا: أنت أمي في حنانك، وأنت أبي في عطفك و رعايتك، و أنت أخي في إخلاصك، وأنت أهلي في ألفتك. أنت نور لكل

ظلام أنت بلسم لكل داء. أنت دفء صدر أم في المحن. لأن صدر الأم يتسم بالدفء، والحنان، والعطف، والحاجة إليه تكبر كلما مر الطفل بشدة. فالكاتب يشبه حاله بحال طفل يجد الحنان والعطف في صدر أمه و هو الوطن. ثم يواصل الدعاء قائلا: شل الـلـه قدما دنست ترابك، و قطع الـلـه يدا نهبت خيراتك، و شفى الـلـه جراحك، و حرسك بعينه التي لا تنام ثم يقول: كنت فخرا لأجدادي، كنت راية. كنت علما. فلا اسعد الـلـه امرءا تطاول على حصنك فهدمه، و جعلك عرضة للغزاة. ثم يعود لمواساة وطنه قائلا: تمسك بالصبر كما هو عهدنا بك عند الشدائد، و ابتسم متمثلا قول الشاعر:

و إذا بليت بنكبة فاصبر لها　　　　من ذا رأيت مسلما لا ينكب

و يواصل مخاطبا وطنه مؤملا بالآتي فيقول:

شدة هي لا محال زائلة، ولا بد يوما من جلاء الظلم

وكأنه يخاطب الوطن بأن الذي حل شدة لا بد لها من زوال و كأنه يتمثل قول الشاعر:

وما من شدة إلا سيأتي　　　　لها من بعد شدتها رخاء

ثم يمضي مبشرا بالآتي فيقول:

هي الحرية عافية تجري في عروقك و عظامك.........

وكأنه هنا يبشر بمجيء الحرية لتسري في العروق و العظام كسريان العافية بعد المرض.

ثم يطلب من طالب آخر قراءة الجزء اللاحق من النص وإذا ما انتهى من قراءة النص أوقفه، وسأله عن معنى ما قرأ. و بعد سماع إجابته و إجابات الآخرين يعقب قائلا:

ينتقل الكاتب إلى مشهد آخر و هو دعوة الوطن للتأسي بأهله أهل الحضارات، وأصحاب العزائم. و يكني عنهم بأنهم أهل علي أهل العراق. أهل المباديء السا مية، والشيم الرفيعة بهؤلاء سينشد ساعدك، و تنهض من جديد أيها الوطن. ثم يخاطب وطنه قائلا: خاطب أهلك. وقل لهم توحدوا. واتركوا الفرقة وبيع الضمائر. وتذكروا راية محمد بن عبد الـلـه صلى الـلـه عليه واله راية الإسلام التي وحدت أجدادنا بالعدل والعفو والتسامح والعقل.

فلكم في سلوك المصطفى أسوة حسنة. ألم يقل لمن قاتلوه و أراقوا دمه و حاصروه وكلموا سيقانه: اذهبوا انتم الطلقاء؟ أين أنتم من هذه الروح التي تفوح سماحة وعفوا أنسيتم قول من قال:

بادر هواك إذا هممت بصالح　　　　خوف الغوالب أن تجيء فتغلب

وإذا هممت بسيء فأغمض له　　　　وتجنب الأمر الذي يتجنب

ثم يمضي فيقول:

اهجروا الثأر للحاقدين.... فالعرب ليسوا من أهل الحقد والحاقدون غيرهم فاهجروا الحقد لهم، وكونوا من الدنيا أعاليها، وتذكروا أن العفو عند المقدرة من شيم الأبطال. واعلموا أن الثأر يجر للثأر والأحقاد وقود النار. فكأنه يذكرهم بقوله صلى الـلـه عليه واله وسلم: (( فلا ترجعوا بعدي ضلالا يضرب بعضكم رقاب بعض)). و يريد من أبناء وطنه أن يحب بعضهم بعضا لأن المحبة مفتاح السعادة و في ذلك يقول الشاعر:

أحبب فيغدوا الكوخ كونا نيرا                وابغض فيمسي الكون سجنا مظلما

ثم يطلب من طالب آخر قراءة الجزء الأخير من النص وإذا ما انتهى أوقفه سائلا عن معنى ما قرأ. ثم يسمع منه، و يسمع من الآخرين فيعقب قائلا:

انتقل الكاتب من مناجاة الوطن إلى مناداة أهله أهل العراق أبناء دجلة والفرات فيقول:

افتحوا صدوركم لتتنشقوا رائحة الحرية الآتية. وضعوا الكف بالكف أي توحدوا، وليشد بعضكم أزر بعض بالمحبة واتركوا البغضاء لأن البغض مفتاح التفرقة، وباب الضعف، ومدخل الهزائم، و ثالم العزائم. فلاحظوا الكاتب يجعل من البغض الذي هو معنى مجرد كيانا. ويجعل للتفرقة بابا و ما البغض إلا مفتاحها. منه تدخل الهزيمة كأنه جعل من الهزيمة شيئا محسوسا يتحرك فيدخل على القوم فيدمر عزائمهم و يكسرها. ثم يقول: غادروا اليأس فإن اليأس من سمات الضعفاء، والزموا الأمل لأن الأمل من سمات الأقوياء فباليأس تضعف العزائم و بالعمل تعمر النفوس. و كأنه يتمثل قول الشاعر:

أعلل النفس بالآمال أرقبها                ما أضيق العيش لولا فسحة الأمل

ثم ينتقل فيخاطب قومه قائلا:

قودوا أنفسكم بالعقل لأن العقل هو السائس، والنفس أمارة بالسوء. وهي مفتاح السيئات. وكأنما جعل للسيئات مستقرا خلف باب مقفل مفتاحه النفس الأمارة بالسوء. و يواصل مبينا سوء الهوى بأنه مغلق أبواب الحسنات. فلاحظوا الكاتب هنا يقابل بين العقل والهوى، و يقابل بين الحسنات، و السيئات. ثم يواصل فيقول: إن صنم كل نفس هواها و من انتصر على نفسه كسر صنمه، فاستحق أن يكون مؤمنا. ثم يمضي فيقول: احموا وطنكم بالجد والإخلاص، والتفاني ونكران الذات، و تجنبوا أكل المال الحرام. لأنه يحرق النعم، و يأتي بالفقر والبلاء. وكأنه يريد تذكيرهم بقول الشاعر:

يعز غني النفس إن قل ماله                ويغنى غني المال وهو ذليل

265

ثم يستمر في دعوة أهل وطنه ليسدوا الأبواب بوجه من يريد امتصاص أموالهم، وجرح كرامتهم وقتل أبنائهم، و تدنيس أرضهم. و يدعوهم إلى الاستجابة لنداء الوطن بالوحدة، والتحاب، و المودة، و ترك التناحر والبغضاء، و تأجيج الضغائن، لأنها الطريق الذي يسلكه المحتل للنيل من أبناء الوطن. و يطلب منهم الصبر وكأنه يريد تذكيرهم بمقولة علي بن أبي طالب (ع): (الصبر مطية لا تكبوا وسيف لا ينبو).

٧. التطبيقات اللغوية. في هذه الخطوة يطلب المدرس من أحد الطلاب قراءة الجزء الأول من النص فإذا ما انتهى أوقفه و قال له: ما إعراب أنت في السطر الأول؟ فيقول الطالب: ضمير منفصل مبني على الفتح في محل رفع مبتدأ. فيقول المدرس: بارك الـلـه فيك وأين الخبر؟ فيقول طالب آخر: إن شبه الجملة من حرف الجر والمجرور (في عيون) في محل رفع خبر مقدم. ثم يطلب من طالب آخر قراءة الجزء الثاني فإذا وصل إلى قول الكاتب: وهبتك من أهلي حريقا و جريح. سأله ما إعراب (حريقا )؟ فيقول الطالب: مفعول ثان للفعل وهب. أوصفه للمفعول الثاني المحذوف و تقديره شخصا حريقا. فيقول المدرس: و ما إعراب جريح؟ فيقول أحد الطلبة: معطوف على (حريقا) فيقول المدرس: و أين الفتحة؟ فيقول الطالب: لم تظهر لأنه وقف عليه بالقراءة.

وهكذا يطلب من طالب آخر إكمال القراءة حتى إذا وصل كلمة الثأر سأله المدرس: لماذا كتبت الهمزة على الألف؟ فيقول أحد الطلبة: لأنها ساكنة بعد مفتوح. فيقول: بارك الـلـه فيك. ومتى تكتب على نبرة؟ يقول طالب آخر: إذا كسرت هي أو كسر ما قبلها. فيقول المدرس: من يأتي بمثال؟ يقول طالب: رئة. ثم يطلب أمثلة من آخرين. و هكذا يواصل القراءة من بعض الطلبة حتى إذا وصل الطالب ولفوا القلب بالقلب.

أوقفه المدرس وسأله عن إعراب القلب الأولى فيقول: مفعول به للفعل لفوا منصوب و علامة نصبه الفتحة الظاهرة على آخره. ثم يسأل: و أين فاعل الفعل؟ فيقول طالب:، الواو في ( لفوا) فهي ضمير مبني في محل رفع فاعل، ثم يسأل: أرايتم قلبا يلف بقلب؟ فيقول طالب: لا، ولكنه مجاز فيقول المدرس: و ما هو شكله؟ فيصمت الطلبة فيقول المدرس: إن القلب هو رمز المحبة شبهه الكاتب بشيء ملموس، و حذف المشبه به و أبقى لازمة من لوازمه و هي اللف والذي يلف هو القماش به تلف الجروح، لهذا فهنا غرض من أغراض البلاغة يسمى الاستعارة. ثم يسأل: ما نوع التشبيه في قول الكاتب البغض مفتاح التفرقة؟ هل البغض مفتاح؟ فيقول الطلبة: بالتأكيد لا، و لكنه شبهه بالمفتاح، و حذف أداة التشبيه. وأبقى المشبه به كقولنا زيد أسد فهو تشبيه بليغ. ثم يواصل الطالب القراءة حتى إذا وصل إلى سيسوا أوقفه المدرس قائلا: ما إعراب سيسوا؟ فيقول: إنه فعل أمر مبني على حذف النون فيقول المدرس: وما ماضيه؟ فيقول: ساسوا. فيقول: و ما مضارعه؟ فيقول: يسوسون. فيقول: وأي نوع من أنواع الأفعال الفعل ( يسوسون)؟ فيقول الطالب: إنه من الأفعال الخمسة. المدرس ما علامات

إعراب الأفعال الخمسة؟ الطالب: علامة رفعها ثبوت النون. وعلامة جزمها و نصبها حذف النون. المدرس: الفعل ساس ما نوعه؟ يقول أحد الطلبة: إنه ماض يا أستاذ. فيقول المدرس: ما نوعه من حيث سلامة التركيب؟ فيقول: إنه أجوف فيسأل المدرس: لماذا سمي أجوف؟ يقول الطالب: لأن عينه حرف علة. ثم يسأل المدرس: ما أنواع الفعل من حيث التركيب؟ فيقول الطالب: إنه:

سالم، و معتل، أما السالم؛ فهو ما سلمت حروفه من الهمزة و التضعيف مثل: كتب، والمهموز مثل: سأل، و المضعف مثل: شد. أما المعتل فهو ما كان أحد أصوله حرف علة، ومنه المثال مثل: وعد، والأجوف مثل: قال، و اللفيف وفيه نوعان: لفيف مفروق مثل: وعى، لفيف مقرون مثل: طوى، فيكتب المدرس هذه الإجابات على السبورة، ويطلب من الطلبة تقديم أمثلة على مثل هذه الأفعال، ثم يطلب من الطالب مواصلة القراءة حتى إذا وصل إلى قول الكاتب (واغسلوا القلوب) سأله: ما معنى و اغسلوا القلوب؟، الطالب: أي نظفوها من الأحقاد لأن الحقد في القلوب دنس. والدنس يطهر بالغسل. ثم يسأل: من يشرح المعنى العام للموضوع؟، فيشرك الطلبة في ذلك ثم يسأل: ما هي الأفكار التي تناولها الموضوع فيستمع إلى إجابات الطلبة، ويعقب قائلا: إن الأفكار التي يمكن أن نلحظها في الموضوع هي:

* مخاطبة الوطن و بيان منزلته عند الكاتب.
* بيان صلته بالوطن و فضل الوطن عليه.
* مناجاة الوطن بالصبر على ما حل و التأسي بأهله.
* مناداة العراقيين بالتوحد و ترك الأضغان وطرد المحتل.

٨. ربط الدرس بالواقع.

هنا يسأل المدرس الطلبة قائلا: هل للنص صلة بالواقع؟ فيجيب الطلبة نعم كل الصلة يا أستاذ. فالعراق الآن ينزف دما. أهله يقتلون، و يذبحون. وحرائره ينتهكن. فهو مكلوم مأسور. وأهله شتى يذبح بعضهم بعضا. والأجنبي يسرح و يمرح. وينهب خيرات الوطن. و يدمر كل ما فيه. وأهلنا منشغلون بضغائنهم وأحقادهم تركوا الأجنبي وراح بعضهم يقطع رقاب البعض الآخر. وما أحوجهم إلى مثل دعوة الكاتب للتوحد والتحاب و نسيان الأحقاد لأن الحقد ليس من سمات العرب. فالعرب أهل العفو والسماح، ودينهم الإسلام أسمى الأديان يأمر بالمعروف و ينهى عن المنكر. وما أحوج أهلنا إلى الاهتداء بقوله تعالى: {واعتصموا بحبل الـلـه جميعا ولا تفرقوا}.

ثم يسأل المدرس ما سمات الأسلوب الذي استخدمه الكاتب في التعبير عن أفكاره؟ فيقول الطلبة:

انه اتسم بطابع السجع مثل: الوطن، المحن، الذمم، الهمم. وبعض المقابلات مثل: الحسنات، السيئات. وطابع التكرار كما في بداية الكلام يا وطني، يا وطني، يا وطني، وغير ذلك. و استخدم أكثر من صورة بلاغية مثل:

ترقد أنت يا وطني.

تجري أنت يا وطني.

أنت بلسم.

أنت دفء صدر أم.

الحرية عافية.

يا أبناء دجلة والفرات.

افتحوا الصدور.

لفوا القلب بالقلب.

البغض مفتاح التفرقة.

باب الضعف.

مدخل الهزائم.

ثالم العزائم.

أكل السحت نار في النعم. وغير ذلك.

ثم يسأل المدرس: ما رأيكم في النص موضوعا وفكرا وأسلوبا؟ و يستمع إلى إجابات الطلبة، و يعطيهم الحرية في التعبير عن آرائهم من دون حرج.

٩. الواجب البيتي استنساخ الموضوع في دفاتركم بخط جميل وجلبه في الدرس القادم.


**ثانيا: تدريس القواعد**

يطلق مصطلح القواعد على كل من القواعد النحوية والصرفية في المدارس المتوسطة والثانوية. والقواعد وسيلة لضبط الكلام، وصحة النطق والكتابة. وهي وسيلة لصون اللسان والقلم من الخطأ في التعبير. زيادة على أنها وسيلة الفهم وحل اللبس في إدراك المعنى، وتمييز الخطأ وتجنبه في الكلام لفظا وكتابة. فالتمكن منها يجنب المتحدث و الكاتب اللحن الذي يعد عيبا في اللسان، و عوجا فيه و مفسدا للمعنى. ذلك اللحن الذي عده الرسول الأعظم صلى الله عليه

واله وسلم ضلالة. إذ قال حينما سمع أحدهم يلحن: (ارشدوا أخاكم فقد ضل). فبالنحو وقواعد اللغة تصلح الألسن و تسدد الأقلام. و تتأسس أهمية القواعد على تمكينها المرسل من مجافاة اللحن الذي يخل في الإبانة و يفسد المقصود. إذ يقول عبد الملك بن مروان: اللحن في الكلام أقبح من التفتيق في الثوب. واللحن هو ما يقع من خطأ في بنية الكلمة و حركتها النحوية أو في تركيبها مع غيرها. ومن المعروف أن الجملة العربية كأي جملة في اللغات الأخرى لها عناصر. وهذه العناصر هي المفردات، و هذه المفردات لها دلالة و هذه الدلالة تتحقق في ضوء البناء الصرفي للكلمة. مثل اسم الفاعل، واسم المفعول، والصفة المشبهة. إذ إن لكل صيغة معنى. و يرى أهل اللغة أن اختلاف المباني دلالة على اختلاف المعاني. زيادة على أثر التأليف بنوعيه: الجزئي مثل قولنا: رغب فيه، و رغب عنه، ورغب إليه. أو التام كالتقديم و التأخير، والذكر والحذف والتعريف والتنكير. فلكل تركيب معنى ودلالة، ومعرفة ذلك كله تكمن في دراسة القواعد النحوية واللغوية. فبالنحو يستكمل المعنى مقصده. و من دونه يجهل السامع المعنى المراد. و في فضل النحو يقول ابن خلدون: ( أركان علوم اللسان أربعة: اللغة، و النحو، و البيان، والأدب، وإن الأهم المقدم منها النحو إذ به تبين أصول المقاصد بدلالة، فيعرف الفاعل من المفعول. و المبتدأ من الخبر و لولاه لجهل أصل الإفادة).

فالنحو يبسط اللسان و يقومه و في فضله يقول أحد الشعراء:

| | |
|---|---|
| النحو يبسط من لسان الألكن | والمرء تكرمه إذا لم يلحن |
| و إذا طلبت من العلوم أجلها | فأجلها منها مقيم الألسن |

زيادة على ما تقدم فإن دراسة القواعد تنمي في المتعلم القدرة على التعليل، و الاستنباط، ودقة الملاحظة، والموازنة بين التراكيب. وتمرنه على دقة التفكير، والقياس المنطقي. وهي وسيلة لإتقان مهارات اللغة لأن فهمها يقتضي فهم القوانين التي تحكم نظامها و تعطيه الصيغة التي بها يؤدي المعنى المقصود. و تأسيسا على ذلك عد النظام النحوي محور الأنظمة اللغوية. وموقعه من اللغة موقع القلب من الجسم. وعد عماد اللغة و من بين أبرز خصائصها وضوحا، وله الفضل في التمييز بين دلالات التراكيب اللغوية. و استخلاصا مما تقدم عن النحو و قواعده وقواعد اللغة و أهميتها يمكن الوقوف على حقيقة مفادها إن دراسة النحو في اللغة وسيلة وليست غاية بحد ذاتها. فالغاية هي التعبير، و القراءة بلغة سليمة. وهذه السلامة لا تتأتى إلا في ضوء التمكن من النحو ونظامه. و تأسيسا على هذه الحقيقة يجب أن تكون هذه الغاية هدفا رئيسا، مباشرا من أهداف تدريس النحو فيجب أن لا يدرس النحو لذاته إنما يدرس لتقديم خدمة لعملية الاتصال اللغوي إرسالا واستقبالا ليكون دالة المتحدث و الكاتب والسامع والقارىء في سوق التراكيب المعبرة بدقة عن المعنى. و فهمها كما أراد منها الكاتب أو المتحدث. ولهذا يمكن القول: انه كلما كانت الصياغة النحوية دقيقة وصلت المعاني إلى السامع أو القارىء كما يريدان. وعلى الأساس المتقدم فإن الصلة

يفترض أن تكون قائمة بين النحو و مهارات الاتصال اللغوي المختلفة. و إن انقطاعها يشكل خللا في توظيف النحو العربي لخدمة عملية الاتصال و يجعل منه مقصودا لذاته. وعندها يكون عبئا على اللغة لا خادما لها. و هذا ما يجب على مدرس اللغة العربية أن يأخذه بنظر الاعتبار في تدريس القواعد اللغوية. وأن يتجه في تدريسها نحو الوظيفية، وعدم المغالاة، والاهتمام بجمع الشوارد و تفاصيلها مما يؤدي إلى نفور المتعلم و قلة انتفاعه بها. وفي نظرتهم إلى تدرس القواعد توزع المعنيون بدراسة اللغة و تدريسها بين اتجاهين:

الاتجاه الأول: يرى إمكانية الاستغناء عن تدريس القواعد في حصص مستقلة ومنهج قائم بذاته كي لا يفهم المتعلمون أن القواعد مقصودة لذاتها. ويدفعون عن هذا الرأي بالآتي:

١. إن اللغة تكتسب بالمحاكاة. والأطفال يأخذون لغتهم عن أهلهم و بيئتهم من دون الاستعانة بالشروح، و من دون معرفة التقعيد، ومراجعة المعاجم إلا عندما يكبرون. وتتسع حاجاتهم إلى ثروة لغوية جديدة. وعلى هذا الأساس يمكننا أن نعرفهم القواعد بطريقة عرضية في دروس الأدب، أو النصوص أو القراءة.

٢. إن اللغة نشأت قبل القواعد و لم تكن بها حاجة إلى معرفة القواعد آنذاك.

٣. تعد القواعد ذات طبيعة فلسفية صعبة تؤدي إلى نفور الطلبة من اللغة.

٤. إن إتقان القواعد و التمكن منها لا يعني القدرة على التعبير واستعمال اللغة إستعمالا صحيحا.


**الاتجاه الثاني:**

يرى أصحاب هذا الاتجاه أن تدريس القواعد أمر لا مناص منه و يدفعون بالآتي.

١. إن القواعد وسيلة لتمييز الخطأ و تجنبه في الكلام.

٢. إن مثل المحاكاة التي يمكن أن يحاكيها المتعلم الآن غير متوافرة. وما موجود هو نوع من الأساليب العامية التي تشط كثيرا عن أصل اللغة السليمة.

٣. إن تدريس القواعد من وسائل التدريب على التعليل و الاستنباط. والتمرن على دقة التفكير.

٤. لولا ظهور الفساد في اللغة ما وضعت قواعد النحو. فقواعد النحو وجدت عندما تسلل الفساد إلى اللغة و أصبحت المحاكاة غير مجدية.

٥. إن الصعوبة في درس القواعد قد لا يكون مردها القواعد نفسها إنما تعود إلى المدرس أو المنهج أو طريقة التدريس أو لهذه الأمور جميعا.

و توفيقا بين الرأيين يرى عبد العليم إبراهيم مراعاة ما يأتي.

١. إمكانية استخدام الطريقة العرضية في السنوات الأولى من الدراسة الابتدائية و تأخير دراسة القواعد بشكلها المنظم المقصود إلى السنوات الأخيرة من المرحلة الابتدائية.
٢. أن يتم اختيار الموضوعات النحوية المدروسة تبعا لأهميتها الوظيفية في الحياة ([1]). وما تحققه من فائدة في عملية الكلام. ولا موجب لسرد المذاهب و تفصيلاتها. ويرى المؤلف أن تدرس القواعد على وفق منهج منظم مقصود أساسا و يتم العمل على تطبيقات الدروس المنظمة في أفرع اللغة العربية المختلفة و مهاراتها كلما سنحت فرصة لذلك عملا بمبدأ اللغة وضع واستعمال. فالوضع ندرسه في دروس القواعد، والاستعمال نمارسه في الكلام، والكتابة، والقراءة مع الحرص على تقديم ما هو أكثر وظيفية في حياة المتعلم على سواه في التدريس والتشديد على التعامل مع القواعد النحوية على أنها وسائل لا غايات. بمعنى أننا لا يجب أن نعلم النحو قواعد و قوالب صماء إنما نعلمه لتربية الملكة اللسانية وهذا يتطلب إعادة النظر في منهج دراسة القواعد. و معرفة أبرز الموضوعات النحوية التي يتم التعامل معها في الكلام ملفوظا و مكتوبا.

**أهداف تدريس القواعد**

لتدريس قواعد اللغة العربية أهداف عامة بعيدة المدى لا تتحقق بدرس واحد. إنما من خلال تطبيق منهج كامل قد يستغرق مرحلة دراسة كاملة. وهناك أهداف خاصة قصيرة المدى يمكن تحقيقها في درس واحد. أما الأهداف العامة فهي واحدة لجميع الدروس في المرحلة الواحدة. ولا موجب لتكرارها عند تصميم خطة التدريس لكل درس نحوي إنما يكتفى بتثبيتها في بداية كراس التخطيط لتدريس القواعد عند بدء العام الدراسي. أما الأهداف الخاصة فهي تختلف من درس إلى آخر. و يجب تحديدها بدقة، و صياغتها بعبارات سلوكية. قابلة للملاحظة والقياس كما تحدثنا في الفصل الثاني من الباب الأول في هذا الكتاب. والأهداف العامة لتدريس القواعد في المدار س المتوسطة والثانوية يمكن إجمالها بالآتي:

١. تمكين المتعلم من ضبط ما يلفظ و ما يكتب ضبطا يستند إلى قواعد النحو واللغة.
٢. تمكين المتعلم من الاستعانة بقواعد اللغة في فهم معاني التراكيب والجمل.
٣. تمكين المتعلم من إدراك الفروق الدقيقة بين التراكيب و الجمل و الألفاظ.
٤. تمكين المتعلم من تذوق ما يسمع أو يقرأ من خلال معرفة الضبط الصحيح للكلمات والتراكيب.

(١) عبد العليم إبراهيم، مصدر سابق، ص٢٠٦.

٥. تعويد المتعلم دقة الملاحظة، والموازنة، والتحليل، والربط، والاستنباط.

٦. زيادة الثروة اللغوية لدى المتعلم من خلال ما يقرأ من نصوص و شواهد.

٧. تمكين المتعلمين من تفهم صيغ اللغة واشتقاقاتها.

٨. ترويض عقول المتعلمين، وتنمية القدرة على التفكير لديهم.

٩. توسيع ثقافة المتعلمين العامة من خلال ما تتضمنه النصوص والشواهد من معلومات، وموضوعات قد تكون جديدة على المتعلمين.

**طرائق تدريس قواعد اللغة العربية**

إن درس القواعد تغلب عليه الصفة العلمية لذا فإن طرائق التدريس التي تثير التفكير، وتمني القدرة على التحليل، والاستنباط، والقياس التي يكون الطالب فيها نشيطا تعد من بين الطرائق الأكثر صلاحية لتدريسها. وطبقا لطبيعة مناهج القواعد، و موضوعاتها فإن هناك أكثر من طريقة يمكن استخدامها في تدريس قواعد اللغة العربية. وللمدرس اختيار إحداها على وفق تقديره لمتطلبات الموضوع الذي يدرسه. وقدرات الطلبة ومستواهم التعليمي. وطبيعة المدرسة وموجوداتها. والمعينات المتوافرة. ومن تلك الطرائق.

١. الطريقة الاستقرائية.

٢. الطريقة القياسية.

٣. طريقة النص. علمان أن طريقة النص لا تختلف عن السابقتين إلا في انها تعتمد تقديم نص تؤخذ منه الأمثلة، وتعالج أما بطريقة الاستقراء، أو بطريقة القياس. وسنأتي على توضيح طريقة النص أما فيما يخص طريقتي الاستقراء و القياس فقد تحدثنا عنهما في الفصل الثالث من الباب الأول وسنعود إليهما هنا بعرض نماذج تطبيقية للتدريس على وفق خطوات كل منهما. علما ان هذه الطرائق قد تستعين ببعض أساليب الطرائق الأخرى فمثلا:

أ- يمكن الاستعانة بأسلوب الإلقاء في التقديم للدرس.

ب- يمكن الاستعانة بأسلوب المناقشة في عرض الأمثلة و إبراز خصائصها والربط بينها.

ت- يمكن الاستعانة بأسلوب المحاضرة الموضحة في عرض القواعد بطريقة القياس.

ث- يمكن الاستفادة من طرائق تدريس القراءة الجهرية في طريقة النص. زد على ما تقدم من الخطأ تصور أن هذه الطرائق وحدها هي الصالحة لتدريس القواعد. إذ بالإمكان الاستعانة بطريقة الحقائب التعليمية، والتعليم المبرمج عند الرغبة في تفريد تعليم القواعد. و بطريقة المشروع والوحدات عندما يراد تدريب الطلبة على الاعتماد على

أنفسهم في البحث والتقصي. ولكن الطرائق الأكثر شيوعا في تدريس القواعد هي التي ذكرناها ربما لسهولتها و استجابتها لطبيعة مدارسنا و توزيع الجداول فيها، وإيفائها الغرض. ودرس القواعد بموجب الطرائق المذكورة يمر في مرحلتين:

المرحلة الأولى: هي مرحلة الإعداد للدرس. و الإعداد يتضمن ما يأتي:

أ- قراءة الدرس من المدرس قراءة دقيقة.

ب- تحديد أهداف الدرس وصياغتها بعبارات سلوكية.

ت- الإطلاع على ما له صلة بالدرس من معلومات في مصادر أخرى.

ث- إعداد الأمثلة الملائمة لتغطية القاعدة النحوية أو التدليل على صحتها.

ج- ترتيب الأمثلة بما يلبي سهولة استنتاج القاعدة.

ح- صياغة القاعدة بوضوح و دقة.

خ- تهيئة الأسئلة والتدريبات التطبيقية اللازمة للموضوع.

د- تهيئة الوسائل المعنية، ووضع خطة لاستعمالها و الاستفادة منها.

ذ- كتابة خطة الدرس.

و مرحلة الإعداد للدرس تكاد تكون واحدة في الطرائق المذكورة مع وجود بعض الاختلافات البسيطة فمثلا: طريقة النص تقتضي قراءة النص وفهم معناه و ما فيه من قيم. و التهيؤ لشرح بعض المفردات والتراكيب الواردة فيه. و معرفة ما فيه من أمثلة يمكن الاستفادة منها، و رفدها بأمثلة أخرى لتغطية جزئيات القاعدة. أما الطريقة القياسية فإنها تتطلب من المدرس التشديد على القاعدة و صياغتها بدقة، وتحديد عناصرها كي يسعى إلى عرض أمثلة تنطبق على ما تتضمنه القاعدة من إحكام.

المرحلة الثانية: وهي مرحلة التنفيذ و في مرحلة التنفيذ تختلف هذه الطرائق عن بعضها اختلافات بسيطة فمثلا:

١. الاستقرائية تبدأ بالأمثلة ثم القاعدة فالتطبيق.

٢. القياسية تبدأ بالقاعدة ثم الأمثلة فالتطبيق.

٣. النص تبدأ بقراءة النص، وأخذ الأمثلة منه و معالجتها. أما بالطريقة القياسية أو بالطريقة الاستقرائية.

**نماذج دروس تطبيقية في تدرس القواعد على وفق:**

**أولا: الطريقة الاستقرائية**

أنموذج درس تطبيقي في تدريس القواعد بموجب الطريقة الاستقرائية.

الموضوع: المفعول به

الأهداف العامة: ذكرت سابقا و هي واحدة في جميع دروس القواعد.


**الأهداف الخاصة:**

١. أن يعرف الطلبة مفهوم المفعول به.

٢. أن يحدد الطلبة الموقع الإعرابي للمفعول به.

٣. أن يحدد الطلبة علامات نصب المفعول به.

٤. أن يميز الطلبة بين الفاعل وبين المفعول به.

٥. أن يقدم الطلبة أمثلة تتضمن مفعولا به.

٦. أن يعرب الطلبة المفعول به في جملة مفيدة.

٧. أن يميز الطلبة المفعول به في نص يقدم لهم.

٨. أن يبدي الطلبة رغبة في دراسة المفعول به.

٩. أن يشكل الطلبة المفعول به في جمل تقدم إليهم.

١٠. أن يقدم الطلبة أمثلة يكون فيها المفعول به ضميرا.


**خطوات سير الدرس**

**١. التمهيد**

قلنا في الدروس السابقة الأسماء في اللغة العربية منها ما هو مرفوع و منها ما هو منصوب، و منها ما هو مجرور. و درسنا مرفوعات الأسماء فمن منكم يعدد مرفوعات الأسماء؟

فيقوم أحد الطلبة فيقول: المبتدأ، و الفاعل، و نائب الفاعل. فيزيد المدرس ويقول: واسم كان و خبر إن إذا كان اسما. ثم يقول: و كنا درسنا الفاعل و قلنا هو..... فيقول أحد الطلبة: اسم يدل على من فعل الفعل. ويكون مرفوعا. المدرس: من يعطي مثالا؟. أحد الطلبة: ذهب علي إلى أهله. ثم يقول المدرس: وعلمنا أن الفاعل قد يكون اسما ظاهرا كما ورد في مثال زميلكم: ذهب علي فعلي اسم ظاهر. و قد يكون ضميرا مثل.... يكمل أحد الطلبة فيقول: ذهبت. المدرس: نعم التاء في ذهبت ضمير متصل مبني على الضم في محل رفع فاعل. ولكنه ضمير ظاهر. وقلنا يمكن أن يكون الفاعل ضميرا مستترا مثل... فيقوم أحد الطلبة و يقول: أكتب. المدرس: نعم أكتب فعل مضارع لم يظهر فاعله فهو ضمير مستتر تقديره أنا يعود على المتكلم. و يمضي المدرس قائلا: اليوم ننتقل إلى القسم الثاني أو النوع الثاني من الأسماء وهو المنصوبات وأول

274

نوع من أنواع المنصوبات هو المفعول به. فدرسنا لهذا اليوم هو المفعول به. فما هو المفعول به؟ وما هو محله الإعرابي؟ و ما هي علامة إعرابه؟ و هل يأتي ضميرا كما يأتي الفاعل؟ وهذا ما سنتعرفه من خلال الدرس. فيكتب عنوان الدرس في أعلى السبورة بخط واضح (المفعول به).

٢. عرض الأمثلة: يكتب المدرس على جانب من السبورة جملة و يطلب من أحد الطلبة قراءتها فيقرؤوها الطالب. فيسأل المدرس: ماذا فعل محمد؟ فيقول أحد الطلبة: قرأ محمد جملة. فيقول المدرس: أحسنت و يكتب الجملة (قرأ محمد جملة) على السبورة بخط واضح ثم يعود فيكتب جملة أخرى تحت الجملة التي طلب من الطالب قراءتها. و يطلب من أحد الطلبة قراءة الجملتين فيقوم علي فيقرأ الجملتين. فيسأل المدرس: ماذا فعل علي؟ فيقول أحد الطلبة: قرأ علي جملتين. فيكتبها تحت جملة قرأ محمد جملة.. ثم يطلب من الطلبة الذين تغيبوا عن الدوام في الدرس السابق الوقوف. فيقفون و يسأل الآخرين: ماذا تشاهدون؟ فيجيب الطلبة: نشاهد الغائبين فيكتب الجملة تحت الجملتين السابقتين، ويأذن للواقفين بالجلوس. ثم يخرج من حقيبته ثلاث مجلات، و يطلب من حسن أخذهن، فيأخذهن حسن منه، فيسأل الطلبة: ماذا فعل حسن فيقول أحد الطلبة: أخذ حسن المجلات. فيكتبها على السبورة تحت الجمل الثلاث السابقة بخط جميل ثم يقول: لو جاء الآن أبي فرأيتموه، و سألتكم من رأيتم؟ فبما ذا تجيبون: فيقول أحد الطلبة: نقول رأينا أباك. فيقول المدرس: أحسنت. ويكتب الجملة على السبورة تحت الجمل الأربع السابقة. ثم يعود فيسأل لو سألتكم ماذا حدث لمجلاتي؟ فبما ذا تجيبون؟ فيقول أحد الطلبة نقول: المجلات أخذهن حسن. فيكتبها تحت الجمل الخمس السابقة. و بعد هذه المحاورة يكون المدرس كتب على السبورة الجمل الآتية:

قرأ محمد <u>**جملة**</u>

قرأ محمد <u>**جملتين**</u>

نشاهد <u>**الغائبين**</u>

أخذ حسن <u>**المجلات**</u>

رأينا <u>**أباك**</u>

المجلات أخذ<u>**هن**</u> حسن

فيضع خطوطا تحت (جملة)، و(جملتين)، و(الغائبين)، و(المجلات)، و(أباك)، والضمير(هن). و يكتب الفتحة في (جملة) والياء في (جملتين)والياء في (الغائبين) و الكسرة في (المجلات) والألف في (أباك) بلون واحد مغاير كأن يكون أحمر أو أصفر أو أي لون يميز الحركات ويشير إلى وجود عامل مشترك بينها في الوظيفة.

**٣. شرح الأمثلة والربط بينها.**

المدرس الآن انتبهوا نقرأ الجملة الأولى (قرأ محمد جملة). نجدها تدل على حدوث حدث فما هو؟ إنه القراءة، ودل عليه الفعل قرأ. ولهذا الحدث أثر فأين وقع أثره؟ أي على ماذا وقع أثر القراءة؟ فيقول أحد الطلبة على (جملة). المدرس إذا جملة وقع عليها أثر الفعل. الآن ننظر إلى كلمة جملة هل هي اسم أم فعل؟ فيقول الطلبة إنها اسم. فيقول: إذا كلمة جملة اسم وقع عليه أثر الفعل. والآن ننتقل إلى الجملة الثانية فنرى أن هناك حدث وقع فيها وهو القراءة ودل عليه الفعل قرأ أيضا. ولكن على أي شيء وقع أثر الفعل قرأ؟ فيقول أحد الطلبة على (جملتين). المدرس: أحسنت. ولكن ما نوع جملتين اسم. فعل؟ فيقول أحد الطلبة: إنه اسم. فيقول المدرس: أحسنت. ولكن بما ذا يختلف عن كلمة جملة في الجملة الأولى؟ فيقول أحد الطلبة: إن (جملتين) مثنى و (جملة) مفرد. فيقول المدرس: أحسنت. الآن ننتقل إلى الجملة الثالثة. (نشاهد الغائبين). نلاحظ أن هناك حدثا ما قد حدث في هذه الجملة وهو المشاهدة، ودل عليه الفعل نشاهد. ولكن على أي شيء وقع أثر المشاهدة؟ فيقول أحد الطلبة: على (الغائبين). فيرد المدرس: أحسنت. ثم يقول: انظروا إلى (الغائبين) ولاحظوا هل هي اسم أم فعل؟ فيقول الطالب: إنها اسم. فيسأل المدرس: بماذا تختلف عن السابقات؟ فيقول: إنها جمع. فيقول المدرس: وأي نوع من أنواع الجمع هي؟ فيقول: إنها جمع مذكر سالم. فيرد المدرس: أحسنت. الآن ننتقل إلى الجملة الرابعة(أخذ حسن المجلات)فهي تتضمن دلالة على حدث فما هو؟ فيقول الطلبة: إنه الأخذ. فيقول: وكيف استدليتم عليه؟ فيقولون: دل عليه الفعل أخذ. فيقول المدرس: أحسنتم ولكن على أي شيء وقع أثر هذا الحدث؟ فيقول أحد الطلبة: على المجلات. و يسأل المدرس: هل المجلات اسم أم ماذا؟ فيقول أحد الطلبة: نعم إنه اسم. فيسأل المدرس هل هو مفرد أم مثنى أم جمع؟ فيقول أحد الطلبة: إنه جمع. فيسأل وأي نوع من الجمع هو؟ فيقول: إنه جمع مؤنث سالم. ثم ينتقل المدرس إلى المثال اللاحق(رأينا أباك)و يسأل عن الذي حصل. فيقول الطلبة: إنه الرؤية. فيقول ما الذي دل عليها؟ فيقول أحد الطلبة: الفعل رأى. فيقول المدرس: أحسنت. ولكن على أي شيء وقع أثر هذا الفعل؟ فيقول: على كلمة(أباك). يقول المدرس: أحسنت وهل أن كلمة (أباك)اسم أم ماذا؟ فيقول: نعم إنه اسم. فيسأل: وأي نوع من الأسماء هو؟ فيقول: إنه من الأسماء الخمسة. فيرد المدرس: أحسنت ثم يقول: دعونا نعود إلى الأمثلة السابقة ماذا نلاحظ؟، فيجيب نلاحظ ما يأتي:

أ- أن في كل منها فعلا وقع أثره على اسم و أن هذا الاسم الذي وقع عليه أثر الفعل يسمى مفعولا به.

ففي الجملة الأولى وقع على (جملة)
وفي الثانية وقع على (جملتين)
وفي الثالثة وقع على (الغائبين)　　　　وكل من هذه الأسماء يسمى مفعولا به.
وفي الرابعة وقع على (المجلات)
وفي الخامسة وقع على (أباك)

ب- نلاحظ كل هذه الأسماء التي وقع عليها أثر الفعل جاءت منصوبة.

ت- نلاحظ أن علامة النصب اختلفت بحسب الأسماء فهي الفتحة عندما يكون الاسم مفردا مثل (جملة) وهي الياء عندما يكون الاسم مثنى مثل (جملتين)، أو جمع مذكر سالما مثل (الغائبين). وهي الألف عندما يكون الاسم من الأسماء الخمسة مثل (أباك). وهي الكسرة عندما يكون الاسم جمع مؤنث سالما مثل (المجلات).

المدرس: والآن نعود إلى المثال السادس وهو (المجلات أخذهن حسن). أين وقع أثر الفعل أخذ؟ فيقول أحد الطلبة: إنه وقع على الضمير(هن). المدرس: أحسنتم وأنتم تعرفون أن الضمائر مبنية فهن هنا وقع مفعولا به و هو ضمير مبني في محل نصب.

**٤. الاستنتاج (استنتاج القاعدة)**

المدرس: الآن بعد هذا العرض ماذا نستنتج؟ نستنج أن المفعول به....

فيستمع إلى إجابات الطلبة و يعقب عليها و يقومها حتى يصل إلى الصيغة الصحيحة الدقيقة فيكتبها على السبورة كما يأتي:

المفعول به اسم وقع عليه أثر الفعل و يكون منصوبا و علامة نصبه:

أ- الفتحة إذا كان مفردا

ب- الياء إذا كان مثنى، أو جمع مذكر سالما

ت- الألف إذا كان من الأسماء الخمسة

ث- الكسرة إذا كان جمع مؤنث سالما

وقد يأتي المفعول به ضميرا مبنيا في محل نصب. و يطلب من الطلبة قراءة القاعدة أكثر من مرة.. ثم يمحوها و يطلب منهم استظهارها عدة مرات. ثم بعد ذلك يرسم المخطط الآتي كي تكون القاعدة أكثر ثباتا و أسهل حفظا.

**المفعول به**

اسم وقع عليه أثر الفعل و يكون منصوبا وعلامة نصبه..

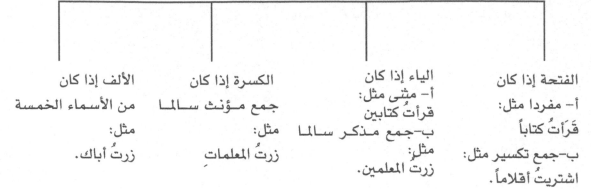

| الفتحة إذا كان | الياء إذا كان | الكسرة إذا كان | الألف إذا كان |
|---|---|---|---|
| أ- مفردا مثل: قَرَأتُ كتاباً<br>ب-جمع تكسير مثل: اشتريتُ أقلاماً. | أ- مثنى مثل: قرأتُ كتابين<br>ب-جمع مذكر سالما مثل: زرت المعلمين. | جمع مؤنث سالما مثل: زرتُ المعلماتِ | من الأسماء الخمسة مثل: زرتُ أباك. |

و قد يأتي ضميرا مبنيا في محل نصب مثل المعلمات زارهن المشرف.

**٥. التطبيق: التطبيق الشفهي.**

الآن أريد منكم:

أ- جملة مفيدة تحتوي على مفعول به منصوب وعلامة نصبه الفتحة.

ب- جملة مفيدة تحتوي على مفعول به منصوب وعلامة نصبه الياء.

ت- جملة مفيدة تحتوي على مفعول به منصوب و علامة نصبه الكسرة.

ث- جملة مفيدة تحتوي على مفعول به منصوب وعلامة نصبه الألف.

و بعد أخذ الإجابات من الطلبة يكتب الجمل الآتية على السبورة و يطلب إعرابها:

* شرب علي الحليب.
* اشترى زيد الكتب.
* يحترم الولد أباه.
* رأى خالد المعلمين.
* زار المشرف المعلمات.
* الوطن يحميه أهله.

وبعد إعراب الجمل المذكورة من الطلبة يكتب على السبورة:

* ذهب علي

* استقبل زيد عليا.
و يسأل ما الفرق بين علي في الأولى و علي في الثانية؟.
و يستمع إلى إجابات الطلبة و يعقب قائلا: علي في الأولى اسم دل على من قام بالفعل أو من فعل الفعل. أما في الثانية فهو اسم دل على من وقع عليه أثر الفعل. و هو في الأولى مرفوع. وفي الثانية منصوب. و هو في الأولى فاعل و في الثانية مفعول به. ثم يكتب اشترى علي الأقلام و المجلات. ويطلب من الطلبة وضع الحركات الملائمة على أواخر الكلمات و هكذا.

**التطبيق التحريري:**
وفيه يطلب من الطلبة حل التمرينات الموجودة في الكتاب موضحا كيفية تخطيط الدفتر، وترتيب الإجابات، و ذكر رقم التمرين والصفحة. على أن يتولى متابعة الحل بنفسه سواء كان في هذا الدرس أم في الدرس القادم.
ثانيا: أنموذج درس تطبيقي في تدريس القواعد على وفق الطريقة القياسية
الموضوع: تقديم المفعول به على فعله.
الأهداف العامة: ذكرت سابقا و هي واحدة كما ذكرنا في دروس القواعد جميعها.

**الأهداف الخاصة:**
١. أن يعرف الطلبة المواضع الذي يتقدم فيها المفعول به على فعله وجوبا.
٢. أن يعطي الطلبة أمثلة يتقدم فيها المفعول به على فعلة وجوبا.
٣. أن يعرب الطلبة أمثلة تقدم فيها المفعول به على فعله وجوبا.
٤. أن يميز الطلبة بين المفعول به المقدم وجوبا، والمفعول به المقدم جوازا.
٥. أن يبدي الطلبة رغبة في دراسة أسلوب التقديم و التأخير في اللغة العربية.
٦. أن يطلع الطلبة على أمثلة قرآنية تتضمن تقديم المفعول به على فعله وجوبا.

**خطوات سير الدرس.**
**١. التمهيد:**
درسنا في الدروس السابقة عددا من أساليب العربية، و منها النفي و الاستفهام، والتوكيد، والاستثناء. و درسنا في الدرس السابق أسلوب التقديم و التأخير في اللغة العربية لأغراض

تقتضيها حال المتلقي، و تراكيب اللغة، و من بين ما تعرضنا له تقديم الخبر على المبتدأ. إذ الأصل أن يتقدم المبتدأ على الخبر، ولكن هناك مواضع يجب فيها تقديم الخبر على المبتدأ وهي:

يطلب من أحد الطلبة الإجابة فيجيب:

أ- إذا عاد على بعض الخبر ضمير متصل بالمبتدأ مثل: لدجلة ماؤه العذب. ثم يقوم طالب آخر فيقول:

ب- إذا كان المبتدأ نكره غير مخصصة، وكان الخبر ظرفا مثل: (لهم ما يشاؤون فيها و لدينا مزيد). أو كان الخبر جارا و مجرورا مثل قوله تعالى: {والأنعام خلقها لكم فيها دفء ومنافع و منها تأكلون}. المدرس نعم.

لاحظوا أمثلة زميلكم: الأول (لدينا مزيد): فإن (مزيد) مبتدأ؟ و هو نكره غير مخصصة و خبره (لدينا) وهو ظرف، فتقدم وجوبا وفي الثانية (فيها دفء). فدفء نكره غير مخصصة و خبره (فيها) وهو جار و مجرور.

ثم يطلب من طالب أن يكمل. فيقوم الطالب ويقول:

ت- إذا كان الخبر من الألفاظ التي لها الصدارة في الكلام مثل: أين محمد؟. ثم يطلب المدرس من طالب آخر أن يكمل فيقول الطالب:

ث- إذا كان مقصورا على المبتدأ مثل: {إنما وليكم الـلـه و رسوله} و مثل: ما ناجح إلا محمد. فيقول المدرس: بارك الـلـه فيكم. واليوم ننتقل إلى موضوع آخر من مواضيع التقديم في اللغة العربية. وهو تقديم المفعول به على فعله. فإنكم تعرفون أن الأصل هو أن يلي الفاعل فعله فنقول: حضر علي. والأصل أيضا أن يلي المفعول به الفاعل فنقول: قرأ علي الدرس. ولكن لأغراض دلالية، وتركيبية يتقدم المفعول به على فعلة، وهذا موضوع درسنا اليوم (تقديم المفعول به على فعله) لنعرف ما هي المواضع التي يتقدم فيها المفعول به على فعله وجوبا؟ وهل هناك مواضع يتقدم فيها جوازا هذا ما سنطلع عليه اليوم.

**٢. عرض القاعدة.**

يعرض المدرس القاعدة على السبورة كما يأتي:

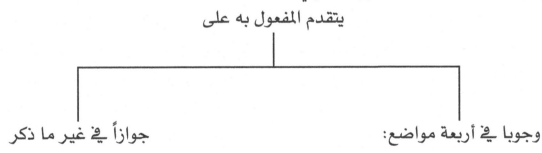

يتقدم المفعول به على

وجوبا في أربعة مواضع:

جوازاً في غير ما ذكر

أ- إذا كان المفعول به ضميرا منفصلا لو تأخر وجب اتصاله.

ب- إذا كان المفعول به واقعا في جواب أما الشرطية التفصيلية غير مفصول عنها، وفعله فعل طلب.

ت- إذا كان المفعول به فعله فعل أمر مقترن بالفاء.

ث- إذا كان المفعول به من الأسماء التي لها الصدارة في الكلام.

٣. تحليل القاعدة و الربط بينها و بين الأمثلة. يشير المدرس إلى القاعدة و يقول: المفعول به يتقدم وجوبا في أربعة مواضع هي:

إذا كان المفعول به ضميرا منفصلا لو تأخر وجب اتصاله. هل منكم من يعطي مثالا على ذلك؟ فيستمع إلى إجابات الطلبة، فيعقب عليها ثم يقول: إن المقصود بالضمير هو (أيا) لأنها هي ضمير النصب المنفصل الذي يتكون مع الحروف الأخرى الدالة على الخطاب و التكلم، والغيبة مثل (إياك، إياي، إياه) فعندما تكون هذه الضمائر مفعولا به يجب أن تتقدم على الفعل لأنها لو تأخرت يجب أن تتحول إلى ضمائر متصلة. ومثال ذلك: قوله تعالى: {إياك نعبد وإياك نستعين} لأن إياك نعبد أي نخصك بالعبادة من دون غيرك. فيما لو قلنا نعبدك فإن هذا التعبير لا يحجب العبادة عن الغير. لذا فإن دلالة إياك نعبد غير دلالة نعبدك. لذا وجب تقديم المفعول به لأنه ضمير منفصل و هذا ما نص عليه الجزء(أ) من القاعدة و يؤشر على نص الجزء الأول من القاعدة رابطا بينه و بين المثال. ثم يورد مثالا آخر، ويكتبه على السبورة مثل: قوله تعالى: (فكلوا مما رزقكم اللـه حلالا طيبا واشكروا نعمة اللـه إن كنتم إياه تعبدون). و يضع خطا تحت إياه، و يقول: (إياه)هنا ضمير منفصل وقع مفعولا به مقدما وجوبا لأنه لو تأخر لوجب اتصاله وهذا ما ينص عليه الجزء(أ)من القاعدة، ويربط بالإشارة بين الجزء (أ) والمثال.

ثم ينتقل إلى الجزء الثاني من القاعدة فيقول: لاحظوا الجزء (ب) من القاعدة: يتقدم المفعول به على فعله وجوبا إذا كان واقعا في جواب إما الشرطية التفصيلية غير مفصول عنها بفاصل، وفعله فعل طلب. من يعطي مثالا ينطبق عليه ما جاء في هذا الجزء من القاعدة؟. فيستمع إلى إجابات الطلبة و يعقب عليها قائلا: إن من خصائص أما الشرطية التفصيلية: إنها تتضمن معنى أداة الشرط وجملة الشرط و مثال ذلك: قوله تعالى: {فأما اليتيم فلا تقهر وأما السائل فلا تنهر}. هنا أما شرطية تفصيلية تتضمن معنى الشرط، وجملة الشرط. إذ لا توجد جملة شرط، وجاء المفعول به بعدها مباشرة إذ لم يفصل بين أما و بين جوابها الذي هو لا تقهر بغير المفعول به وهو اليتيم في الأولى، والسائل في الثانية. و الملاحظ أن المفعول به في كلا الموقعين في الآية الكريمة وقع في جواب الشرط من دون أن يفصل بينه و بين أما فاصل. ونلاحظ أن الفعل هو فعل طلب لأنه مضارع مسبوق بأداة نهي. لذا وجب تقديم المفعول به على فعله ففي الجزء الأول من

الآية (اليتيم) مفعول به مقدم وجوبا على فعله (تقهر)لأنه وقع في جواب أما الشرطية التفصيلية من دون أن يفصل بينهما فاصل. وهذا ما نص عليه الجزء (ب)من القاعدة. والحال نفسه مع (السائل) فهو مفعول به مقدم وجوبا على فعله (تنهر) لأنه وقع في جواب أما الشرطية، ولم يفصل بينهما فاصل، وفعله فعل طلب و هذا ما نص عليه الجزء(ب)من القاعدة. و يربط بين المثالين والقاعدة بالتأشير. وبعد ذلك يقول: لاحظوا أن التقديم هنا أفاد التأكيد. ثم يقول:

الآن ننتقل إلى الجزء (ج) من القاعدة الذي ينص: يتقدم المفعول به على فعله وجوبا إذا كان المفعول به فعله فعل أمر مقترن بالفاء. فمن يعطي مثالا ينطبق عليه هذا النص؟ فيستمع إلى إجابات الطلبة، ويعقب عليها ثم يكتب.

قوله تعالى: {وربك فكبر و ثيابك فطهر و الرجز فاهجر}.

يا أيها الطلبة اصغوا إلي والواجب فأدوا.

ثم يقول لاحظوا الآية الكريمة(وربك فطهر): هنا كلمة (ربك) مفعول به للفعل (فكبر)و كبر فعل أمر مقترن بالفاء لذا تقدم المفعول به عليه وجوبا. وهذا ما نص عليه الجزء (ج) من القاعدة لاحظوا. فيشير إلى الجزء (ج)ثم يقول: (وثيابك فطهر) تقدم المفعول به (ثيابك)وجوبا لأن فعله فعل أمر مقترن بالفاء وهذا ما ينص عليه الجزء(ج) من القاعدة.

والحال نفسه مع (والرجز فاهجر) فتقدم الرجز وجوبا لأنه مفعول به لفعل الأمر (فاهجر)الذي اقترن بالفاء.

ولا تحسبوا أن هذا الأسلوب موجود في القرآن فقط. بل موجود في لغتنا فلاحظوا المثال: ويشير إلى المثال يا أيها الطلبة............. والواجب فأدوا. فالواجب.  مفعول به تقدم على فعله وجوبا لأن فعله فعل أمر مقترن بالفاء و هو (فأدوا).

والآن ننتقل إلى الجزء الرابع من القاعدة الذي نصه: (يتقدم المفعول به على فعله وجوبا إذا كان المفعول به من الأسماء التي لها الصدارة في الكلام وهي مثل الاستفهام، و الشرط، و كم الخبرية. فمن يأتي بمثال فيه المفعول به مقدما وجوبا لكونه من الأسماء التي لها الصدارة في الكلام؟  فيستمع إلى إجابات الطلبة ثم يعقب عليها فيكتب على السبورة:

* قال تعالى: {ومن يضلل اللـه فما له من هاد}.

* من درست ؟

* كم صديق نصحت فانتصح؟

و يضع خطا تحت من في المثالين الأول و الثاني ثم يقول: لاحظوا الآية الكريمة ما إعراب (من)

فيها؟ إن من هنا اسم شرط جاء بعده فعل متعد غير مستوف مفعوله فهو مبني في محل نصب مفعول به مقدم وجوبا لأنه اسم له الصدارة في الكلام، وهذا ما نص عليه الجزء(د) من القاعدة و كذلك الحال مع (من) في الجملة الثانية (من درست)؟ فإن من هنا اسم استفهام مبني في محل نصب مفعول به مقدم وجوبا لأنه تلاه فعل متعد لم يستوف مفعوله، وهو من الأسماء التي لها الصدارة في الكلام. ثم يقول لاحظوا الجملة الثالثة (كم صديق نصحت فانتصح). هنا كم خبرية و الدليل إن الاسم بعدها جاء مجرورا و تعني كثير وهي خبرية مبنية في محل نصب مفعول به مقدم وجوبا لأن كم لها الصدارة في الكلام. لذا وجب تقديم المفعول به وهذا ما ينطبق عليه نص الجزء(د) من القاعدة والآن نعود إلى القاعدة لنلاحظ طرفها الثاني الذي نصه: يتقدم المفعول به على فعله جوازا في غير المواضع الأربعة التي أشرنا إليها. فمن يعطي مثالا على ذلك ثم يستمع إلى إجابات الطلبة فيعقب عليها، ثم يكتب على السبورة:

* الصدق قل يا فتى

* الدرس حضروا يا طلاب.

فقد وقع الصدق مفعولا به مقدما جوازا. إذ يجوز أن نقول: قل الصدق يا فتى. وكذلك الحال مع (الدرس حضروا يا طلاب. فالدرس وقع مفعولا به مقدما جوازا. إذ يجوز أن نقول: حضروا الدرس يا طلاب. والتقديم هنا يأتي بقصد الاهتمام و هو جائز و ليس واجبا.

٤. التطبيق:

يطلب من الطلبة ما يأتي:

أ- مثالا لمفعول به مقدم وجوبا لوقوعه في جواب أما الشرطية التفصيلية.

ب- مثالا لمفعول به مقدم وجوبا لكون فعله فعل أمر مقترنا بالفاء.

ت- مثالا لمفعول به مقدم وجوبا لكونه ضميرا منفصلا إذا تأخر وجب اتصاله.

ث- مثالا لمفعول به مقدم وجوبا لكونه اسم استفهام.

ج- مثالا لمفعول به مقدم وجوبا لكونه اسم شرط.

ح- مثالا لكم الخبرية واقعه مفعولا به مقدما وجوبا.

ثم يقول: من يعرب قوله تعالى:{ومن يهد الله فما له من مضل}؟ فيقوم أحد الطلبة فيقول:

الواو: حسب ما قبلها

من: اسم شرط مبني على السكون في محل نصب مفعول به مقدم وجوبا لأنه تلاه فعل متعد لم يستوف مفعوله، و هو من الأسماء التي لها الصدارة في الكلام.

يهد: فعل مضارع مجزوم وعلامة جزمه حذف حرف العلة فعل الشرط

الله: لفظ الجلالة فاعل مرفوع علامة رفعه الضمه على آخره.

فما: الفاء رابطة واقعه في جواب الشرط. ما نافيه.

له: اللام حرف جر مبني و الهاء ضمير متصل مبني في محل جر.

من: حرف جر زائد يفيد التوكيد.

مضل: اسم مجرور لفظا بمن الزائدة مرفوع محلا. مبتدأ خبره شبه الجملة من الجار والمجرور. والجملة من المبتدأ و خبره في محل جزم جواب الشرط. ثم بعد ذلك يقول المدرس الآن نعيد رسم القاعدة على الشكل الأتي:

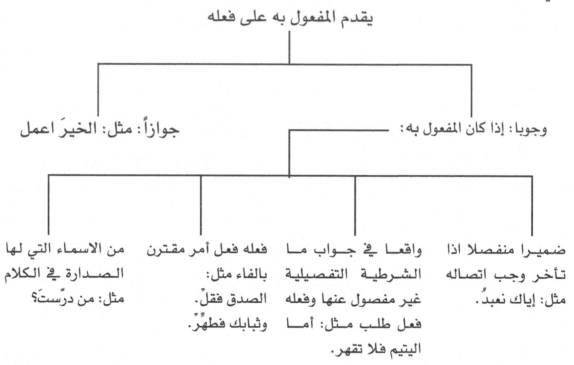

يقدم المفعول به على فعله

ثم بعد ذلك ينتقل إلى حل التمرينات في الدفاتر إن بقي وقت و إن لم يبق وقت لذلك يجعله واجبا بيتيا لهم.

**ثالثا: طريقة النص**

تبنى طريقة النص على أساس ان الأمثلة عندما تكون واردة في سياق النص تكون أكثر وظيفية، و تكون ذات معنى واضح يسهل على المتعلم إدراكه، و لا يشعر بأنه مصطنع. زيادة على

ما فيها من تلبية لمدخل التكامل بين فروع اللغة العربية، وما يمكن أن تقدمه من مادة ثقافية أو نصوص أدبية، و مفردات لغوية تزيد الثروة اللغوية لدى الطلبة. زيادة على ذلك انها تقلل الجهد الذي يبذله المدرس والطلبة من أجل البحث عن أمثلة تلائم القاعدة النحوية. فالأمثلة مبثوثة في النص، و لا تتطلب عناء في الوصول إليها. وهي لا تختلف عن الطريقة القياسية. أو الاستقرائية إلا في خطوة قراءة النص وشرح معناه، ثم تناول الأمثلة التي بالدرس حاجة إليها من النص، مع زيادة بعض الأمثلة عليها إن وجد المدرس أن أمثلة النص لا تغطي جوانب القاعدة جميعها. أما بعد عرض النص و قراءته فللمدرس أن يسلك أسلوب الإستقراء فيعرض الأمثلة، و يشرحها و يربط بينها، ثم يستنتج القاعدة فيطبق عليها. أو يسلك أسلوب القياس فيعرض القاعدة ثم يحللها، و يربط بينها و بين الأمثلة الموجودة في النص، و قد يزيد على تلك الأمثلة. فهي ليست طريقة جديدة كما يتصور البعض في تدريس القواعد. إنما هي أسلوب يتناول كيفية عرض الأمثلة و الحصول عليها فبدلا من أن يأخذها من الطلبة كما يفعل في طريقة الاستقراء أو القياس يأخذها من النص، و من خلال قراءة النص تمارس القراءة الجهرية. غير أن الأمثلة المجزأة لا تخلو من القراءة فقد تكون آيات قرآنيه،أو أبيات شعرية، أو حكما، فيمكن أن تقرأ و يشرح معناها، وأحيانا تغطي الأمثلة المجزأة مساحات أوسع من الأفكار و القيم إذا ما تم اختيارها من القرآن الكريم، أو الحديث النبوي الشريف أو مأثور العرب.

خطوات طريقة النص

يمكن تنفيذ طريقة النص بإتباع الخطوات الآتية:

١. التمهيد:

التمهيد للنص قد يكون بأحد الأسلوبين الآتيين:

الأول: هو أن يمهد المدرس لفكرة النص، أو مناسبته، أو كاتبه كما يمهد لدرس القراءة.

الثاني: هو أن يمهد لموضوع القواعد بالإشارة إلى أن موضوع درسنا لهذا اليوم يتضمنه النص الذي سنقرؤه عن كذا و كذا. طالبا من الطلبة التنبه على قراءة النص، والتشديد على ما فيه من أمثلة، و شواهد تخص الموضوع.

وغالبا ما يقدم المدرسون لموضوع القواعد بعيدا عن النص ثم ينتقلون من التقديم إلى قراءة النص. غير أن المطلوب هو أن تؤدي هذه الخطوة غرضها في تهيئة أذهان الطلبة للموضوع الجديد و لا بأس من الانطلاق من موضوع النص.

٢. قراءة النص من المدرس:

تتم هذه الخطوة على وفق قراءة المدرس الجهرية في درس القراءة من حيث سلامة النطق، والتعبير الصوتي، وحسن الأداء بعد تنبيه الطلبة على فتح كتبهم، ومتابعة المدرس لهم في أثناء قراءته.

٣. بيان الأفكار العامة التي تضمنها الموضوع بإيجاز: ولا بأس من إشراك الطلبة في ذلك. بعد هذه الخطوة للمدرس أن يسلك أما أسلوب الاستقراء و هذا هو الغالب، و أما أسلوب القياس. فإذا سلك الاستقراء تكون الخطوة اللاحقة هي:

٤. عرض الأمثلة: و تؤخذ الأمثلة من النص، ولكن تعرض على السبورة بطريقة متسلسلة على وفق منطق القاعدة، ولا تعرض حسب ورودها في النص لأنها قد ترد في النص بطريقة غير مرتبه، وعند عرضها على وفق تسلسلها في النص يصعب على الطلبة استنتاج القاعدة من خلالها. وقد تكون الأمثلة الموجودة في النص لا تغطي حاجة القاعدة فعلى المدرس أن يزيد عليها بما يلبي حاجة القاعدة.

٥. الربط بين الأمثلة: و يتم الربط بالطريقة التي تمت في الاستقراء نفسها، وذلك ببيان العلاقات بين الأمثلة. ويتم الربط بالمناقشة بين المدرس و الطلاب.

٦. استنتاج القاعدة: ويتم عن طريق الطلبة بالطريقة التي تم إتباعها في الاستقراء.

٧. التطبيق: وهو شفهي، وتحريري،و يتم بالطريقة التي تمت في الاستقراء أو القياس نفسها.

أما إذا سلك بعد قراءة النص، ومناقشة أفكاره أسلوب القياس فتكون خطوات طريقة النص كالآتي:

١. التمهيد.

٢. قراءة النص.

٣. مناقشة الطلبة في معنى النص و أفكاره.

٤. عرض القاعدة

٥. تحليل القاعدة، وربطها بالأمثلة المأخوذة من النص وللمدرس أن يزيد عليها.

٦. التطبيق. ويتم بالطريقة التي اتبعت بالاستقراء أو القياس نفسها.


**ميزات طريقة النص**

١. تتماشى والاتجاه التكاملي في تدريس اللغة العربية.

٢. تزيد من توسيع مدارك الطلبة و ثقافتهم من خلال قراءة النصوص.

٣. تقدم الأفكار متكاملة غير مجزأة.

٤. تضع أمثلة جاهزة تحت تصرف المدرس والطلبة، ولا يضطر المدرس للبحث عن أمثلة قد تكون مصطنعه.

## عيوب طريقة النص.

١. الأمثلة في النص قد لا ترد متسلسلة.

٢. من الصعوبة أن نجد نصا طبيعيا يتضمن أمثلة تغطي القواعد النحوية.

٣. لا تحفز الطلبة على التفكير في البحث عن أمثلة تنطبق عليها القاعدة.

## أنموذج درس تطبيقي في تدريس القواعد بموجب طريقة النص.

الموضوع: أسلوب المدح والذم.

الأهداف العامة: ذكرناها سابقا و هي واحدة في دروس القواعد جميعها كما قلنا.

## الأهداف الخاصة:

١. أن يتعرف الطلبة أسلوب المدح، والذم في اللغة العربية.

٢. أن يتعرف الطلبة كيفية تركيب جملة المدح و جملة الذم في العربية.

٣. أن يحدد الطلبة خصائص فعل المدح (نعم).

٤. أن يحدد الطلبة خصائص فعل الذم (بئس).

٥. أن يبين الطلبة خصائص فاعل فعل المدح، أو الذم.

٦. أن يبين الطلبة خصائص مخصوص فعل المدح، أو الذم.

٧. أن يعرب الطلبة المخصوص في المدح، أو الذم في مواقع مختلفة.

٨. أن يتعرف الطلبة الحالات الإعرابية لمخصوص فعل المدح، أو الذم.

٩. أن يميز الطلبة بين فاعل بئس، و نعم، وفاعل حبذا، ولا حبذا.

١٠. أن يميز الطلبة بين مخصوص حبذا، ولا حبذا، ومخصوص نعم، وبئس.

١١. أن يقدم الطلبة أمثلة تتضمن نعم، وفاعلها ومخصوصها.

١٢. أن يقدم الطلبة أمثلة تتضمن يئس، وفاعلها ومخصوصها.

١٣. أن يقدم الطلبة أمثلة تتضمن حبذا، و مخصوصها.

١٤. أن يقدم الطلبة أمثلة تتضمن لا حبذا و مخصوصها.

١٥. أن يعرب الطلبة جملا تتضمن نعم، أو بئس، أو حبذا، أو لا حبذا.

١٦. أن يبدي الطلبة تفاعلا مع أسلوب المدح والذم في اللغة العربية.

١٧. أن يشرح الطلبة فكرة النص.

١٨. أن يقوم الطلبة أسلوب النص و الأفكار التي تضمنها.

**خطوات سير الدرس**

**١. التمهيد**

يقف المدرس أمام الطلبة فيقول: الصدق سفينة النجاة. و كثيرا ما نردد النجاة في الصدق. والجد سبيل النجاح، والطريق القويم نحو تحقيق الآمال. ونحن نردد: من جد وجد، و من زرع حصد. والإسراف مفسدة مثلما البخل مفسدة و في هذا المعنى قوله تعالى: {ولا تجعل يدك مغلولة إلى عنقك ولا تبسطها كل البسط فتقعد ملوما محسورا}. و قول الشاعر:

| بين تبذير و بخل رتبة | وكلاهما إن زاد قتل |
|---|---|

و بالبر يستعبد الأحرار، و تؤسر القلوب، و في هذا المعنى يأتي قول شاعر العرب المتنبي:

| إذا أنت أكرمت الكريم ملكته | وإن كنت أكرمت اللئيم تمردا |
|---|---|

وقول آخر:

| أحسن إلى الناس تستعبد قلوبهم | إذ طالما استعبد الإنسان إحسان |
|---|---|

أما مصاحبة اللئام فهي مجلبة للسوء، و مفتاح للشر، ولعل في هذا المعنى يأتي قول الشاعر:

| لا تربط الجرباء حول صحيحة | خوفا على تلك الصحيحة تجرب |
|---|---|

حول هذه المعاني يدور النص الذي نقرؤه الآن في وصية رجل لابنه. إذ تضمن النص مدحا للقيم الفاضلة، وتضمن ذما لتلك المتدنية لنطلع من خلاله على أسلوب من أساليب اللغة العربية هو أسلوب المدح و الذم. فتعالوا معي نلاحظ كيف مدح الرجل، وكيف ذم، وما هي مكونات أسلوب المدح والذم، و ما خصائصه. هذا ما سنطلع عليه بعد قراءة النص.

**٢. قراءة النص قراءة جهريه من المدرس:** يقف المدرس أمام الطلبة قائلا:

الآن افتحوا كتبكم على صفحه كذا، و امسكوا أقلامكم لتأشير بعض ما جاء به حاجه إلى

تأشير، ولاحظوني كيف أقرأ النص، وشددوا على مواضع المدح، ومواضع الذم في النص ثم يقرأ النص الآتي:

نصح رجل ابنه فقال:

يا بني، اجعل الصدق شعارك، فنعم الشعار الصدق، إنه يرفعك قدرا، ويجل لك في الناس ذكرا، و اتخذ الجد رائدك، فنعم خلق المرء الجد، يفتح لك أبواب الخير، ويصلك بأسباب المجد، ولا تسرف في مالك فبئس الصفة الإسراف، يوقعك في الفقر و يجلب عليك الهوان. وأحسن معاشرة الناس فحبذا المعاشرة الحسنة تكسبك المحبة، و تجمع حولك القلوب، و اجتنب جليس السوء فلا حبذا مصاحبة اللئام. تفتح عليك أبواب الشر، وتنقل إليك عدواهم [1].

**٣. شرح المعنى العام وبيان الأفكار**

إن النص على قصره جاء مادحا لقيم، حاثا على الأخذ بها. فمدح الوالد الصدق، وبين فضله في الحياة، فحث عليه، ثم حث على التحلي بالجد مادحا الجد واصفا إياه بأنه فاتح أبواب الخير، والسبيل إلى بلوغ المجد. ثم نهى عن الإسراف و ذمه لما يلحقه بالمسرف من الفقر والمذلة. ثم حث على حسن المعاشرة لأنها سبيل إلى وحدة القلوب، وكسب محبة الآخرين. ودعا إلى اجتناب جلساء السوء و مجالسة اللئام و مصاحبتهم ذاما تلك المصاحبة لما تجلبه من شر وانتقال العدوى. وهكذا جاء النص مليئا بالمدح تارة وبالذم تارة أخرى فما هو أسلوب الذم و ما هو أسلوب المدح؟ وما هي خصائص هذا الأسلوب؟ هذا ما سأوضحه لكم فيما يأتي.

**٤. عرض القاعدة:**

يعرض المدرس القاعدة كما في الشكل الآتي:

**تتكون جملة المدح أو الذم من:**

(١) النص مأخوذ من كتاب قواعد اللغة العربية للصف السادس العلمي، جمهورية العراق، ط١٥، ٢٠٠٤، ص١١٦.

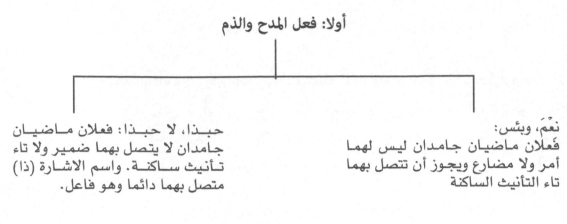

**أولا: فعل المدح والذم**

- نعْمَ، وبئس:
فَعلان ماضيان جامدان ليس لهما أمر ولا مضارع ويجوز أن تتصل بهما تاء التأنيث الساكنة
- حبذا، لا حبذا: فعلان ماضيان جامدان لا يتصل بهما ضمير ولا تاء تأنيث ساكنة. واسم الاشارة (ذا) متصل بهما دائما وهو فاعل.

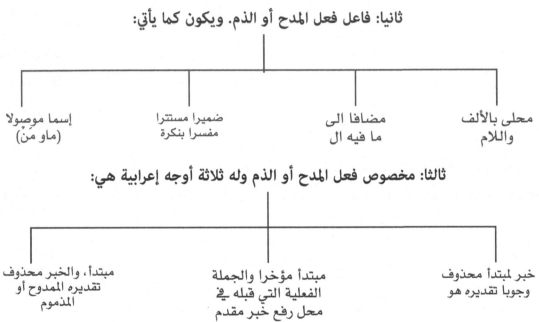

**ثانيا: فاعل فعل المدح أو الذم. ويكون كما يأتي:**

- محلى بالألف واللام
- مضافا الى ما فيه ال
- ضميرا مستترا مفسرا بنكرة
- إسما موصولا (ماو مَنْ)

**ثالثا: مخصوص فعل المدح أو الذم وله ثلاثة أوجه إعرابية هي:**

- خبر لمبتدأ محذوف وجوبا تقديره هو
- مبتدأ مؤخرا والجملة الفعلية التي قبله في محل رفع خبر مقدم
- مبتدأ، والخبر محذوف تقديره الممدوح أو المذموم

**٥. تحليل القاعدة و الربط بينها و بين الأمثلة.**

الآن نقرأ القاعدة بأجزائها الثلاثة لان كل جزء منها يعالج ركنا من أركان جملة المدح أو الذم فنتناول الجزء أولا من القاعدة إن فعل المدح أو الذم هو نعم أو بئس أو حبذا و لا حبذا. نعم، وحبذا للمدح. وبئس، ولاحبذا للذم. أما نعم و بئس؛ فكلاهما فعل ماض جامد، ليس له أمر أو مضارع وقد تتصل يهما تاء التأنيث الساكنة فنقول: نعمت وبئست إذا كان فاعلهما اسما ظاهرا مؤنثا مثل: بئست المرأة المبذرة. نعمت المرأة المدبرة. ولفاعل نعم و بئس خصائص سنأتي على

ذكرها في ثانيا وكذلك لمخصوصهما مواقع إعرابية سنأتي عليها أيضا أما حبذا و لا حبذا؛ فهما للمدح حبذا و للذم لا حبذا وكلاهما فعل ماض جامد فاعله اسم الإشارة المتصل به (ذا) وهما يخالفان نعم و بئس في أن فاعلهما مذكر دائما. لذا فلا تدخل على أحدهما تاء التأنيث الساكنة. وسنأتي على خصائص فاعلهما و إعراب مخصوصهما. ننتقل الآن إلى الجزء الثاني وهو فاعل فعل المدح أو الذم إذ تقول القاعدة: انه يأتي على أربع صور هي:

أ- أن يكون محلى بالألف واللام. مثل:

نعم الشعار الصدق. في المدح و يراد بها مدح الصدق.

بئس الصفة الإسراف. في الذم و يراد بها ذم الإسراف.

وبعد أن يكتب المدرس الأمثلة على السبورة يبدأ الربط بينها و بين القاعدة فيقول لاحظوا الجملة الأولى نجد نعم فعل المدح و هو فعل ماض جامد مبني على الفتح. أما فاعله فهو الشعار، والشعار اسم مرفوع و علامة رفعه الضمه على آخره، و هو محلى بال، وهذا ما تنص عليه القاعدة كما في المخطط ثانيا الجزء (أ).

ثم ينتقل إلى الجملة الثانية فيقول: انظروا إلى الجملة الثانية تجدون بئس و هي فعل ذم ماض جامد، وتجدون فاعله الصفة، والصفة اسم مرفوع محلى بأل و هذا ما يطابق ما جاء في الجزء(أ)من ثانيا في القاعدة. و يؤشر على ذلك الجزء من القاعدة.

ب- أن يكون مضافا إلى ما فيه أل. وقد يكون فاعل فعل المدح أو الذم مضافا إلى ما فيه أل من يأتي بمثال ينطبق عليه هذا الوصف من الأمثلة الموجودة في النص فيقول أحد الطلبة:

نعم خلق المرء الجد. يراد بها مدح الجد.

بئس عادة المهمل الكسل. يراد بها ذم الكسل.

فيقول المدرس: أحسنت و يكتب الجملتين على السبورة و يربط بينهما و بين القاعدة فيقول: لاحظوا نعم فهي فعل المدح، وفاعله خلق، وخلق مضاف إلى اسم فيه أل وهو المرء. وهذا ما نص عليه الجزء(ب) من ثانيا في مخطط القاعدة المرسوم أمامكم لذا فإن النوع الثاني من أنواع فاعل فعل المدح هو؛ أن يكون اسما ظاهرا مضافا إلى معرف بأل كما في المثال الذي ذكرناه. و هكذا هو حال بئس عادة المهمل الكسل. فبئس هنا فعل الذم، وأريد بالجملة ذم الكسل، وفاعل بئس هو عادة، وعادة مضاف إلى ما فيه أل.

ت- أما النوع الثالث من أنواع فاعل نعم أو بئس فهو؛ أن يكون ضميرا مستترا وجوبا مفسرا بنكرة منصوبة على التمييز مثل:

نعم هاديا العقل. يراد بها مدح العقل

بئس صديقا الحقود. يراد بها ذم الحقود فنلاحظ أن نعم فعل ماض جامد مبني يفيد المدح وأن الممدوح هو العقل و فاعل نعم ضمير مستتر تقديره هو. أما هاديا فهو تمييز منصوب و علامة نصبه الفتحة على آخره، وقد أفاد تفسير الضمير والحال نفسه مع بئس صديقا الحقود. فبئس فعل ماض جامد مبني على الفتح يفيد الذم والمذموم هو الحقود و فاعل بئس هو ضمير مستتر تقديره هو. أما (صديقا) فتمييز منصوب وعلامة نصبه الفتحة على آخره و قد جاء مميزا أو مفسرا للضمير. وعلى هذا الأساس يمكننا القول: إن فاعل نعم، وبئس جاء هنا ضميرا مستترا فسره اسم نكرة منصوب جاء بعده، و هو تمييز و هذا ما نص عليه الجزء(ج) من ثانيا من أجزاء القاعدة المرسومة أمامكم. فيؤشر على القاعدة.

ث- أما النوع الرابع من أنواع فاعل نعم أو بئس فهو أن يكون اسما موصولا(ما، ومن) مثل قوله تعالى:

< (إن تبدوا الصدقات فنعما هي)

< (لبئسما قدمت لهم أنفسهم)

< نعم من تعاشره الوفي

< بئس من نستمع إليه النمام

فيكتب الأمثلة على السبورة ثم يربط بينها و بين القاعدة قائلا: انظروا إلى الآية الكريمة في الجملة الأولى نلاحظ أن فاعل نعم هو ما و هو اسم موصول بمعنى الذي مبني في محل رفع فاعل. أما في الآية الكريمة الثانية فنجد أن فاعل بئس هو ما أيضا و هو اسم موصول بمعنى الذي مبني في محل رفع فاعل. وفي الجملة الثالثة(نعم من تعاشره الوفي) نجد فاعل نعم(من) و من اسم موصول بمعنى الذي مبني في محل رفع فاعل نعم. أما في المثال الرابع (بئس من نستمع اليه النمام) فنجد فاعل بئس هو( من). ومن اسم موصول بمعنى الذي مبني في محل رفع فاعل. وعلى هذا الأساس يمكن القول: إن فاعل فعل الذم يأتي اسما موصولا (ما أو من) وهذا ما نص عليه الجزء (د) من القاعدة و يؤشر المدرس على هذا الجزء ثم يقول: في ضوء ما تقدم عرفنا أن فاعل نعم أو بئس يأتي على أربع صور كما موضحة في القاعدة. و يشير إلى القاعدة و يعيد قراءة محتوى القسم ثانيا منها الخاص بفاعل فعل الذم أو المدح. ثم يقول: أما ما يخص حبذا و لا حبذا فقد ذكرنا أنهما فعلان ماضيان جامدان لا تدخل عليهما تاء التأنيث. وحبذا يستخدم للمدح ويستخدم لا حبذا للذم فمن يأتي بمثال من النص حول حبذا و لا حبذا؟ فيقول أحد الطلبة فيقول: حبذا المعاشرة الحسنة. ولاحبذا مصاحبة اللئام. فيقول المدرس: أحسنت و يكتب على السبورة:

* حبذا المعاشرة الحسنة.

* لا حبذا مصاحبة اللئام.

فيقول المدرس: في الجملة الأولى مدح للمعاشرة الحسنة وفي الثانية ذم لمصاحبة اللئام. وحصل المدح بالفعل حب الذي اتصل به (ذا) و هو اسم إشارة. ويقابله للذم لا حب الذي اتصل به (ذا) أيضا و هو اسم إشارة فالجملة مكونة من حب فعل المدح و الثانية من لا حب و هو فعل الذم + اسم إشارة فاعل لفعل المدح أو الذم+ المخصوص بالذم أو المدح، وهوالمعاشرة،و مصاحبة اللئام.. فالفعلان حبذا، ولا حبذا كما قلنا فعلان ماضيان جامدان و إن فاعلها هو اسم إشارة دائما وهو مذكر و لا يأتي على غير هذه الصورة وعلى هذا الأساس يمكننا القول: إن فاعل حبذا ولا حبذا هو اسم الإشارة (ذا). ولا يأتي على غير هذه الصورة.

والآن ننتقل إلى( ثالثا) من القاعدة و هو المخصوص بالمدح أو الذم. بعد ما عرضنا ما يتعلق بالجزء الأول من مكونات جملة المدح أو الذم وهو الفعل، والجزء الثاني و هو فاعل فعل المدح أو الذم ننتقل إلى الجزء الثالث وهو المخصوص بالمدح أو الذم و يطلق عليه مخصوص نعم أو بئس أو مخصوص حبذا أولاحبذا فماذا تقول القاعدة؟ تقول القاعدة: إن مخصوص نعم أو بئس إذا جاء متأخرا عنهما له ثلاثة أوجه إعرابية هي:

أ- أن يعرب خبرا لمبتدأ محذوف وجوبا تقديره هو وعلى هذا الأساس لو عدنا إلى الجملة الأولى نعم الشعار الصدق فان (الصدق)يعرب خبرا مرفوعا لمبتدأ محذوف تقديره هو و تقدير الجملة (نعم الشعار هو الصدق).

ب- أن يعرب مبتدأ مؤخرا، والجملة الفعلية قبله في محل رفع خبر مقدم فيكون إعراب الجملة كآلاتي:

نعم: فعل ماض جامد مبني يفيد المدح.

الشعار: فاعل مرفوع و علامة رفعه الضم و الجملة الفعلية من الفعل و الفاعل في محل رفع خبر مقدم.

الصدق: مبتدأ مؤخر مخصوص نعم.

ت- يعرب مبتدأ والخبر محذوف تقديره (الممدوح أو المذموم)فيكون الإعراب كالآتي:

نعم: فعل ماض جامد يفيد المدح مبني على الفتح.

الشعار: فاعل مرفوع و علامة رفه الضمه على آخره.

الصدق: مبتدأ مرفوع و علامة رفعه الضمه على آخره والخبر محذوف تقديره الممدوح.

أما إذا جاء المخصوص متقدما على نعم أو بئس فلا يعرب إلا مبتدأ مثل:

* زيد نعم الرجل.

زيد: مبتدأ مرفوع و علامة رفعه الضمه على اخره.

نعم: فعل ماض جامد مبني.

الرجل: فاعل مرفوع وعلامة رفعه الضمه على أخره والجملة من الفعل والفاعل في محل رفع خبر.

والآن انتهينا من مخصوص نعم و بئس وما يتعلق بهما أما مخصوص حبذا و لا حبذا فله إعراب واحد و هو مبتدأ مؤخر. فلو قلنا حبذا الجد. فحبذا: حب: فعل ماض جامد مبني على الفتح ذا: اسم إشارة مبني على السكون في محل رفع فاعل والجملة من الفعل والفاعل في محل رفع خبر مقدم.

الجد: مبتدأ مؤخر مرفوع و علامة رفعه الضمه على آخره وهو مخصوص حبذا

ومن الجدير ذكره أن المخصوص بالمدح أو الذم للفعل حبذا ولا حبذا لا يتقدم على الفعل فلا يجوز القول: (الجد حبذا)و ما يقال عن حبذا يقال عن لا حبذا إذ له خصائص حبذا ولكنه يفيد الذم و الأول يفيد المدح

وهناك ملاحظة يجب أن تتنبهوا عليها وهي:

يجوز حذف مخصوص نعم وبئس إن تقدم على جملته لفظ يدل عليه. مثل قوله تعالى: {وقالوا حسبنا الـلـه و نعم الوكيل}. و التقدير الـلـه. و مثل قوله تعالى: {فنعم عقبى الدار}. وقوله تعالى: (وللذين كفروا بربهم عذاب جهنم و بئس المصير). والتقدير بئس المصير جهنم.

٦. التطبيق على القاعدة

و هنا يوجه المدرس السؤال الآتي

في الأمثلة الآتية مدح و ذم دل على أفعالهما، وحدد الفاعل و المخصوص لكل منهما.

أ- قال تعالى:

* {نعم الثواب وحسنت مرتفقا}

* {نعم أجر العاملين}

* {والأرض فرشناها و نعم الماهدون}

* {ثم أضطره إلى عذاب النار و بئس المصير}

ب- قال الشاعر:

تزود مثل زاد أبيك فينا

ت- نعم امرءا هرم.

ث- نعم من نقتدي به المعتمد على نفسه.

ج- بئسما يضر بالصحة الشراهة.

ح- نعم سمير المرء الكتاب.

خ- نعمت مثابرة الطالب الذكاء.

ثم يطلب المدرس ما يأتي:

أ- جملة فعليه فيها فعل ذم فاعله محلى بأل.

ب- جملة فعليه فيها فعل مدح فاعله ضمير مفسر بنكرة منصوبة.

ت- جملة فعلية وقع الذم فيها بالفعل حبذا.

ث- جملة فيها فعل مدح تقدم المخصوص على فعله.

ج- جملة فيها فعل ذم فاعله مضاف إلى محلى بأل.

ح- جملة فيها فعل مدح فاعله اسم موصول.

ثم يقول المدرس من يعرب:

أ- حبذا المجد

ب- بئس قائدا المتسرع

ت- الصحابة نعم الرجال

ثم ينتقل إلى حل التمرينات و يجعله واجبا بيتيا.

# الفصل الرابع:
## تدريس الأدب والبلاغة والنقد والعروض

أولا: تدريس الأدب

* تدريس المحفوظات

* تدريس الأدب والنصوص

* تدريس تاريخ الأدب

* تدريس التراجم الأدبية

ثانيا: تدريس البلاغة

ثالثا: تدريس النقد الأدبي

رابعا: تدريس العروض

الأهداف المتوخاة من دراسة هذا الفصل

يتوقع بعد دراستك هذا الفصل أن تكون قادرا على أن:

١. تعرف مفهوم الأدب.
٢. تحدد أهمية دراسة الأدب.
٣. تحدد أنواع الأدب من حيث الشكل.
٤. توضح أهداف تدريس الأدب.
٥. تعدد فروع الأدب في المدارس المتوسطة والثانوية.
٦. تعرف المحفوظات.
٧. تعدد أهداف تدريس المحفوظات.
٨. تبين شروط اختيار النص المطلوب حفظه.
٩. تشرح خطوات تدريس المحفوظات.
١٠. تقوم درسا في المحفوظات.
١١. تفرق بين درس المحفوظات ودرس الأدب والنصوص.
١٢. تحدد أهداف تدريس الأدب والنصوص.
١٣. توضح وسائل إنجاح درس الأدب.
١٤. تعدد الأمور المطلوبة من المدرس في تدريس الأدب.
١٥. تشرح خطوات تدريس الأدب والنصوص.
١٦. تقوم درسا في الأدب والنصوص.
١٧. تحدد مفهوم تاريخ الأدب.
١٨. تشرح أهداف تدريس تاريخ الأدب.
١٩. تشرح طريقة تدريس تاريخ الأدب.
٢٠. تقوم درسا في تاريخ الأدب.
٢١. تحدد مفهوم التراجم الأدبية.
٢٢. توضح أهمية التراجم الأدبية.
٢٣. تشرح خطوات تدريس التراجم الأدبية.
٢٤. تقوم درسا في تدريس التراجم الأدبية.
٢٥. تعرف البلاغة.
٢٦. تحدد الأسس التي يجب على المدرس تبنيها في تدريس البلاغة.
٢٧. تحدد أهداف تدريس البلاغة.
٢٨. تشرح خطوات تدريس البلاغة.
٢٩. تقوم درسا في البلاغة.
٣٠. تعرف النقد الأدبي.
٣١. تحدد أهداف تدريس النقد الأدبي.
٣٢. تبين العلاقة بين الأدب والنقد الأدبي.
٣٣. تشرح خطوات تدريس النقد الأدبي.
٣٤. تقوم درسا في النقد الأدبي.
٣٥. تعرف علم العروض.
٣٦. توضح ما يفعله المدرس لإنجاح درس العروض.
٣٧. تحدد أهداف تدريس العروض.
٣٨. تشرح خطوات تدريس العروض.
٣٩. تقوم درسا في العروض.

**تدريس الأدب**

الأدب لغة: جاء في لسان العرب أدب معناه: الأدب الذي يتأدب فيه الأديب من الناس، سمي أدبا لأنه يأدب الناس إلى المحامد وينهاهم عن القبائح ([1])، وأصل الأدب الدعاء، والأدب أدب النفس والدرس. وقد مرت دلالة كلمة أدب بمراحل تطور في الدلالة تبعا لتطور اللغة من جهة، وتطور حياة الأمة من جهة أخرى. وقد اختلف معناها في ضوء الاشتقاق ففي ما قبل الإسلام استخدم العرب كلمة أدب بمعنى صنع مأدبة، أو دعا إليها، وآدب تعني الداعي إلى وليمة، وبهذا المعنى ورد قول طرفة بن العبد:

نحن في المشتاة ندعو الجفلا　　لا ترى الآدب فينا ينتقر

ثم تطورت الدلالة في صدر الإسلام لتعني التهذيب. وبهذا المعنى جاء قول الرسول الكريم: {أدبني ربي فأحسن تأديبي}. وفي المعنى نفسه ورد قوله صلى الـلـه عليه وآله وسلم في الثلاثة الذين يؤتون أجرهم مرتين: {ورجل كانت عنده أمة فأدبها فأحسن تأديبها}، بمعنى هذب أخلاقها. وبهذا المعنى جاء قول الشاعر:

لا يمنع الناس مني ما أردت　　ولا أعطيهم ما أرادوا حسن ذا أبا

فدلت كلمة أدب هنا على الخلق. ثم تطورت الدلالة في العصر الأموي فصار يطلق على من يتولى تدريس أبناء الخلفاء كلمة مؤدب. وعندما تطلق كلمة مؤدب على من يتولى تعليم الشعر، أو النثر، أو الخطابة، وأخبار العرب، والفقه، والتفسير فإنها تعني المعلم أو المدرس، أو القائم بعملية التعليم، أي تعليم الآداب بمفهومها الواسع. ثم تطورت دلالة الأدب فأصبحت تعني معرفة أشعار العرب وأخبارهم، وذلك في القرنين الثاني والثالث الهجريين. وتحت هذا المعنى كتبت مؤلفات كثيرة منها؛ البيان والتبيين للجاحظ، والكامل في اللغة للمبرد، والعقد الفريد لابن عبد ربه، وغيرها. وقد أطلق على هذه الكتب كتب أدب. ولو نظرنا إلى محتوياتها لوجدناها تحتوي على ضروب متعددة من الأدب كأمثال العرب، وكلامهم المنثور، وشعرهم المنظوم، زيادة على ما تتضمن من الوعظ والحكم والنقد وغيرها. وفي العصر العباسي أطلقت كلمة أدب على كل ما يكتب من شعر ونثر، وحكم ونصائح وسياسة. ولعل من هذا ما كتب آنذاك مثل؛ الأدب الصغير والأدب الكبير لابن المقفع. واتسع مدلول كلمة أدب فيما بعد ليطلق على حفظ أشعار العرب، وكل نتاج تعبيري يؤثر في العواطف والأحاسيس. وقد عرف الأدب اصطلاحا تعريفات كثيرة منها:

---

**(١) ابن منظور، لسان العرب، مادة أدب.**

هو مأثور الكلام نظما ونثرا. أو هو الكلام الإنساني البليغ الذي يقصد به التأثير في وجدان السامع أو القارئ أو في عقله سواء أكان نثرا أم شعرا. أو هو الكلام الإنشائي البليغ الذي يقصد به التأثير في عواطف القراء والسامعين. ويعني الأدب الفكرة الجميلة في العبارة الجميلة ([1]) التي تحدث في السامع أو القارئ أثرا وجدانيا. وفي ضوء ما تقدم يمكننا القول: إن للأدب معنيين ؛ معنى خاص وهو نتاج الأدباء من شعر ونثر وخطب مما يصور عاطفة أو يصف منظرا، أو يعرض صورة من صور الحياة الطبيعية بقصد إحداث المتعة واللذة في نفس السامع أو القارئ. ومعنى عام، وهو يطلق على نتاج العقل سواء أكان ذا متعة أم لم يكن، ومنه التاريخ والجغرافية والنحو وهذا يعني أن المعنى العام أشمل من المعنى الخاص. والذي نحن بصدده الآن هو الأدب بمعناه الخاص الذي تقع المتعة والسرور في بؤرة اهتمام منتجه. أي أن الأدب الخاص يطغى عليه الطابع الوجداني، ويتم الحكم عليه بمقدار ما يحدث من أثر في النفس، وليس بمقدار صدقه أو كذبه.

أهمية دراسة الأدب

يعد الأدب المرآة العاكسة للأمة، وحاكي تاريخها، والمعبر عن آمالها وطموحاتها. فيعز الأدب حيث تعز الأمة. ويأفل حيث تأفل. وما أدل على ذلك من رقي الأدب في العصر العباسي الأول خاصة إذ ازدهرت الأمة وشمخت، وسطع نورها على كل العالم. ومن تدني الأدب يوم تقهقرت الأمة وانحسر دورها في ما أطلق عليه (الفترة المظلمة) بعد سقوط بغداد على يد هولاكو. ومثلما يرتبط الأدب بالزمان وحال الأمة يرتبط بالمكان لأنهما يشكلان عصر الأديب وبيئته. وللأدب اثر في تهذيب النفوس، وإرهاف الحس، ونماء الذوق، وإثراء اللغة وعذوبتها، ومعرفة الأساليب، وزيادة الثقافة وتنمية القدرة على التأثير في الآخرين وسعة الخيال، وتشكيل الصور بكلام مؤثر. زيادة على تنمية القدرة على تحليل النصوص وتحسس ما فيها من مشاعر صادقة وأفكار جميلة. فإذا كان بالجسد حاجة إلى الغذاء كي يبقى، ويتفاعل، وينتج فإن الأدب غذاء الروح به تؤثر وبه تتأثر لأنه يتعامل مع الوجدان بما يحمل من قيم واتجاهات. به يعبر بنو البشر عن توجهاتهم وقيمهم التي يريدون نشرها. وتأسيسا على أهمية الأدب في الحياة فلا استغناء عن دراستها لأي أمة من الأمم في كل عصر من العصور لتعامله مع ركن أساس في الشخصية الإنسانية وهو الوجدان. زيادة على ذلك فإنه مجال تطبيقي واسع لفروع اللغة العربية. فيه يوظف النحو، وله يسخر الإملاء، وتنشط البلاغة ويعمل النقد ومنه تؤخذ الكثير من حقائق التاريخ فهو:

١. يعد مادة مميزة للتدريب على القراءة بأنواعها.

٢. عليه ترتكز دراسة البلاغة والنحو الأدبي.

---

(١) عابد توفيق الهاشمي، الموجه العملي لمدرسي اللغة العربية، دار الإرشاد، بغداد، ١٩٧٢، ص١١٠.

٣. يمكن استغلاله للتدريب على التعبير الشفوي.

٤. يعد ميدانا ملائما لتدريس قواعد اللغة.

٥. يمكن للمدرس استغلاله لتدريس القواعد الإملائية كلما سنحت فرصة لذلك.

٦. يجسد مبدأ التكامل بين المواد الدراسية، وذلك لما له من علاقة بالتاريخ والجغرافية والأحداث السياسية لأن دراسة تاريخ الأدب، وتراجم الأدباء ذات صلة وثيقة بالتاريخ، والوضع الاجتماعي والسياسي والبيئة الجغرافية.

٧. يمكن أن يستغل للتدريب على التعبير الكتابي من خلال الوقوف على أفكار تتضمنها بعض النصوص فيطلب من الطلبة مناقشتها وبيان الرأي فيها بأسلوب أدبي.

٨. يمكن أن يشجع الطلبة على المزيد من حفظ النصوص الأدبية مما يكون له الأثر الكبير في قدراتهم التعبيرية.

**أنواع الأدب من حيث الشكل**

الأدب من حيث الشكل نوعان:

الأول: الشعر؛ وهو كلام فصيح موزون مقفى صادر عن عاطفة صادقة، ويقصد به الإثارة وإحداث التأثير في المتلقي. ومن الجدير ذكره أن هناك شعرا منظوما مقفى غير أنه لا ينشد الجمال والتأثير، ومنه الشعر التعليمي. ومن الشعر ما لا يلتزم االقافية والتفعيلات المتعارف عليها في بحور الخليل بن أحمد الفراهيدي وهو ما يطلق عليه الشعر الحر. وفيه عاطفة وخيال وينشد الجمال والتأثير. والشعر أنواع كثيرة بحسب الغرض منها:

أ- الشعر الوجداني.

ب- الشعر التمثيلي.

ت- الشعر الوصفي.

ث- الشعر الحماسي.

ج- الشعر التعليمي. وغيرها

الثاني: النثر. والمقصود به النثر الفني وهو ما يتضمن فكرة جميلة بتعبير جميل. وصدق العاطفة وسعة الخيال وعذوبة اللفظ. وترابط الأفكار وتسلسلها مطلوبان فيه. وله أنواع كثيرة منها:

أ- الأحاديث النبوية.

ب- الرسائل.

ت- المسرحيات.

ث- المقالات.

ج- القصص وغيرها.

## أهداف تدريس الأدب

لتدريس الأدب بشكل عام أهداف كثيرة منها:

١. تذوق بلاغة كلام اللـه تعالى وإدراك أسراره.

٢. تفهم أحاديث الرسول صلى اللـه عليه وآله وسلم.

٣. الإطلاع على التراث العربي والاعتزاز به.

٤. تنمية المهارات اللغوية للطلبة.

٥. تعميق بعض القيم والاتجاهات المرغوب فيها.

٦. معرفة عوامل النهضة الأدبية في العصور المختلفة، وعوامل التدني والانحسار.

٧. تعريف الطلبة الفنون الأدبية المختلفة.

٨. تنمية الثروة اللغوية بفعل القراءة والحفظ.

٩. تحقيق المتعة واستغلال أوقات الفراغ.

١٠. التدرب على حسن الإلقاء والتعبير.

١١. توفير أرضية للمراجعة والتطبيق لفروع اللغة الأخرى.

١٢. تنمية الميل القرائي لدى الطلبة.

١٣. تدريب الطلبة على الفهم والتحليل والاستنباط.

## فروع الأدب في المدارس المتوسطة والثانوية

تختلف فروع الأدب في المدارس المتوسطة والثانوية بين الأقطار العربية فكل قطر يتناول تدريس فروع من الأدب العربي قد تختلف في بعض منها عن القطر الآخر. وعلى العموم يتضمن تدريس الأدب في المدارس المتوسطة والثانوية أو الإعدادية الفروع آلاتية:

أولا: المحفوظات

ثانيا: الأدب والنصوص

ثالثا: تأريخ الأدب

رابعا: التراجم

وسنقدم عرضا لتدريس كل فرع من هذه الفروع فيما يأتي.

## تدريس المحفوظات

المحفوظات نصوص أدبية مختارة. نثرية، أو شعرية. وغالبا ما تكون شعرية لسهولة حفظها. والأساس الذي يقوم عليه تدريس المحفوظات هو تمكين المتعلمين من استظهار النص بعد فهمه، والتدرب على حسن إلقائه، فهي إذن مختارات قد تكون شعرية أو نثرية تلقى، وتفهم، ويتم تذوقها فتحفظ. ويراعى فيها قوة السبك وحلاوة الأفكار، وتعد من التراث الخالد يطلب فيها جمال المعنى وجودة المبنى، وتعد من أفضل ما أنتجه الشعراء أو الأدباء أو الخطباء. وبهذا تختلف عن المطالعة. واختيارها مرتبط بالجمال محرر من القيد التاريخي. فلا يشترط فيها التسلسل الزمني. وبهذا تختلف عن تاريخ الأدب، و درس الأدب والنصوص.

## أهداف تدريس المحفوظات

ذكرنا أن المحفوظة نص أدبي، أو قطعة أدبية يتوافر فيها حد الأدب من جمال وعاطفة صادقة، وخيال. وللمحفوظات كغيرها من النصوص الأدبية أهداف عامة، وأهداف خاصة تتصل بالأهداف العامة التي ذكرناها للأدب. ومن أهداف تدريس المحفوظات:

١. تزويد المتعلمين بالثروة اللغوية.

٢. زيادة مخزون المتعلمين المحفوظ من القرآن وكلام العرب.

٣. التدريب على حسن الإلقاء والتعبير الصوتي.

٤. تدريب المتعلمين على الجرأة، والتغلب على الخجل عند مواجهة الآخرين.

أما الأهداف الخاصة فهي تختلف من درس لآخر. ولكنها تتصل بالأهداف العامة لدراسة الأدب ولا تتقاطع معها.

## شروط اختيار النص المطلوب حفظه

يشترط في النص المطلوب حفظه ما يأتي:

١. أن يكون متصلا بمناسبة، أو موقف حياتي، أو حدث يومي.

٢. أن يتضمن قيما محببة إلى نفوس الطلبة.

٣. أن يكون ملائما لمستوى قدرات الطلبة.

٤. أن تكون تراكيبه سهلة سلسة مترابطة الأفكار.

٥. أن لا يكون طويلا.

٦. أن يتضمن صورا تظهر جمال اللغة.


**طريقة تدريس المحفوظات**

إن طريقة تدريس المحفوظات لا تختلف كثيرا عن طريقة تدريس القراءة إلا في تشديدها على جودة الإلقاء، والتحفيظ. وتمر خلال المراحل الآتية:

المرحلة الأولى: مرحلة التهيئة والإعداد. وفيها يقوم المدرس بما قام به في درس لقراءة ( انظر القراءة الجهرية) من حيث قراءة النص واستحضار المعاني الضمنية، والمعنى العام، والأسئلة، والتقديم، وقراءة ما له صلة في النص. وبخاصة صاحب النص إن وجد. إذ يجب أن يهيئ نبذة موجزة عنه، ثم يقوم بعد ذلك بإعداد خطة تنفيذ الدرس بشكل مفصل خاصة في سنوات خبرته الأولى.

المرحلة الثانية: وهي مرحلة التنفيذ. يمر درس المحفوظات عند تنفيذه بالخطوات الآتية:

١. التمهيد: التمهيد مدخل كل درس به تفتح أذهان المتعلمين لتلقي الدرس والتفاعل معه. لذا فإن عنصر الإثارة في التمهيد يعد لازمة من لوازمه، لايكتب له النجاح من دونها، وهنا يجب أن يحرص المدرس على إثارة انتباه الطلاب، ورغبتهم في سماع القطعة الأدبية، والاستجابة لها. وقد يكون للتمهيد كما كان له في درس القراءة مداخل كثيرة، وقد يكون من بينها التحدث عن المناسبة التي قيل فيها النص الأدبي، وما أحاط بها من ظروف، وتعريف موجز بصاحبها كما ذكرنا. وبعد التمهيد يكتب عنوان النص على اللوحة بعد إخلائها من كل معلومات لا تتصل بالدرس.

٢. عرض القطعة: يتم العرض بأكثر من طريقة حسب طبيعة المنهج. فإن كان النص موجودا في الكتب المقررة يطلب المدرس فتح الكتاب على الصفحة المحددة ويتأكد من ذلك. أما إذا كانت القطعة من غير المنهج المقرر فقد يقوم المدرس بطبعها على أوراق وتوزيعها بين الطلبة، أو أن يكتب النص على لوحة أخرى بخط واضح قبل بداية الدرس ويخفيها عن أنظار الطلبة بستائر مثلا، ولا يظهرها إلا عندما يأتي دور هذه الخطوة. وقد تعرض القطعة على شرائح شفافة بوساطة جهاز العرض العلوي الـ (أوفر هيد).

٣. قراءة القطعة من المدرس: يعطي المدرس توجيهاته للطلبة مشددا على عنصر المحاكاة في القراءة طالبا مزيدا من الانتباه على طريقة أدائه لغرض محاكاتها. ثم يتولى بعد التوجيهات قراءة القطعة قراءة نموذجية يتجسد فيها حسن الأداء وتصوير المعنى.

٤. قراءة القطعة من الطلاب: يطلب المدرس من الطلبة المميزين قراءة القطعة قراءة كاملة، أو

أن يقرأ كل طالب جزءا من القطعة. وفي هذه الخطوة يتولى المدرس تصحيح الأخطاء التي يقع فيها الطلبة بشكل مباشر كي لا يعطي الخطأ فرصة للرسوخ في أذهان الطلبة. ويشدد على حسن الإلقاء، ومحاكاة قراءته. وتكرر قراءة القطعة مرات عديدة بقصد إتقانها وحسن أداء قراءتها. وقد تقدمت هذه الخطوة على خطوة شرح المعاني لأن الغرض الأول هو حسن الإلقاء ومحاكاة قراءة المدرس، فإذا ما تقدم الشرح فإن ذلك قد يأخذ وقتا طويلا فيكون فاصلا بين قراءة المدرس وقراءات الطلبة.

٥. شرح المعاني الضمنية والمعنى العام: تمر هذه الخطوة بما يأتي:

أ- يقرأ كل طالب بيتا أو بيتين، أو فقرة معينة إذا كان النص نثرا، ثم يسأله عن معنى ما قرأ فيجيب الطالب، فيعقب الآخرون ثم المدرس ويصحح وهكذا إلى أن تنتهي القطعة. ويشرح المفردات والتراكيب التي يرى أن بها حاجة إلى شرح تباعا.

ب- شرح المعاني الضمنية لكل بيت أو بيتين في القطعة.

ت- بعد الانتهاء من شرح المعاني الجزئية يطرح المدرس مجموعة أسئلة حول الأفكار التي تضمنها النص وطريقة معالجتها، وأسلوب الكاتب، ومواطن التشابه والاختلاف بين النص ونصوص أخرى تناولت موضوع النص، ويستمع إلى إجابات الطلبة، ويزيد عليها وينقحها. وهكذا إلى أن تتم الإجابة عن جميع ما حدد من أسئلة مسبقا.

ث- بعد ذلك يوجه المدرس سؤالا يطلب به شرح المعنى العام للنص، وما يريده الكاتب أو الشاعر منه، وبعد سماع إجابات الطلبة يسأل عما يمكن استنباطه من النص، وكيفية الربط بين ما تضمنه وبين الواقع، ثم يتولى بعد ذلك عرض المعنى العام بنفسه.

ج- تحليل النص إلى عناصره وأفكاره الرئيسة.

٦- إعادة تقرئة الطلبة النص بعد شرحه وفهم أفكاره مرات عدة.

٧- تحديد الجزء المطلوب حفظه على أن يراعى في كمية المحفوظ مستوى استيعاب الطلبة وقدراتهم ومرحلتهم الدراسية ونوع النص وترابط أفكاره وتسلسلها، وسهولة ألفاظه وعذوبتها مع استحضار مقولة: (على قدر المحفوظ تكون جودة المقول).

٨- حفظ النص وله طرائق سنأتي على ذكرها.

٩- خطوة التسميع. في هذه الخطوة يطلب المدرس من كل طالب إلقاء ما كلف بحفظه من النص أمام الآخرين عن ظهر قلب مشددا على حسن الإلقاء وتمثيل المعنى. ويطلب من الطلبة الإصغاء وتسجيل ملاحظاتهم حول أداء زميلهم. وإذا ما انتهى الطالب من إلقاء النص تتم مناقشته من الطلبة حول مواضع الخلل إن وجدت.

ر- خطوة التطبيقات اللغوية. عملا بمبدأ التكامل بين فروع اللغة ومهاراتها تطرح في هذه

الخطوة جملة أسئلة حول أمور نحوية أو إملائية أو بلاغية وردت في النص، ويتم التذكير بالقواعد الخاصة بها. وبعد الانتهاء من التطبيقات يكون درس المحفوظات قد انتهى ويمكن الانتقال إلى درس جديد. ومن الجدير بالذكر أن الخطوة ( ٨ ) قد تشرح، ويتم الحفظ خارج الصف. خاصة عندما يكون النص طويلا ولا يتسع الدرس لقراءته وشرحه، وحفظه في حصة واحدة. أما خطوتا التسميع والتطبيقات اللغوية فينفذان في الدرس اللاحق. ذلك لعدم اتساع درس واحد لكل فعاليات درس المحفوظات. ولكي تتاح الفرصة لإشراك جميع الطلبة في خطوة التسميع، تتم هذه الخطوة، والتطبيقات اللغوية في درس مستقل كي يتأكد المدرس من أن جميع الطلبة حفظوا النص من خلال إشراكهم جميعا في الإلقاء. ولكي يجعل الدرس أكثر فائدة وارتباطا بغيره من فروع اللغة العربية لا بد من إشراك الجميع في خطوة التطبيقات.

**طرائق تحفيظ النص**

هناك أكثر من طريقة لتحفيظ النص منها:

١. طريقة المحو التدريجي: بموجبها يكتب المدرس النص كاملا على السبورة. وإذا كان شعرا مثلا يطلب من الطلبة حفظ الشطر الأول أو البيت الأول وإذا ما حفظوه يمحوه، فينتقل إلى البيت اللاحق ويطلب منهم حفظه، فيحفظونه ويرددونه مع الأول، ثم يمحو الثاني، ويطلب حفظ الثالث حتى إذا ما حفظوه ردده مع الأول والثاني، وهكذا حتى يتم حفظ النص المطلوب. هذه الطريقة تلائم الطلبة ذوي القدرات المحدودة على الحفظ والاستيعاب. وتقوم على مبدأ التكرار، وتلائم الموضوعات ذات التركيبات الصعبة.

٢. الطريقة الكلية: بموجبها يقرأ النص كاملا من الطالب مرات عدة حتى يتم حفظه. وهذه الطريقة تلائم الطلبة ذوي القدرات العالية على الحفظ، والاستيعاب، وتلائم النصوص المترابطة ذات الفكرة الواحدة، والألفاظ السهلة.

٣. الطريقة الجزئية: بموجبها يقسم النص على أجزاء بحسب الأفكار التي يعالجها، ويحفظ كل جزء في مدة معينة، ثم يعود الطالب للجزء الآخر فيحفظه، وهكذا إلى أن يتم حفظ النص كاملا. وهذه الطريقة تلائم النصوص ذات الأفكار المتعددة، ولا تكلف الطالب حفظ النص كله في وقت واحد.

٤. طريقة الجمع بين الكل والجزء: بموجب هذه الطريقة يقوم الطالب بحفظ التراكيب الصعبة، والأجزاء التي تمثل عقبة في حفظ النص، ثم يقرأ النص بعد ذلك كاملا عدة مرات حتى يتم حفظه كاملا. وتلائم هذه الطريقة الطلبة متوسطي القدرة على الاستيعاب والحفظ. والتراكيب ذات الأفكار المترابطة.

**أنموذج درس تطبيقي في تدريس المحفوظات**

**الموضوع:** قصيدة في الغزل ليزيد بن معاوية

**الأهداف العامة:** ورد ذكرها فيما تقدم، وهي واحدة في دروس المحفوظات جميعها.

**الأهداف الخاصة:**

١. أن يتعرف الطلبة فن الغزل في الشعر العربي.

٢. أن يتدرب الطلبة على إلقاء النص.

٣. أن يبدي الطلبة رغبة في حفظ النص.

٤. أن يتعرف الطلبة معاني مفردات النص.

٥. أن يتفاعل الطلبة مع النص.

٦. أن يحفظ الطلبة النص.


**خطوات سير الدرس**

١. التمهيد: يمهد المدرس للنص فيقول: النص الذي نريد قراءته اليوم، وحفظه يتصل بفن من فنون الشعر العربي التي سوف تدرسونها إذ إن للشعر العربي أغراضا تعددت، وتطورت تبعا للعصور المختلفة. ومن بين الأغراض والفنون الشعرية الغزل. والغزل هو الشعر الذي يعبر به الشاعر عن الحب، ووصف الحبيب، وتصوير المشاعر اتجاهه. ولهذا الغرض خصائص، ومعايير متعددة سنطلع على بعض منها في النص الذي سنقرؤه. والنص الذي نريد قراءته هو من شعر يزيد بن معاوية المتوفى في سنة ٦٤ هـ وهو ثاني خليفة أموي بعد والده معاوية بن أبي سفيان. وقد تميزت حياته بالرفاهية والترف مما انعكس في شعره. وله في الغزل بيت عده أهل البلاغة من أفضل ما قيل في الغزل وهو:

وأمطرت لؤلؤات من نرجس وسقت       وردا وعضت على العناب بالبرد

وهذا البيت ورد في قصيدته التي سنقرؤها وهي بعنوان (أمطرت لؤلؤا) فيكتب العنوان على السبورة.

٢. عرض النص: يتم العرض بتوزيع النص مطبوعا مشكلا بين الطلبة، أو بكتابته على لوحة إضافية مستورا، ثم إماطة الستار عنه، وإظهاره للطلبة، ويسأل المدرس الطلبة حول مشاهدتهم النص كاملا، وبعد التأكد من أن كل طالب تمكن من رؤية النص وقراءته ينتقل المدرس إلى قراءة النص. والنص هو:

مدت مواشطها في كفها شركا تصيد قلبي به من داخل الجسد
أنيسة لو رأتها الشمس ما طلعت من بعد رؤيتها يوما على أحد
سألتها الوصل قالت: لا تغر بنا من رام منا وصالا مات بالكمد
فكم قتيل لنا بالحب مات جوى من الغرام ولم يبدئ ولم يعد
فقلت: استغفر الرحمن من زلل إن المحب قليل الصبر والجلد
قد خلفتني صريعا وهي قائلة: تأملوا كيف فعل الظبي بالأسد
قالت لطيف خال زارني ومضى: بالله صفه ولا تنقص ولا تزد
فقال: خلفته لو مات من ضمأ وقلت: قف عن ورود الماء لم يرد
قالت: صدقت الوفاء في الحب شيمته يا برد ذاك الذي قالت على كبدي
واسترجعت سألت عني فقيل لها: ما فيه من رمق، دقت يدا بيد
وأمطرت لؤلؤا من نرجس وسقت وردا وعضت على العناب بالبرد
وأنشدت بلسان الحال قائلة: من غير كره ولا مطل ولا مدد
والله ما حزنت أخت لفقد أخ حزني عليه ولا أم على ولد
إن يحسدوني على موتي فوا أسفي حتى على الموت لا أخلو من الحسد

**٣. قراءة النص من المدرس:**

قبل أن يبدأ المدرس القراءة ينبه الطلبة على وجوب محاكاة قراءته والتشديد على طريقة الإلقاء والتعبير الصوتي مذكرا بأن طريقة إلقاء الشعر ليست كطريقة إلقاء النثر ذلك لأن في الشعر موسيقى وإيقاعا يجب أن يظهرهما القاريء ثم يقف أمام الطلبة، ويبدأ قراءة النص قراءة تعبيرية مشددا على الإيقاع، وحسن الإلقاء، وصحة النطق، ومراعاة قواعد اللغة رافعا بصره بين الحين والحين لمراقبة الطلبة ومتابعتهم، وعدم انشغالهم عنه متجنبا التجوال في أثناء القراءة لأنه يشتت انتباه الطلبة.

**٤. قراءة النص من الطلاب:**

يطلب المدرس من الطلبة قراءة النص قراءة جهرية يحاكون بها قراءته مشددين على حسن الإلقاء والتعبير الصوتي. على أن يبدأ بالمميزين، ثم الآخرين. ويحاول منح الطلبة فرصة

للاسترسال في القراءة، وعدم مقاطعتهم في أثنائها إلا لأغراض تصحيح الأخطاء التي تفسد المعنى. وإذا ما قرئ النص مرتين أو ثلاث مرات ينتقل المدرس إلى الخطوة اللاحقة.


## ٥. شرح المعاني الضمنية والمعنى العام للنص:

بعد قراءة النص من الطلبة قراءة جهرية تأتي خطوة شرح معاني المفردات والمعاني الضمنية والمعنى العام للنص وذلك كما يأتي:

أ- يطلب من أحد الطلبة قراءة جزء من النص ثم يسأله عن معاني المفردات التي وردت فيما قرأ، ويكتب تلك المفردات على السبورة، ويكتب أمامها معانيها أو توضيحاتها. ثم ينتقل إلى طالب آخر متبعا الأسلوب نفسه في تناول المفردات وكتابتها، وشرحها على السبورة. وهكذا حتى انتهاء النص. ومن المفردات التي يمكن عرضها، وعرض معانيها:

الوصل: الصلة والمودة.

رام: رغب.

الوصال: القرب واللقاء.

الكمد: الحزن والغم.

ورود الماء: شرب الماء،

مطل: تسويف وتأخير. مماطلة.

مدد: زيادة،

ب- بعد شرح معاني الكلمات ينتقل المدرس إلى شرح المعاني الضمنية فيطلب من طالب قراءة البيتين الأول والثاني اللذين يمثلان وحدة فكرية تتصل بوصف المحبوبة، وسحر جمالها، وعند انتهاء الطالب من القراءة يسأله عن معنى البيتين، فيستمع إلى إجابته وتعقيبات الآخرين ثم يعقب قائلا:

إن الشاعر هنا بدأ بوصف جمال حبيبته، ومواضع فتنتها فهو يقول: إن ما فعلته به كفعل الصياد الذي يرمي شركه فيصطاد صيده. إذ استخدمت المحبوبة مواشطها شركا أرسلته في جسده ليصطاد قلبه. فوقع الهائم في حبائلها، ثم يستمر في وصفها بقوله: إنها أنيسة إذا تحدثت. وإذا بدت تشع نورا لا يدانيه نور حتى ان الشمس لو رأتها لخجلت من أن تطلع بعد رؤيتها على أحد. ذلك لأنها أمضى من الشمس نورا. فلاحظوا الشاعر هنا عبر بلغة بليغة إذ جعل ما هو مجرد محسوسا فالشرك لا يمكن أن يدخل الجسد، ولكن الشاعر بخياله الرحب أدخله، والشمس لا تستحي ولا ترى، والرؤية للمخلوق الحي المحسوس، ولكن الشاعر جعلها محسوسا فهي ترى

وتخجل، وهذا الأسلوب البلاغي ستطلعون عليه في السنوات القادمة، ويسمى بالاستعارة. ثم يطلب من طالب آخر قراءة الأبيات الثلاثة اللاحقة وهي:

سألتها الوصل قالت: لا تغر بنا..........

إلى قوله:

فقلت استغفر الرحمن من زلل       إن المحب قليل الصبر والجلد

ثم يقول: له ماذا فهمت من هذه الأبيات؟

سيجيب الطالب ويشرك المدرس الآخرين في الإجابة ثم يعقب قائلا: بعد أن وقع الحبيب في شراك المحبوبة طلب منها الوصل، لكنها تمنعت قائلة: لا يأخذك غرورك فإن من أراد منا وصالا مات من الحزن والغم. فوصالنا ليس بهين، ولا ينالنا كل من يبغي الوصال. ثم تلفت نظره إلى كثرة من ماتوا من نار الغرام بها من دون أن يحصلوا على مناهم. فيرد عليها الشاعرالمفتون بحبها قائلا: حاشا، واستغفر الله من الزلل إني لا أطلب ما لا يرضى. لكني محب، والمحب قليل الصبر والمكابرة. ثم يطلب من طالب آخر قراءة الأبيات الأربعة التالية من قوله:

قد خلفتني صريعا وهي قائلة........

إلى نهاية قوله:

قالت: صدقت الوفاء في الحب شيمته   يا برد الذي قالت على كبدي


وبعد الانتهاء من القراءة يسأله عن معنى ما قرأ فيستمع إلى إجابته وإجابات الآخرين ثم يعقب قائلا: إن الشاعر هنا يقول: بعد أن دار الحوار بيننا تركتني صريعا من شدة ما أصابني من سهام جمالها، تركتني وهي تقول: انظروا بتأمل فعل الظبية بالأسد. أي أنه عقد مشابهة بينها وبين الظبية، وبينه وبين الأسد. فهي ظبية بجمالها ورشاقتها، وهو أسد بفروسيته غير أن لحاظ الظبية ولفتتها أشد مضاء من سطوة الأسد، فها هو يسقط صريعا بسهام لحظها، وهي تتركه. ثم لاحظوا براعة الشاعر وما فعله عندما وصف المحاورة بين المحبوبة والخيال الذي زاره، إذ جعل من الطيف ذاتا تتكلم، وتحاور وتصف، وتنقل الأخبار، وكأنها ذات ملحوظة فيقول: سألت طيفا زارني ومضى، وأقسمت عليه بالله أن يصف حالي لها من دون زيادة أو نقصان. فيرد عليها ذلك الطيف: تركته مخلصا لحبك بحيث لو مات ضمأ، واخذ الماء ليشرب فيحيا، وقلت له قف لا تشرب لترك الماء ومات وفاء لما تطلبين. فردت عليه بقول أسعدني وأمتعني وهو: صدقت فإن الوفاء من طبعه وشيمته. فما أسعدني بهذا الجواب إذ اعترفت بوفائي وإخلاصي لها، فكان وقع هذا الجواب على كبدي كوقع الماء البارد على النار الملتهبة. ثم يطلب من طالب آخر قراءة الأبيات الخمسة الأخيرة من قوله:

واسترجعت سألت عني فقيل لها..........

إلى قوله:

إن يحسدوني على موتي فوا أسفي      حتى على الموت لا أخلو من الحسد

وبعد الانتهاء من القراءة يسأله عن معنى الأبيات فيستمع إلى إجابته وإجابات الآخرين ثم يعقب قائلا:

بعد المحاورة بينها وبين خيال الطيف الذي زارني واخبرها بما آلت إليه حالي عادت سألت عني فقيل لها: ليس فيه بقية من حياة. فضربت من حرقتها وحسرتها يدا بيد. أي ضربت كفيها ببعضهما، وتناثرت دموعها كالمطر من تلك العيون الجميلة، وكانت صورة الدمع وهو يتساقط متناثرا من مدامعها كاللؤلؤ المتساقط من النرجس. فلاحظوا عملية المشابهة بين صورة وصورة فالشاعر هنا يقول: إن هذه الدموع التي تساقطت من عيونها سقت وردا. فأي ورد سقت ؟ لا شك انه أراد إنها سقت وجنتيها، والمشابهة وقعت بين الورد والوجنتين، ثم يقول من شدة ألمها عضت على شفتيها بأسنانها، ولكنه لم يستعمل هذا التعبير المباشر، ولو كان استعمله لما كان له فرق عن أي كلام عادي. لكنه شبه الشفاه بالعناب وشبه الأسنان بحبوب البرد ( الثلج الأبيض ) لشدة بياضها وانتظامها. فيا لها من صورة جميلة رسمت بأنامل رسام مبدع، وهذا هو سر العربية تمكن مستخدمها من رسم المناظر الحية الناطقة عندما يستخدم اللفظ جوازا في غير ما وضع له، وهذا ما ستدرسونه في السنوات القادمة في درس البلاغة. ثم يستمر الشاعر في تبيان ما صدر عن حبيبته بعد أن بلغها خبر هلاكه من حبها. إذ تقول من غير إبطاء ولا تسويف: ما حزنت أخت على أخيها ولا أم على ابنها كحزنها على ما أصابها من فقده. وتمضي في الحديث قائلة: أنا مت، وان يحسدوني على موتي فاني لأعجب من أني حتى بالموت لا أخلو من الحسد.

ت- يوجه المدرس الأسئلة الآتية لغرض تحديد أفكار النص من الطلبة:

* بماذا بدأ الشاعر قصيدته ؟

* بماذا ردت عليه المحبوبة ؟

* ماذا حل به بعد أن سمع ردها ؟

* من وصف حاله لحبيبته عندما تركته صريعا ؟

* بماذا وصف الحبيب؟

* ماذا فعلت عندما علمت بمهلكه جوى ؟

ثم يستمع إلى إجابات الطلبة ويلخصها بقوله:

إن الشاعر بدأ بوصف حبيبته وتبيان كيفية وقوعه بغرامها وطلبه الوصل منها فردت عليه

باستحالة ذلك. وعلى أثر ردها خر صريعا من الألم والحسرة وبعد ذلك زاره خيال طيف المحبوبة فوصف حاله لمحبوبته. إذ وصف العاشق الولهان بأنه مخلص لحبها وفيا لها، وعندما علمت بمهلكه تألمت وبكت لوعة على الحبيب الهالك.

ث- ثم يوجه المدرس سؤالا يطلب فيه شرح المعنى العام قائلا: من منكم يشرح المعنى العام؟ وما أبرز الأفكار التي وردت في النص ؟ فيستمع إلى إجابات الطلبة ثم يعقب قائلا: إن الأفكار التي وردت في النص هي:

الفكرة الأولى: وصف الحبيبة، وجمالها وكيف وقع الحبيب في ودها.

الفكرة الثانية: تضمنت وصفا لطبيعة العلاقة بين الحبيبين.

الفكرة الثالثة: تضمنت وصفا لما آلت إليه قصة الحب بين الحبيبين.

٦. تقرئة الطلبة النص أكثر من مرة للتدريب على حسن الإلقاء. وهنا يتم التأكيد على حسن االنص. وإتقان الأداء والتعبير الصوتي. وبعد ذلك يكلف الطلبة بحفظ النص.

٧. تذكير الطلبة بطرائق الحفظ التي يمكن أن يستعينوا بها لحفظ النص.

أما خطوة التسميع، وخطوة التطبيقات اللغوية فيأتي دورهما في الدرس اللاحق وذلك لأن الدرس الواحد لا يتسع لممارسة كل فعاليات الدرس.

**الأدب والنصوص**

إن تدريس الأدب والنصوص يقتضي إحاطة المدرس بجو النص وعصره، وصاحبه وبيئته وما له صلة مؤثرة فيه. زيادة على ذلك دراسة النص الأدبي دراسة تحليلية ناقدة تزاوج بين شكل النص ومحتواه والظروف التي أنتج فيها، وكان لها أثر فيه، والمناسبة التي قيل فيها، والدوافع التي تقف خلفه. لأن درس الأدب ليس درس تاريخ ينصرف فيه الجهد نحو الحقائق التاريخية، ولا هو درس محفوظات ينصرف فيه الجهد نحو تمكين المتعلم من استظهار النص وحسن إلقاء. فالأدب يأخذ من التاريخ ما له أثر في طبيعة النص من دون نسيان حسن التذوق، والتحليل وإجادة الإلقاء، وقد ينتهي درس الأدب بحفظ بعض النصوص الواردة فيه لما فيها من قيم وأفكار وصور وعواطف صادقة. وتقوم دراسة الأدب على دراسة مادته ذاتها. إذ يجب أن يجعل المدرس للنص الأدبي الجزء الأكبر من اهتمامه من خلال التشديد على تذوق النص وتفهمه وإدراك صوره ومعانيه واستنباط خصائصه. لأن المعروف أن الفهم والتذوق، والتحليل والنقد، والموازنة والاستنباط هي الأسس التي تقوم عليها الدراسات الأدبية. فلا فائدة من دراسة الأدب إذا ما نأت عن تحقيق هذه الأسس. لذا تمس الحاجة إلى أن يطلع الطلبة في سني دراستهم على ما يكفي من النصوص

الأدبية للوصول إلى الغرض الأسمى من دراسة الأدب وتذوقه تلقيا وانتاجا. وبذلك يتأهلون لدراسة تاريخ الأدب وما فيه من قضايا، وأحكام، وأسباب ومسببات، وتطورات. ويمكن التفريق بين كتاب الأدب والنصوص، وبين كتاب النصوص (المحفوظات) بأن كتاب الأدب والنصوص يتسم بالآتي:

* تبويب المادة حسب المعنى التاريخي، ولا يراعى ذلك في النصوص (المحفوظات).

* يقدم لكل عصر بما هو قائم بوصف الأمور السياسية والاجتماعية وصلتها بالأدب في ذلك العصر ولا يوجد مثل هذا في كتاب النصوص.

* لا يقدم الأحسن فقط في كتاب الأدب والنصوص، ويمكن أن تقدم نماذج تتسم بالركاكة أحيانا لبيان صفات العصر الأدبي.

والخلاصة فإن العناية في الأدب والنصوص تقع بالنصوص لأنها الأساس. ولكنها ليست كل شيء في الدرس.


## أهداف تدريس الأدب والنصوص

لا تختلف أهداف تدريس الأدب والنصوص في جزء كبير منها عن أهداف تدريس الأدب بشكل عام تلك التي ذكرناها سابقا. ويمكن أن يهدف درس الأدب والنصوص إلى الآتي:

١. تدريب المتعلمين على فهم الأساليب الأدبية.

٢. تنمية الذوق الأدبي لدى المتعلمين بما تتضمنه النصوص الأدبية من صور جميلة.

٣. توسيع أفق المتعلمين وأخيلتهم من خلال إطلاعهم على صور ذات خيال واسع.

٤. تحقيق المتعة واللذة الفنية لدى المتعلمين.

٥. إثارة رغبة المتعلمين في دراسة الأدب.

٦. تعريف المتعلمين بالشعراء والأدباء العرب.

٧. تهيئة الفرص لإظهار مواهب المتعلمين.

٨. تعويد المتعلمين إجادة الإلقاء.

٩. تعريف المتعلمين خصائص اللغة وميزاتها.


## وسائل إنجاح درس الأدب

هناك عوامل كثيرة إذا ما توافرت يمكن لدرس الأدب تحقيق أهدافه منها:

١. التمعن في اختيار النص الأدبي، وملاحظة مدى ملاءمته مستوى نضج المتعلمين.

٢. تزود المدرس بكل ما له صلة بالنص الأدبي، والإحاطة به وتهيئة ما يعني النص من معلومات.

٣. اختيار طريقة التدريس التي تستجيب لمقتضيات النص.

٤. اختيار الوسائل التعليمية التي يتطلبها النص.

٥. اختيار أساليب التقويم الملائمة.

٦. التخطيط الجيد والإعداد المسبق من المدرس لتنفيذ الدرس.

٧. توظيف النص وجعله مرتبطا بالواقع.

**ما مطلوب من المدرس في تدريس الأدب والنصوص**

هناك جملة أمور ينبغي أن يضعها مدرس الأدب في بؤرة اهتمامه في تدريس الأدب وهي:

١. معرفة جو النص الأدبي، وصاحب النص.

٢. دراسة النص نفسه وتتضمن:

* الناحية اللغوية والتمكن منها وشرح التراكيب الصعبة وتفهم معاني الجمل.

* الناحية الأدبية وبيان الأفكار العامة وصلتها بالبيئة والعصر.

٣. دراسة أسلوب النص من حيث جزالة ألفاظه، وتماسك مبناه، وصوره الخيالية، وتعبيراته المجازية وما فيه من تشبيهات واستعارات وكنايات وأثرها في النص.

**خطوات الدراسات الأدبية**

إن أي دراسة أدبية بشكل عام توجب على الدارس المرور بالخطوات الآتية:

١. فهم النص: ويمر فهم النص من خلال الإحاطة بجو النص، وحياة صاحب النص، وكل ما له صلة به والمناسبة التي قيل فيها النص.

٢. تذوق النص ويتطلب: تحديد أفكــار النص وشرح مفرداته ومعناه العام والمعاني الضمنية.

٣. تقويم النص ويتضمن: فكرة النص وأهميتها وتسلسل أفكار النص، ومدى حداثتها، ومدى توافق الفكرة والواقع، ومستوى قدرة صاحب النص على التعبير عما أحس به، وصدق عاطفته، ومستوى تصويره العصر الذي ينتمي إليه، ومدى التمايز بين أسلوب النص وأسلوب أديب آخر.

**خطوات تدريس الأدب والنصوص**

تأسيسا على ما تقدم حول النصوص الأدبية يمكن القول: إن تدريسها لا يبتعد كثيرا في خطواته عن تدريس المحفوظات إلا في أمور جزئية.وتمر طريقة تدريس الأدب والنصوص بالخطوات الآتية:

١. التمهيد: يتحدث المدرس عن جو النص، وعصره، وبيئتة، والحالة الاجتماعية، والسياسية السائدة في عصره مما يجد المدرس أثارها واضحة في ثنايا النص، مع الحرص على الإثارة والتشويق. ومراعاة التسلسل الزمني ويمكن أن تكون المقدمة تذكيرا بما تمت دراسته، وتهيئة أذهان الطلبة للربط بين ما درسوه، وما يدرسونه، والموازنة بين خصائص ما درسوه، وخصائص ما يدرسون.

٢. التعريف بصاحب النص. بذكر نبذة عن حياته ونسبه، وعلاقاته مع الآخرين مما يعتقد أن يكون لها أثر في نتاجه الأدبي، وفي هذا لا يختلف عن درس المحفوظات إلا بالسعة، ومحاولة إبراز بعض المواقف في حياة الأديب التي لها أثار واضحة في النص الأدبي. لأن المدرس في درس المحفوظات لا يغرق بالتفصيلات، والتحليلات بقدر ما يوجه اهتمامه نحو إجراء كل ما من شأنه تمهيد السبيل أمام الطالب لحفظ النص بطريقة أسهل وفهم يعينه على ذلك الحفظ. أما في درس الأدب والنصوص فيهتم بالتحليل والتسبيب، فإذا ما وجد أثرا في النص يمكن إرجاعه إلى عوامل بيئية، أو اجتماعية، أو اقتصادية، أو غيرها فإنه يشدد على ذلك الأثر وعوامله.

٣. قراءة النص الأدبي من المدرس. يطلب المدرس من الطلبة فتح الصفحة على النص، والتهيؤ لمحاكاة قراءته، ومسك الأقلام لتشكيل الكلمات غير المشكلة، ثم يقرأ النص قراءة نموذجية مراعيا فيها حسن الإلقاء والتعبير الصوتي وقواعد اللغة، متحاشيا التجوال في أثنائه.

٤. شرح المعاني الضمنية للنص، ويتأسس الشرح على الآتي:

أ- يقسم المدرس النص على أجزاء بحسب الأفكار التي يتضمنها.

ب- يطلب من أحد الطلبة قراءة الجزء الأول، وبعد انتهائه من القراءة يسأله عن معاني بعض المفردات التي يرى أن بها حاجة إلى توضيح، فيسمع إجابته وتعقيبات بعض الطلبة، ثم يكتب تلك المفردات والتراكيب على السبورة، وأمامها معانيها، ثم يسأل عن معنى الجزء المقروء، ويستمع إلى إجابات الطلبة، ثم يتولى عملية الشرح والتعقيب بنفسه، وهكذا يتبع الأسلوب نفسه مع الأجزاء الأخرى.

ت- إظهار الصور الجميلة في كل جزء، وإيقاف الطلبة على أبعادها.

٥. شرح المعنى العام للنص. في هذه الخطوة يناقش الطلبة حول الأفكار التي أرادها صاحب النص، والوقوف على:

أ- أفكار النص وصلتها بالبيئة.

ب- صدق العاطفة وما يدل عليها في النص.

ت- أسلوب الأديب وجزالة ألفاظه.

ث- خيال الأديب، وتعبيراته المجازية، والصور البلاغية فيه.

ج- صلة النص بروح العصر.

٦. الاستنباط. هنا يتم استخلاص الميزات والخصائص، والحقائق الأدبية التي يمكن استخلاصها من النص الأدبي. ويتم ذلك بتوجيه أسئلة إلى الطلبة، فيجيبون عنها ثم يقوم المدرس إجاباتهم، ويزيد عليها بما يتم الفائدة من الدرس، ويحرص على إشراك أكبر عدد ممكن منهم.

٧. تقويم النص.(نقد النص).

وهنا يتم التقويم على وفق معايير يوضحها المدرس للطلبة مثل:

أ- فكرة النص وأهميته.

ب- ترتيب أفكار النص.

ت- مدى حداثة فكرة النص، وكونها غير مقتبسة.

ث- مدى توافق الفكرة والواقع.

ج- مستوى قدرة الأديب على التعبير عن مشاعره وأحاسيسه.

ح- مدى صدق عاطفة الأديب.

خ- مستوى تصوير الأديب عصره.

د- مدى الاختلاف بين الأديب وأديب آخر عالج الفكرة نفسها.


**أنموذج درس تطبيقي في تدريس الأدب والنصوص**

الموضوع: المطلقة للشاعر معروف الرصافي

الأهداف العامة: ذكرت سابقا ويمكن الرجوع إليها.

الأهداف الخاصة:

١. أن يتعرف الطلبة كون الطلاق عملا بغيضا.

٢. أن يتعرف الطلبة أثر الطلاق في المطلقة.
٣. أن يحدد الطلبة الآثار السيئة للطلاق في المجتمع.
٤. أن يطلع الطلبة على سوء استخدام جواز الطلاق في المجتمع.
٥. أن يبدي الطلبة تفاعلا وفكرة النص.
٦. أن يعين الطلبة مواطن الجمال في النص.
٧. أن يقرأ الطلبة النص قراءة تعبيرية صحيحة.
٨. أن يعبر الطلبة شفهيا عن آرائهم بالنص.
٩. أن يصدر الطلبة أحكاما عامة حول النص وأسلوبه.

**خطوات سير الدرس**

١. التمهيد. درسنا اليوم يتناول حلالا جعله الله تعالى أبغض الحلال على لسان رسوله الكريم صلى الله عليه واله وسلم. درسنا عن قطع الوصل وصرم الحبل. عن أزمة أريد بها منع الأزمات.عن ملمة أريد بها دفع الملمات. فصيرها الجاهلون بوابة الأزمات، ومدخل الملمات....درسنا عن أمر أراده الله كيا للداء فصيره الجاهلون آلة للاعتداء....درسنا عن حلال عليه بشاعة الحرام....وحق تشره إليه اللئام....عن ظاهرة هدت البيوت العامرة، وفرقت القلوب المتآزرة...سرقت من الشفاه الابتسامة،وأحلت في القلوب الندامة......اجتثت من القلوب الوئام، وزرعت بديلا عنه الخصام. ظاهرة تكلم القلوب، وتحكم السيف بين حبيب ومحبوب......إ نها ظاهرة الطلاق هذه التي تهز المشاعر، وتودي بالحياة إلى المقابر.مقابر الأحياء وقرينة البلاء. كم من صبي مشرد، وكم من فتاة ضائعة جراء تمكن الهوى من النفس، وضياع العقول من الرؤوس هذه الظاهرة هزت شاعرا عربيا مصلحا اجتماعيا. حب وطنه في قلبه معقود وعشقه لأهله معهود وممدود، إنه الشاعر العراقي معروف الرصافي.

معروف الرصافي شاعر عربي عراقي شهد العام ١٨٧٥ مولده والعام ١٩٤٥ وفاته. عرف بحبه الوطن وأهله. اشتهر شاعرا اجتماعيا وطنيا يهتم بقضايا وطنه ومجتمعه وأخذ على نفسه الدعوة لإصلاح المجتمع. فلم يترك ظاهرة شاذة إلا ونقدها سواء في السياسة كانت أم العلاقات الاجتماعية. له ديوان شعر مطبوع (الرصافيات). أتسم شعره بسلاسة اللغة وعذوبتها. وأتسم سلوكه بالبساطة والتواضع. لحظ هذا الشاعر الكبير ظاهرة الطلاق تنخر في المجتمع، وتهز أركانه، وتهدد بنيانه، فنظم قصيدته المطلقة التي هي موضوع درسنا اليوم.

٢. عرض النص: يكتب المدرس العنوان في أعلى السبورة ثم يعرض النص على الطلبة مطبوعا إن لم يكن موجودا في كتبهم، وغالبا ما يكون النص موجودا في كتب الأدب والنصوص. ثم يقول لهم مطلوب منكم الانتباه الشديد على قراءتي النص، والتعبير الصوتي، وملاحظة الحركات التي ترافق القراءة، وشكل الكلمات وبعد الانتهاء من قراءتي سأطلب منكم قراءة النص بحيث يحاكي القارئ طريقتي في القراءة.

٣. قراءة النص من المدرس: بعد تقديم التوجيهات والتأكد من أن الجميع تهيأ لسماع القراءة يقف المدرس في مكان ملائم أمام الطلاب ثم يقرأ النص كاملا قراءة نموذجية يراعي فيها التعبير الصوتي، والحركات والسكنات، وعلامات الترقيم، وخفض الصوت ورفعه كلما اقتضى المعنى ذلك. مع الحرص على رفع بصره بين لحظة وأخرى لمراقبة الطلبة وملاحظة مدى متابعتهم قراءته.

٤. شرح المعاني الضمنية للنص. ويتم ذلك كما يأتي:

يقرأ أحد الطلبة الجزء الأول من القصيدة وهو:

**المطلقة**

بدت كالشمس يحضنها الغروب منزهة عن فتاة راع نضرتها الشحوب من الخفرات آنسة

الفحشاء خود نوار تستجد بها المعالي صفا عروب وتبلى دون عفتها العيوب فحامت

ماء الشباب بوجنتيها ولكن الشوائب حول رونقه القلوب فعاد وصفوه كدر

أدركته ذوى عنها الجمال الغض وجدا أصابت مشوب وكاد يجف ناعمه الرطيب ولم يدرك

من شبيبتها الليالي وقد خلب العقول لها ذؤابتها المشيب تلوح على أسرته

جبين ألا إن الجمال إذا علاه النكوب نقاب الحزن منظره عجيب

فإذا ما انتهى الطالب من القراءة يسأله عن معاني المفردات ويكتبها على السبورة وهي:

راع نضرتها: شوه جمالها وحسنها، ويوضح الفرق بين النظرة والنضرة، فالأولى من البصر والثانية للحسن والجمال مأخوذة من النضارة.

خود: المرأة الشابة.

الخفرات: شديدات الحياء. أي المرأة التي تتسم بشدة الحياء.

آنسة: التي يؤنس بحديثها، وليست غير المتزوجة كما هو شائع.

نوار: المرأة التي تنفر من كل ما يثير الشك في السلوك.

العفة: الطهارة والشرف.

الشوائب: جمع شائبة، وهي الأشياء التي إذا ما أصابت الشيء أو اختلطت به شوهته.

ذوى: ذبل، و ذاو: ذابل.

الغض: الطري.

ذؤابتها: طرة الرأس أو مقدمته. الناصية.

اسرته: خطوط الجبهة أو تجاعيدها.

النكوب: المصائب. وهي جمع نكبة أي المصيبة.

نقاب: غطاء

وبعد تحديد معاني المفردات يسأل عن المعنى الذي تضمنه هذا الجزء، ويستمع إلى إجابات الطلبة، ويناقشهم ويحاول إشراك أكبر عدد ممكن منهم في المناقشة. ثم يسأل عن الصور الجميلة التي تضمنها النص، ويستمع إلى الطلبة، ثم يعقب قائلا: إن الشاعر هنا يتحدث في هذه اللوحة الفنية عن المطلقة فيقول: إنها بعد أن حل بها ما حل من كارثة الطلاق أصبحت كالشمس يحضنها الغروب، فلاحظوا الصورة الجملية، شمس يحضنها الغروب فالعلاقة بين الفتاة والشمس هي الجمال. أي أن وجه الشبه بينهما النور والإشعاع، ولكن العلاقة بين الشمس والغروب علاقة تضاد. وهكذا وقع الطلاق على الفتاة فهو يحيط بجمالها، وينطوي عليه مثلما الغروب يحتضن الشمس ونورها، فجمال المرأة يخبو بالطلاق مثلما يخبو نور الشمس بالغروب فجعل الطلاق غروبا. ولاحظوا الحركة والسريان في الصورة التي رسمها الشاعر فالطلاق المعنوي يتحرك، ويطوق حسن المرأة كالغروب في حركته، والإحاطة بنور الشمس ثم ينتقل الشاعر إلى القول: فتاة راع نضرتها الشحوب. فلاحظوا ماذا فعل الشاعر هنا ؟ أنتم تعرفون أن الروع هو الخوف، والخوف من سمات الإنسان والنضرة تعني الجمال. والجمال لا يخاف ولكن الشاعر هنا جعله كائنا حيا يخاف ويرتاع، فارتاع حسنها من الشحوب فاهتز وتشوه. ثم ينتقل الشاعر إلى تبيان صفات هذه المرأة، وما تتمتع به من عفة وطهارة، وحب وإخلاص لزوجها فيقول:

منزهة عن الفحشاء خود      من الخفرات آنسة عروب

أي أنه يصف المرأة بالتنزه عن كل فحشاء. فهي شابة شديدة الحياء ذات حديث مؤنس لزوجها متحببة إليه. أي أنها ليست من النساء اللائي يؤذين أزواجهن بما يجرح من الكلام أو ما ينفر من الأفعال. ثم يستمر في وصفها وتعداد صفاتها فيقول:

نوار تستجد بها المعالي       وتبلى دون عفتها العيوب

أي هي امرأة تنفر من كل ما يثير الشك في السلوك، وتجسدت القيم والمثل العليا في سلوكها، وينتهي أمام عفتها كل عيب أو سوء. وبعد تعداد ما حسن من مظاهر سلوكها عاد ليعرض لنا ما كانت عليه من جمال وما آلت إليه حالها بعد الطلاق فيقول:

صفا ماء الشباب بوجنتيها       فحامت حول رونقة القلوب

لاحظوا الصورة التي رسمها الشاعر. إذ جعل من الشباب كائنا يتصف بالرقة فجعل له ماء وهذا الماء يتصف بالصفاء والنقاء، وكل هذا معقود بوجنتيها الرقيقتين. فرق شبابها، وصفا وجمل رونقا، ومن شدة جمالها حامت حوله القلوب. فالقلوب عند الشاعر طيور تحوم حول كل ما يثير شجونها، ويؤجج لهفتها. ثم ينتقل الشاعر من هذه الحال للمرأة إلى ما وصلت إليه بعد الطلاق فيقول:

ولكن الشوائب أدركته       فعاد وصفوه كدر مشوب

أي أن شبابها ذاك الذي اتصف بالصفاء والنضارة لم يدم عندما حل بها المصاب فكان للطلاق من الأثر في شبابها كأثر الشوائب في الماء الصافي. إذ صيرته كدرا فتغير لونه. ومشوب مخلوط بما هو غريب عن جنسه. ثم يمضي الشاعر بوصف حالها فيقول:

ذوى عنها الجمال الغض وجدا       وكاد يجف ناعمه الرطيب

أي أن نار الوجد مست جمالها الغض فأذبلته فهو يجعل من موصو فته شجرة بأغصان ذابلة بعد أن مستها نار الحسرة والألم المستعرة. ثم يمضي فيقول:

أصابت من شبيبتها الليالي       ولم يدرك ذؤابتها المشيب

أي أن الليالي أصبن شبابها بما حملن لها من قدر الطلاق قبل أن يدركها المشيب. وذكر الذؤابة لأنها أول موضع يظهر عليه المشيب عند الإنسان. ثم يقول في وصف حالها:

وقد خلب العقول لها جبين       تلوح على أسرته النكوب

لقد سحرت العقول بما لها من جبين لاحت عليه المصائب والويلات. فهو يشير إلى أن جمالها علاه الألم والحزن فأصبح منظره عجيبا إذ يقول:

ألا إن الجمال إذا علاه       نقاب الحزن منظره عجيب

فياله من منظر عجيب عندما يغلف الحزن السرور، والابتسامة الحسرة والنور الظلام فما أروع هذه الصور الحية !

بعد ذلك يطلب من طالب آخر قراءة الجزء الثاني من النص وهو:

| | |
|---|---|
| حليلة طيب الأعراق زالت | به عنها، وعنه بها الكروب |
| رعى ورعت فلم تر قط منه | ولم ير قط منها ما يريب |
| توثق حيل ودهما حضورا | ولم ينكث توثقه المغيب |
| فغاظت زوجها الخلطاء يوما | بأمر للخلاف به نشوب |
| فأقسم بالطلاق لهم يمينا | وتلك آلية خطأ وحوب |
| وطلقها على جهل ثلاثا | كذلك يجهل الرجل الغضوب |
| وأفتى بالطلاق طلاق بت | ذوو فتيا يعصبهم عصيب |

وبعد الانتهاء من قراءته يطلب المدرس من الطالب بيان معاني الكلمات والتراكيب الصعبة ويستمع منه ومن الطلبة إلى شرح تلك التراكيب ويتولى كتابتها على السبورة وهي:

الكروب: الشدائد، الأحداث، المصائب.

ينكث: ينفل ويتفرق.

النشوب: من نشب الشيء نشوبا بمعنى علق.

آلية: قسم

عصيب: شديد

وبعد سماع معاني التراكيب وكتابتها على السبورة يسأل عن معنى الجزء كاملا، فيجيب الطلبة بأن هذا الجزء من النص يتحدث فيه الشاعر عن حادثة الطلاق وسبب وقوعها وآليتها. وبعد الاستماع إلى شرح الطلبة للمعاني الضمنية في هذا الجزء والمناقشة فيها بين الطلبة يقول:

بعد وصف الشاعر حالة المطلقة وجمالها وشبابها وما آلت إليه بعد الطلاق انتقل ليوضح سبب وقوع الطلاق ليبين لنا أنه سبب لا يرقى إلى إحلال هذا الحلال الذي وصفه الرسول صلى الله عليه وآله وسلم بأنه أبغض الحلال. فيتحدث الشاعر عن العلاقة بين الزوجة وزوجها فيقول:

حليلة طيب الأعراق زالت          بها عنها وعنه بها الكروب

أي يقول:حليلة، أي زوجة رجل ذي حسب ونسب أبعدتها عن زوجها مثلما أبعدته عنها المصيبة أي الطلاق. ثم يقول:

رعى ورعت فلم تر قط منه        ولم ير قط منها ما يريب

أي أنها رعته ورعاها فلم يلحظ عليها ما يثير الشك في سلوكها وإخلاصها له. وتأسيسا على ما لحظه أحدهما في الآخر توثق حبل ودهما عندما كانا مجتمعين تحت سقف واحد ويبقى هذا الود من دون أن ينفل بعد غياب بعضهما عن بعض وهذا دليل على عمق محبتهما لبعضهما البعض وهذا ما عبر عنه بقوله:

توثق حبل ودهما حضورا        ولم ينكث توثقه المغيب

وعلى الرغم من عمق المودة وصفائها بين الزوجين حدث حادث في يوم ما فنشب بينهما خلاف أغاظ زوجها فما كان إلا أن يتسرع ويستخدم الحق الشرعي الذي جعله الله كالكي للداء الذي لا يطيب فيكون آخر العلاج، فيقسم بالطلاق ويقع الطلاق بالآلية المعروفة أنت طالق بالثلاث أو طلقتك بالثلاث أو أنت طالق، طالق، طالق فيرتكب عندها ذنبا كبيرا وتقع المصيبة عن جهل وغضب. الغضب الذي يفقد الإنسان حلمه ويتملك جنانه فلا يعرف يده من بنانه، وقد عبر الشاعر عن هذا بقوله:

فغاظت زوجها الخلطاء يوما        بأمر للخلاف به نشوب

فأقسم بالطلاق لهم يمينا        وتلك آلية خطأ وحوب

وطلقها على جهل ثلاثا        كذلك يجهل الرجل الغضوب

ثم يقول: إن هذا الشكل من الطلاق الذي لا رجعة عنه أفتى به أصحاب الإفتاء وانه لحكم شديد ولا ينبغي له إلا أن يصدر عن عقل رشيد ونظر سديد وجهد للإصلاح مديد، ولا ينبغي للمرء أن يعود إليه إلا إذا ما وصل إلى طريق مسدود فيلجأ إليه اضطرارا، ولا يركبه اختيارا وبعد ذلك ينتقل إلى الجزء الثالث من النص ويطلب من أحد الطلبة قراءته وهو:

فبانت عنه لم تأت الدنايا        ولم يعلق بها الذام المعيب

فظلت وهي باكية تنادي        بصوت منه ترتجف القلوب

لماذا يا نجيب صرمت حبلي        وهل أذنبت عندك يا نجيب

ومالك قد جفوت جفاء قال        وصرت إذا دعوتك لا تجيب

أبن ذنبي إلي فدتك نفسي        فإني عنه بعدئذ أتوب

أما عاهدتني بالله أن لا        يفرق بيننا إلا شعوب

لئن فارقتني وصددت عني        فقلبي لا يفارقه الوجيب

322

| | |
|---|---|
| وما أدماء ترتع حول روض | ويرتع خلفها رشأ ربيب |
| فما لفتت إليه الجيد حتى | تخطفه بآزمتيه ذيب |
| فراحت من تحرقها عليه | بداء ما لها منه طيب |
| تشم الأرض تطلب منه ريحا | وتنحب والبغام هو النحيب |
| وتمزغ في الفلاة لغير وجهة | وآونة لمصرعه تؤوب |
| بأجزع من فؤادي يوم قالوا | برغم منك فارقك الحبيب |

وعند الانتهاء من قراءة النص يطلب معاني الكلمات والتراكيب الصعبة ويستمع إلى إجابات الطلبة ثم يكتب على السبورة وهي:

بانت: بعدت، افترقت عنه.

الدنايا: العيوب.

صرمت: قطعت (طلقتني).

شعوب: الموت وهو مفرق الأحباب.

الوجيب: الخفقان.

الأدماء: الظبية المائلة للبياض.

رشأ: ولد الظبية الذي صار قادرا على الحركة والمشي.

ربيب: ملازم، مرافق لها.

الجيد: العنق.

الآزمتان: النابان.

النحيب: البكاء.

البغام: صياح الظبية على ولدها بأرخم ما يكون من صوتها.

تمزغ: تسرع إلى مكان مصرعه أو مهلكه.

تؤوب: ترجع

وبعد كتابة معاني الكلمات يطلب من الطلبة شرح المعاني التي تضمنها هذا الجزء وبيان الصور التي وردت فيها. ويستمع إلى إجابات الطلبة ويناقشهم فيها ثم بعد ذلك يقول:

بعد أن وصف لنا الشاعر وقوع الطلاق وأسبابه التافهة والتسرع الحاصل عند إيقاعه من الزوج انتقل لبيان موقف الزوجة ورد فعلها فيصفها بعد الافتراق بأنها لم تقرب الدنايا ومعايب السلوك فلم يعلق بها عيب وظلت تواصل البكاء والنحيب المستمر الذي وصفه بأنه ترتجف منه القلوب منادية زوجها متسائلة عن سبب ما ألحقه بحبهما وعلاقتهما وحبل مودتهما إذ تقول:

لماذا يا نجيب صرمت حبلي وهل أذنبت عندك يا نجيب

ما المقصود بكلمة نجيب الأولى ؟ وما المقصود بالثانية؟ وبعد سماع الإجابة يقول: يبدو أن نجيب الأولى هو اسم وضعه االشاعر للزوج، أما نجيب الثانية فهي صفة أي أنها تقول له: لماذا فعلت هذا يا نجيب ؟ فهل أذنبت عندك يا من تمثلت فيك النجابة وحسن السلوك ؟. ثم تمضي في عتابها الصادر عن صدق عاطفة ومرارة ولوعة فتقول له: هجرتني هجران مبغض حتى صرت إذا دعوتك لا تجيب دعائي بعد طول معاشرة وعمق المخالطة. وتمضي في عتابها الموجع قائلة:

أظهر لي ذنبي فديتك بنفسي فإني بعد تبيانك ذنبي أتوب، والتوبة مقبولة عند اللـه، وخير المؤمنين التواب فلاحظوا أنها ما زالت تفديه بنفسها على الرغم مما الحقه بها لنستدل بذلك على صورة الإخلاص وصفاء المودة وعمق المحبة لزوجها. ثم تمضي في عتابها مذكرة له بما وقع بينهما من عهد على عدم الافتراق حتى الموت. ثم تقول مخاطبة الزوج المتسرع: حتى وان تركتني وصددت عني فإن قلبي لا يجافيه الخفقان بحبك. ثم تعقد مماثلة بين حالها وقد هجرها زوجها وطلقها، وتمسكها به ولوعتها عليه وبين حال ظبية ترتع حول روض ويرتع خلفها صغيرها الملازم لها ففاجأها الذئب بافتراسه وتمزيقه بأنيابه. فراحت من تحرقها عليه تشم الأرض طالبة رائحة صغيرها لعلها تشفى من سقم ما له دواء.. فها هي تركض في الفلاة على غير هدى مرة تذهب، ومرة إلى مصرعه ترجع.

فلاحظوا الصورة واللوحة الفنية التي رسمها الشاعر معبرا عن حال المرأة وهي مع زوجها تلتحف المودة والسعادة والصفاء فيحصل بينهما ما حصل من افتراق وهجران ويقابلها بصورة الظبية التي ترعى الروض مع وليدها فيفاجئها الذئب فيختطف وليدها فتهيم على وجه الأرض ذهابا ومجيئا تحوم على مهلك وليدها، فلا هي به ظافرة ولا عنه سالية وهكذا حال الزوجة هائمة بين الماضي السعيد و الحاضر الطالح فيا لها من صورة تعددت ألوانها وتماثلت أشكالها، فسرت فيها الحياة وتحرك فيها الخيال فأوقع أنظارنا على ما لمسه محال. ويا لها من عاطفة صادقة وخيال مجنح ومعان تنثال وألفاظ تنساب وسحر خلاب. وبعد ذلك ينتقل إلى الجزء الرابع من النص ويطلب من أحد الطلبة قراءته وهو:

فأطـرق رأسـه خجـلا وأغظى وقـال ودمـع عينيه سـكوب

نجيبـة اقصـري عـني فــإني كفاني من لظـى الندم اللـهيب

وما والله هجرك باختياري ولكن هكذا جرت الخطوب
فليس يزول حبك من فؤادي وليس العيش دونك لي يطيب
ولا أسلو هواك وكيف أسلو هوى كالروح في له دبيب
سلي عني الكواكب وهي تسري بجنح الليل تطلع أو تغيب
فكم غالبتها بهواك سهدا ونجم القطب مطلع رقيب
خذي من نور ( رنتجن ) شعاعا به للعين تنكشف الغيوب
والقيه بصدري وانظريني تري قلبي الجريح به ندوب
وما المكبول ألقي في خضم به الأمواج تصعد أو تصوب
فراح يغطه التيار غطا إلى أن تم فيه له الرسوب
بأهلك يا ابنة الأمجاد مني إذا أنا لم يعد بك لي نصيب

وبعد أن ينتهي الطالب من قراءة هذا الجزء يسأله عن معاني المفردات ويسمع الإجابة منه ومن الطلبة ويكتبها على السبورة وهي:

رنتجن: هو مخترع الأشعة المعروفة باسمه.

الندوب: آثار الجروح.

المكبول: المقيد.

الخضم: البحر.

تصوب: تنخفض.

الرسوب: الغرق إلى القعر.

وبعد أن يكتب معاني المفردات يطلب من الطلبة بيان المعاني المتضمنة في هذا الجزء من النص وبعد أن يستمع إلى إجاباتهم ومناقشاتهم يقول:

إن الشاعر بعد أن عرض لنا حال الزوجة المكلومة وما تكنه من حب ولوعة لسابق عهدها وحبها لزوجها لم يقف عند هذا بل انتقل إلى وصف الزوج المتسرع الذي وقع تحت أثر استخدام هذا العرف في غير محله فيقول: لاحظوا الزوج فقد أطرق مستمعا لعتابها خجلا باكيا ثم يخاطبها: أقلي عني اللوم فإن ما أحترق به من لظى لهيب الندم في نفسي يكفيني حرقة وعذابا وما عتابك لي إلا زيادة في هذا العذاب.

ثم يدافع عن نفسه الخائبة بقوله: ما كنت أرتكبت هذه الحماقة باختياري، هكذا هي العادات والأحداث.

ثم يمضي قائلا: إن حبك لا يزول من قلبي وعيشي من دونك لا يطيب.

ثم يقول: إن كنت تظنين أني قادر على سلوانك فإن هذا محال إذ كيف لي سلوان هوى دب في روحي وتغذت عليه. وأراد أن يسوق لها حجة على ما يقول فيقول: سلي عني الكواكب وهي تسري تخبرك أني أتقلب ألما عليك لا ينام لي جفن ولا تهدأ لي نفس. واني قد غالبتها فيك سهرا حتى يطلع نجم القطب. ثم يقول لها:خذي أشعة كاشفة وألقيها بصدري لتري كم صار في قلبي من آثار وجروح على ما حل بنا.

ثم لاحظوا أن الشاعر عرض في الصورة السابقة أن الزوجة قالت: إن الظبية التي فقدت وليدها ليست بأجزع منها عندما فقدت زوجها هنا يقابل تلك الصورة بصورة يرسمها الزوج فيقول:

وما المكبول ألقي في خضم    به الأمواج تصعد أو تصوب

فراح يغطه التيار غطا.............................................

إلى أن يقول:

بأهلك يا ابنة الأمجاد مني    إذا أنا لم يعد بك لي نصيب

فيقول لها: إن المقيد الذي يلقى في البحر مكتوفا تتقاذفه الأمواج حتى تنزل إلى قاع البحر راسيا ليس بأهلك مني إن لم يعد لي بك نصيب

يا ابنة الأصول والحسب والنسب.

وكأنه يريد القول: إني هالك لا محالة، وحالي بفراقك ليس بأقل من حال الذي يرمى في البحر فلا يكون دونه إلا الهلاك وهذا فعل الطلاق. ثم بعد ذلك ينتقل إلى الجزء الأخير من النص ويطلب من أحد الطلاب قراءته وهو:

ألا قل في الطلاق لموقعيه    بما في الشرع ليس له وجوب

غلوتم في ديانتكم غلوا    يضيق ببعضه الشرح الرحيب

أراد الله تيسيرا وانتم    من التعسير عنددكم ضروب

وهى حبل الزواج ورق حتى    يكاد إذا نفخت له يذوب

كخيط من لعاب الشمس أدلت    به في الجو هاجرة حلوب

يمزقه من الأفواه نفث    ويقططعه من النسيم الهبوب

وبعد قراءة النص يسأل عن بعض الكلمات ويسمع الإجابة ويكتبها على السبورة وهي:

موقعه: موقع الطلاق ( المطلق ).

غلوتم: الغلو المبالغة والتمادي في الشيء إلى أبعد مما أريد منه.

وهى: ضعف.

ثم بعد ذلك يسأل عن المعنى العام لهذا الجزء من النص، وبعد الاستماع إلى إجابات الطلاب ومناقشاتهم فيه يقول:

بعد أن عرض الشاعر وصفا للمرأة قبل الطلاق وبعده وسبب الطلاق وعتاب المرأة لزوجها وندم الزوج وألمه ووصف حاله توجه الشاعر إلى المشرعين الذين أجاز لهم الشرع إيقاع الطلاق فقال لهم إن فعلهم هذا فيه شيء من الغلو والتطرف الذي لا يرضي اللـه ورسوله. وان الدين والشرع الإسلامي هو دين محبة وصفاء وتيسير وانتم تحولونه في فعلكم هذا إلى تعسير وتعقيد. ثم يصف الزواج وحبل الوصل بين الزوجين في ظل هذا الاستغلال غير الصحيح للشريعة بأنه جعل من حبل الزواج كخيط من لعاب الشمس واه رقيق تمزقه كلمة تخرج من الأفواه (طالق، طالق، طالق) ويرق هذا الحبل حتى صار يقطعه النسيم إذا هب، فما أضعف هذه العلاقة في ظل هذا الغلو في استخدام أبغض الحلال.


## ٥. شرح المعنى العام للنص:

وهنا يطلب المدرس من الطلبة إجمال المعنى العام للنص وبيان ما تضمن من أفكار وصلتها بالبيئة وصدق العاطفة والاستدلال عليها في مواضع متعددة في النص. ثم يتطرق بعد ذلك إلى أسلوب الشاعر وخياله وما يقدمه النص للقارئ.

وبعد إشراك الطلبة في العرض والمناقشة والاستماع إلى إجاباتهم يقول:

أ. تضمن النص جملة من الأفكار ويمكن وصفها بالآتي:

- حال المرأة قبل وقوع الطلاق.

- أسباب وقوع الطلاق وتفاهتها.

- الغلو في استخدام حق الطلاق.

- لوعة المرأة المطلقة.

- ندم الرجل الذي أوقع الطلاق.

- وعظ الرجال وحثهم على عدم التسرع في إيقاع الطلاق.

وان موضوع النص من الموضوعات الحيوية ويعد مشكلة اجتماعية تستحق المعالجة. والشاعر

هنا يصور مأساة اجتماعية يسببها الطلاق، وان الطلاق إنما شرع ليكون علاجا لما ليس له علاج، أي أنه لا يستخدم إلا إذا ما نفدت كل الحلول الأخرى.

ب. أتسم النص بصدق العاطفة. وقد دلت على ذلك الأبيات الآتية:

ذوى عنها الجمال الغض....

فظلت وهي باكية تنادي....

لماذا يا نجيب صرمت حبلي.....

أبن ذنبي إلي فدتك نفسي....

فراحت من تحرقها عليه....

بأجزع من فؤادي....

نجيبة اقصري عني.....

ولا أسلو هواك....

وما المكبول ألقي....

بأهلك يا ابنة الأمجاد مني....

جـ اتسم النص بسعة الخيال والتعبيرات المجازية في مواقع كثيرة منها:

بدت كالشمس يحضنهالغروب.

تبلى دون عفتها العيوب....

صفا ماء الشباب....

نقاب الحزن.... نجيب. ونجيب.......

التشبيه التمثيلي بين حال الزوج وحال المكبل بالقيود المرمي بالبحر. وحال الزوجة وحال الظبية التي فقدت عزيزها. وغيرها

**٥. أمتاز النص بسلاسة الألفاظ وعذوبتها وبساطتها.**

وهكذا فالشاعر بعاطفة صادقة وخيال مجنح ولغة سلسة عرض لنا هذه الظاهرة التي قد تقع في أحيان كثيرة لأسباب تافهة وتسرع وغضب فيقع بلاء على الزوجين والأطفال والمجتمع بكامله.

**٦. الاستنباط والمناقشة:**

أ- أراد الشاعرأن يقول: إن الزوجين يتبادلان الوفاء والإخلاص، فأي بيت معبر عن ذلك؟

ب- لقد أظهرت الزوجة لوعتها وألمها لطلاقها من دون سبب، فأي بيت يدل على ذلك ؟

ت- دافع الزوج عن ثبات محبته لزوجته وطلب منها التأكد من ذلك فأي من الأبيات يشير إلى ذلك؟

ث- عقد كل من الزوج والزوجة حاله بحال آخر وعقد مماثلة بينه وبين الآخر، فما هي الأبيات التي تدل على مماثلة الزوج بحال ما ومماثلة الزوجة بحال آخر ؟

ج- ما الذي يمكن استنتاجه من النص؟

**٧. تقويم النص:**

هل تستطيعون الآن تحديد بعض الصفات التي تميز النص؟ فيجيب الطلبة:

أ-  النص يتصل بالحياة.

ب- النص يتسم بسبك العبارات وتماسك الأفكار.

ت-  النص يتسم بصدق العاطفة.

ث-  النص يتسم بسعة الخيال.

ثم يسأل: ما هي وجهة نظركم بالنص موضوعا وأسلوبا ؟

الطلبة: النص يعالج مشكلة اجتماعية أصبحت ظاهرة اجتماعية معالجة أدبية جميلة رائعة. واتسم الأسلوب بالصور الجميلة والحوار المعبر عن عاطفة صادقة وخيال واسع. ومن يقرأ النص يستطيع أن يقول: إن الشاعر يتمتع بشاعرية كبيرة وإحساس مرهف ولغة سلسة تتسم بالعذوبة.


**تدريس تأريخ الأدب**

تأريخ الأدب لون من ألوان الدراسات الأدبية يبحث في أحوال الأدب وعوامل رقيه وضعفه وما أثر فيه من عوامل سياسية واجتماعية وطبيعية، زيادة على أنه يتحدث عن أعلام الأدب واللغة في العصور المختلفة.

وعده البعض فرعا من فروع التأريخ يهدف إلى الوقوف على الأطوار التي سار فيها الأدب وتتابعت على فنونه ومعانيه، وألفاظه وأساليبه، وأخيلته واتجاهاته العامة والخاصة في سائر البيئات والعصور زيادة على أنه يسعى إلى الإلمام بحياة الشعراء والأدباء من كتاب وخطباء الذين ظهرت آثارهم وكان لها دور في تطور الأدب وتقدمه في كل عصر وبيئة.

فدراسة تأريخ الأدب تشمل دراسة الحياة الأدبية، وظواهرها في كل عصر من العصور الأدبية وتشمل أيضا دراسة تاريخ الأدباء، وترجمة حياتهم ونقدهم. ويندرج تحت دراسة الحياة الأدبية

وصف الظواهر والأحداث في كل عصر من عصور تاريخ الأدب. ومعرفة العوامل التي أدت إلى معرفة قوة الأدب أو ضعفه، وهناك أكثر من اتجاه في دراسة تاريخ الأدب منها:

١. اتجاه تحليل النصوص: وبموجب هذا الاتجاه يتخذ من تحليل النصوص وسيلة للوصول إلى حقائق تاريخ الأدب. غير أن هذه الطريقة تكون مفيدة في الموضوع الذي تكثر فيه النصوص الأدبية، إذ يتم تحليل هذه النصوص، وتحديد ما تتضمنه من حقائق وفي ضوء تحليلها يتم استقراء الأحكام العامة. فمثلا إذا ما أردنا معرفة أثر البيئة في نوع الألفاظ الشعرية فهناك نصوص أدبية تمثل بيئات مختلفة يمكن دراستها وتحليلها لتعرف أثر البيئة في نوع الألفاظ. ومن أمثلة ذلك ما قاله على بن الجهم للخليفة العباسي مادحا:

أنت كالكلب في وفائك للعهد

فنلاحظ طابع البادية باد على ألفاظه وعندها قال الخليفة: أتركوه يتبغدد  فبعد حين عاد فأنشد:

عيون المها بين الرصافة والجسر

وهكذا من خلال عرض نصوص متعددة يمكن الوصول إلى استنباط أحكام وحقائق أدبية عامة.

٢. اتجاه ذكر الحقائق التاريخية للأدب متسلسلة.

وبموجب هذا الاتجاه يتم عرض الحقائق التاريخية متسلسلة، ومن خلالها يمكن استخلاص الصورة الواضحة من الطلبة بمساعدة المدرس. وتستخدم هذه الطريقة في دراسة الموضوعات التاريخية التي تخلو من النصوص الأدبية مثل:

دراسة عوامل النهضة الأدبية في العراق في العصر العباسي وكثيرا ما تفتقر الدراسة من هذا النوع إلى الشواهد الأدبية.

٣. الاتجاه الثالث هو الجمع بين الطريقتين السابقتين: وبموجب هذا الاتجاه يتم ذكر الحقائق التاريخية مع الإستشهاد بالنصوص وتحليلها لتوضيح طبيعة الموضوع التاريخي. وتتم بموجب هذه الطريقة دراسة الأدب على أساس الأقاليم مثل:  الأدب في العراق، أو في مصر أو غير ذلك.

فيكون البدء بذكر المراحل التاريخية التي مر بها الأدب في البلد المعني ثم الانطلاق منها إلى أساليب الشعر وفنونه وألفاظه، ثم إلى أساليب النثر وخصائصه وهكذا.

**أهداف تدريس تأريخ الأدب**

تأريخ الأدب هو نوع من أنواع الدراسات الأدبية وأهداف تدريسه لاتنأى عن الأهداف العامة التي ذكرناها ويمكن أن تحقق دراسة تاريخ الأدب ما يأتي:

١. المتعة العقلية واللذة الفنية لدى الطلبة.

٢. تنمية ذوقهم الأدبي وثقافتهم الفنية.

٣. تعويدهم البحث والتعليل للأسباب ومسبباتها واستنباط النتائج.

٤. الوقوف على الحياة الأدبية وأطوارها المختلفة.

٥. معرفة روائع الآثار الأدبية والإلمام بتأريخ أصحابها وإدراك العوامل المؤثرة في ملكاتهم.

٦. تنمية حب البحث لدى الطلبة عن الآثار الأدبية المختلفة.

٧. اتخاذ الطلبة بعضا من أعلام الأدب العربي قدوة لهم من خلال إطلاعهم على قيمهم ومثلهم.

٨. تزويد الطلبة بصورة صادقة للتطور الفكري والوجداني للأمة.

ولنجاح الدرس في تأريخ الأدب يجب على المدرس مراعاة ما يأتي:

١. اعتماد النصوص الأدبية أساسا للدراسات الأدبية، ويجب أن يكون تاريخ الأدب تابعا للأدب نابعا منه بمعنى أن الدراسة يجب أن تشدد على النصوص الأدبية أولا ومنها تستنبط الأحكام.

٢. يجب اختيار النصوص الأدبية لجمالها وتصويرها ألوان الحياة في العصر الذي تمثله.

٣. مراعاة الترتيب الزمني للعصور في دراسة تأريخ الأدب بدءا من عصر ما قبل الإسلام وصولا إلى العصر الحديث.

٤. التشديد على النوع لا على الكم في الدراسات التاريخية.

**طريقة تدريس تاريخ الأدب**

إذا كانت هناك طرائق خاصة في تدريس اللغة العربية فهي تلك الخاصة في تدريس القراءة والنصوص (المحفوظات) ومهارة الاستماع مع انها تعتمد في جوانب منها على أساليب من الطرائق العامة كالمحاضرة والمناقشة، وخاصة في خطوات التقديم، أو الشرح أو الإيضاح، أما فروع اللغة الأخرى فإن طرائقها لا تخرج عن طرائق التدريس العام أو بعض أساليبها وتأريخ الأدب والتراجم من بين الفروع التي يمكن أن تدرس بطريقة المحاضرة، أو المناقشة، أو غيرها بحسب الموضوع، ومستوى الطلبة، وإمكانيات المدرسة والمدرس، ولكن الشائع في تدريس تاريخ الأدب طريقتان هما

المحاضرة والمناقشة. وقد سبق عرضهما في الفصل الثالث مع إمكانية استخدام طرائق أخرى مثل طريقة المشروع وطريقة الوحدات.

وعلى العموم يمكن وصف خطوات درس تاريخ الأدب بالآتي:

١. التمهيد: ويسعى فيه المدرس إلى إثارة انتباه الطلبة، وحفز دافعيتهم نحو الدرس الجديد وله أكثر من أسلوب تحدثنا عنه في مواضع كثيرة من بينها، وأكثرها شيوعا التذكير بما تمت دراسته وربطه بالدرس الجديد.

٢. عرض الإطار التاريخي: وهنا يتم العرض بالمحاضرة التي تتخللها أسئلة تلفت أنظار الطلبة إلى حقائق تاريخية معينة يراد الوصول إليها. ويحبذ في هذه الخطوة الحرص على إشراك الطلبة وجعلهم أكثر إيجابية من خلال إثارة أسئلة في مواقف محددة كي يضمن فاعليتهم وانتباههم على العرض.

٣. اختيار النصوص الملائمة التي يمكن أن يحصل من خلال تحليلها على ما يريد المدرس الوصول إليه من حقائق تاريخية،وتدرس هذه النصوص بالطرائق التي مرت من حيث قراءة النص وشرحه وتحليله وتشخيص أفكاره، وما يتضمنه من حقائق تاريخية تقود إلى استنباط الحقائق العامة.

٤. استنباط الأحكام الأدبية: في ضوء تحليل كل نص يمكن أن يوجه المدرس أسئلة إلى الطلبة لمعرفة ما يمكن أن يستنبطه الطلبة من الخصائص الفنية للنص التي يمكن أن ترشد إلى طبيعة العصر الأدبي.

٥. استنباط الأحكام العامة: بعد دراسة مجموعة من النصوص الأدبية لعصر واحد يتولى المدرس والطلبة جمع الأحكام الأدبية لهذه النصوص مجتمعة في عرض موجز ويمكن الاستعانة بنصوص أخرى لعصور أخرى بقصد الموازنة.

مثال:

لو كان درسنا ((النقائض في العصر الأموي))، فيجيب أن نقوم بالآتي:

١. نختار طائفة من النصوص الشعرية في النقائض لأكثر من شاعر.

٢. نقوم بدراسة هذه النصوص وشرحها من حيث اللغة.

٣. نحلل هذه النصوص ونحدد خصائص كل نص على حدة، ونوجه أنظار الطلبة إلى تلك الخصائص الفنية التي تميز غرض النقائض.

٤. نجمع تلك الخصائص ونصوغها في أحكام عامة عن هذا الغرض وانتشاره وطبيعته وطبيعة شعرائه وخصائصه الفنية والقيم التي يشدد عليها شعراء النقائض وما تشتمل عليه القصيدة.

٥. لفت انتباه الطلبة على أسلوب شعر النقائض وما تشتمل عليه القصيدة فيه.
٦. ثم جمع الحقائق العامة وصياغتها في مقالة واضحة موجزة تعكس الحقائق التي تم الوصول غليها.
٧. ثم نوجه الطلبة إلى عدد من المصادر الخارجية للبحث فيها.

**أنموذج درس تطبيقي في تدريس تأريخ الأدب**

**الموضوع:** النقائض في العصر الأموي.

**الأهداف العامة:** ذكرناها سابقا وهي واحدة لا تتغير.

**الأهداف الخاصة:**

١. أن يذكر الطلبة مفهوم النقائض لغة.
٢. أن يعرف الطلبة مفهوم النقائض اصطلاحا.
٣. أن يبين الطلبة العوامل المؤثرة في فن النقائض في العصر الأموي.
٤. أن يتعرف الطلبة خصائص النقائض الفنية في العصر الأموي.
٥. أن يطلع الطلبة على نماذج من شعر النقائض.
٦. أن يبدي الطلبة رغبة في الإطلاع على شعر النقائض.
٧. أن يتفاعل الطلبة مع ما في النقائض من قيم وأفكار.
٨. أن يبدي الطلبة آراءهم في النقائض.

**خطوات سير الدرس:**

١. التمهيد: يبدأ المدرس درسه بالقول:

يروى عن امرئ القيس المعروف صاحب المعلقة التي مطلعها:

قفا نبكي من ذكرى حبيب ومنزل بسقط اللوى بين الدخول فحومل

انه تبارى في الشعر مع شاعر آخر أقل منه شهرة يدعى علقمة واحتكما إلى امرأة تدعى (أم جندب) لبيان أيهما أشعر من الآخر فقالت لهما: ليصف كل منكما فرسه، فقال علقمة واصفا فرسه:

فأقبل يهوى ثانية من عنانه يكر كمر الرائح المتحلب

ثم قال امرؤ القيس واصفا فرسه:

للساق أ لهوب وللسوط درة          وللزجر منه وقع أهوج متعب

فقالت لامرئ القيس: فرس ابن عبدة أجود من فرسك، قال: وبماذا ؟ قالت: سمعتك زجرت، وضربت، وحركت، فيما أدرك فرس علقمة ثانيا من عنانه. وما هذا الذي جرى بين الشاعرين إلا نوع من أنواع المعارضة، عارض بها الشاعر الأول في البحر نفسه والقافية نفسها. وما النقائض إلا حصيلة لتطور المعارضة والمفاخرة والمنافرة والمعاظمة في المصائب حتى وصلت إلى ما وصلت إليه في العصر الأموي وقبل الدخول في تحديد العوامل المؤثرة في فن النقائض في العصر الأموي وتحديد خصائصها الفنية أرى من المفيد أن أذكركم بمفهوم النقائض لغة واصطلاحا:

فالنقائض لغة: جمع نقيضة وهي مأخوذة في الأصل من نقض البناء إذا هدمه. والجبل إذا حله. وضد النقض الإبرام ويكون للبناء، والحبل، والعهد. وناقضه في الشيء مناقضة ونقاضا خالفه. والمناقضة في القول أن يتكلم بما يتناقض معناه. والمناقضة في الشعر، أن ينقض الشاعر ما قاله الآخر، حتى يجيء بغير ما قاله. والنقيضة الاسم يجمع على نقائض ولذلك قالوا: نقائض جرير والفرزدق([1]).

أما اصطلاحا: فهي أن يتجه شاعر إلى شاعر آخر بقصيدة هاجيا أو مفتخرا، فيرد الآخر عليه هاجيا أو مفاخرا ملتزما بالبحر والقافية والروي الذي اختاره الأول. وهذا يعني أن القصيدتين لا بد لهما من أن يكون موضوعهما واحدا فخرا أو رثاء أو هجاء، ولا بد لهما من وحدة البحر، ووحدة القافية، والروي، وقد يختلف الروي أحيانا.

كما ورد في قول الفرزدق:

إن الذي سمك السماء بنى لها          بيتا دعائمه أعز وأطول

فرد عليه جرير بقصيدة مطلعها:

لمن الديار كأنها لم تحلل          بين الكناس وبين طلح الأعزل

فروي الأولى ضم والثانية كسرة.

أما فيما يخص معاني النقيضين فالأصل فيها الاختلاف والمقابلة. ودرسنا اليوم حول فن النقائض في العصرالأموي لنتعرف من خلاله العوامل المؤثرة فيه.

٢. عرض الإطار التاريخي: عندما بزغ الإسلام في جزيرة العرب وقف بوجه الكثير من القيم والعادات التي تعارض قيم السماء، وما يكدر الصفاء بين الناس. ومن بين ما عارض

(١) ابن منظور، لسان العرب، مادة نقض.

المهاجاة. وقصة حبس الخليفة عمر (رض) للحطيئة مشهورة عندما هجا الزبرقان بن بدر وعلى طريقه سار الخليفة عثمان بن عفان (رض) في سجن البرجمي حتى الموت لهجائه قوما من الأنصار.

ولكن ما أن تسلم معاوية بن أبي سفيان زمام السلطان بدأ طور جديد في نظام الدولة الاسلامية، إذ أصبح يعني أنه ملك عضوض وحكم دنيوي حبس الخلافة في بيت بعينه ومن يخرج عليهم ينبغي قمعه بالوسائل كلها، لذا توارى التحرج الديني والعدالة المثالية لذلك عادت النقائض في ظل هذا العصر وسايرته حتى نهايته وبلغت في درجتها الفنية وآثارها الأدبية والاجتماعية منتهى ما بلغت في تاريخ الشعر العربي كله.

ففي عهد معاوية أخذت النقائض تجري على ألسنة الشعراء في مناسبات شتى ودليل ذلك ما دار بين هدبة بن خشرم العذري وزيادة بن زيد الذبياني فقد اصطحبا وهما مقبلان من الشام في ركب من قومهما إلى المدينة زمن معاوية وعلى المدينة يومئذ سعيد بن العاص، فكانا يتعاقبان السوق بالإبل، وكان مع هدبة أخته فاطمة فنزل زيادة فارتجز:

عوجي علينا واربعي يا فاطما     ما بين أن يرى البعير قائما

ألا ترين الدمع مني ساجما     حذار دار منك لن تلائما

إلى آخره. فغضب هدبة حين سمع زيادا يرتجز بأخته فنزل فارتجز بأخت زيادة، وكانت تدعى أم خازم:

لقد أراني والغلام الحازما     نزجي المطي ضمرا سواهما

متى تقول القلص الرواسما     يبلغن أم خازم وخازما

ولما اعتلى مقعد الخلافة يزيد بن معاوية تحركت العصبيات ففتح الباب واسعا أمام هذا الفن ليتقدم.

وما أن حل عهد عبد الملك بن مروان حتى كانت الأحزاب تامة التكوين والعصبيات القبلية على أشدها فكانت النقائض حامية الوطيس وكان جرير والفرزدق والأخطل يملؤون الحياة الأدبية بالمفاخر والأهاجي والقبائل بين ساخط وراض والنقائض تسري بين الناس فيظهر سفراء آخرون لينسجوا على منوال من سبقهم فيه فهذا كميت يقول في قصيدة:

ألا حييت عنا يا مدينا     وهل ناس تقول مسلمينا

فيرد دعبل الخزاعي عليه مذكرا بمناقب أهل اليمن قائلا:

أفيقي من ملامك يا ظعينا     كفاك اللوم مر الأربعينا

فما هي أسباب ظهور النقائض وتطورها ؟.

فيستمع إلى الطلبة ثم يقول:

يمكننا أن نوجز الأسباب بما يأتي:

أ- أسباب معيشية: وتعكس فيما كان يدور بين القبائل من صراع حول أرض الجزيرة واستغلالها وقد تبع هذا الصراع أحقاد وضغائن دفعت الأدباء إلى التعبير عنها والنيل من خصومهم.

ب- أسباب سياسية ترتب عليها خلاف في وجهات النظر والأحقية في تولي أمر المسلمين وتقريب بعض الشعراء وإبعاد بعضهم مما كان يثير الحسد والأحقاد فيعبر عنه بهذا النوع من الشعر ولعل أبرز ما يدل على هذا ما كتبه الوليد بن يزيد إلى أهل المدينة عندما خرج عليه زيد بن علي قائلا:

ألا أيها الركب المخبون بلغوا        سلامي سكان البلاد فأسمعوا

وقولوا: أتاكم أشبه الناس سنة        بوالده، فاستبشروا وتوقعوا

سيوشك الحاق بكم وزيادة        وأعطية تأتي تباعا فتشفع

ضمنت لكم إن لم تصابوا بمهجتي        بأن سماء الضر عنكم ستقلع

فقال حمزة بن بيض يرد على الوليد لأنه فعل خلاف ذلك:

وصلت سماء الضر بالضر بعدما        زعمت سماء الضر عنا ستقلع

فليت هشاما كان حيا يسوسنا        وكنا كما كنا نزجي ونطمع

ت- أسباب قبلية: فإن للعصبية القبلية دورا كبيرا في تأجيج الصراع بين الشعراء ودليل ذلك أن الأخطل تغلبي في نقائضه مع جرير وكان انتصاره لأمية أو لدارم في سبيل قومه. وكان كثير الفخر بمواقف تغلب حتى ان عبد الملك بن مروان افتخر بها وامتن لموقف الأخطل مع الأمويين على الأنصار. وكان جرير تميميا يفتخر بتميم عامة ويربوع خاصة.

والفرزدق كان لسان تميم أمام سليمان بن عبد الملك إثر مصرع قتيبة القيسي وهو الذي بسط للخليفة رداءه رهنا عن بني تميم وقال ذلك في نقيضة:

فدي لسيوف من تميم وفى بها        ردائي وجلت عن وجوه الأهاتم

شفين حزازات النفوس ولم تدع        علينا مقالا في وفاء للائم

ث- أسباب فنية: وهي ما تعكس قوة القصيدة والسعي إلى التفاضل في النظم ودليل ذلك ما جرى من الأخطل إذ بعث ابنه إلى العراق ليأتيه بخبر جرير والفرزدق فقال له ابنه: وجدت جريرا يغرف من بحر والفرزدق ينحت في صخر. فقال الأخطل: الذي يغرف من بحر أشعرهما، وقال يفضل جريرا على الفرزدق.

إني قضيت قضاء غير ذي جنف          لما سمعت ولما جاءني الخبر
إن الفرزدق قد شالت نعامته          وعضه حية من قومه ذكر

إذن هذه هي أسباب ظهور فن النقائض وتطورها. من منكم يعددها ؟ فيقوم أحد الطلبة فيقول: منها:
أسباب معيشية واقتصادية.
وأسباب سياسية.
وأسباب قبلية واجتماعية.
وأسباب فنية.

فيقول المدرس: بار ك الـلـه فيك، الآن نسأل: ما هي فنون النقائض؟ أو ما هي الفنون التي تضمنها فن النقائض؟ فيستمع إلى إجابات الطلبة ثم يعقب قائلا: إن النقائض تكاد تكون شملت أو استغلت جميع فنون الشعر العربي حينذاك من نسيب وحماسة، وفخر وهجاء، ورثاء ووصف وغيرها. لكن الفخر والهجاء كانا في النقائض العنصرين الأساسيين. ولعل تناول النقيضة فنون الشعر العربي أمر طبيعي. ذلك لأن القصيدة العربية طابعها آنذاك أن تبدأ بالغزل فجاءت النقائض فالتزمت بهذا الأسلوب من التقديم. وكانت معاني الغزل مجالا للمناقضة وهذا ما جرى بين جرير والفرزدق، إذ قال الفرزدق في قصيدة مطلعها:

تحن بزوراء المدينة ناقتي

فرد جرير ناقضا:

أتيت حدود الـلـه  مذ أنت يافع          وشبت فما ينهاك شيب اللهازم
هو الرجس بأهل المدينة فاحذروا          مداخل رجس الخبيثات عالم
لقد كان إخراج الفرزدق عنكم          طهورا لما بين المصلى وواقم

وكانت الحماسة من لوازم الفخر لأنها تعني القوة والتعالي ولاسيما عند ذكر مواقف القتال والمرور عليها والظفر بالمجد والسيادة.

والواضح ان الفرزدق امتاز بالفخر امتياز جرير بالنسيب والهجاء في النقائض. ولعل ذلك راجع إلى الخصائص الشخصية لكل من الشاعرين.

ومن الخصائص الفنية للنقائض صدق الإحساس، وشدة الـثأر، والتعبير عن مكارم الأخلاق وعلو النسب وتراث القبيلة.

٣. استنباط الأحكام الأدبية في ضوء النصوص الشعرية:

المدرس الآن: نعرض بعض المواقف التي قيل فيها شعر النقائض ونتلمس فيه بعض خصائصه ونستنبط الأحكام العامة التي تحدد النقائض. ويستمر قائلا: يروى أن عرادة بن قيس عيلان كان نديما للفرزدق وكان دعا (الراعي) عند قدومه البصرة وقدم له زادا وشرابا وبعد تناول القليل من الكأس قال عرادة: يا أبا جندل قل شعرا تفضل فيه الفرزدق على جرير، فلم يزل يزين له حتى قال:

يا صاحبي دنا الأصيل فسيرا

فلما سمع جرير لام الراعي قائلا: أنا وابن عمي هذا نستب صباح مساء وما عليك غلبة المغلوب. ولا لك غلبة الغالب. فأما أن تدعني أنا وصاحبي، وأما أن يكون وجه منك إلي أن تغلبني عليه فإني أحق منه بذلك منك لانقطاعي إلى قيس وذبي عنهم وحطبي في حبلهم، فقال له الراعي وهو من نمير القيسية: صدقت نعم، لا أبعدك من خير، ميعادك (المربد) فطلع جرير صباحا إلى المربد ببائيته المشهورة التي يقول فيها:

أقلي اللوم عاذل والعتابا　　　وقولي إن أصبت لقد أصابا

فأجابه الفرزدق بنقيضته:

أتاني أن جحش بني كليب　　　تعرض حول دجلة ثم هابا

فأولى أن يظل العبد يطفوا　　　بحيث ينازع الماء السحابا

أتاك البحر يضرب جانبيه　　　أغر ترى لجريته حبابا

ويروى أن العباس بن يزيد الكندي لما سمع قول جرير للراعي قال:

إذا غضبت عليك بنو تميم　　　حسبت الناس كلهم غضابا

قال:

ألا رغمت أنوف بني تميم　　　فساة التمر إن كانوا غضابا

لقد غضبت عليك بنو تميم　　　فما نكأت بغضبتها ذبابا

لو أطلع الغراب على تميم وما فيها من السوءات شابا

فرد جرير قائلا:

إذا جهل الشقي ولم يقدر ولبعض الأمر أوشك أن يصابا

أعبدا حل في شعبى غريبا ألؤما لا أبا لك واغترابا

ويروى أن بشر بن مروان حمل سرافة البارقي وأكرهه على هجاء جرير فقال:

إن الفرزدق برزت أعراقـه عفوا وغودر في الغبار جرير

ما كنت أول محمر قعدت به مسعاته إن اللئيم عثور

هذا قضـاء البارقـي وإنـه بالميل في ميزانكم لبصير

ثم بعث بن مروان إلى جرير رسولا وأمره أن يجيبه فقال جرير:

يا بشر حق لوجهك التبشير

بشر أبو مروان إن عاسـرته

إن الكريمة ينصر الكرم ابنها

قد كان حقك أن تقول لبارق

٤. استنباط الأحكام العامة:

الآن نقرا النصوص ونحدد في ضوئها أبرز خصائص النقائض وما تتضمنه من أغراض أو فنون شعرية.

فمن منكم يحدد أبرز خصائص النقائض؟

يقوم أحد الطلبة قائلا:

أ- إنها قصائد معارضة تعارض الثانية ما جاءت به الأولى.

ويقوم آخر فيقول:

ب- إنها تنظم على بحر واحد وقافية واحدة أي أن النقيضة تنظم على بحر المنقوضة وعلى قافيتها ورويها.

فيقوم ثالث ويقول:

ت- إنها تتضمن محتوى القصائد المتعارف عليها في زمنها. ولما كانت القصيدة العربية تستهل بالنسيب فإن النقائض تضمنت هذا الغرض وتضمنت الفخر والوصف وغيرها من أغراض الشعر العربي آنذاك.

ويقول طالب رابع:

ث- تتوقف قوة النقيضة على قوة شاعرية الشاعر وخلفيته القبلية وطبيعته النفسية ورفعة حسب الشاعر ومكانته الاجتماعية.

ثم يسأل المدرس: ما سر تطور شعر النقائض في العصر الأموي ؟ فيجيب الطالب:

إن فن النقائض له جذوره في الأدب العربي في العصر الجاهلي إذ ظهر آنذاك بفعل الصراع بين القبائل والتفاضل بين قبيلة وأخرى. وعندما جاء الإسلام كبح جماح أصحاب هذا الفن، وما أن جاء الأمويون للحكم حتى عادت القبلية والحزبية لتفعل فعلها فعاد هذا الغرض للظهور وأخذ يتطور لأنه وجد سوقا رائجة ومباراة في الشتائم بين الشعراء. ثم يسأل: هل من يجمل أسباب تطور النقائض؟ فيقوم طالب آخر فيقول:

إن أسباب نشأة هذا الفن وتطوره متعددة منها:

١. أسباب اقتصادية وصراع قبلي.

٢. أسباب اجتماعية.

٣. أسباب سياسية.

٤. أسباب فنية ومباراة بين الشعراء.

ثم يقوم المدرس بكتابة هذه الإجابات في صورة خلاصة على السبورة. ويطلب الاطلاع على ديوان جرير الفروق.

**تدريس التراجم الأدبية**

التراجم: هي دراسة علم من أعلام الأدب دراسة مفصلة. وتعد هذه الدراسة من أمتع الدراسات الأدبية وأشدها تأثيرا في نفوس الدارسين. وان الحياة الأدبية في أي عصر من العصور لا يمكن تصويرها تصويرا دقيقا إلا إذا اتصلت بأعلام الأدب في هذا العصر. وتندرج تحت تراجم الأدباء دراسة شخصية الأديب، ومواهبه العقلية، والفنية وحالاته النفسية، ومعرفة العوامل المؤثرة في فنه، ودراسة إنتاجه دراسة تحليلية. والترجمة الأدبية لشاعر أو أديب لا تتوقف على وصف شعره وأدبه أو خطبه، إنما يجب أن تتضمن وصف بيئته من جميع نواحيها وكذلك نسبه ونشأته لما لذلك من أثر في أدبه.

فالأديب في بيئة راقية له مسلك في معانيه وأخيلته غير مسلك الذي عاش بين السوقة من الناس. وأدب الشريف المرفه غير أدب الوضيع البائس، وأدب الحاضرة ليس كأدب البادية. لذا فإن الاقتصار في دراسة الأديب على أدبه وحده قد لا يعطي الصورة الحقيقية للأديب، ولهذا ينبغي البحث عن العوامل والظروف التي أحاطت به. والترجمة الأدبية تشتمل على أمرين أساسيين هما:

١. حياة الأديب.

٢. أدبه.

والترتيب الطبيعي في دراسة التراجم أن يتم البدء بحياة الأديب، ثم الإنتقال بعد ذلك إلى أدبه. غير أن هناك من يفضل البدء بدراسة نتاج الأديب وتحليله وتحديد خصائصه. وفي ضوء ذلك يتم فهم حياة الأديب، و هذا يتطلب عرضا لمجمل نتاج الأديب الأدبي ودراسته وتحليله كي نستطيع من خلاله تحديد معالم حياته. لذا فمع ما لهذا الاتجاه من أهمية فإنه يعد غير عملي في المدارس المتوسطة والثانوية، لذا يفضل في مثل هذه المراحل البدء بدراسة حياة الأديب أولا على أن يراعى في أسلوب عرض حياة الأديب ما يأتي:

١. محاولة أن يكون العرض بأسلوب قصصي لأن الإنسان بطبيعته ميال لهذا الأسلوب والتنبه عليه.

٢. وصف البيئة الاجتماعية والطبيعية للأديب ومدى تفاعله معها.

٣. تقديم إيجاز عن رحلاته وأسفاره لما لذلك من أثر في نتاجه الأدبي.

٤. وصف صلاته بمعاصريه ومدى تأثره بهم وتأثيره فيهم.

٥. من المفضل في جميع ما ذكر عرض بعض من أقواله الأدبية تعزيزا لذلك التقديم والوصف والعرض.

ثم بعد ذلك تنتقل إلى أدب الأديب. وهنا يجب أن يؤسس العرض على النصوص الأدبية للأديب، فيتم عرض نماذج منها، ودراستها وتحليلها واستنباط الأحكام العامة منها، أو ما نريد الوصول إليه مثل خلفية الأديب وخصائص أدبه واتجاهاته الفكرية والأدبية،ومدى توافقه مع أدب عصره.

وفي ضوء تحليل النص، واستنباط الحقائق، والخصائص في كل نص يطلب من الطلبة جمع الأحكام العامة التي تم استنباطها من النصوص المختلفة وصوغها في مقالة موجزة واضحة. وقد يطلب المدرس كتابة تقرير عن الأديب أو عن ناحية من نواحي أدبه.

وينبغي أن يراعي المدرس فيما يقدم للطلبة من تراجم أن تكون مناسبة لقدراتهم ومواهبهم من دون إغراق ممل ولا اقتضاب مخل، وأن يجعل نتاج الأديب المحور الذي تقوم عليه الترجمة فيختار أكبر قدر ممكن مما ابتدعته قريحة الأديب فيدرسه دراسة تفصيلية ملائمة.

وتحقيقا لما تقدم يجب أن تشتمل الترجمة على ما يأتي:

١. حياة الأديب ونشأته مع التشديد على العوامل التي كان لها أثر في أدبه.

٢. ثقافته ورحلاته التي أثرت في أدبه.

٣. صلاته بمعاصريه.

٤. العوامل الخاصة التي أثرت في توجهاته.

٥. خصائص أدبه الفكرية والفنية.

أهمية التراجم الأدبية والغاية من دراستها:

١. تعريف الطلاب بحياة الأدباء ونتاجهم الأدبي.

٢. تدريبهم على أساليب النقد الفني.

٣. توسيع ثقافتهم اللغوية.

٤. معرفة العوامل التي تؤثر في الأدب والأدباء.

٥. إثارة رغبة الطلبة في قراءة المراجع الأدبية.


طريقة تدريس التراجم:

١. التمهيد: ويكون بطريقة تحقق الانتباه لدى الطلبة والرغبة في تلقي المعلومات ودراسة النصوص. ولها أساليب يمكن الرجوع إليها في دروس سابقة. وقد تكون عن طريق أسئلة عامة توجه إلى الطلبة تتناول:

أ- الأحوال السياسية والاجتماعية في العصر الذي عاش فيه الأديب.

ب- بيئة الأديب والطبيعة التي نشأ فيها.

٢. وصف الحالة السياسية والاجتماعية والبيئة إجابة للأسئلة التي وجهها في خطوة التقديم والتشديد على ما له تأثير في حياة الأديب ونتاجه الأدبي.

٣. تقديم عرض موجز يعرف فيه المدرس بالأديب ومولده ونسبه ونشأته وصلاته برجالات عصره.

٤. عرض النصوص التي تم اختيارها للأديب ثم قراءتها وشرح تراكيبها وتحليلها، والوقوف على ما فيها من أفكار، وحقائق وصور فنية، وصدق عاطفة.

٥. استنباط الخصائص العامة التي يمكن استنتاجها من خلال النصوص التي تم تحليلها على أن يشترك الطلبة في ذلك بحيث يحدد ما اتسم به الأديب من خصائص وسمات.

٦. تدوين ملخص على السبورة تعرض فيه تلك الحقائق التي تم استنباطها مرتبة بعد أن اهتدى إليها الطلاب أنفسهم.

٧. إمكانية عقد موازنة بين أديب وآخر في نصين لهما في موضوع واحد للوقوف على ما يميز كلا منهما وإمكانية ترجيح أحدهما على الآخر أو الموازنة بين نصين لأديب واحد قالهما في فترات متفاوتة في حياته.

**أنموذج درس تطبيقي في تدريس التراجم الأدبية**

الموضوع: الشاعر معروف الرصافي

الأهداف العامة: إن الأهداف العامة لدراسة التراجم الأدبية لا تنأى عن الأهداف العامة لدراسة الأدب مع التشديد على ما يأتي:

١. تعريف الطلبة بحياة الأدباء ونتاجهم الأدبي.

٢. توسيع ثقافتهم الأدبية واللغوية.

٣. تدريب الطلبة على أساليب النقد اللغوي.

٤. تعريف الطلبة العوامل التي تؤثر في الأدباء وأدبهم.

٥. حفز الطلبة على قراءة المراجع الأدبية.

٦. تمكين بعض الطلبة من اتخاذ بعض الأدباء قدوة لهم في نتاجهم الأدبي.

الأهداف الخاصة:

١. أن يتعرف الطلبة معروف الرصافي.

٢. أن يطلع الطلبة على الحياة السياسية والاجتماعية في عصر الرصافي.

٣. أن يصف الطلبة حياة الرصافي.

٤. أن يبدي الطلبة رغبة في دراسة أدب الرصافي.

٥. أن يحدد الطلبة العوامل المؤثرة في شعر الرصافي.

٦. أن يحلل الطلبة بعضا من شعر الرصافي.

٧. أن يحدد الطلبة بعض السمات الشخصية للرصافي في ضوء شعره.

خطوات سير الدرس:

١. التمهيد:

نحن نعرف أن العراق وقع تحت تأثير الاحتلال البريطاني اثر الحرب العالمية الأولى التي وقعت في العقد الثاني من القرن العشرين. وقد عمد البريطانيون إلى تشكيل حكومة غالبا ما اتصفت

بالتبعية والولاء للبريطانيين. وقد جيء بملك من الأسرة الهاشمية المعروفة ليتوج ملكا على عرش العراق واستمر الحال حتى بداية العقد الرابع من القرن الماضي فنال العراق استقلالا شبه تام مع بقاء سياسته تدور في دائرة الإنكليز حتى يوم ١٤ من شهر تموز سنة ١٩٥٨ يوم قام بعض الضباط الوطنيين يقودهم عبد الكريم قاسم بانقلاب عسكري أسقط النظام الملكي وأقام النظام الجمهوري. في هذه الحقبة الزمنية من تأريخ العراق عرف العراق شاعرا وطنيا كبيرا كان صوته يصدح في ميدان السياسة والمجتمع، إنه الشاعر معروف الرصافي. فمن هو معروف الرصافي ؟ ومتى ولد ؟ وأين عاش ؟ وماذا عمل ؟ وما هي سماته الشخصية ؟ وما سمات شعره ؟ هذا ما سنطلع عليه في درسنا اليوم تحت عنوان الشاعر معروف الرصافي. ويكتب العنوان على السبورة.

٢. الحالة السياسية والاجتماعية في عصره:

انتقل العراق من نير الاحتلال العثماني إلى نير الاحتلال البريطاني، وكان الفقر مدقعا والبؤس سائدا، وعندما جاء الإنكليز اعتمدوا على الإقطاع في توطيد سيطرتهم على البلاد فدعموا الإقطاع وبسطوا سيطرته على الفقراء فصار سواد الناس يكدون ويكدحون وثمار عرقهم تذهب منسابة إلى جيوب الإقطاعيين. وإضعافا للمد القومي عمد الاستعمار إثر الحرب العالمية الأولى إلى تجزئة الوطن العربي إلى دول وأقطار تقاسمها المستعمرون فصار كل قطر تحت سيطرة دولة من دول الاستعمار، ومع كل هذا فلم يفقد العراقيون إحساسهم بوطنيتهم وانتمائهم لأمتهم العربية فظهرت بينهم أصوات تصدح بالعروبة والوطنية وتؤجج في النفوس الغضب بوجه المحتل وسياساته. ومن بين الأصوات الناقدة للوضع السياسي الشاعر الوطني المعروف معروف الرصافي.

٣. نبذة عن حياة الشاعر معروف الرصافي: هو معروف عبد الغني الرصافي نسبة إلى الرصافة في مدينة بغداد.ولد عام ١٨٧٥ م يوم كان العراق محتلا من العثمانيين، وكان على عرش السلطنة العثمانية آنذاك السلطان عبد العزيز الذي حكم من عام ١٨٦١ حتى عام ١٨٧٦ إذ تم خلعه وحل محله مراد الخامس ثم السلطان عبد الحميد الثاني الذي حكم حتى عام ١٩٠٩ واتسم حكم الأخير بالعدل.

ينتمي الرصافي إلى عشيرة الجبارة التي كانت تنتشر في كركوك في العراق. كان والده عسكريا في الجيش العثماني. وتولت والدته فاطمة وهي من أسرة عربية أمر رعايته لغياب والده في أكثر الأحيان بحكم مهنته. دخل المدرسة الابتدائية وتعلم فيها العربية وحفظ القرآن. ثم التحق بالمدرسة الرشيدية العسكرية التي كانت تعد بمستوى المتوسطة. ويقال انه رسب فيها وكانت اللغة التركية تحتل مكانة متقدمة في التعليم في هذه المدرسة.

ثم ترك هذه المدرسة ودرس الدين على يد محمود شكري الآلوسي صاحب كتاب ( نهاية

الأرب في أحوال العرب) وكان للأخير وكل من الشيخ عباس القصاب وقاسم القيسي وغيرهم الأثر الكبير في نبوغ الرصافي وإلمامه باللغة العربية والبيان العربي زيادة على العلوم الدينية والفقهية. وقد أحب التراث العربي وأعجب به وتزعم الحركة التي تدعو إلى تمجيد التراث العربي والقيم العربية.

عين معلما في المدرسة الرشيدية الابتدائية التابعة إلى لواء بغداد في حينها ثم التحق بمدرسة مندلي التابعة إلى لواء ديالى. ثم التحق بالتدريس في إحدى المدارس الثانوية لتدريس الأدب العربي وبقي حتى عام ١٩٠٨ حيث تم إعلان الدستور. وحتى ذلك الوقت كان مظهره مطبوعا بالطابع الديني، إذ كان يرتدي العمامة والجبة. وكان قد ذاعت شهرته في البلاد العربية من خلال قصائده التي كانت تنشر في مجلات عربية متعددة،وكثيرا ما كانت قصائده تندد بسياسيات السلطان العثماني عبد الحميد الثاني.

عند إعلان الدستور رحل من بغداد إلى الاستانة ليعمل محررا لجريدة (إقدام) التركية. وهناك أصدر جريدة عربية باسم (سبيل الرشاد) غير أنه لم ينجح في نشرها فعاد إلى بغداد بعد ستة أشهر عاد بعدها من جديد إلى الاستانة وعمل في التعليم في المدرسة الملكية والمدرسة العالية، ومدرسة الواعظين التابعة لوزارة الأوقاف. وقد تزوج هناك من امرأة تركية وأنجب منها أولادا لم يبق أحد منهم على قيد الحياة.

في عام ١٩١٠ ذهب إلى بيروت وطبع الجزء الأول من ديوانه الشعري، وأفاد من مردوده المالي. ثم رجع إلى العراق فعين نائبا في ما يسمى (بمجلس المبعوثان) عن لواء المنتفك جنوب العراق. وفي عام ١٩١٨ بعد انتهاء الحرب العالمية الأولى سافر إلى دمشق ثم إلى القدس فدرس الأدب العربي في دار المعلمين فيها.

في عام ١٩٢١ دعته الحكومة العراقية ليعمل في وزارة المعارف بوظيفة رئيس لجنة الترجمة والتأليف، ثم منها إلى التفتيش، ثم سافر إلى الاستانة ليبقى فيها أكثر من ستة شهور فيعود إلى بغداد ليصدر جريدة (الأمل) السياسية بالاشتراك مع إبراهيم حلمي في عهد صديقه رئيس الوزراء عبد الرحمن السعدون. في عام ١٩٢٤ عمل مفتشا للغة العربية. وفي عام ١٩٢٧ عمل أستاذا للأدب العربي في دار المعلمين. وترك العمل الوظيفي عام ١٩٢٨م.

انتخب الرصافي في مجلس النواب خمس مرات، الأولى عن العمارة والثانية عن بغداد [1]

(١) عايد توفيق الهاشمي، الوجيز في الأدب العربي والمعاصر وتاريخه، مؤسسة الرسالة، بيروت، ص

والثلاث الأخرى عن لواء الدليم. في عام ١٩٣٠ كان نائبا في مجلس النواب وقد عارض بشدة المعاهدة العراقية الإنكليزية. أمضى السنوات الأخيرة من عمره مناهضا بارزا للاحتلال الإنكليزي. وكان من المؤيدين لثورة الكيلاني وعندما فشلت هذه الثورة اعتكف الرصافي في منزله في حي الأعظمية ومر بضائقة مالية أدت به إلى أن ينفق عليه أحد الأثرياء في بغداد حتى توفي في ١٦ آذار ١٩٤٥. (1)

وفي ضوء هذه المقدمة عن حياته، ما هي أبرز ملامح شخصيته؟

يستمع إلى إجابات الطلبة ثم يقول:

أ- يتسم بالطموح إذ انعكس ذلك من خلال كثرة ترحاله وتنقله بين وظائف شتى.

ب- زيادة ثقافته، وإنه كان صاحب رسالة والدليل على ذلك رغبته في إصدار أكثر من جريدة.

ت- سعة إطلاعه وثقافته من خلال ما تلقاه من دعوات من جهات مختلفة للعمل.

ث- رفضه الواقع المر الذي كان يعيشه بلده وأهله ورفض الخضوع للمحتل.

٤. عرض النصوص الشعرية وتحديد ملامح شخصيته من خلالها: بعد أن عرضنا موجزا عن حياة الشاعر معروف عبد الغني الرصافي وأبرز ما يمكن تأشيره من خلالها حول السمات الشخصية لهذا الشاعر الكبير، الآن نعرض بعضا من نصوصه لنراه من خلالها لأنها تصوره بشكل أكثر وضوحا وصدقا.

النص الأول: ويقول فيه الشاعر:

من أين، من أين أين ابتدائي

ثم إلـى أين يـا انتهـائي

أمـن فنـاء إلـى وجود
ومـن وجـود إلـى فناء

أم مـن وجود إلى اختفاء
إلى وجـود بـلا اختفاء

(١) عايد توفيق الهاشمي، الوجيز في الأدب العربي والمعاصر وتاريخه، مؤسسة الرسالة، بيروت، ص٦٥.

نشرب ماء الظنون عبا

فلم نعد منه بارتواء

الآن اقرؤوا الأبيات. ماذا تشمون فيها؟ فيستمع إلى إجابات الطلبة ثم يعقب فيقول:

لا شك ان النص يعكس حيرة الشاعر وتيهه في التفكير في سر الوجود وكأنه لم يقتنع بالوجود والبعث على وفق ما احتوته كتب الدين. وفي ضوء هذا نستنتج انه ليس رجل دين سلفي، بل هو مسلم متمرد يدعوا إلى إعمال الفكر في كل شيء، ويريد من الإنسان أن يتحرر تفكيره من كل قيود. وهذه الصفة الأولى من صفاته:

النص الثاني: يقول الشاعر في المرأة:

لم أر بين الناس ذا مظلمة      أحق بالرحمة من مسلمة

منقوصة حتى بميراثها      محجوبة عن المكرمة

قد جعلوا الجهل صوانا لها      من كل ما يدعو إلى المأثمة

اقرؤوا النص وتلمسوا ما فيه من فكرة. ثم يقول: ماذا فهمتم من النص؟ ثم يستمع إلى إجابات الطلبة، ويعقب عليها فيقول: في هذا النص ينحاز الشاعر إلى المرأة والدعوة إلى تحريرها من القيود بما فيها القيود الشرعية، فهو يصفها بأنها ظلمت حتى بالميراث، والتعليم وهذا ما يشير مجددا إلى تمرده على بعض القيم الإجتماعية والتشريعات الدينية.

النص الثالث: يقول الشاعر فيه:

قد انقلب الزمان بنا فأمست      بغاث الطير تحتقر النسورا

وكم من فأرة عمياء أمست      تسمى عندنا أسدا هصورا

فكيف تروم في الأوطان عزا      وقد ساءت بساكنها مصيرا

الآن اقرؤوا النص. ماذا تلحظون فيه. وبعد إجابات الطلبة والتعقيب عليها يقول:

إن الشاعر هنا يبدو ناقدا ما آل إليه الناس والقيم، إذ تبدلت القيم، وتعارضت فانقلبت فتغيرت المفاهيم حتى صار الجبان يستأسد على الشجاع، وصار نيل العز بالوطن محالا لما يلحق بالفرد في وطنه من أسى وذل. ومن هنا نستطيع أن نصفه بالاجتماعية فهو يحمل هموم مجتمعه ومآسي وطنه.

النص الرابع: يقول فيه الشاعر:

وكم عند الحكومة من رجال | تراهم سادة وهم العبيد
كلاب للأجانب هم ولكن | على أبناء جلدتهم أسود

* * *

أما والله لو كنا قرودا | لما رضيت قرابتنا القرود

* * *

هذه حكومتنا وكل شموخها | كذب وكل صنيعها متكلف
غشت مظاهرها وموه وجهها | فجميع ما فيها تهارج زيف
وجهات فيها باطن متستر | للأجنبي، وظاهر، متكشف
والباطن المستور فيه تحكم | والظاهر المكشوف فيه تصلف

* * *

علم ودستور ومجلس أمة | كل عن المعنى الصحيح محرف
أسماء ليس لنا سوى ألفاظها | أما معانيها فليست تعرف
كثرت دوائرها وقل فعالها | كالطبل يكبر وهو خال أجوف

الآن اقرؤوا النص ولاحظوا ما فيه من أفكار. ثم يسأل الطلبة عما تضمن النص من أفكار، ويعقب على إجابتهم، ثم يقول:

لاحظوا كيف يؤشر الشاعر بلسان حده حد سيف بتار مثالب الحكومة، فيصف رجال الدولة بالعبيد لتبعيتهم للأجنبي، ولا يتردد في وصفهم بالكلاب التي تهز الذيول لأصحابها كي تحصل على لقمة من زاد، غير أنهم على أبناء وطنهم وأهلهم كالأسود. ثم يمضي واصفا ما تبدو عليه الحكومة بالكذب والرياء، والتصنع والتكلف مما لا ينم عن جوهر صادق.

ويمضي فيقول: إن هذه الحكومة لمعت غشا وكذبا، وموه وجهها لتبدو وطنية غير أن كل ما فيها مزيف.

ويمضي بوصفها فيقول: إن هذه الحكومة فيها باطن مستور، وهو موالاة الأجنبي وظاهر مكشوف، وما هو ظاهر منها ليس بأحسن حال من باطنها. ثم يبلغ الذروة في وصف الحكومة المنصبة فيقول: أنت ترى لها علما ومجلس نواب، ودستورا، ولكنها كلها عبارات جوفاء لا تدل على معانيها، بل راحت تنحرف عن تلك المعاني، فباتت ألفاظا من دون معان، فهي ذات تشكيلات ودوائر كبيرة. غير أنها فارغة جوفاء. فهي كالطبل له صوت ضخم لكنه أجوف. وفي ضوء ما تقدم يمكننا أن نقول:

إن الشاعر كان سياسيا مناهضا لا يرضى بضيم، ويشكل الشعر السياسي غرضا بارزا من أغراض ديوانه. ثم يقول: لنقرأ النص الخامس:

| | |
|---|---|
| سر في حياتك سير نابه | ولم الزمـان ولا تحابه |
| وإذا حللـت بموطـن | فاجعل محلـك في هضابه |
| ورم العلـاء مخاطـرا | فيما تحاول من لبابه |
| واختر لنفسـك منزلا | تهفو النجـوم إلى قبابه |

اقرؤوا النص وتلمسوا الفكرة التي يدعو إليها الشاعر، فما هي ؟ يستمع إلى إجابات الطلبة،ويعقب عليها قائلا: يبدو ان الشاعر في هذه الأبيات كان متطلعا إلى العلا ويدعو إلى النأي بالنفس عن الإسفاف. فهو يدعو في البيت الأول إلى استخدام العقل والنباهة للتعامل مع أحداث الزمان، وعدم المحاباة ومسايرة اللئام، ومجاراة السفهاء. ويدعو في البيت الثاني إلى معاشرة أعالي القوم خلقا، ومواطنتهم، ويدعو إلى ابتغاء المعالي والمخاطرة من أجلها. ويدعو إلى أن يبحث الإنسان لنفسه عن مكان تبتغيه المعالي، وتنشد إليه المثل العليا، والقيم الفاضلة. وما نؤشره لشاعرنا هنا تشديده على حسن الأخلاق، ورفعتها، والابتعاد عن سفاسف الأمور، والمحاباة ومجاراة اللئام.

النص السادس: ويقول الشاعر فيه:

| | |
|---|---|
| يا قوم لا تتكلمـوا | إن الكلـام محـرم |
| ناموا ولا تستيقظوا | ما فـاز إلا النـوم |
| وإذا ظلمتم فاضحكوا | طـربا ولا تتظلمـوا |
| وإذا أهنتم فاشـكروا | وإذا لطـمتم فابسموا |
| إن قيل: هذا شهدكم | مر، فقولـوا: علقم |
| أو قيل: إن نهاركـم | ليل، فقولـوا مظلم |
| أو قيل: إن بلادكـم | يا قوم سـوف تقسم |
| فتحمدوا، وتشكروا | وترنحـوا وترنمـوا |

الآن اقرؤوا النص ولاحظوا فكرته. ما هي ؟:

فيستمع إلى إجابات الطلبة ويعقب عليها قائلا: إن الشاعرهنا يصف سياسة الحكومة

والمحتلين. فهم لا يريدون المواطن يتكلم والكلام بغير مدح الحكومة حرام. فهم يريدون شعبا نائما من دون إستيقاظ لأن الفوز في ظل هذه الحكومة مع النائمين. ولا يكتفي بهذا في وصفه الحكومة. إنما يقول: إن الحكومة تريد منكم عندما تظلمكم أن تضحكوا ولا تتظلموا. وإذا ما نالتكم إهانة منها فاشكروا لها ذلك، وإذا لطمتم على وجوهكم فتبسموا. ولم يكتف بهذا في وصفه ما تريده الحكومة بل يمضي فيقول: تريد منكم أن تصدقوا ما تقول، فإذا قالت: عسلكم مر، قولوا: نعم بل علقم في مرارته. وإذا ما قالت: نهاركم هذا ليل قولوا: بل دامس مظلم. والأفضع من ذلك كله أنها تريد إذا قالت لكم: إن بلادكم سوف تقسم فاحمدوا الـلـه واشكروا الحكومة على تقسيمها، وتغنوا لهذا الإجراء، وترنحوا. فلاحظوا هذه المواجهة وهذا الإيقاظ وهذا التثوير، وهذا الذي يبثه الشاعر بين المواطنين، على ما تريده الحكومة، وتبيان حقيقتها. مما يدل على وطنيته ونفسه الرافضة للمهانة.

٥. استنباط الخصائص العامة.

الآن بعد أن عرضنا حياة الشاعر، وبعضا من نصوصه الشعرية، فما هي أبرز السمات الشخصية، والأدبية للشاعر معروف الرصافي ؟ فيستمع إلى إجابات الطلبة ويناقشهم ثم يعقب قائلا: يمكننا أن نحدد ما يأتي:

أ- إن الشاعر كان يتمتع بثقافة عالية، وإلمام كبير بالعربية.

ب- إنه كان شاعرا اجتماعيا من خلال معالجته موضوعات اجتماعية.

ت- إنه كان ذا حس وطني عال.

ث- كان جريئا في التصدي لظلم المحتل، والحكومة التي نصبها.

ج- كان شاعرا متحررا يدعو إلى الحرية.

ح- كان مناصرا للمرأة، وداعيا إلى تحريرها.

خ- كان طموحا ينشد في الإنسان بلوغ المعالي.

د- اتسم شعره بالسلاسة وعذوبة التركيب.

ذ- كان ذا شاعرية عالية، وعاطفة صادقة بعيدة عن التكلف.

ثم يكتب هذه الملاحظات على السبورة. ويسأل بعد ذلك:

أ- ما رأيكم في شخصية الشاعر معروف الرصافي وشاعريته؟

ب- ما الذي أعجبكم في هذا الشاعر ؟

ت- أية صفة مما يأتي أكثر لياقة بالشاعر ؟ ولماذا ؟

الرصافي شاعر الوطن.

الرصافي شاعر المجتمع.

الرصافي شاعر السياسة.

الرصافي الشاعر الثائر.

٦. الواجب البيتي. حفظ النصوص السياسية التي وردت للشاعر مع إجراء موازنة بينه وبين الجواهري في معالجة هموم الوطن.


## ثانيا: تدريس البلاغة

قلنا في الحديث عن الأدب انه الفكرة الجميلة في العبارة الجميلة التي تحدث في السامع أثرا، ومتعة وانفعالا. وسبيل الأديب إلى إحداث هذا الأثر هو إحاطته بفن البلاغة وعلومها. فالبلاغة سبيل الكاتب والمتحدث إلى بناء الكلام المؤثر. فهي مرتبطة بالأدب، وفي الأدب تظهر منزلتها الرفيعة في ضوء ما تؤديه من فاعلية في نفس السامع أو القارئ. فبالبلاغة يبلغ المعنى قلب السامع، ويتمكن من نفسه ويصل غايته. وقد عرفت البلاغة بأنها مطابقة الكلام لمقتضى الحال، والمقصود بالحال هو حال السامع أو القاريء. فقد يكون الكلام عند زيد في موقف معين بليغا، ولا يكون عند عمرو كذلك.

فالبلاغة بعلومها تحدد القوانين التي تحكم الأدب، وتوجب على الأديب الإحاطة بها، وتنظيم أفكاره والتعبير عنها بموجبها. وقد عني بالبلاغة بقصد الإرشاد إلى الإصابة في القول. ويقال في اللغة بلغ الشيء، يبلغ بلوغا، وبلاغا إذا وصل وانتهى إلى غايته، والأمر البالغ هو الأمر الذي وصل إلى غايته وكان نافذا.

فالبلاغة هي بلوغ الشيء منتهاه، وهي إصابة المعنى المراد، وإدراك الغرض بألفاظ سهلة عذبه سالمة من التكلف. والبلاغة تنمي الذوق وترهف الإحساس. والتمكن منها مهم للأديب والمتلقي. فإذا تسلح بها الأديب تمكن من جعل لغته قادرة على إحداث الأثر المطلوب في ذهن المتلقي. أما المتلقي أو القاريء فلابد له من إدراك وسائل الأديب في التعبير الأدبي كي يستطيع التفاعل مع النص الأدبي. والبلاغة كفيلة بذلك.

والعلاقة بين الأدب والبلاغة علاقة تلازم وتكامل فالأدب ينهل من البلاغة والبلاغة مبثوثة بين ثنايا الأدب. فلا أدب من دون جمال، ولا جمال من دون بلاغة. فالبلاغة فن يتصل بالأدب اتصالا وثيقا.

وإدراك هذا الفن يقوم على أساس التذوق الأدبي. وهي بذلك وسيلة الأدب في تحقيق أسمى غاياته وهي تنمية الذوق الأدبي، وصقله وتهذيبه. وفي ضوء هذه الصفة للبلاغة لا يجوز دراستها كعلم يقوم على تعليلات فلسفية منفصلة عن غاياتها. وإنما يجب أن تكون دراستها جزءا متصلا بالدراسة الأدبية، فالغاية إذا من دراسة البلاغة هي إدراك ما في الأدب من معان وأفكار سامية وتذوق ما فيه من جمال وخيال مجنح، وعواطف جياشة. وفي الوقت نفسه فإن الأدب لا يمكن أن يقوم إلا على أساس البلاغة. وان علم البلاغة لم يقم إلا بالوقوف على ما في الأدب من جمال.

ولكي يجعل الأديب لغته قادرة على التأثير والإقناع لا بد له من الاستعانة بالبلاغة والإفادة من علومها المختلفة: المعاني، والبيان، والبديع. ولكي يتذوق القاريء العمل الأدبي ويتحسس كل ما أراد الأديب نقله إليه من عواطف وأفكار لا بد له من معرفة الوسائل التي أتاحت للأديب ذلك. وهكذا فإن البلاغة تزود القاريء بمعرفة الوسائل التي يستعين بها الأديب في تعبيره عن أفكاره وتساعده على أن يتذوق العمل الأدبي.

**الأسس التي يجب على المدرس تبنيها في تدريس البلاغة:**

هناك عدد من الأسس التي يجب على مدرس البلاغة أخذها بنظر الاعتبار عند تدريس البلاغة هي:

١. أن يدرك أن البلاغة ترتبط بالأدب ارتباطا وثيقا وأنها تتأسس على الذوق الأدبي، والإحساس، وهي وسيلة الأدب في تحقيق غاياته في إنماء التذوق الأدبي، وصقل اللسان، والبراعة في صوغ التراكيب اللغوية. وفي ضوء هذا الأساس يجب أن تتم معالجة الموضوعات البلاغية من خلال النصوص الأدبية ومناقشتها مناقشة أدبية بقصد إبراز مواطن الجمال فيها.

٢. البلاغة ليست حصرا على الكلام المصنوع فقد نجد بعض تطبيقاتها في اللغة اليومية التي يتخاطب بها الناس. فقد نجد البعض يستخدم التشبيه في كلامه من دون معرفته بقواعد التشبيه وأركانه. ونستنتج من ذلك أن البلاغة يمكن أن تكتسب من المحاكاة. وما دامت بعض الصيغ البلاغية متداولة بين الناس فيستطيع المدرس الاستفادة منها واعتبارها مدخلا لدرس البلاغة. فمثلا هناك أمثال شعبيه مثل: ( ترمي الإبرة تسمع صوتها) أليس هذا كناية عن الهدوء ؟. و (فلان قمر) أليس هذا تشبيه.  و(فلان أسد). تشبيه أيضا وقولهم: ( آذار أبو الهزاهز والأمطار ) أليس في هذا المثل سجع. وهكذا فإن الحصيلة اللغوية للمتعلمين مليئة بأمثلة مكتسبة من البيئة يمكن أن تكون مداخل لدروس عديدة في البلاغة.

٣. البلاغة وسيلة للمفاضلة بين النصوص، وتقوم على أساس تحليل النصوص والموازنة والمفاضلة بينها، ونقدها وتذوق ما فيها. وعلى هذا الأساس يجب أن يضع المدرس نصب عينه عنصر الموازنة وإصدار الأحكام على النصوص الأدبية في ضوء معايير البلاغة.

٤. إن التمكن من البلاغة لا يترشح في الذهن إلا من خلال الإطلاع على الأسلوب العربي الجميل، والتمكن من إصدار الأحكام في ضوء فهم ما يشتمل عليه النص الأدبي من مهارات ثم التدريب على إنشاء الكلام الجميل المؤثر الموشح بكل عناصر الجمال، والذوق الرفيع.

٥. أن يتجه المدرس في أغلب ما يقدم من نصوص إلى القرآن الكريم لما يتضمن من أسرار وسحر في دقة التعبير وجمال المعنى.


## أهداف تدريس البلاغة

يهدف تدريس البلاغة إلى ما يأتي:

١. إظهار جوانب الجمال في النص الأدبي ومعرفة أسرارها..

٢. تذوق الأدب وفهمه، ومعرفة الخصائص الفنية للنص الأدبي

٣. تدريب الطلبة على محاكاة الأنماط البلاغية التي تثير إعجابهم

٤. تمكين الطلبة من استخدام اللغة استخداما يمكنهم من تحقيق غاياتهم.

٥. تهيئة الطلبة لتعرف سر الإعجاز القرآني.

٦. تنمية الذوق الفني لدى الطلبة، وتمكينهم من الاستمتاع بما يقرؤون.

٧. تمكين الطلبة من الاستفادة من علوم البلاغة في تحقيق الفهم والإفهام، والتأثر والتأثير.

٨. تمكين الطلبة من المفاضلة بين النصوص الأدبية وبين الأدباء أيضا.


## خطوات تدريس البلاغة

لما كان درس البلاغة يجمع بين الأدب والبلاغة من خلال ارتباط البلاغة بالنص الأدبي فإن طريقة تدريسه لا تبتعد كثيرا عما يطلق عليه بطريقة النص في تدريس القواعد. وطريقة النص ما هي إلا شكل من أشكال الاستقراء أو القياس بحسب نهج المدرس فيها، مع شيء من الزيادة وهو عرض النص، وأخذ الأمثلة اللازمة منه. فالبلاغة تدرس بالاستقراء أو بالقياس مع الاستعانة ببعض أساليب المحاضرة والمناقشة في ذلك وعلى العموم فإن درس البلاغة يمر كغيره بمرحلتين:

**مرحلة إعداد الدرس:**

وفيها يتم اختيار النص الأدبي الذي يتضمن الأمثلة اللازمة لتغطية جزئيات القاعدة البلاغية مع توفر عوامل الجمال والسلاسة، وحسن التركيب، وصدق العاطفة. وكل ما من شأنه شد الطلبة إليه.

ويقوم المدرس بدراسة النص دراسة تحليلية ناقدة محددا الأمثلة التي يمكن الاستعانة بها. ويحدد الأسئلة التي يلفت بها أنظار الطلبة إلى تلك الأمثلة، وخصائصها وما له صلة بها.

كذلك يحدد أسئلة بها يطالب الطلبة الإتيان بأمثلة تتضمن جزئيات القاعدة، من تلك المتداولة في الحياة اليومية. ولا بأس من أن يبدأ هو بعرض أمثلة لحث الطلبة على تقديم أمثلة على غرارها، وذلك كي لا يشعر الطلبة بغرابة الدرس عن الواقع.

والأمر الآخر الذي يقوم به المدرس في هذه المرحلة هو تهيئة ما يلائم القاعدة من أمثلة أخرى من خارج النص لتعزيز أمثلة النص وتهيئة أنماط من النصوص الأدبية تختلف في توافر العناصر البلاغية فيها وتحليلها وبيان نقاط الاختلاف بينها. وذلك لتنمية القدرة على الموازنة بين النصوص الأدبية لدى الطلبة.


**مرحلة التنفيذ:**

تمر مرحلة التنفيذ بالخطوات الآتية:

١. التمهيد: التمهيد لدرس البلاغة يجب أن يوشح بما يحقق غايات البلاغة إذ يجب أن يكون جميلا يراعى فيه حسن السبك وجمال الصنعة وقوة التأثير. وللمدرس أن ينطلق من أمثلة شائعة أو عبارات متداولة في صورة أمثال، أو حكم على ألسنة الطلبة تتصل بموضوع البلاغة. وله أيضا أن ينطلق من نص قرآني، أو بيت شعري أو كلام مأثور يتصف بالجمال وعمق المعنى وجمال الصور. وكل هذا لا يتأتى ارتجالا، إنما يجب أن يكون المدرس قد هيأ له وأعده في أثناء المرحلة الأولى، مرحلة إعداد درس البلاغة.

٢. عرض النص الأدبي: قد يكون النص الأدبي موجودا في الكتاب المقرر فيطلب فتح الكتاب عليه. وان كان قد اختاره من خارج الكتاب فيمكن أن يعرضه مطبوعا في أوراق، أو مكتوبا على لوحة إضافية. وبعد العرض يقرأ النص كاملا قراءة واضحة من المدرس والطلاب

٣. تحليل النص الأدبي: ويتم التحليل بطريقة يشارك فيها الطلبة والمدرس على غرار تحليل النصوص الأدبية التي تحدثنا عنها مع التشديد على التراكيب التي تتمثل فيها القاعدة

البلاغية، أو أجزاء منها على أن يتم التحليل بأسلوب المناقشة بين المدرس والطلبة، وان يطرح المدرس أسئلة تقود إجابتها إلى تحديد الأمثلة المستهدفة في النص، وتحليلها وتحديد عناصرها المشتركة، والربط بينها.

٤. استنتاج القاعدة: وفيها يتم التشديد على المفهوم لا على صياغته لأن القاعدة البلاغية ليست كالقاعدة النحوية. إذ يكفي الطالب أن يترشح مفهوم القاعدة في ذهنه ويحسن التعبير عنه ويتذوقه،

٥. التطبيق: بعد أن يتأكد المدرس من فهم الطلبة للموضوع والمصطلح البلاغي الجديد يقدم بعضا من الأمثلة التطبيقية على القاعدة يتم اختيارها من نصوص سابقة أو جديدة ثم يطلب من الطلبة أمثلة تطبيقية من مخزونهم اللغوي. ثم بعد ذلك ينتقل إلى التطبيق التحريري وهو حل التمرينات على أن يتولى بنفسه تصحيح تلك الحلول ومعالجة الطلبة لها وتنبيه الطلبة على ما هو غير صحيح منها وإرشادهم إلى الصواب. وبعد ذلك يجب أن يسعى المدرس إلى تدريب الطلبة على ممارسة الأساليب البلاغية المدروسة من خلال تمرينات تدور حول نصوص أدبية. وأن يكون الغرض من التدريب اختبار الذوق، والحس الفني، وان يتضمن التدريب شيئا من الموازنات الأدبية وأن يكون من بين التدريبات ما هو عملي يمارس فيه الطلبة إنشاء الكلام.

وعلى المدرس أن يحرص على مبدأ التكامل الذي أشرنا إليه عند تدريس البلاغة. فالعلاقة بين الأدب والبلاغة قائمة. فللبلاغة صلة بالقراءة إذ يمكن في درس القراءة الإشارة إلى قواعد بلاغية كثيرة، والربط بين البلاغة والتعبير مطلوب في درس التعبير. وكذلك التشديد على حال المخاطب ومراعاتها في التراكيب الأدبية من حيث كون المخاطب خالي الذهن، أو مترددا، أو مشككا. والتنبه على ما يقتضي الإطناب، و الإيجاز، وغير ذلك مما يجب أن يضعه المدرس في بؤرة اهتمامه عند تدريس البلاغة

**أنموذج درس تطبيقي في البلاغة:**
الموضوع: علم البيان ـ الكناية.
الأهداف العامة: ورد ذكرها سابقا ولا موجب لإعادتها
الأهداف الخاصة:
١. أن يعرف الطلبة الكناية بأساليبهم الخاصة.
٢. أن يحدد الطلبة أنواع الكناية.

٣. أن يميز الطلبة بين أنواع الكناية
٤. أن يستخرج الطلبة الكناية من نصوص أدبية.
٥. أن يمثل الطلبة بتراكيب تشتمل على كناية.
٦. أن يبدي الطلبة رغبة في معرفة الكناية.
٧. أن يبدي الطلبة تفاعلا مع نصوص أدبية تشتمل على كناية.
٨. أن يحدد الطلبة مواضع الكناية في نصوص أدبية تقدم لهم.
٩. أن يقدم الطلبة أمثلة من واقع الحياة تشتمل على كناية.
١٠.أن يميز الطلبة بين الكناية وموضوعات علم البيان الأخرى.

**خطوات سير الدرس**

١. التمهيد. يكتب المدرس على السبورة الأبيات الآتية:

قال الشاعر:

فأمطرت لؤلؤا من نرجس وسقت

وقال آخر:

وإذا المنيـة أنشـبت أظفـارها

ثم يقرأ البيتين ويطلب من الطلبة شرح كل بيت وبيان ما فيهما من أغراض بلاغية. فيقول أحد الطلبة: إن الشاعر في البيت الأول يصف محبوبته فيقول: إنها بكت من عينين تشبهان النرجس. ويكمل طالب آخر فيقول: وان دموعها كانت كالؤلؤ تتناثر على وجنتيها اللتين تشبهان الورد. ثم عضت على العناب بأسنانها التي كانت كالبرد من حيث بياضها وحسن انتظامها.

فيتولى المدرس الشرح فيقول: نعم ما ذكرتموه صحيح فالشاعر هنا يصف محبو بته وهي تعبر عن ألم وحسرة فتتناثر دموعها كالؤلؤ على وجنتيها فتعض من شدة ألمها على شفتيها بأسنانها تعبيرا عن حسرتها. ولكن لو عبر الشاعر بذلك الأسلوب لما كان في وصفه حالتها جمال. لذا فالشاعر عمد إلى أسلوب بلاغي فأستعمل ألفاظا في غير ما وضعت له فأستعار لعيني حبيبته النرجس، وان هذا النرجس أمطر والمعروف أن النرجس لا يمطر، ولكن الشاعر هنا جعله يمطر، وماذا يمطر ؟ فهو يمطر لؤلؤا. والمعروف أن اللؤلؤ يتسم بصفاء اللون ولكم أن تلحظوا غزارة الدمع إذ يتناثر كالمطر ثم لم يقل إنه جرى على وجنتيها إنما قال سقى وردا. فـلاحظوا أن السـقي دليل على غزارة المياه. ثم ماذا سقت. سقت وردا لأن الدموع جرت على وجنتين هما كالورد. بل عند

الشاعر الولهان هما الورد بعينه. ثم لا يكتفي بذلك إنما قال فعضت على شفتيها المعسولتين بالبرد. وهل يعض بالبرد على الشفاء ؟ إن المأخوذ من البرد هو لونه الأبيض الخالص وحسن انتظامه فلاحظوا ماذا فعل الشاعر:

أ- شبه الدموع باللؤلؤ من حيث صفاء اللون وحذف المشبه وأداة التشبيه.

ب- شبه عيون حبيبته بالنرجس من حيث اللون وحذف المشبه وأداة التشبيه.

ت- شبه وجنتيها بالورد من حيث اللون وحذف المشبه وأداة التشبيه.

ث- شبه شفتيها بالعناب من حيث اللون وحذف المشبه وأداة التشبيه.

ثم يسأل: أي غرض من أغراض البلاغة استخدم الشاعر ؟ فيقول أحد الطلاب:إنه استعار اللؤلؤ للدموع، والنرجس للعيون، والورد للخدود، والعناب للشفتين، والبرد للأسنان. فيقول المدرس: إذن الغرض هو الاستعارة. ولكن أي نوع من الاستعارة هذه ؟ فيقول أحد الطلبة: إنها استعارة تصريحية.فيقول المدرس ما معنى تصريحية ؟. فيقول أحد الطلبة: أي مصرح فيها باللفظ الدال على المشبه به. فيقول المدرس وهذا ما كنا درسناه في الدرس السابق.

الآن لاحظوا ما جاء في البيت الثاني:

الشاعر شبه المنية بكائن له أظفار في حين المنية غير محسوسة ولا يمكن رؤيتها. ولكن الشاعر أراد تقريب صورتها للسامع فشبهها بكائن له أظفار يشبه المنية من حيث الفتك. وهذا الكائن الذي له أظفار وذو قدرة عالية على الفتك هو السبع. ولكن السبع الذي استعاره ليشبه به المنية غير مذكور في جملة التشبيه فكيف توصلنا إليه.

نلاحظ أنه حذف المشبه به وهو السبع، وأبقى لازمة من لوازمه، أو خصيصة من خصائصه وهي الأظفار. فهو استعار السبع ليشبه به المنية ثم حذف المشبه به (السبع)وأبقى لازمة من لوازمه وهي الأظفار. فما هو الغرض البلاغي الذي استخدمه الشاعر هنا ؟ يقول أحد الطلبة:إنه استعارة. فيقول المدرس: وأي نوع من الاستعارة ؟. فيقول الطالب: إنها استعارة مكنية.

فيقول المدرس أحسنتم.واليوم سنتناول غرضا بلاغيا من أغراض علم البيان وهو الكناية فيكتب العنوان على السبورة ثم يقول:

لاحظوا أننا نردد أحيانا أمثلة مثل:

أ- فلان يشار إليه بالبنان.

ب- جلسنا في قاعة ترمي الإبرة تسمع صوتها.

ت- جاء فلان يمشي على بيض.

ث- فلان ما يدخل من الباب.

ج- فلانة صارت (عروس).

يكتب هذه الأمثلة على السبورة، ويسأل عن المقصود في كل مثال.فيقول طالب:

الأول يعني أنه مشهور، ذائع الصيت.

ويقول طالب آخر:

الثاني يريد به التعبير عن الهدوء التام.

ويقول آخر:

الثالث يريد به أنه يمشي ببطء.

ويقول آخر:

الرابع يريد به أنه ضخم.

ويقول آخر:

الخامس يعني أنها كبرت.

المدرس: أحسنتم وهذا يدل على أننا في حياتنا اليومية نستخدم أغراضا بلاغية من حيث لا ندري، ففي الأمثلة السابقة أراد المتحدث شيئا معينا ولم يصرح به مباشرة فاستخدم أسلوبا ستر به المباشر وذهب به إلى المقصود، وهذا ما يسمى بالكناية ودرسنا لهذا اليوم هو الكناية. فما هي الكناية وما هي أنواعها ؟ هذا ما سنتعرفه فيما يأتي:

٢. عرض الأمثلة. (النصوص الأدبية)

يعرض المدرس الأمثلة الآتية ويجعلها في ثلاث مجموعات:

- أ -

بيض صنائعنا سود وقائعنا      خضر مرابعنا حمر مواضينا

تضحي فتيت المسك فوق فراشها      نؤوم الضحى لم تنتطق عن تفضل

قد كان تعجب بعضهن براعتي      حتى رأين تنحنحي وسعالي

فلان نقي الثياب. وفلان نظيف اليد. وفلان جبان الكلب.

- ب -

فلما شربناها ودب دبيبها　　إلى موطن الأسرار قلت لها: قفي

ومن في كفـه منهم قناة　　كمن في كفه منهم خضاب

الضاربين بكل أبيض مخذم　　والطاعنين مجامع الأضغان

لا تكن كصاحب الحوت

أتغلبني ذات الدلال على صبري ؟　　إذن أننا أولى بالقناع وبالحذر

فأوجرته أخرى فأضللت نصله　　بحيث يكون اللب والرعب والحقد

- ج -

إن السماحة والمروءة والندى في　　قبة ضربت على ابن الحشرج

المجد بين ثوبيه، والكرم بين برديه.

يبيت بمنجاة من اللـوم بيتها　　إذا ما بيوت بالملامة حلت

ثياب بني عوف طهارى نقية　　وأوجههم عند المشاهد غران

ترى الرجل النحيف فتزدريه　　وفي أثوابه أسد صهور

بعد عرض هذه الأمثلة في مجموعات ثلاث يقرؤها، ثم يطلب من الطلبة قراءتها والتمعن في معانيها وتحديد المراد بها والصفات المشتركة فيما أراده قائلوها.

٣. تحليل الأمثلة والربط بينها

يبدأ بالمجموعة الأولى ( أ )

يطلب من أحد الطلبة قراءة البيت الأول وبيان معانيه وما يريد الشاعر فيه. فيقول الطالب: إن الشاعر يتحدث عن قومه، فيقول المدرس قبل الشروع بالشرح لابد من معرفة معاني المفردات التي وردت في البيت. فما معنى وقائعنا ؟ فيرد الطالب: معاركنا. فيسأل المدرس: وما معنى مرابعنا ؟ فيقول الطالب: أوطاننا. فيكتبها على السبورة ثم يقول: الآن واصل الشرح. فيقول الطالب: إن الشاعر يصف قومه بأنهم أهل فضل، وشجاعة، وخير، وبأس شديد. فيقول المدرس: وكيف توصلت إلى هذا ؟. فيرد الطالب: إن الشاعر عندما يقول بيض صنائعنا. أراد القول:أننا نحسن إلى الآخرين لأن وصف الصنيع بالبياض دلالة على أنه خير ووئام. ثم يقول: سود وقائعنا، أي أن

معاركنا تحل على أعدائنا كما يحل عليهم الظلام الدامس لما تلحقه بهم من هزائم.  ثم يقول:خضر مرابعنا. أي أننا حيثما نحل يحل الخير والكرم  وما اللون الأخضر إلا رمز للخير. ويقول: حمر مواضينا.أي أن ماضينا يشهد على قوتنا وقدرتنا على تدمير أعدائنا وإراقة دمائهم.

المدرس: نعم ما ذكرته من معان صحيح ولكن هل ذكر الشاعر هذه المعاني صراحة ؟.

الطالب: لا ولكن أفهم هذا من خلال السياق، وما خلفه من قصد.

المدرس: نحن نريد معرفة الأسلوب، أو الصيغة التي عبر بها الشاعر عما أراد. إن هذا الأسلوب هو الكناية. فلو عدنا إلى البيت لوجدنا الشاعر لم يصرح بفعل الخير، والشجاعة وشدة البأس والقدرة على تدمير الأعداء وإنما عبر عن ذلك بأسلوب ستر به المقصود ولم يستعمل اللفظ الخاص به للوصول إليه إنما استعمل لفظا تابعا للمقصود فدل على المتبوع بذكر التابع. فلم يقل نحن نكثر في قتل أعدائنا إنما استعمل كلمة حمر، وحمر لفظ تابع معنى القتل فاستخدمه للدلالة عليه.  وهذا ما يطلق عليه كناية أي ستر المقصود والكناية عنه بذكر تابعه.

ثم ينتقل إلى البيت الثاني ويطلب من طالب آخر شرح معناه وبيان المقصود فيه وبعد شرح معاني الكلمات الواردة فيه وكتابتها على السبورة كما يأتي:

فتيت المسك: رائحة المسك.

نؤوم الضحى: لا تنهض مبكرا.

تنتطق: تلتف بالنطاق

يطلب من أحد الطلبة شرح البيت فيقول الطالب: إن الشاعر هنا يريد أن يقول إنها مترفة.مدللة.  فيقول المدرس نعم إنه أراد هذا ولكن لاحظوا الأسلوب لو قال إنها امرأة غنية مترفة لخلا كلامه مما يجعله مثيرا ومن كل جديد، ولكن الأسلوب غير المباشر الذي سلكه الشاعر، هو الذي أعطى لتعبيره مسحة من الجمال وحسن التأثير في السامع فإنه أراد أن يقول: إنها معطرة، وإنها لا عمل عندها و إن لها خدم يخدمنها فقد كنى عن هذه المعاني بألفاظ تابعة لها و تستر على المعنى المباشر الذي أراده فكنى عن تعطرها بقوله:فتيت المسك فوق فراشها. وكنى عن عدم نهوضها مبكرا لأنها منعمة بقوله: نؤوم الضحى. لأن عادة العرب إن المرء ينهض مبكرا لممارسة عمله، أما إذا بقى نائما حتى الضحى ففي ذلك دليل على أنه منعم، لا يمارس عملا. ثم كنى عن كونها لها خدم يخدمنها بقوله: لم تنتطق عن تفضل. لأن العمل و الخدمة تقتضي التنطق. وعدم التنطق دلالة على عدم العمل. و إن هذا النوع من الترف، وعدم ممارسة العمل دليل على وجود الخدم. وهكذا نجد الشاعر يكني عن المعاني التي يريدها ولا يصرح بها. ثم ينتقل إلى المثال

360

الثالث. و بعد أن يعطي مجالا للطلبة للتحدث فيه يقول:لاحظوا أن الشاعر كان يريد القول: إن بعض الفتيات كن معجبات ببراعته، وشجاعته، وما يحكى عنه. وكان يريد القول: إنهن كن يتمنينه واستمر الحال حتى رأين كبر سنه. ولو ساق كلامه بهذه الطريقة لما كان له الأثر المطلوب في نفس السامع، ولكنه ساقه بطريقة جعلت فيه متعة وجمالا.و ذلك بأن تستر على المعنى المقصود وهو كبر السن وكنى عنه بالتنحنح و السعال، لأنها ألفاظ تابعة في الدلالة لكبر السن، فدل بالتابع على المتبوع. ثم ينتقل إلى ما ورد في المثال الرابع.(فلان نقي الثياب) فيقول: لو أراد القائل بكلمة نقي الثياب خلوها من الأوساخ لما كان لها معنى بليغ. إن الذي أراد الشاعر قوله شيء آخر، فمن يعرفه؟ فيقول طالب: إنه يريد أن يقول: إن فلانا يتصف بالطهارة.فيقول المدرس: أحسنت إن المعنى الذي قصده القائل هو وصف الموصوف بالطهارة، أي بصفة الطهارة، ولكنه لم يصرح بها مباشرة. إنما كنى عنها بالقول: نقي الثياب. فكان المعنى أبلغ أثرا في النفس من المباشرة والتصريح. ثم يقول: والحال نفسه مع نظيف اليد، إذ المقصود هنا النزاهة في التعامل والأمانة فبدلا من أن يقول: فلان لا يرتشي ولا يسرق. قال نظيف اليد لأن نظافة اليد تتبع الأمانة والنزاهة فكنى بها عن النزاهة والأمانة.

والحال نفسه مع قولهم: جبان الكلب. إذ المعروف أن القوم الذين لا تعدو كلابهم على الضيوف اعتادوا استضافة الناس، وتعودت كلابهم كثرة الضيوف.فلم يعد هناك ما يستفزها عند قدوم الضيوف. و عندها تبدو كأنها جبانة لذا فإن القائل اختار هذا اللفظ ليكني به عن صفة الكرم المقصود التي وصفه بها.

وبعد ذلك يقول: الآن نعيد النظر إلى طبيعة ما أراد القائلون الكناية عنه فما نوع الكناية في كل نص من النصوص التي شرحناها؟ و بعد الاستماع إلى الطلبة يقول: إنها كناية عن صفة وذلك كما يأتي:

في المثال الأول: كنى القائل عن صفة الإحسان و الشجاعة، والخير وقتل الأعداء.

وفي المثال الثاني: كنى عن صفة التعطر و الغنى و الرفاه.

وفي الثالث: كنى عن صفة كبر السن.

وفي الرابع: كنى عن صفة الطهارة و النزاهة والكرم.

ثم يقول: الآن ننتقل إلى المجموعة الثانية فمن منكم يقرأ البيت الأول و يشرحه و يبين ما أراد الشاعر قوله ؟

طالب: إن الشاعر يقول: عندما شربنا الخمر و سرى مفعولها في أجسادنا حتى وصل موطن الأسرار قلت لها قفي.

المدرس: ما معنى موطن الأسرار؟

الطالب: أظن أنه العقل.

المدرس: إنه القلب. لأن القلب هو مستودع الأسرار عند الفرد. ولأن كتمان الأسرار أمر يعد قيمة من قيم العرب يحرصون على حفظها، فلا يريدون الإباحة بالسر. فاسمعوا أحد الشعراء يفتخر بكتمانه الأسرار فيقول:

والسر عندي في بيت له غلق

وآخر يقول في فضل كتمان الأسرار:

إذا المرء لم يحفظ ثلاثا

وفاء للصديق و بذل مال

وان السكر يعد نافذة من نوافذ الإباحة بالأسرار. إذ يقول الشاعر:

أغضب صديقك تستطلع سرائره

لذا فإن الشاعر هنا يريد أن يقول: إني لم أسمح للخمرة أن تصل إلى القلب فتفعل فيه فعلها فكنى عن القلب بموطن الأسرار فالقلب موصوف بأنه موطن الأسرار. ولفظ موطن الأسرار هو كناية عن ذلك الموصوف.

الآن ننتقل إلى المثال الثاني في المجموعة الثانية. فيقوم أحد الطلبة فيقرأ المثال فيطلب المدرس شرح المفردات وبعد سماع إجابات الطلبة يكتبها على السبورة وهي:

قناة: رمح

خضاب: حناء

ثم يطلب شرح معنى البيت وبعد سماع الإجابة يقول:إن الشاعر يتحدث عن قوم فيقول إن الذي في كفه منهم رمح كمن في كفه خضاب.فالشاعر هنا يعقد مشابهة فمن هم أطرافها. فيقول الطالب: الطرف الأول منهم من يحمل الرماح، والطرف الثاني من يخضب الأكف. فيقول المدرس: تعرفون أن حمل الرماح من صفات الرجال أما خضاب الأكف فهو من صفات النساء. فماذا أراد الشاعر أن يقول ؟.

طالب: ربما أراد أن يقول: الرجال والنساء سيان.

المدرس: نعم أحسنت. إن الشاعر أراد أن يصف الأعداء بالجبن والتخاذل. وأراد أن يقول لا فرق بين رجالهم و النساء في عدم القدرة على القتال. ولكنه لم يصرح بذلك صراحة. ولو ساق

كلامه تصريحا لما صار بليغا. لذا فإنه كنى عن الموصوفين باستخدام التشبيه بينهم و بين النساء. فكنى عن الرجل بمن يحمل القناة، لأن هذا اللفظ تابع المقصود، وكنى عن المرأة بمن في كفه خضاب لأن المرأة من شأنها أن تخضب أكفها بالحناء. ولو تأملتم القول تجدون أن الرجل موصوف، و المرأة موصوفة أيضا.
فالكناية هنا كانت عن موصوف كما في البيت السابق.
والآن ننتقل إلى المثال: (ولا تكن كصاحب الحوت). من صاحب الحوت هذا؟. أحد الطلبة: صاحب الحوت هو يونس سلام الـلـه عليه.
المدرس: إذن لم يقل الـلـه سبحانه و تعالى: ولا تكن كيونس.
لو صرح تعالى بالموصوف مباشرة لما أعمل عقل السامع ليفكر بالقول والإمعان فيه. فكنى سبحانه وتعالى عن الموصوف بقوله صاحب الحوت لأن (صاحب الحوت)عندما تطلق يذهب الذهن إلى نبي الـلـه يونس عليه السلام فالمكنى عنه هنا يونس عليه السلام وهو موصوف. والكناية هنا كناية عن موصوف كما في الأمثلة السابقة.
والآن ننتقل إلى قول الشاعر:
فأوجرته أخرى.......................من يقرأ البيت ويشرحه ؟ فيقوم طالب فيقرأ البيت و يعطي معاني المفردات فيكتبها المدرس على السبورة و هي:

النصل: نصل السهم

اللب: العقل

الرعب: الخوف

الحقد: البغض

ثم يقول الطالب: إن الشاعر هنا أراد القلب فلم يعبر عنه باسمه الموضوع له في اللغة. إذ عدل عنه إلى الكناية بما يكون اللب والرعب، والحقد فيه. والمعروف أن موضع اللب والرعب والحقد هو القلب. والتعبير بهذه الطريقة أفضل لأنه عندما يذكره بهذه الصيغة فإنه يدل على شرفه و تمييزه عن جميع الجسد. فالقائل أصاب عدوه وهو الذئب في أشرف موضع منه و لو قال: أصبته في قلبه لم يكن في ذلك أن القلب أشرف أعضاء الجسد. والشاعر هنا قصد القلب من دون ذكره صراحة فالقلب مستور مكنى عنه وهو موصوف والكناية عن موصوف. الآن نعود إلى القول:

الضاربين بكل أبيض مخذم        والطاعنين مجامع الاضغان

فقد أراد بمجامع الأضغان القلوب ولم يذكرها وإنما كنى عنها بهذا اللفظ. و بما ان القلوب موصوف فالكناية هنا عن موصوف.و فيما تقدم وردت الكناية بصورة لفظ دل على معنى واحد.

ثم أريد بها ذات اختصت بهذا المعنى. وقد تكون الكناية ألفاظا دلت على معان يضم بعضها إلى بعض فيكون المجموع كناية عن ذات واحدة اختصت بهذا المجموع كما في قوله تعالى:

{وحملناه على ذات ألواح و دسر}.

فقد كنى بألواح ودسر عن السفينة لأن مجموع الأمرين مجتمعين وصف مختص بالسفينة. والآن نعيد النظر في الأمثلة لنرى ما نوع الكناية في كل منها:

طالب: في المثال الأول الكناية عن القلب. والقلب موصوف فالكناية عن موصوف.

طالب آخر: في المثال الثاني الشاعر كنى عن أعداء سيف الدولة الحمداني. فالمكنى عنه موصوف، والكناية هي كناية عن موصوف.

طالب آخر: في المثال الثالث كنى عن القلوب والقلوب موصوفة فالكناية فيه هي كناية عن موصوف.

طالب آخر: في المثال الرابع كنى عن النبي يونس عليه السلام والنبي يونس ذات موصوفة فالكناية هنا عن موصوف.

طالب آخر: الكناية في المثال الأخير عن القلوب أيضا والقلوب موصوف فالكناية هنا عن موصوف أيضا.

المدرس: الآن ننتقل إلى المجموعة(ج) فيطلب من أحد الطلبة قراءة المثال الأول وبيان معاني الكلمات مثل:

السماحة: العفو و الصفح

المروءة: الشجاعة

الندى: الكرم

وبعد قراءة البيت من الطالب، وكتابة معاني الكلمات على السبورة وسماع إجابة الطالب وتعقيبات الآخرين يقول: إن الشاعر هنا يريد القول إن السماحة والمروءة والكرم اختصت بابن حشرج فكانت وكأنها في قبة ضربت عليه. فهي منسوبة إليه، وهو أصلها ولا يشاركه بها أحد. فبدلا من أن يقول إن ابن حشرج سموح و شجاع و كريم. قال إن هذه الصفات متصلة به لا تفارقه إلى غيره، و ستر هذه النسبة باستخدامه(في قبة ضربت على ابن الحشرج). فالذي حصل هنا هو كناية. إذ إن الشاعر لم ينسب هذه الصفات إلى ابن الحشرج صراحة إنما نسبها إلى قبة مضروبة عليه فابن الحشرج صاحب القبة و القبة خاصة بالأمراء. والمروءة والسماحة و كمال الرجولة منسوبة إليها. وهذه النسبة تستلزم نسبة أخرى و هي نسبة تلك الصفات إلى ابن الحشرج و الذي

حصل هو إن الشاعر كنى عن نسبة هذه الصفات إلى ابن الحشرج، والقرينة هنا مقام المدح لأن الممدوح هو ابن الحشرج وليس القبة. ثم يقول الآن ننتقل إلى المثال الثاني.

المجد بين ثيابه والكرم بين برديه.

الذي يريده القائل هنا هو إن المجد ملازم للمدوح. و هو فيه كجسمه بين ثيابه، وكذلك الكرم فهو ينسب المجد والكرم للممدوح، ولكنه لم يذكر هذه النسبة صراحة إنما كنى عنها أي بقوله: بين ثوبيه و بين برديه. فالكناية هنا كناية عن نسبة. والآن من يقرأ المثال الثالث فيقوم أحد الطلبة ويقرأ البيت:

يبيت بمنجاة من اللوم بيتها إذا ما بيوت بالملامة حلت

ثم يسأله المدرس عن معنى البيت فيقول: إن الشاعر هنا ينفي اللوم عن الموصوفة فالموصوفة لا تخطأ فلا تلام والذي يلام هو المخطيء.

المدرس: إن الشاعر هنا يصفها بالعفة على أبلغ وجه. و قد استخدم لذلك نفي اللوم عنها، وإبعادها عنه، و ذلك بأن نفى اللوم عن بيتها، و باعد بينه وبينها. فأنتم ترون أنه صرح بالموصوف وهو الضمير في بيتها لأن الهاء تعود عليها. أي على الممدوحة. ثم صرح بالصفة وهي اللوم المنفي في قوله:

بمنجاة من اللوم.

و لكنه لم يصرح بنسبة نفي اللوم عنها بل ذكر مكانها نسبة أخرى و هي نفي اللوم عن بيت يشتمل عليها، وذلك يستلزم نفي اللوم عنها لأن البيت يشتمل عليها. وبذلك كنى عن النسبة بأسلوب النفي لا بأسلوب الإثبات. والآن ننتقل إلى المثال الرابع فيقوم أحد الطلبة ويقرأ البيت:

ثياب بني عوف طهارى نقية وأوجههم عن المشاهد غران

فيقول: إن الشاعر يريد أن يقول: إن الطهارة تلازم بني عوف لأنه وصف ثيابهم بالطهارة والثياب تلازم مرتديها. وبذلك فإنه نسب الطهارة إلى بني عوف و لكنه لم يصرح بهذه النسبة إنما كنى عنها بتابع و ملازم وهو الثياب. فهنا كنى الشاعر عن النسبة بين بني عوف والطهارة والنقاء.

ثم يقول المدرس: الآن من يقرأ المثال الرابع ؟ فيقوم أحد الطلبة ويقرأ البيت:

ترى الرجل النحيف فتزدريه وفي أثوابه أسد صهور

فيسأله عن معنى البيت فيقول:

إن الشاعر هنا أراد أن يقول: ليست الشجاعة بضخامة الأجسام. فإنك قد ترى رجلا نحيفا فتزدريه ولكنه شجاع كالأسد.فبدلا من أن يصفه بالشجاعة جعل الشجاعة معقودة به و منسوبة

إليه فهو أسد في ثوب رجل. ولكنه لم يصرح بنسبة الشجاعة إليه إنما كنى عنها بقوله:(في أثوابه أسد صهور) فهنا كناية عن نسبة.

٤. استنتاج القاعدة:

يسأل المدرس في ضوء شرحنا الأمثلة الواردة، وما تحدثنا به عن الكناية فمن يستطيع تحديد مفهوم الكناية؟. فيستمع إلى إجابات الطلبة فيقول بعضهم: هي ما يتكلم به الإنسان ويريد غيره.

ويقول آخر: هي لفظ يراد به غير معناه الموضوع له في أصل اللغة.

ويقول آخر: هي أن يريد المتكلم إثبات معنى من المعاني فلا يذكره باللفظ الموضوع له، فيأتي بمعنى مرادف له ليدل به على المعنى المراد.

المدرس: كل ما ذكرتموه صحيح ولا يبتعد عن الصواب فالكناية هي:

اللفظ الدال على ما له صلة بمعناه الموضوع له في أصل اللغة لقرينة لا تمنع من إرادة الحقيقة مثل:(محمد نقي الثياب) أي انه مبرأ من العيب. وبذلك تخالف المجاز، لأن المجاز لا يجوز فيه إرادة المعنى الحقيقي لوجود القرينة المانعة من إرادته.

ففي قولنا: محمد نقي الثياب. لا مانع من إرادة المعنى الحقيقي.

أما في قولنا: محمد أسد. فلا يجـوز إرادة المعنى الحقيقي لأن محمد لا يمكن أن يكون أسدا.

ثم يكتب القاعدة على السبورة بخط واضح، و يطلب من الطلبة قراءتها عدة مرات. ثم يقول: الآن نعود إلى الأمثلة لنلاحظ نوع المكنى عنه في كل مجموعة ففي المجموعة (أ) المكنى عنه صفه وفي المجموعة (ب) المكنى عنه موصوف أما المجموعة (ج) فالمكنى عنه نسبة. ومن هذا نستنتج أن الكناية ثلاثة أنواع هي:

فيقول الطلبة:

١. كناية عن صفه مثل: زيد طويل النجاد.

٢. كناية عن موصوف: كقوله تعالى {وحملناه على ذات ألواح ودسر}

٣. كناية عن نسبة مثل: المروءة تحت ثياب علي.

فيقول المدرس بارك الـله بكم. والآن نرسم المخطط الآتي كي يسهل علينا استيعاب الموضوع و تذكره.

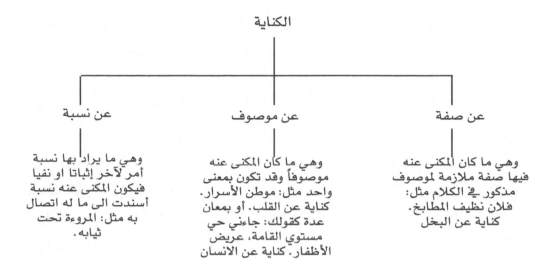

الكناية

- عن صفة
  - وهي ما كان المكنى عنه فيها صفة ملازمة لموصوف مذكور في الكلام مثل: فلان نظيف المطابخ. كناية عن البخل
- عن موصوف
  - وهي ما كان المكنى عنه موصوفاً وقد تكون بمعنى واحد مثل: موطن الأسرار. كناية عن القلب. أو بمعان عدة كقولك: جاءني حي مستوي القامة، عريض الأظفار. كناية عن الانسان
- عن نسبة
  - وهي ما يراد بها نسبة أمر لآخر إثباتا او نفيا فيكون المكنى عنه نسبة أسندت الى ما له اتصال به مثل: المروءة تحت ثيابه.

التطبيق.

يقول المدرس: الآن أريد منكم أمثلة من غير ما ذكرناه لكل مما يأتي:

أ- كناية عن صفة

ب- كناية عن موصوف

ت- كناية عن نسبة

ثم يقول: ما الفرق بين المجاز، و الكناية؟

ما الفرق بين الكناية عن صفة، والكناية عن موصوف؟ وما الفرق بين الكناية عن موصوف، والكناية عن نسبة ؟ و بعد سماع إجابات الطلبة عما ذكر يقول: ما نوع الكناية فيما يأتي:

فلان يده ليست له.

فلان مثوى العدل.

زيد طويل اللسان.

هي نؤوم الضحى.

وبعد ذلك يكلف الطلبة بحل التمرينات الموجودة في نهاية الموضوع، و جلب الحلول في

الدرس القادم. مع جمع خمس آيات قرآنية، وخمسة أبيات شعر، وخمسة أمثال شعبية متداولة يتضمن كل منها نوعا من أنواع الكناية التي عرفناها. وكتابتها بخط جميل في دفاتر البلاغة.

**ثالثا: تدريس النقد الأدبي**

يراد بالنقد بوجه عام تبيان العيوب. إذ يقال نقد فلان فلانا إذا أظهر ما به من عيوب. ويستدل على هذا المعنى بقول أبي الدرداء: إن نقدت الناس نقدوك و إن تركتهم تركوك. و قد جعل النقد أعم من ذلك فأطلق على تبيان المحاسن، مثلما أطلق على تبيان العيوب.

أما النقد الأدبي فإنه مقصور على دراسة الكلام، وتبيان الجيد و الرديء فيه من حيث الجوانب الاجتماعية، والفنية، والخلقية، والنفسية. وغير ذلك مما يتصل بقيم الحياة الإنسانية.

وعرف النقد الأدبي بأنه: جهد موضوعي لمعرفة حقائق الأعمال الأدبية كما هي من خلال دراسة النصوص، و التمييز بين الأساليب المختلفة. وقيل فيه: انه فن تقويم الأعمال الأدبية والفنية، وتحليلها تحليلا قائما على أساس علمي. فهو عملية فحص النصوص الأدبية لتعرف مصادرها و صحتها، و بنائها، وخصائصها، وتاريخها و تحديد مواقع الجودة والضعف فيها في ضوء معايير تطورت، و تغيرت تبعا لمتغيرات كثيرة في العصور المختلفة.

فقد كان النقد الأدبي في العصر الجاهلي مقصورا على الأحكام الذاتية التي أساسها الذوق الخاص من دون تحليل، أو تعليل لتلك النصوص التي تنتقد. ثم انتقل النقد من الذاتية إلى الموضوعية وأصبح يسعى إلى معرفة الأشياء كما هي في ذاتها و حقيقتها بصرف النظر عن الأهواء الذاتية والرغبات الشخصية واضعا لذلك قواعد فنية اتفق على صحتها أهل العلم و آثرها ذوو الاختصاص. وتتمثل العناصر الفنية للنقد الأدبي في القواعد النحوية والصرفية، والبلاغية، والعروضية، والمنطقية، وكل ما يتصل بضوابط الكلم. فالنقد الأدبي إذن معني بالأعمال الأدبية. ولما كان العمل الأدبي بناء متكاملا يقوم على المضمون والشكل معا.إذ لا استقلالا للمضمون عن الشكل، ولا استقلال للشكل عن المضمون. فالنقد يتولى الشكل و المضمون بالدراسة والتحليل وتبيان المحاسن والمساوئ فيهما على وفق معايير وضعها أهل الاختصاص. وتتأسس أهمية النقد الأدبي على ما له من صلة بالأدب و تذوقه فقد قيل: إن للأدب ثلاث ملكات هي:

**الأولى:** ملكة التذوق

**الثانية:** ملكة الإنتاج

**الثالثة:** ملكة النقد

والأولى بها حاجة إلى طبيعة فنية و حس شاعري. أما الثانية فبها حاجه إلى مران ودربة،

وفكر، وإطلاع واسع، ونظر بصير بمراد النفوس، وأصول الاجتماع، و فلسفة الحياة. أما ملكة النقد فلا تحصل إلا بعد توافر الملكتين السابقتين، الإنتاج والتذوق. زيادة على ما تقدم فإن النقد سبيل الناقد إلى تذوق النص وإصدار الحكم عليه. ومع إن النقد لا يصنع أديبا لأن الأديب يحتاج إلى موهبة يمكن إظهارها بالدربة والإحاطة بعلوم العربية وكلام العرب، وأمثالهم وأخبارهم. فإن النقد صار محفزا للأديب على الالتزام بالمعايير المحددة التي حددها أهل النقد، وعندها يتطور النص الأدبي فيحسن أثره. لذا فإن دراسة فن النقد لازمة لكل أديب. ضرورية لكل متذوق. ولفن النقد أسس عامة لا بد لمن يريد نقد نص أدبي من أن يحيط بها و هذه الأسس هي:

١. القواعد الخاصة بالناحية التعبيرية. وتتمثل فيما يأتي:

أ- قواعد علم النحو لمعرفة أحوال اللفظ من جهة الإعراب والبناء

ب- قواعد علم الصرف لمعرفة أحوال أبنية الكلمة مما ليس بأعراب أو بناء.

ت- فهم معاني مفردات اللغة.

ث- قواعد علم المعاني لمعرفة مدى مطابقة الكلام مقتضى الحال.

ج- قواعد علم البيان لمعرفة إيراد المعنى الواحد بطرق مختلفة.

ح- قواعد علم البديع لمعرفة وجوه تحسين الكلام.

خ- قواعد علم العروض والقوافي لمعرفة موازين الشعر و ما يعتريها.

٢. الجانب الشعوري والذوقي و يتضمن:

أ- قدرة الأديب على نقل أدق المشاعر بوساطة أدق التعبيرات و أيسرها.

ب- ملكة الأديب و قدرته على المواءمة بين الفكرة و سمو الصور.

٣. الناحية التاريخية و تقتضي:

أ- الإحاطة بتاريخ الأدب والأدباء.

ب- التحقق مما أبدعه الأدباء و صحة ما نسب إليهم.

ت- معرفة الأساليب العربية القديمة، والحديثة وما فيها من أصالة.

ث- الإطلاع على المقاييس النقدية والتطورات التي حدثت لها.

ج- الإحاطة بالمذاهب الأدبية الحديثة.

ومن يريد التصدي للنقد الأدبي عليه معرفة أن النقد عمل تحليلي يستلهم قيمه من واقع العمل الأدبي. وإذا كان الأدب عملا إبداعيا فإن النقد مرحلة تالية للإبداع، لأن الإبداع هو المجال الحيوي الذي يمارس النقد فيه وجوده الحقيقي و عليه أن يفهم أن النقد ليس مجرد شرح مدرسي

للنصوص يتناول المفردات والمعنى والهدف.  بل هو عملية تحليلية تكشف طبيعة العناصر المكونة للعمل الأدبي مادة وبناء، وتشكيلا فنيا، وقيما، ووسائل تحمل تلك القيم، وكل ما يمكن اكتشافه في العمل الأدبي مع التشديد على نوعية الأسلوب الذي يواجه به كل فنان مادته، على أن ننظر إلى الأسلوب بمعناه الواسع، وليس مجرد طريقة الأداء اللغوي. إنما يكون المقصود منحى الأديب العام وطريقته بالتأليف، والتعبير، والتفكير، والإحساس.

وعلينا أن نعرف أن التجربة الأدبية الإبداعية تتداخل فيها عناصر الذات والموضوع، والخيال، والعاطفة، والفكرة، والصور الفنية، وتقنية البناء. وأن هذه العناصر تعد كلا متكاملا في النص. زيادة على وحدة الموضوع، ووحدة البناء الذي تستقل فيه فقرة عن فقرة، أو بيت عن بيت.


**أهداف تدريس النقد الأدبي.**
يرمي تدريس النقد الأدبي إلى ما يأتي:
١. إلمام الطلبة بتجربة النقد الأدبي.
٢. تعريف الطلبة بالنقاد العرب.
٣. إلمام الطلبة بتطور حركة النقد الأدبي.
٤. تذوق الطلبة الجمال في النص الأدبي.
٥. تعريف الطلبة المذاهب النقدية في النقد الأدبي.
٦. تنمية القدرة على تحليل النصوص الأدبية لدى الطلبة.


**خطوات تدريس النقد الأدبي**
يمر درس النقد الأدبي بالخطوات الآتية:
١. التمهيد: وله أساليب عديدة، فقد يأخذ صورة التعرض لصاحب النص، وتقديم إيجاز عن سيرته وأدبه وعصره، وما يتعلق بظروف النص..وقد يكون تذكيرا بمعايير تحليل النصوص الأدبية.، واستعراض الأسس التي يقوم بموجبها النص الأدبي كصدق التجربة،وسعة الخيال، وتسلسل الأفكار، وتماسكها، وانسيابية الألفاظ وسهولتها، وعذوبتها وغير ذلك من الأسس التي يتخذ منها القارىء قاعدة لإصدار أحكامه على النص الأدبي. أو غير ذلك على أن يكون القاسم المشترك بين جميع الأساليب هو التهيئة النفسية الوجدانية للتعامل مع النص وتحليله.
٢. عرض النص الأدبي المطلوب تحليله  ونقده. ثم قراءته من المدرس قراءة تعبيرية تؤدي

المعاني التي سعى إليها صاحب النص. وذلك بعد تنبيه الطلبة على ما يجب عليهم فعله في أثناء قراءة المدرس من حيث الانتباه على طريقة الأداء وفهم المعاني.

٣. التحليل النقدي للنص. ويتضمن التحليل بيان المعاني الجزئية للمفردات، والتراكيب، والمعاني الضمنية للفقرات، والأفكار الواردة فيها، والصور الفنية، والخيال، والعاطفة، ومواطن الجمال في النص. وعندما يكون النص مكونا من أكثر من فكرة، أو طويلا فعلى المدرس تجزئته إلى أجزاء، ويتعامل مع كل جزء على حدة، ثم يعود بعد معالجة الأجزاء كلها إلى التعامل معها كوحدة متكاملة، ومناقشة الصور الكلية للنص.

٤. تحديد الأحكام العامة وتبيان نقاط القوة والضعف في النص. وفي هذه الخطوة تستنبط الأحكام العامة التي يتسم بها النص من خلال تحليله، وتعرف فقراته، وما تتضمن من صور، وأخيلة، وعواطف، ودقة سبك في البناء. على أن تبنى هذه الأحكام بموجب المعايير المتعارف عليها في النقد الأدبي. وتكتب هذه الأحكام في صورة خلاصة على السبورة، ويطلب من الطلبة كتابتها.

**أنموذج درس تطبيقي في النقد الأدبي**
الموضوع: من قصيدة للخنساء في رثاء أخيها صخر.
الأهداف العامة: ذكرت سابقا يمكن العودة إليها.
الأهداف الخاصة:

١. أن يحدد الطلبة الأفكار الواردة في النص.

٢. أن يتعرف الطلبة الصور البلاغية في النص.

٣. أن يتعرف الطلبة مواطن التعبير عن صدق العاطفة في النص.

٤. أن يشرح الطلبة معنى النص بأساليبهم الخاصة.

٥. أن يتمكن الطلبة من تحليل النص.

٦. أن يبدي الطلبة رغبة في تحليل النص.

٧. أن يتفاعل الطلبة مع أفكار النص وصوره.

٨. أن يحدد الطلبة مواطن الجمال في النص.

٩. أن يبدي الطلبة آراءهم في النص.

١٠. أن يعبر الطلبة عما يثير إعجابهم في النص.

**خطوات سير الدرس:**

١. التمهيد: أطلق على الشعراء الذين شهدوا أكثر من عصر صفة مخضرم. ومن بين من أطلقت عليهم هذه الصفة الشاعرة العربية المعروفة الخنساء. لأنها عاصرت الجاهلية والإسلام. واسمها تماضر بنت عمرو من بني سليم من مضر قالت الشعر في عصر ما قبل الإسلام وبرعت فيه. ثم أدركت الإسلام فأسلمت. ويقال أن الرسول الكريم صلى اللـه عليه وآله وسلم كان استمع إلى شعرها. ومن مواقفها الجهادية بعد إسلامها أنها جندت أبناءها الأربعة للذود عن حمى العرب والعروبة في مقاتلة العجم وحثتهم للدفاع عن العروبة والإسلام فقتلوا جميعا ولم يردنا عنها فيهم ما وردنا عنها في رثاء أخيها صخر الذي كان رجلا شجاعا كريما تجتمع في شخصه معاني الفخر والعزة. فعندما قتل في إحدى المعارك بكته بكاء شديدا صار مضرب مثل لكل باك مكلوم وقد حملت قصائدها في رثاء صخر لوعة صادقة وحرارة لا تنطفيء والنص الذي نتناوله اليوم هو من قصيدة لها في رثاء صخر وهو موضوع درسنا.

٢. عرض النص وقراءته:

يشير المدرس إلى الصفحة التي تتضمن النص إن كان موجودا في الكتاب. أو يعرضه مطبوعا، أو يكتبه على السبورة، ثم يقرؤه قراءة معبرة. وهو:

| | |
|---|---|
| يؤرقني التذكر حين أمسي | فأصبح قد بليت بفرط نكس |
| على صخر وأي فتى كصخر | ليوم كريهة وطعان خلس |
| فلم أر مثله رزءا | لجن ولم أر مثله رزءا لأنس |
| أشد على صروف الدهر أيدا | وأفضل في الخطوب بغير لبس |
| وضيف طارق أو مستجير | يروع قلبه من كل جرس |
| فأكرمه وآمنه فأمسى | خخليا باله من كل بؤس |

.........................

| | |
|---|---|
| يذكرني طلوع الشمس صخرا | وأذكره لكل غروب شمس |
| فلولا كثرة الباكين حولي | على إخوانهم لقتلت نفسي |
| ولكن لا أزال أرى عجولا | ونائحة تنوح ليوم نحس |
| هما كلتاهما تبكي أخاها | عشية رزئه أو غب أمس |
| وما يبكين مثل أخي ولكن | أعزي النفس عنه بالتأسي |

.........................

| فلا والله لا أنساك حتى | أفارق مهجتي ويشق رمسي |
|---|---|
| فقد ودعت يوم فراق صخر | أبا حسان لذاتي وأنسي |
| فوا لهفي عليه ولهف أمي | أصبح في التراب وفيه يمسي |

٣. التحليل النقدي:

لأغراض تحليل النص الأدبي ونقده لابد من تجزئته بحسب الأفكار أو الوحدات الفكرية التي يتضمنها فمن منكم يحدد الأفكار التي وردت في النص ؟

بعد الاستماع إلى إجابات الطلبة، ومناقشتهم حول الأفكار يتوصل مع الطلبة إلى أن النص تضمن الأفكار الآتية:

أ- نكبتها بمقتل أخيها وحسرتها عليه لما له من صفات تستحق ذلك.

ب- تأسيها بمن يبكين قتلاهن حولها.

ت- هجرانها ملذات الحياة وأنسها بعد فقد أخيها.

أما ما حل بها من نكبة فقد عبرت عنه بأبيات المجموعة الأولى. فمن منكم يقرأ أبيات المجموعة الأولى ؟

فيقرأ أحد الطلبة، وبعد الانتهاء من القراءة يسأله عن معاني المفردات التي وردت فيه ويكتبها على السبورة وهي:

يؤرقني: يبعد النوم عني.

النكس: يقال نكس فلان أو انتكس أي عاد إليه المرض بعد تماثله للشفاء منه

ليوم كريهة: أي الحرب.

طعان خلس: الطعن السريع المفاجيء.

الرزء: المصيبة. أو النكبة.

صروف الدهر: حوادثه ونكباته.

أشد أيدا: أقوى بأسا.

لبس: الشبهة وعدم الوضوح.

طارق: الضيف الذي يأتي ليلا.

المستجير: طالب الاستجارة، والنجدة مما يهدده.

يروع: يخوف.

جرس: صوت.

بعد شرح المفردات من حيث المعنى، والتأكد من إحاطة الطلبة بلغة النص يسأل عن المواقع الإعرابية لبعض الكلمات ويكتبها على السبورة وهي:

أيدا: تمييز.

ضيف: مجرور بواو رب. ورب هنا تفيد التكثير.

باله: اسم أمسى مرفوع.

ثم يسأل: ما المعنى العام لهذا الجزء من النص ؟ فيتحدث الطلبة عن المعنى العام لهذا الجزء، ويشركهم في طرح الآراء ويعقب على إجاباتهم ثم يقول:

إن الشاعرة هنا بدأت قصيدتها بوصف مصيبتها بفقد أخيها، فتقول: إن شدة المصيبة أرقتها فهجرت النوم، والتحفت ذكرى أخيها. وإن عظم مصيبتها جاء من عظم ما يتحلى به من صفات تعد القمم في عرف العرب. فأخوها من رجالات العرب التي يشار إليها بالبنان، فهو في الحرب مقدام وعلى الضيم لا ينام. هو درع لقبيلته، ضراب بالسيف، طعان بالرمح. كان ذا بأس شديد في النائبات.لا يدانيه من جنسه أحد في مقارعة الخطوب. كان كريما منجدا لكل مستنجد، مأمنا لكل خائف، مطعما لكل جائع. عنده يجد الخائف مأمنه، والجائع مطعمه. وما حل بي لفقده لم يحل بأنس قبلي ولا جن.

الآن من منكم يحدد الصور التي جاءت في النص؟ فيستمع إلى إجابات الطلبة مشركا أكبر عدد ممكن منهم ثم يعقب قائلا:

لاحظوا الشاعرة تقول في البيت الأول: إذا كان الناس يهجعون في المساء بعد جد وعناء، فإن تذكري صخرا يحجب عني النوم فيلازمني السهر، والأنين حتى الصباح. وما أنا في الصباح بأحسن حالا من المساء ففي الصباح يعود لي الألم حيث تلازمني صورة صخر. وهي تعقد مشابهة بين الحزن والمأساة التي أصابتها وبين المرض فمأساتها كالمرض عندما يتماثل منه المريض للشفاء فينتكس به مرة أخرى. فهي في هذه الصورة تدلل على ثبات السوء في ليلها ونهارها. وقد وردت مثل هذه الصورة على لسان أمريء القيس إذ قال مخاطبا ليله:

| | |
|---|---|
| فقلت لـه لما تمطى بصلبه | وأردف إعجازا وناء بكلكل |
| ألا أيها الليل الطويل ألا انجل | بصبح وما الإصباح منك بأمثل |

ثم تقول في البيت الثاني: إن ما حل بي هو فقدي صخرا الذي لا نظير له، وهذا ما يتجسد في قولها: (وأي فتى كصخر) ثم تمضي بوصف مصيبتها فتقول في البيت الثالث: إن مصيبتها لا شبيه لها بين مصائب الجن والأنس. فهي تعظم مصيبتها على مصائب الآخرين، وعندما تريد

ذلك فلا بد لها من ترجيح الموصوف على غيره.لذا فهي ترجح كفة أخيها باستعمالها صيغ التفضيل مثل أشد، وأفضل. فهو أشد من غيره بأسا في مواجهة الحوادث، وأفضل أداء في الحروب إذ لا يدانيه أحد في ذلك.

ثم تجمع فيه كل الخصال العربية السامية: من شجاعة، وشدة بأس، وكرم، وإجارة المستجير. فتقول في البيت الخامس:كم ضيف حل ليلا فأطعمه أخوها.وكم من مستجير استجار به من خوف وتهديد فأجاره، وآمنه. وفي هذه الصفات ما يسوغ حزنها وأنينها على أخيها.

ثم يسأل: ورد في النص ما يدل على خيال الشاعرة، واستعمالها اللفظ في غير ما وضع له في أصل اللغة فمن يدل عليه ؟. وبعد سماع إجابات الطلبة يعقب فيقول:

نعود إلى البيت الأول لنلاحظ قولها: (فأصبح قد بليت بفرط نكس) هنا شبهت حزنها وألمها لفقد أخيها بالمرض فلم تذكر المشبه به صراحة بل حذفته وذكرت لازمة من لوازمه، وهي النكسة، أو الانتكاسة ففي هذا الموضع استعملت استعارة مكنية. ثم قصدت الحرب ولم تذكرها صراحة بل كنت عنها بقولها: (يوم كريهة) والكناية هنا كناية عن موصوف.

ثم ينتقل بعد ذلك إلى الفكرة الثانية ويطلب من أحد الطلبة قراءة الجزء الثاني من النص. وبعد انتهاء الطالب من القراءة يسأل عن معاني المفردات ويكتبها على السبورة وهي:

عجولا: الثكلى التي فقدت ولدها.

عشية رزئه: آخر النهار.

غب أمس: بعد أمس.

التأسي: الصبر والسلوان

ثم يسأل عن المواقع الإعرابية لبعض الكلمات مثل:

كلتاهما: توكيد.

مثل: مفعول به.

رزئه:مضاف إليه.

ثم يقول: من يوضح المعنى العام لهذا الجزء من النص ؟ فيستمع إلى إجابات الطلبة مشركا أكبر عدد منهم ثم يعقب قائلا:

عادت الشاعرة هنا لتقول:إنها دائمة التذكر لأخيها. فإن طلوع الشمس يذكرها به، ويذكرها به الغروب. من يعرف لماذا خصت الشاعرة طلوع الشمس وغروبها مع أنها أشارت في البيت الأول

إلى أن تذكره يؤرقها ويلازمها في الليل، ولا يفارقها في النهار فلم هذا التخصيص ؟ وبعد سماع إجابات الطلبة يقول:

إنها خصت طلوع الشمس لأن طلوع الشمس كان مقرونا بالقتال ولكون أخيها مقاتلا فإن خروجه للقتال كان مقترنا بطلوع الشمس فهي تريد القول إن أخاها كان فارسا يخرج للقتال عند كل شروق شمس. أما غروب الشمس فإنه اقترن عند أخيها بالقرى وإكرام الضيوف فهي تريد أن تقول: كان أخوها مضيافا، وأن وقت الغروب مقرون بصورة أخيها وهو يستقبل الضيوف، وينحر الذبائح إكراما لهم.

ثم تمضي فتقول:لولا كثرة الباكين حولي لقتلت من ألمي نفسي. ولكني أرى في كل يوم من تبكي وحيدها، ومن تبكي عزيزا فقدته في يوم شؤم. ومع أن من يبكينهم لا يرقى أحد منهم إلى منزلة أخي ولكني أعزي نفسي بعزائهن.

ثم يقول: هل من صور بلاغية في هذا الجزء من النص ؟ وبعد سماع إجابات الطلبة يعقب قائلا:

إن الشاعرة هنا كنت عن خروج الفرسان للحرب بطلوع الشمس لأنه ملازم لخروج الفرسان. وكنت عن إكرام الضيوف بغروب الشمس لأنه ملازم له.فقد وردت في البيت الأول من هذا الجزء كنايتان وهما عن النسبة بين طلوع الشمس والقتال. وعن النسبة بين غروب الشمس وإكرام الضيوف. ثم ينتقل إلى الجزء الأخير من النص فيطلب من أحد الطلبة قراءته، وبعد الانتهاء من القراءة يطلب من الطلبة توضيح معاني المفردات ويكتبها على السبورة وهي:

مهجتي: روحي.

رمسي: قبري.

أبا حسان: صخر.

لهفي: حسرتي وحرقتي.

ثم يطلب إعراب بعض الكلمات وهي:

( لا) في لا أنساك: نافية دخلت على المضارع.

الواو في (والله): واو القسم.

أفارق: فعل مضارع منصوب بأن مضمرة بحتى.

رمسي: نائب فاعل مضاف.والياء ضمير مبني في محل جر مضاف إليه

لذاتي:مفعول به منصوب وهو مضاف والياء في محل جر مضاف إليه.

ثم يقول: من منكم يشرح المعنى لهذا الجزء من النص ؟وبعد سماع إجابات الطلبة يعقب قائلا: بعد أن عرضت الشاعرة عظم مصيبتها، وبينت صفات أخيها، وتأسيها بمن حولها ممن ثكلن بالحروب عادت لتصف مستقبل تعاملها مع مصيبتها فتقسم أنها لا تنسى أخاها حتى تفارق روحها ويشق قبرها. فقد ودعت ملذات الحياة، وأنسها منذ مصرع صخر ثم تتحسر وتنفث نار حزنها وحرقتها على أخيها بقولها: (لهفي ولهف أمي) لأن ما تشتمل عليه هذه الألفاظ من حرف الهاء أتاح لها التنفيس عن عمق الحرارة وشدتها التي تشتد لما آل إليه مصير شقيقها إذ أصبح في التراب، وفيه يمسي. واستخدام الهاء في التنفيس عن الألم ورد مثله في قول أحدهم راثيا زوجته:

ولهت قلبي إذ علتني كبرة

ثم يقول: هل ترون في هذا الجزء من النص صورا بلاغية؟

وبعد سماع إجابات الطلبة يعقب فيقول:الوداع سلوك اجتماعي، وعرف معروف يقتضي طرفين هما المودع والمودع وكلاهما ذات. وهنا الشاعرة تودع لذاتها وأنسها. فهل اللذة ذات؟. وهل الأنس ذات ؟ هما من المعاني المجردة جعلت منهما الشاعرة ذواتا محسوسات من خلال تشبيههما بذات محسوسة ثم حذفت المشبه به وأبقت لازمة من لوازمها وهي التوديع وهذا الأسلوب استعارة مكنية.

٤. تحديد الأحكام العامة ونقاط القوة والضعف في النص.

يقول المدرس: ماذا يمثل النص ؟. وما أبرز سماته ؟. وما رأيكم فيه من حيث الفكرة وصدقها، والعاطفة، والخيال ؟ وبعد إشراك أكبر عدد من الطلبة، وسماع إجاباتهم، والسماح لهم بمناقشة بعضهم بعضا، والتعقيب على تلك الإجابات، والمناقشات يقول:

إن النص يتصل بغرض من أغراض الشعر العربي هو الرثاء. والرثاء يتأسس على تعداد مآثر الفقيد، وما له من صفات، ومناقب، وخلال حميدة في حياته. ثم وصف الفراغ الذي تركه بعد فقده من أثر في محبيه، وما حل بهم من لوعة. فهل وفقت الشاعرة في هذا كله ؟ فلو أعدنا قراءة النص لوجدناه تضمن ما يأتي:

أ- تبيان خصال الفقيد من شجاعة، وقرى، ونجدة، وتفرد عن غيره في كل ما هو سام.

ب- رجحان الفقيد على غيره في القيم والمثل العليا السائدة في عصره.

ت- عظم المصيبة، وعمق الأثر في النفس لفقده.

وهذا يعني أن كل ما يتطلبه فن الرثاء من صفات توافر في النص. ثم يقول بقي أن نتذكر بعض المعايير التي يمكن أن تعيننا على تقويم النص تقويما موضوعيا مثل: اللغة، وصدق العاطفة، وطبيعة الأسلوب، ووحدة الموضوع، وترابط أفكاره ثم نسأل: ما أبرز ما اتصف به النص ؟ فيستمع إلى إجابات الطلبة ثم يقول:إن النص يتصف بما يأتي:

أ- سهولة اللغة وسلاستها وهذا ما مطلوب من الأديب أو الشاعر.

ب- صدق العاطفة والأحاسيس.

ت- اعتماد صدق التعبير أسلوبا في النص أكثر من اعتماد الصور الخيالية.

ث- اتسم النص بوحدة الموضوع وعدم الخروج إلى غيره.

فيكتب هذه الاستنتاجات على السبورة، ثم يطلب من الطلبة عقد موازنة بين النص، ونص آخر في الرثاء لشاعر آخر في العصر نفسه وجلب الموازنة في الدرس القادم.

**رابعا: تدريس العروض**

إن علم العروض هو العلم الذي يعنى بموازين الشعر، وبحوره. به تعرف بحور الشعر وأوزانها، وعليه يعرض الشعر لمعرفة ما هو صحيح الوزن، وما هو فاسد. ويعد الوزن من لوازم الشعر، والخروج عنه عيب يؤاخذ عليه الشاعر. ذلك لأن الشعر تميز عن النثر بالنغم والإيقاع، مما حببه للنفوس، وسهل حفظه. ففي الشعر موسيقى تداعب الأذواق، وتؤثر في النفوس. وعماد هذه الموسيقى الأوزان والقوافي. لذا قيل عن الشعر إنه الكلام الموزون المقفى. فالعروض يتصل بالشعر، واتصاله بالشعر يجعل دراسته على جانب كبير من الأهمية. وقد يقول: قائل لماذا هذه الأهمية لعلم العروض مع إن العرب كانوا ينظمون قصائدهم من دون معرفة هذا العلم ومصطلحاته ؟.

نقول: إن الشعراء في ذلك العصر كانوا يتمتعون بإذن موسيقية، وحافظة قوية. والحس الموسيقي عندهم يجعلهم يتعاملون مع الأوزان كما يتعامل اليوم الشعراء الشعبيون، فهم ينظمون شعرا شعبيا موزونا مقفى من دون معرفة الكثيرين منهم الأوزان الشعرية، وتفعيلاتها. فالوزن مترشح في آذانهم فلا يستسيغون تعبيرا غير موزون، أو خارجا على الوزن في قصيدة ينظمونها. وهكذا حال العرب القدامى.

ومع هذا فإن الروايات التاريخية تؤكد أن العرب في عصر ما قبل الإسلام كانوا يرتاضون على نظم الشعر بعرضه على مشاهير الشعراء،حتى أن رواتهم كانوا تلامذة لهم يعرضون عليهم ما يقولون من شعر فيحررونه لهم. ومما يدل على ذلك تقويم النابغة الذبياني شعره عندما تحسس بفضل الغناء قبح الإقواء فيه. لذا فإن صحة أشعار العرب من حيث الأوزان والقوافي جاءت من

إرهاف السمع، وصحة الطبع. ومما يجعل المسامع أكثر تحسسا لموسيقى الشعر كثرة قراءة الشعر، والتغني

به إذ يقول الشاعر:

تغن بالشعر إما كنت قائله          إن التغني بقول الشعر مضمار

ويعد الخليل بن أحمد الفراهيدي المتوفى سنة (١٧٠هـ) أول من وضع علم العروض. وقد توصل إلى بحوره

من خلال استقصاء شعر العرب وتصنيفه تبعا لأوزانه.

ولدراسة علم العروض أهمية كبيرة للشعراء والقراء. لأنه يمكن الشاعر من تجنب الوقوع بعيوب الخروج

على مقتضيات الوزن والقافية مما يؤثر في قيمة نتاجه الأدبي، ويضعف الثقة بقدراته، ويقلل الأثر المطلوب

في ذهن السامع، أو القاريء. أما فيما يخص القاريء فمعرفة العروض عنده من بين وسائل التذوق.  لأن

تذوق النص الشعري يقتضي تحليله، ومعرفة موسيقاه الشعرية، ونوع البحر، ومدى ملاءمته موضوع النص،

والتزامه التفعيلات المتعارف عليها.  وحيثما وجد خروجا عليها عد ذلك نقصا في النص. فإن لم يكن القاريء

أو السامع عارفا علم العروض، وفن التقطيع الشعري فاته ذلك ولم يكن باستطاعته إصدار أحكام نقدية

مبنية على قاعدة صحيحة.

ومادام الوزن لازمة من لوازم الشعر فإن علم العروض مسلازم الشعر ولا يفترق عنه. وعندما تكون

الموسيقى والإيقاع الفاصل بين الشعر والنثر فإن علم العروض هو المعيار الذي به يحدد ذلك.  وعندما يدرس

علم العروض لطلبة المدارس الثانوية، والجامعية فإن ذلك لا يعني أن نجعل منهم جميعا شعراء لأن لقول

الشعر لوازم أخرى قد لا تتوافر للجميع ولكن الجميع معرض لقراءة الشعر ويريد تذوقه وتحسس مواطن

الجمال فيه. ومن بين وسائل ذلك معرفة أوزانه وعرض الشعر عليها بقصد إصدار الأحكام بشأنها.وإذا كان

في دراسة الشعر صعوبات فإن مردها يمكن أن يكون إلى:

١. مواجهة الطلبة بمصطلحات جديدة لا سابق معرفة لهم بها.

٢. تعدد العلل والزحاف الذي تتعرض له الأوزان.

٣. صعوبة الكتابة العروضية لعدم تعود الطلبة عليها.

٤. تداخل بعض الأوزان وتشابهها أدى إلى صعوبة التمييز بين تفعيلات بحر وآخر.

٥. عدم التوصل إلى طريقة سهلة تمكن الطلبة من حفظ الأوزان الشعرية.

**ما يفعله المدرس لإنجاح درس العروض**

لغرض إنجاح درس العروض يجب على المدرس مايأتي:

١. تعريف الطلبة المصطلحات والمفاهيم التي يتضمنها علم العروض مثل: البيت الشعري، الصدر،العجز،

القافية، العروض، الضرب، التفعيلة، السبب، الوتد وأنواعه، الزحاف، العلل.

٢. تعريف الطلبة بمفهوم المقطع العروضي وأنواعه.

٣. تعريف الطلبة بأن الخط العروضي خط مختلف عن الخط المتعارف عليه في الكتابة. وأن كل ما يلفظ يكتب عروضيا. وان لا إدغام في الكتابة العروضية، وأن ما لا ينطق لا يكتب في الكتابة العروضية.

٤. تعريف الطلبة التفعيلات العشر الواردة في الأوزان الشعرية.

٥. تعريف الطلبة بالرموز التي تستخدم للتقطيع الشعري مثل:(ب) للمقطع الصوتي المتحرك، و(ـ)للمقطع الصوتي المكون من متحرك وساكن.

٦. تدريب الطلبة على الكتابة العروضية، ورموزها أولا ثم الانتقال بعد ذلك إلى تدريبهم على تحديد التفعيلات.

٧. ان عملية التقطيع الشعري مهارة، والمهارة تكتسب بالدربة والمران المستمرين. لذا فعلى المدرس أن يزيد من التدريب على التقطيع الشعري ويكلف الطلبة تقطيع نصوص شعرية كثيرة بعد دراسة كل بحر.

٨. عند دراسة بحر معين يكلف المدرس الطلبة تقطيع نصوص شعرية من أبحرمختلفة تمت دراستها، ويطلب منهم تحديد وزن كل بيت شعري.

٩. إن التذكير بما تمت دراسته يعد من أفضل أنواع التقديم لدرس العروض لأنه يشكل نوعا من التكرار الذي من شأنه تثبيت المعلومات وتنمية المهارات.

١٠. لكي يشعر الطلبة بفائدة ما تعلموه، ويعزز تفاعلهم مع الدرس المقدم لهم يستحسن أن يطلب المدرس منهم بعد الانتهاء من دراسة كل بحر، ومعرفة تفعيلاته، وعروضه، وأضربه نظم بيت شعري على وزن ذلك البحر.

**أهداف تدريس العروض**

يرمي درس العروض إلى ما يأتي:

١. تعريف الطلبة بموسيقى الشعرالعمودي.

٢. تعريف الطلبة بخصائص الشعر العمودي.

٣. تمكين الطلبة من التمييز بين الشعر العمودي، والشعر الحديث.

٤. تنمية الأذن الموسيقية لدى المتعلم، وتذوق موسيقى الشعر العربي.

٥. تمكين الطلبة من التمييز بين سليم الشعر وفاسده من حيث الوزن.

٦. تمكين الطلبة من الإحاطة بأوزان الأبحر الستة عشر، والتمييز بينها.

٧. تمكين من لديهم موهبة لنظم الشعر من استخدام الأوزان الشعرية فيما ينظمون.

**طريقة تدريس العروض**

تعد طريقة المحاضرة المشفوعة بالتوضيح، والشرح واستخدام السبورة من بين طرائق التدريس الملائمة لتدريس العروض مع الحرص على التطبيق، والممارسة العملية للتقطيع الشعري، وتحديد الأوزان. ويمكن أن يمر درس العروض بمرحلتين:

المرحلة الأولى: مرحلة الإعداد للدرس. وفيها يحدد المدرس أهداف الدرس الخاصة ويهيئ النصوص اللازمة، ويقف على معانيها وأوزانها، وكتابتها العروضية، وتقطيعها، وتفعيلاتها، وما فيها من علل وزحاف. ثم يهيئ الأمثلة التي يريد تقديمها للطلبة بقصد تقطيعها، والأمثلة التطبيقية التي تمكنه من قياس ما تحقق من الأهداف الخاصة التي حددها. ثم أمثلة الواجب.

المرحلة الثانية: مرحلة التنفيذ: وتتكون من الخطوات الآتية:

١. التمهيد: ويكون بالتذكير بما تمت دراسته مع توجيه بعض الأسئلة التي يمكن أن تمثل تغذية راجعة. زيادة على أن كثرة التكرار للمعلومات والتذكير بها تثبتها في الأذهان.

٢. عرض الأبيات الشعرية التي تم تحديدها. وينبغي أن يتوافر فيها الأوزان، وأنواع العروض، والأضرب التي يريد تعريف الطلبة بها، وما يمكن أن تتعرض له تفعيلات البحر الشعري من زحاف وعلل. على أن تكتب هذه الأبيات بخط واضح، على مستوى نظر الطلبة، بطريقة تتيح للمدرس والطلبة إعادة كتابتها بالخط العروضي، ثم تقطيعها بالرموز، ثم تحديد تفعيلاتها. ولا بأس من أن تقدم الأبيات بيتا بيتا إذا ما كانت مأخوذة من نصوص مختلفة. أما إذا كانت مأخوذة من نص واحد فبالإمكان تقديمها موحدة، ثم تقطيعها بيتا بيتا بعد ذلك.

٣. كتابة الأبيات عروضيا: في هذه الخطوة يذكر المدرس بالكتابة العروضية، فيقول: إنها كتابة ما يلفظ فقط وإن الحرف الذي فيه إدغام يفك ويكتب بحرفين، وإن التنوين يمثل نونا ساكنا، وإن الضم أو الكسرة إذا ما أشبعت في النطق تعد حرفا ساكنا. ويضرب لهم مثلا بيتا من الشعر فيكتبه عروضيا. أمامهم ثم يطلب من بعض الطلبة أن يأتي ببيت شعر على أوزان بحور درسوها فيكتبه على السبورة، ثم يكتبه عروضيا، وهكذا يهيئ الطلبة ذهنيا ومهاريا لعملية الكتابة العروضية. ثم يطلب منهم بعد ذلك كتابة كل بيت من الأبيات التي عرضها عروضيا بحيث يقوم أحد الطلبة بكتابة البيت كتابة عروضية والآخرون يلاحظون ويقومون أخطاءه إن أخطأ.

٤. تقطيع الأبيات وتحديد تفعيلاتها: بعد الانتهاء من الكتابة العروضية لكل الأبيات أو لكل بيت على حدة يطلب المدرس من الطلبة كتابة الرموز التي تقابل المقاطع الصوتية

الواردة في كل بيت على وفق الكتابة العروضية بعد أن يذكرهم بأن المقطع المتحرك يقابله الرمز ( ب ) والمقطع المتكون من متحرك وساكن يقابله الرمز ( - ) ويعرض لهم أمثلة على السبورة يذكرهم بموجبها كيفية التقطيع.

وبعد الانتهاء من كتابة الرموز تحت الكتابة العروضية يطلب من الطلبة كتابة التفعيلات تحت الرموز بحيث يقابل المقطع (ب) بحرف متحرك في التفعيلة، ويقابل المقطع ( - ) بحرفين أولهما متحرك والآخر ساكن في التفعيلة وهكذا ويحاول إشراك أكبر عدد ممكن من الطلبة في ذلك. ثم بعد ذلك يحدد التفعيلات ويضع فواصل (خطوطا) عمودية بين تفعيلة وأخرى. وبموجب ما ذكر تعاد كتابة البيت أربع مرات:

الأولى: يعرض البيت مكتوبا بالخط المتعارف عليه.

الثانية: كتابة البيت بخط عروضي.

الثالثة: كتابة الرموز التي تقابل المقاطع الصوتية الواردة في البيت.

الرابعة: كتابة التفعيلات الشعرية التي تقابل المقاطع الصوتية للبيت الشعري (الوزن الشعري للبيت).

مثال:

الأول: نزف البكاء دموع عيـــنك فاستعر          عينا لغيـرك دمعهـا   مدرار

الثاني: نـزفـلبكا   | ءدموع عيـ | نك فستعر          عينن لغيـ | رك دمـعـها   | مدرا رو

الثالث: ب ب - ب -| ب ب - ب -| ب ب - ب -          - - ب - | ب ب - ب -|- - -

الرابع: مـتـفـاعلن   مـتـفـاعلن   متـفـاعلن          متـفـاعـلن   مـتـفـاعـلن متفـاعل

علما بأن الطلبة إذا ما بلغوا مستوى جيدا في التقطيع العروضي الصوتي لا يحتاجون الكتابة العروضية، ويستطيعون كتابة المقاطع الصوتية بالرموز مباشرة من خلال قراءة البيت قراءة عروضية كما في الآتي:

مـن ذا يعـيرك عيـنـه تـبكي بها          أرأيـت عينا للبـكـاء تــعار

- - ب -|ب ب - ب - | - - ب -|          ب ب - ب -|- - ب -| ب ب - -

متفاعـلن   مـتـفاعلن   متفاعلن          مـتـفـاعـلن   متفاعـلن   متفاعل

٥. تحديد البحر الشعري ووزنه. بعد الانتهاء من عملية التقطيع الشعري، وكتابة التفعيلات يتم تحديد البحر الشعري الذي تنتمي إليه الأبيات الشعرية. ويفترض أن يكون المدرس

حدد اسمه مسبقا وما على الطلبة غير تحديد تفعيلاته، وما يمكن أن يصيبه من علل وزحاف من خلال عملية التقطيع، وكتابة التفعيلات الشعرية. وبعد تحديد البحر يكتب المدرس في أعلى السبورة اسم البحر وتفعيلاته مع مثال شعري، ثم يعطي أمثلة لأنواع عروضه وأضربه بحيث يعرض مثالا شعريا لكل نوع ليمثل ذلك خلاصة الدرس والقاعدة التي تحدد البحر.

٦. التطبيقات: يقدم المدرس عددا من الأبيات الشعرية التي تنتمي إلى البحر المعني بالدراسة، ويطلب تقطيعها على السبورة. ثم يقدم عددا آخر من الأبيات الشعرية لأبحر تمت دراستها، ويطلب تقطيعها وتحديد أوزانها، ومعرفة بحورها. كي يتأكد من أن الطلبة أصبحوا قادرين على تمييز البحر الجديد من أبحر أخرى درسوها وتمييز الأبحر التي درست من بعضها.

٧. تكليف كل طالب نظم بيت شعري واحد على الأقل بموجب البحر الذي تمت دراسته. ثم تكليفهم بتقطيع نصوص شعرية مختلفة وجلبها في الدرس القادم.


**أنموذج درس تطبيقي في تدريس العروض**

الموضوع: البحر الطويل

الأهداف العامة: ذكرت سابقا ويمكن العودة إليها.

الأهداف الخاصة:

١. أن يحدد الطلبة تفعيلات البحر الطويل.

٢. أن يكتب الطلبة عروضيا أبياتا من البحر الطويل.

٣. أن يقطع الطلبة أبياتا من البحر الطويل.

٤. أن يكتب الطلبة تفعيلات البحر الطويل.

٥. أن يميز الطلبة بين البحر الطويل وغيره من البحور التي تمت دراستها.

٦. أن يحدد الطلبة عروض البحر الطويل.

٧. أن يحدد الطلبة عدد أضرب البحر الطويل وأنواعه.

٨. أن يبدي الطلبة رغبة في دراسة البحر الطويل.

٩. أن يظهر الطلبة قدرة على تقطيع أبيات شعرية من البحر الطويل.

١٠. أن ينظم بعض الطلبة أبياتا شعرية من البحر الطويل.

ومن الجدير ذكره أن تحديد هذه الأهداف ليس إسقاط فرض إنما لتمثل مسار الدرس نحو تحقيقها والمطلوب في النهاية تقويم ما تحقق منها، وذلك من خلال الأسئلة التطبيقية في نهاية الدرس بحيث تشتمل التطبيقات على قياس جميع ما حدد من هذه الأهداف.

خطوات سير الدرس:

١. التمهيد: درسنا فيما سبق أن الشعر يوزن بتفعيلات خاصة على نمط التفعيلات الصرفية وهذه تتكون من مقاطع صوتية بعضها يسمى أسبابا، وبعضها يسمى أوتادا، فمثلا:

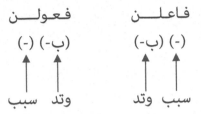

| فاعلن | فعولن |
| --- | --- |
| (-) (ب-) | (ب-) (-) |
| ↑ ↑ | ↑ ↑ |
| سبب وتد | وتد سبب |

وقلنا إن هذه التفعيلات بعضها خماسي مثل: فاعلن، فعولن.

وبعضها سباعي فمن منكم يعدد التفعيلات السباعية ؟

يقوم أحد الطلبة فيقول: التفعيلات السباعية هي: متفاعلن، فاعلاتن، مفاعلتن، مفاعيلن، مستفعلن.

فيعقب المدرس: وهناك تفعيلات ثلاث أخرى سنأتي على دراسة بحورها وهي: مستفع لن، فاع لاتن، مفعولات. ويستمر قائلا:

وعرفنا أيضا أن المراد من تقطيع البيت الشعري هو تقسيمه على مقاطع صوتية من أجل معرفة وزنه.

وعرفنا أن هناك كتابة عروضية للبيت الشعري تسبق تقطيعه. وأن الحرف الذي يعتد به في الكتابة العروضية هو ذلك الحرف الذي ينطق به. أما الذي لا ينطق فيسقط من الميزان، ولا يعتد به. وقلنا: إننا في الكتابة العروضية نتعامل مع التنوين كنون ساكنة، وأن الحرف المتحرك يقابله متحرك في الميزان، والساكن يقابله ساكن. وأن الحرف المشدد يقابل بحرفين أولهما ساكن والثاني متحرك. وعرفنا كذلك أن المطلوب لمعرفة وزن البيت الشعري تحويله إلى وحدات صوتية هي الأسباب والأوتاد، وبمعرفة السبب والوتد تعرف التفعيلة المقابلة للمقاطع الصوتية الموزونة. وبمعرفة التفعيلات نهتدي إلى معرفة البحر الشعري.

لأن تحويل البيت إلى وحدات صوتية يقتضي أولا كتابته كتابة عروضية، فمن منكم يكتب البيت الآتي كتابة عروضية ثم يقطعه ويحدد تفعيلاته ثم يسمي البحر ؟

الحب أول ما يكون لجاجة                تأتي به وتسوقه الأقدار

فيقوم أحد الطلبة ويكتب البيت كتابة عروضية كما يأتي:

الـحبب أو | ولـما يـكو | نلـجاجـتن                تـأتي بهي | وتـسوقـهل | أقدارو

- - ب -|ب ب-ب- |ب ب-ب-|                | - - ب- |ب ب - ب - | - - -

فيقول المدرس: وعلمنا أن البحور من حيث التفعيلة وتكرارها نوعان:

الأول هو:

فيقوم أحد الطلبة فيقول: أبحر تقوم أوزانها على تكرار تفعيلة واحدة وهي:

الوافر: مفاعلتن، مفاعلتن، مفاعلتن                مفاعلتن، مفاعلتن، مفاعلتن

الكامل: متفاعلن، متفاعلن، متفاعلن                متفاعلن، متفاعلن، متفاعلن

الرمل: فاعلاتن، فاعلاتن، فاعلاتن                فاعلاتن، فاعلاتن، فاعلاتن

الرجز: مستفعلن، مستفعلن، مستفعلن                مستفعلن، مستفعلن، مستفعلن

الهزج: مفاعيلن، مفاعيلن، مفاعيلن                مفاعيلن، مفاعيلن، مفاعيلن

المتقارب: فعولن، فعولن، فعولن، فعولن                فعولن، فعولن، فعولن، فعولن

المتدارك: فاعلن، فاعلن، فاعلن، فاعلن                فاعلن، فاعلن، فاعلن، فاعلن

فيقول المدرس: أحسنتم. إذن هذه هي البحور ذات التفعيلة الواحدة المكررة، فما هو النوع الثاني ؟ فيقوم طالب فيقول: أبحر متعددة التفعيلات. فيقول المدرس: وما هذه الأبحر ؟ فيقول: لم ندرسها بعد. فيقول المدرس: نعم لم نأخذها واليوم سنبدأ بدراستها ودرسنا اليوم هو أول بحر من البحور ذات التفعيلات المتعددة وهو البحر الطويل.

٢. العرض: البحر الطويل هو أحد البحور الشعرية وأكثرها ورودا في الشعر العربي وتفعيلاته هي:

فعولن، مفاعيلن، فعولن، مفاعلن                فعولن، مفاعيلن، فعولن، مفاعلن

والآن نعرض أبياتا على وزن الطويل لنتعرف كتابتها عروضيا وتقطيعها وتفعيلاتها والأبيات هي:

قال الشاعر:

ولكـن إذا حم الـقضاء على امرئ                فليس له بر يقيه ولا بحر

ولاكن | إذاحممل| قضاء | علمرئن فليس |الهوبررن | يقيهي | ولابحرو

ب - - |ب - - - | ب-ب| ب -ب- ب-ب |ب - - - |ب-- | ب---

فعولن مفاعيلن فعول مفاعلن فعول مفاعيلن فعولن مفاعيلن

وقال آخر:

إذا كانت الدنيا إلى الموت تنتهي فما لك لم تنشر بها الفرح الدهرا

إذاكا| نتددنيا| إللمو | تتنتهي فمال | كلمتنشر | بهلف |رحددهرا

ب- -|ب- - - |ب- -|ب-ب- ب-ب|ب- - -| ب - ب|ب- - -

فعولن مفاعيلن فعولن مفاعلن فعول مفاعيلن فعول مفاعيلن

وقال آخر:

ستبدي لك الأيام ما كنت جاهلا ويأتيك بالأخبار من لم تزود

ستبدي|الكلأييا|مماكن |تجاهلن ويأتي |كبلأخبا|رمن لم|تزوودي

ب- -|ب- - -|ب- - |ب-- ب-- |ب- - - |ب- - |ب-ب-

فعولن مفاعيلن فعولن مفاعيلن فعولن مفاعيلن فعولن مفاعلن

وقال آخر:

بكيتم ولكني ضحكت ولم أكن لأنظر في الدنيا بطرف عليل

بكيتم |ولاكنني |ضحكت |ولم أكن لأنظ | رفددنيا | بطرف | عليلي

ب-- |ب- - -| ب-ب |ب-ب ب-ب| ب- - - |ب-ب |ب--

فعولن مفاعيلن فعول مفاعلن فعول مفاعيلن فعول مفاعي (فعولن)

وبعد عرض هذه الأبيات على السبورة بحيث يكون هناك فراغ بين بيت وآخر يتسع لكتابة البيت عروضيا، و تقطيعه، وكتابة تفعيلاته بما يكفي لإعادة البيت ثلاث مرات ينتقل إلى خطوة الكتابة العروضية للأبيات.

٣. الكتابة العروضية: وفيها تكتب الأبيات المعروضة التي أشرنا إليها كتابة عروضية فيطلب المدرس من أحد الطلبة كتابة البيت الأول عروضيا مستخدما الطباشير الملون، و يطلب من الآخرين التنبه على الكتابة مذكرا بأسسها كلما مست الحاجة لذلك و إذا ما أخطأ طالب في تلك الكتابة يمكنه من تصحيح خطئه بنفسه، و إن لم يستطع فيطلب من طالب آخر

تولي عملية التصحيح، وبعد أن تتم كتابة البيت الأول يثني على الطالب ثم يقول: من يكتب البيت الثاني عروضيا كما فعل زميلكم؟ أحد الطلبة: نعم فيقوم بكتابة البيت الثاني عروضيا كما فعل زميله وإذا ما انتهى يطلب المدرس من طالب آخر كتابة البيت الثالث عروضيا، وإذا ما كتب البيت الثالث عروضيا يطلب من آخر كتابة البيت الرابع عروضيا أيضا على أن تكون الكتابة العروضية لجميع الأبيات بلون واحد.

٤. التقطيع الشعري: قبل البدء يقول المدرس لكي نحدد الوزن لابد من تقطيع الكتابة العروضية بوساطة الرموز التي هي (ب) للمقطع المتحرك و (-) للمقطع المتكون من حرفين متحرك وساكن. على أن نستخدم في كتابة الرموز لونا مغايرا و يكون واحدا لجميع الأبيات. بعد ذلك يطلب من أحد الطلبة تقطيع البيت الأول قائلا: قطع البيت الأول على وفق ما تعلمنا سابقا. فيبدأ الطالب بتقطيع البيت بالطريقة التي تعلمها مع التشديد على وجوب الانتباه على ما يفعله الآخرون و التنبه على الخطأ حال وقوعه، و التذكير بأسس الترميز و التقطيع. وإذا ما انتهى الطالب من تقطيع البيت الأول يسأل المدرس قائلا:من يستطيع تقطيع البيت الثاني فيقوم طالب آخر فيقطع البيت الثاني. و هكذا يطلب من طالب ثالث تقطيع البيت الثالث. ثم من طالب رابع حتى تتم عملية التقطيع بالشكل الموضح في الصفحة التي عرضنا فيها الأمثلة (الأبيات الشعرية الأربعة).

٥. كتابة التفعيلات: بعد الانتهاء من تقطيع الأبيات المعروضة يطلب المدرس من أحد الطلبة كتابة التفعيلات الشعرية على وفق التقطيع. ثم الفصل بينها بخطوط عمودية ذات لون مغاير.وإذا ما تم تحديد تفعيلات البيت الأول يطلب منه قراءة التفعيلات للشطرين. ثم يطلب من طالب آخر تحديد تفعيلات البيت الثاني، و الفصل بينها بخطوط عمودية ثم قراءتها. ثم يطلب من طالب ثالث تحديد تفعيلات البيت الثالث، و الفصل بينها و قراءتها ثم يطلب من طالب رابع تحديد تفعيلات البيت الرابع و الفصل بينها و قراءتها و بعد الانتهاء من العملية يسأل المدرس:ما هو وزن هذه الأبيات فيقول أحد الطلبة فيقول: إن وزنها هو:

فعولن، مفاعيلن، فعولن، مفاعلن فعولن، مفاعيلن، فعولن، مفاعلن

فيقول المدرس وهذا هو وزن البحر الطويل كما قلنا. ثم يطلب من أكثر من طالب ترديده وكتابته ثم يقول: عرفنا أن لكل بيت عروضا وضربا. فما المقصود بالعروض؟ فيقول أحد الطلبة: هي التفعيلة الأخيرة من صدر البيت. فيقول المدرس: أحسنت. وما المقصود بالضرب؟ فيقول طالب آخر: هو التفعيلة الأخيرة من عجز البيت. ثم يطلب المدرس من أحد الطلبة، وضع خط تحت كل عروض، و خطين تحت كل ضرب من الأبيات الأربعة. فيقوم الطالب و يضع الخطوط المطلوبة تحت

العروض والأضرب. ثم يقول المدرس لنلاحظ العروض نجدها واحدة في الأبيات الأربعة و وزنها مفاعلن فهي عروض مقبوضة وجوبا. وبهذا نستنتج أن للطويل عروضا واحدة مقبوضة وجوبا.

أما الأضرب فنلاحظها مختلفة. إذ جاءت على ثلاثة أنواع:

الأول: صحيح كما ورد في البيت الأول والثاني مفاعيلن.

الثاني: مقبوض كما ورد في قول الشاعر: ستبدي لك الأيام.... مفاعلن. أي بحذف ياء مفاعيلن.

الثالث: محذوف كما في قول الشاعر: بكيتم ولكني.... أي بحذف السبب من آخره فيصير مفاعي. و يحول إلى فعولن.

و بعد ذلك يكتب القاعدة و هي:

البحر الطويل يتكون من تفعيلتين هما فعولن، و مفاعيلن تتكرران أربع مرات فيكون وزنه:

فعولن، مفاعيلن، فعولن، مفاعيلن        فعولن، مفاعيلن، فعولن، مفاعيلن

وله عروض واحدة مقبوضة (مفاعلن) أي بحذف الخامس.

وله ثلاثة أضرب هي:

صحيح:  مفاعيلن

مقبوض:  مفاعلن

محذوف:  مفاعي و تحول إلى فعولن

٦. التطبيق يكتب المدرس الأبيات الآتية على السبورة و يطلب كتابتها عروضيا و تقطيعها و تحديد وزنها وهي:

* أبا منذر كانت غرورا صحيفتي        ولم أعطكم بالطوع مالي ولا عرضي

* ولو أن أهل العلم صانوه صانهم        ولو عظموه في النفوس لعظما

وبعد ذلك يطلب من الطلبة إخراج دفاترهم و كتابة الأبيات الآتية ثم تقطيعها و تحديد أوزانها وبحورها. و الأبيات هي:

* باد هواك صبرت أم لم تصبرا        وبكاك إن لم يجر دمعك أو جرى

* إن التي زعمت فؤادك ملها        خلقت هواك كما خلقت هوى لها

* عوى الذئب فاستأنست بالذئب إذ عوى        وصوت عجمي فكدت أطير

ثم يطلب من كل طالب نظم بيت شعر على وزن الطويل. ثم يقول: الآن نرسم المخطط الآتي كي يساعدكم على حفظ الوزن وعروض الطويل وأضربه:

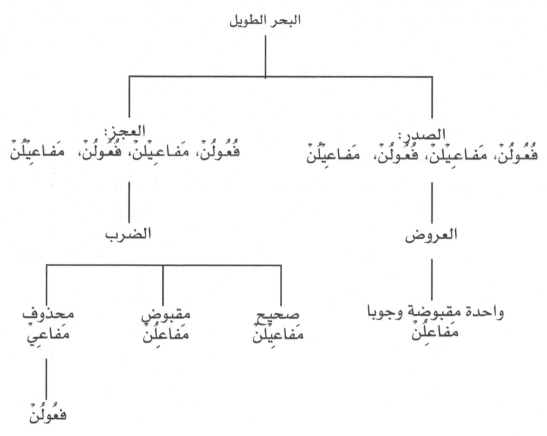

ملاحظة:

١. قد تأتي العروض على وزن فعولن محذوفة مع أن عروض الطويل لا تكون إلا مقبوضة ولكن في البيت الأول فقط يجوز أن تأتي العروض مثل الضرب محذوفة ولا يكون ذلك إلا في البيت الأول جوازا فقط كما في قول الشاعر:

| | |
|---|---|
| أما لجميل عندكن ثواب | ولا لـمسيء عندكن متاب |
| ثوابو | متابو |
| ب-- | ب-- |
| فعولن | فعولن |

ويسمى مثل هذا تصريعا.

٢. وقد تأتي العروض صحيحة على سبيل التصريع أيضا مثل:

| | |
|---|---|
| ألا يا صبا نجد متى هجت من نجد | لقد زادني مسراك وجدا على وجدي |
| ألايا \| صبانجدن \| متى هج \| تمننجدي \| | لقدزا\| دنيمسرا \|كوجدن \| على وجدي |
| تمننجدي | على وجدي |
| ب- - - | ب- - - |
| مفاعيلن | مفاعيلن |

ملاحظة:

هناك من يجعل الكتابة العروضية على أساس المقاطع فيجعلها مقاطع منفصلة عن بعضها حتى ضمن التفعيلة الواحدة فالبيت السابق يكتبه عروضيا هكذا:

ألايا | ص با نج دن | م تى هج | ت من نج دي |

ب- - | ب - - - | ب - - | ب - - -

وقد آثر المؤلف أن تكون الكتابة العروضية كما مر لكي يكون التفعيلة موحدة ذات معنى ولمساعدة الأذن في إدراك الحدود الموسيقية للتفعيلة، وتهيئتها للتقطيع الشعري إعتمادا على الالقاء الصوتي. ولأن التفعيلة تنطق موحدة لا مقاطع منفعلة.

# المراجع

١. ابراهيم أنيس، اللغة القومية والعالمية، دار المعارف، القاهرة، ١٩٧٠.

٢. ابراهيم محمد عطا، طرق تدريس اللغة العربية والتربية الدينية، ج ١، مكتبة النهضة المصرية، القاهرة، ١٩٨٦.

٣. ابراهيم ناصر، فلسفات التربية، دار وائل للباعة والنشر، عمان، ٢٠٠١.

٤. احمد شمس الدين، افلاطون سيرته وفلسفته، دار الكتب العلمية، لبنان، ١٩٩٠.

٥. احمد النجدي وآخرون، المدخل في تدريس العلوم، دار الفكر العربي، القاهرة، ١٩٩٩.

٦. اسامة عزمي، اتجاهات في الفلسفة المعاصرة، مكتبة مصر، القاهرة، ١٩٨٢.

٧. أكوتور، ودانيل جون، مقدمة في فلسفة التربية، ترجمة محمد سيف فهمي، مكتبة القاهرة الحديثة، القاهرة، ١٩٧٢.

٨. أميرة حلمي مطر، الفلسفة عند اليونان، كلية الآداب، القاهرة، ١٩٨٦.

٩. بشير عبد الرحيم الكلوب، التكنولوجيا في عملية التعلم والتعليم، دار الشروق والنشر، عمان، ١٩٨٨.

١٠. بلوم بنجامين، وبخرون، نظام تصنيف الاهداف التربوية، ترجمة محمد محمود الخوالدة، وصادق ابراهيم عودة، دار الشروق، عمان، ١٩٨٥.

١١. جابر عبد الحميد جابر، وعايف حبيب، اساسيات التدريس، بغداد، ١٩٦٧.

١٢. جودة احمد سعادة، صياغة الاهداف التربوية في جميع المواد الدراسية، دار الشروق، عمان، ٢٠٠١.

١٣. جون ديوي، الخبرة والتربية، ترجمة محمد رفعة رمضان، ونجيب اسكندر، مكتبة الانجلو المصرية، القاهرة.

١٤. جون ماكوري، الوجودية، ترجمة امام عبد الفتاح، عالم المعرفة، الكويت، ١٩٨٦.

١٥. حسن شحاتة، مجالات التعبير الوظيفي ومهاراته في مراحل التعليم العام، مؤسسة الخليج العربي، القاهرة، ١٩٨٧.

١٦. داود ماهر، ومجيد مهدي محمد، اساسيات في طرائق التدريس العامة، مطابع دار الحكمة، العراق، ١٩٩١.

١٧. رؤوف عبد الرزاق العاني، اتجاهات حديثة في تدريس العلوم، مطبعة الادارة المحلية، بغداد، ١٩٨٦.

١٨. ردينة عثمان الأحمد، وحذام عثمان يوسف، طرائق التدريس  منهج أسلوب وسيلة، دار المناهج للنشر، عمان، ٢٠٠١.

١٩. رمضان عبد التواب، ((أهمية السماع في تعليم اللغة العربية))، منبر السلام، السنة ٤٢، مايو، ١٩٨٤.

٢٠. زكريا ابراهيم، دراسات في الفلسفة المعاصرة، مكتبة مصر، القاهرة، ١٩٨٦.

٢١. زكريا اسماعيل، طرق تدريس اللغة العربية، دار المعرفة الجامعية، مصر، ١٩٩١.

٢٢. سعد عبد الوهاب نادر، وآخرون، طرق تدريس العلوم لمعاهد اعداد المعلمين، بغداد، ١٩٧٧.

٢٣. سعيد اسماعيل علي، دراسات في فلسفة التربية، عالم الكتب، القاهرة، ١٩٨١.

٢٤. سميح ابو مغلي، الأساليب الحديثة لتدريس اللغة العربية، ط ١، عمان، ١٩٧٩.

٢٥. سهيلة محسن كاظم الفتلاوي، المدخل الى التدريس، دار الشروق، عمان، ٢٠٠٣.

٢٦. شوقي ضيف، الأدب الجاهلي، القاهرة، ١٩٦٠.

٢٧. عابد توفيق الهاشمي، الموجه العملي لمدرسي اللغة العربية، دار الارشاد، بغداد، ١٩٧٢.

٢٨. عابد توفيق الهاشمي، الوجيز في الأدب العربي المعاصر وتاريخه، مؤسسة الرسالة، بيروت، ٢٠٠٠.

٢٩. عايش زيتون، اساليب تدريس العلوم، المركز العربي للمطبوعات، عمان، ١٩٩٤.

٣٠. عبد الرحمن بدوي، دراسات في الفلسفة الوجودية، ط ٣، دار الثقافة، بيروت، ب ت.

٣١. عبد الرحمن عبد السلام جامل، طرق التدريس العامة ومهارات تنفيذ وتخطيط عملية التدريس، ط ٢، دار المناهج، عمان.

٣٢. عبد العليم إبراهيم، الموجه الفني لمدرسي اللغة العربية، ط ٤، دار المعارف بمصر، ١٩٦٨.

٣٣. عبد الفتاح حسن البجة، أصول تدريس اللغة العربية بين النظرية والممارسة، دار الفكر للطباعة والنشر، عمان، ٢٠٠٠.

٣٤. عبد الفتاح حسن البجة، أساليب تدريس مهارات اللغة العربية وآدابها، ط ٢، دار الكتاب الجامعي، العين، الامارات، ٢٠٠٥.

٣٥. عبد الملك الناشف، تحديد الأهداف الأدائية السلوكية وصياغتها، معهد التربية، ١٩٨١.

٣٦. عبد الوهاب عوض كويران، مدخل الى طرائق التدريس، دار الكتاب الجامعي، العين، الامارات، ٢٠٠١.

٣٧. علي أحمد مدكور، تدريس فنون اللغة العربية، مكتبة الفلاح، الكويت، ١٩٨٤.

٣٨. طه علي حسين، وسعاد الوائلي، الطرائق العملية في تدريس اللغة العربية، دار الشروق، عمان، ٢٠٠٣.

٣٩. فؤاد سلمان قلادة، الأهداف التربوية والتقويم، دار المعارف، القاهرة، ١٩٨٢.

٤٠. فخر الدين عامر، طرق التدريس الخاصة باللغة العربية والتربية الاسلامية، ط ٢، عالم الكتب، القاهرة، ٢٠٠٠.

٤١. قصي محمد سلمان السامرائي، أثر طريقة المناقشة والالقائية مع الاحداث الجارية في تنمية التفكير الناقد في مادة التاريخ لدى طالبات الصف الثاني معاهد إعداد المعلمين، جامعة بغداد، كلية التربية، إطروحة دكتوراه، ١٩٩٤.

٤٢. ماهر اسماعيل، فلسفة التربية، دار الكتب للطباعة، بغداد، ١٩٩٣.

٤٣. مجدي عزيز إبراهيم، موسوعة المناهج التربوية، مكتبة الانجلو المصرية، ٢٠٠١.

٤٤. محمد أحمد العزب، عن اللغة والأدب والنقد، رؤية تاريخية ورؤية فنية، المركز العربي للطباعة، بيروت.

٤٥. محمد اسماعيل ظافر، ويوسف حمادي، التدريس في اللغة العربية، دار المريخ، الرياض، ١٩٨٤.

٤٦. محمد جلوب فرحان، دراسات في فلسفة التربية، مطبعة التعليم العالي، الموصل، ١٩٨٩.

٤٧. محمد حسين آل ياسين، المبادئ الاساسية في طرق التدريس العامة، مكتبة النهضة، بغداد، ١٩٨٤.

٤٨. محمد دريج، التدريس الهادف، مطبعة النجاح الجديدة، الدار البيضاء، ١٩٩٥.

٤٩. محمد رجب فضل الله، الاتجاهات التربوية المعاصرة في تدريس اللغة العربية، عالم الكتب، مصر، ١٩٩٨.

٥٠. محمد رضا البغدادي، الأهداف والاختبارات بين النظرية والتطبيق في المناهج وطرق التدريس، مكتبة الفلاح، عمان.

٥١. محمد عبد القادر، طرق تعليم اللغة العربية، دار المعارف، القاهرة، ١٩٧٩.

٥٢. محمد عبد المنعم خفاجي، وعبد العزيز شرف، الأصول الفنية لأوزان الشعر العربي، دار الجليل، بيروت، ١٩٩٢.

٥٣. محمد علي الخولي، أساليب التدريس العام، دار الفلاح، عمان، ٢٠٠٠.

٥٤. محمد صالح سمك، فن التدريس للغة العربية وانطباعاتها المسلكية وأنماطها العملية، مكتبة الانجلو المصرية، مصر، ١٩٧٥.

٥٥. محمد لبيب النجيحي، مقدمة في فلسفة التربية، مكتبة الانجلو المصرية، مصر.

٥٦. محمود فهمي حجازي، مدخل في علم اللغة، دار قباء للطباعة، القاهرة، ١٩٩٨.

٥٧. محمد منير مرسي، فلسفة التربية واتجاهاتها ومدارسها، عالم الكتب، القاهرة، ١٩٥.

٥٨. محمود محمد الحيلة، طرائق التدريس واستراتيجياته، دار الكتاب الجامعي، العين، الامارات، ٢٠٠١.

٥٩. ميشيل كامل عطا الله، طرق وأساليب تدريس العلوم، دار المسيرة، عمان، ٢٠٠١.

٦٠. وليد أحمد جابر، تدريس اللغة العربية، مفاهيم نظرية وتطبيقات عملية، دار الفكر للطباعة، عمان، ٢٠٠٢.

٦١. وليد أحمد جابر، طرق التدريس العامة، تخطيطها وتطبيقاتها التربوية، دار الفكر للطباعة، عمان، ٢٠٠٣.

٦٢. وليم جيمسي، البراجماتية، ترجمة محمد علي العريان، دار النهضة المصرية، القاهرة، ١٩٦٥.

٦٣. نايفة القطامي، مهارات التدريس الفعال، دار الفكر، عمان، ٢٠٠٤.

٦٤. نورمان هيرونلند، الاهداف التعليمية وتحديدها السلوكي وتطبيقاتها، ترجمة أحمد خيري كاظم، القاهرة، دار النهضة العربية.

٦٥. يعقوب حسين نشوان، الجديد في تعليم العلوم، دار الفرقان للنشر، عمان، ٢٠٠١.

٦٦. يوسف أبو العدوس، البلاغة العربية، المكتبة الوطنية، ٢٠٠٤.

٦٧. يوسف قطامي، وماجد أبو جابر، ونايفة قطامي، تصميم التدريس، دار الفكر للطباعة، عمان، ٢٠٠٠.